퍼블리시티권의 한계에 관한 연구

퍼블리시티권의 한계에 관한 연구

-표현의 자유와의 관계를 중심으로-

임 상 혁

景仁文化社

서 문

　이 책은 2017년 2월 필자가 서울대학교 법학전문대학원에서 법학전문박사학위를 받은 논문인 "퍼블리시티권의 한계에 관한 연구-표현의 자유와의 관계를 중심으로-"에 대해서 서울대학교 법학연구소 법학연구총서로 출간하기 위해 이후에 나온 판례와 논문들을 좀 더 보충하고 일부 표현 등을 가다듬은 것이다.

　필자는 15년 넘게 저작권을 중심으로 상당히 여러 가지 콘텐츠 분쟁과 거래에 관여해왔고, 그래서 우리나라에서 가장 많은 사례를 경험한 변호사 중의 한명이다. 또한 법률신문에 "2008년 분야별 중요 판례분석 (엔터테인먼트편)"을 시작으로 10년 동안 집필을 담당하면서 방송, 게임, 스포츠, 연예 분야에 대한 각종 판례들을 수집하고 분석하는 기회를 가질 수 있었다.

　이렇게 실무에서 많은 사례들을 경험하면서, 많은 관련 판례들을 분석하면서, 이를 토대로 정부나 학계에서 각종 연구나 세미나 등에 참가하면서 필자가 느낀 것은 콘텐츠산업을 둘러싼 법률들은 늘 변화한다는 것이다. 그리고 그 변화의 속도는 매우 빨라서, 전혀 생소하던 권리가 어느새 일반 대중들이 모두 아는 권리처럼 인식되기도 하고, 한편으로는 기존에 당연시 되던 권리들도 이미 다른 모습으로 변화하거나 아예 찾아보기 힘든 경우도 있었다.

　이렇게 권리관계의 생성과 변화, 소멸이 빨리 이루어지는 경우는 다른 산업분야에서는 찾아보기 힘든 콘텐츠 법률이 가지는 고유한 특성이며, 이는 우리나라 뿐만 아니라 세계 각국의 공통적인 현상이기도 하다. 이러한 특성은 산업의 종사자들로 하여금 매우 곤란한 혹은 억울한 상황을 초래하기도 하는데 콘텐츠산업의 변화 속도를 입법이 제대로 따라가기 힘든데서 기인한다.

 당사자들의 분쟁이 공식적으로 표면화되는 곳은 법원이며, 그래서 판례는 개별 사건임에도 향후 관련자들의 행동을 평가하는데 유용하게 사용되고 나아가 산업계의 표준이 되어 입법에도 상당한 영향을 준다. 그래서 콘텐츠산업에 있어서의 판례는 비록 하급심의 것이라도 매우 중요하게 평가되고 있다.

 퍼블리시티권이라는 용어가 우리나라 판례상으로 처음 사용된 것은 1995년 '이휘소 사건'이며, 그 후 학계의 상당한 관심을 받으면서 법적성질이나 적용범위, 양도성, 상속성 등과 관련하여 상당히 많은 논문이 나왔다. 하지만 20년이 지난 지금도 인정여부에 관하여 학설과 판례가 나뉘어 있다. 필자가 위 박사학위논문을 받은 이후에도, 퍼블리시티권의 개념을 법적으로 인정하는 판례와 부정하는 판례가 거의 같은 시기에 나왔다.

 하지만 권리자와 침해자 사이의 행위의 정당성을 논하는 문제에서 가장 중요한 것이 구체적 타당성과 예측가능성을 어떻게 담보할 것인지에 있다면, 이제는 퍼블리시티권의 성질론이 아니라 다른 권리와의 충돌문제 즉, 한계론에 논의가 집중되어야 하지 않을까 하는 의문에서 필자는 논문작업은 시작되었다. 모쪼록 본 서적으로 퍼블리시티권의 한계론이 좀 더 관심을 받으며 발전할 수 있는 계기가 되었으면 하는 바람이다.

 나름 의욕은 많았으나, 로펌의 변호사 업무와 논문작업을 병행하는 것은 거의 불가능에 가까웠는데, 이를 지탱하도록 도와준 것은 전적으로 지도교수님인 정상조 교수님과 박준석 교수님의 관심과 격려였다. 두 분이 없었다면 논문이 탄생할 수 없었기에 두 분께 가장 먼저 감사의 인사를 드리고 싶다. 또한 주말에만 얼굴을 볼 수 있는 삶을 이해해주고 항상 따뜻한 가정을 만들어준 아내 김세영, 첫째 아들 임정원, 둘째 아들 임대원에게도 고맙다는 마음을 새기고 싶다. 박사논문이 그렇게 큰 기쁨이 될 것을 느끼게 해주신 양가 부

모님에게도 항상 죄송한 마음을 느낀다. 이 밖에도 논문 심사위원장
님인 윤진수 교수님은 학문의 깊이와 넓이를 느끼게 해주셨고, 이상
정 교수님과 권영준 교수님은 논문이 무사히 마칠 수 있도록 여러 면
에서 지지해 주셨다. 이 밖에도 항상 우리나라 문화산업의 발전을 위
해 애써주시는 많은 분들과 특히 여러가지 쟁점에 대한 판례와 논문
으로 영감과 가르침을 주시는 많은 분들의 땀과 열정에 존경의 마음
을 보내고 싶다.

2018년 8월 기록적인 무더위를 지나며

임 상 혁

〈목 차〉

제1장

서 론

1. 연구 목적

퍼블리시티권에 대한 법률적 논의가 우리나라에서 본격적으로 시작된지도 벌써 20년이 지났다.[1] 처음에는 다소 생소한 이름의 '퍼블리시티권(the right of publicity)'이라는 권리를 놓고 이를 적극적으로 도입 혹은 인정할 것인지에 대하여 찬반의 논의가 있었고, 법원의 입장도 도입을 인정하는 판례와 부정하는 판례로 나누어졌다.[2] 초기 학설 중에는 퍼블리시티권을 인정함으로써 국내 스타보다는 오히려 해외 스타들이 더 보호를 받을 우려가 있어서 득보다는 실이 많을 것이라는 소위 시기상조론도 있었다. 하지만 최근에는 한국의 드라마나 음악 등 콘텐츠가 국내 그리고 해외에서 엄청난 인기를 얻으면서 한류(韓流, Korean Wave)의 중심에 있는 스타 연예인들의 권리를 법적으로 보호하고 이러한 권리를 기반으로 하는 문화산업을 더욱 보호하고 발전시켜야 한다는 목소리가 높아지게 되었으며, 이에 각 정부 부처들을 중심으로 퍼블리시티권을 인정하고 보호하려는 입법들[3]이 추진되고 있다.

그 동안 우리나라에서 퍼블리시티권에 대한 논의는 주로 개념, 인정 여부, 법적 성질, 이전성, 상속성 및 존속기간, 가처분 인정여부

---

1) 우리나라에서 퍼블리시티권에 대한 논의가 본격적으로 시작된 것은 소위 '이휘소 판결'(서울지방법원 1995. 6. 23. 94카합9230 판결)이다.
   그러나 유명인의 초상이나 성명 등의 상업적인 이용의 한계 측면에서 '퍼블리시티권'이라는 용어가 본격적으로 판결에 등장한 것은 2000년 '제임스 딘 판결'부터라고 볼 수 있다.

2) 물론 최근에는 성문법상 인정되지 않는 퍼블리시티권이라는 개념보다는 인격권의 법리를 확대하여 적용하자는 논의도 많다. 다만, 퍼블리시티권의 의미나 필요성 자체를 부정하는 것이 아니라, 기존 민법 법리로 해결이 가능한지 혹은 독자적인 권리의 도입이 필요한지의 문제이다.

3) 대표적인 법률안으로는 2015. 1. 13. 길정우 의원이 대표로 발의했던 "인격표지권 보호 및 이용에 관한 법률(안)"이 있다.

등에 대한 부분에 집중되었다. 특히 퍼블리시티권의 법적 성질을 인격권으로 볼 것인지 혹은 재산권으로 볼 것인지에 따라 각 쟁점들에 대한 논리적 일관성과 그 변형들은 그 자체가 학문적으로도 흥미로운 주제였다.

그러나 퍼블리시티권을 유명인사가 자신의 동일성을 타인이 상업적으로 이용하는 것을 통제할 수 있는 권리로 정의하는 한 그 권리를 행사하려는 유명인사와 이를 이용하고자 하는 타인의 권리와의 충돌은 불가피하다. 특히 퍼블리시티권은 헌법에서 보장하는 표현의 자유 내지 영업의 자유와 상당히 여러 가지 측면에서 충돌한다. 또한 현대 사회에서의 언론들이 점점 대형화와 상업화의 길을 걷고 있는 가운데 표현 행위와 영업 행위, 즉 기사 등 언론활동과 광고 등 상업적 활동과의 경계도 불분명해지고 있으며, 이러한 경우에 퍼블리시티권은 헌법상 표현의 자유 및 영업의 자유와 교차 충돌을 일으키기도 한다.

사실 현재까지 퍼블리시티권과 관련하여 국내외의 거의 모든 판례들은 유명인사의 권리와 표현의 자유 내지 영업의 자유와의 충돌 문제를 해결하기 위한 것이었고,[4] 이런 점을 고려할 때 이제 퍼블리시티권의 논의 중심은 이러한 권리들 사이의 충돌 문제를 어떻게 조화롭게 해결할 것인지에 관한 논의, 즉 퍼블리시티권의 한계론이 되어야 한다. 따라서 본 논문에서는 먼저 퍼블리시티권을 둘러싼 기존의 논의들을 살펴보고, 그 한계론으로서 퍼블리시티권과 다른 권리들 사이의 충돌을 어떻게 해결할 것인지에 대하여 살펴보도록 하겠다.

---

4) 퍼블리시티권에 관한 최초의 사례인 이휘소 사건도 유명인사 유족의 권리와 그의 삶을 다루려는 소설가의 표현의 자유가 서로 충돌하는 사례였다.

2. 연구 범위 및 방법

본 논문은 퍼블리시티권의 한계론, 즉 유명인사의 퍼블리시티권과 유명인사의 동일성을 이용하려는 다른 권리와의 충돌 문제를 어떻게 해결하는지를 다루고자 한다. 그러나 이러한 논의의 전제로 퍼블리시티권의 이론적 과제들을 살펴보아야 한다. 우리나라에서는 아직도 퍼블리시티권의 인정과 관련하여 견해의 대립이 있으며, 최근에는 퍼블리시티권을 부정하려는 입장도 유력하기 때문이다. 따라서 퍼블리시티권의 한계론을 논하기에 앞서서 퍼블리시티권의 논의 배경 및 개념, 법적 성질, 주체 및 객체, 효력 범위 등에 대해서 정리가 선행되어야 한다.

이에 따라 본 연구는 다음과 같은 순서로 진행된다.

제2장에서는 퍼블리시티권의 발전과정을 검토한다. 우선 퍼블리시티권의 유래와 관련하여 프라이버시권과 관련된 미국의 논의를 살펴봄으로서 퍼블리시티권이 왜 필요한지 혹은 어떻게 발생했는지를 살펴본다. 그리고 퍼블리시티권을 인정하기 시작한 미국의 판례들과 논문들을 중심으로 퍼블리시티권 이론과 판례의 발전과정을 살펴본다. 또한 우리나라와 유사한 입법환경을 가지고 있는 일본에서의 퍼블리시티권 이론의 도입 및 발전과정에 대해서 살펴본다. 그리고 이러한 해외 이론 및 사례와 비교하여 본격적으로 우리나라에서 퍼블리시티권을 인정하기 시작한 판례들에 대해서 살펴보도록 하겠다. 나아가 퍼블리시티권의 이론적 근거 및 인정여부에 대한 논의들을 본격적으로 검토하겠다.

제3장에서는 퍼블리시티권의 구체적인 내용에 대해서 다룬다. 즉 퍼블리시티권의 법적 성격을 놓고 재산권설과 인격권설이 첨예하게 다투어지고 있으므로 이러한 학설과 판례의 동향을 먼저 살펴본다. 그리고 이러한 논의를 바탕으로 퍼블리시티권의 이전성, 상속성 및

존속기간 등의 주요 쟁점들을 살펴보도록 하겠다. 또한 퍼블리시티권의 주체나 객체와 관련된 각 쟁점들에 대해서 살펴봄으로서 퍼블리시티권이 이론적으로 어디까지 범위를 넓히고 발전해 왔는지를 정리하도록 하겠다. 그리고 퍼블리시티권의 효력에 대해서 다룬다. 퍼블리시티권의 효력 문제는 퍼블리시티권이 다른 권리들과 어떻게 접점이 생기는지를 파악하기 위한 것이며 퍼블리시티권의 한계론을 논하기 위한 전제로서 의미가 있다. 따라서 침해 유형별 분류와 침해의 성립요건을 살펴보고, 구체적인 민사상 구제수단들을 살펴보도록 하겠다.

제4장부터는 퍼블리시티권의 한계에 대해서 본격적으로 다룬다. 퍼블리시티권은 그 개념상 다른 사람의 표현의 자유나 영업의 자유와 충돌할 수밖에 없는 바, 먼저 헌법상 표현의 자유의 의의 및 기능, 표현의 자유의 우월성에 대해서 논하고, 퍼블리시티권과 표현의 자유간의 관계에 대하여 헌법 이론적인 면에서 살펴보도록 하겠다. 그 후에 퍼블리시티권과 표현의 자유 사이의 충돌에 관하여 해결 기준을 설정하기 위한 미국 판례들의 발전 과정을 검토함으로써 어떤 접점에서 충돌을 해왔는지, 그리고 이러한 충돌을 해결하기 위해서 어떤 기준들이 논의되고 있는지에 대해서 살펴보도록 하겠다. 그리고 일본의 경우에 퍼블리시티권을 둘러싼 법익간의 충돌문제를 어떻게 해결해 왔는지를 사례별로 살펴보고 특히 현재 우리나라 판례에 많은 영향을 주고 있는 핑크레이디 사건의 판단기준이 어떻게 도출된 것인지를 살펴보도록 하겠다.

제5장에서는 우리나라에서 퍼블리시티권의 한계에 대한 논의를 다룬다. 현재까지는 우리나라에서 퍼블리시티권의 충돌을 해결하기 위하여 이론적으로 제시되고 있는 기준이 거의 없으므로, 국내법 중에서 저작권법상 공정이용 법리를 살펴봄으로써 이러한 공정이용의 법리를 퍼블리시티권과 다른 권리와의 이익형량 기준으로 적용하는

것이 가능한지에 대해서 살펴보도록 하겠다. 그리고 이러한 논의를 토대로 국내 판례들이 퍼블리시티권과 표현의 자유 및 영업의 자유 사이의 충돌문제에서 어떤 기준을 가지고 판단해왔는지를 소개하고, 이러한 판례들이 타당한지 혹시 다른 기준을 적용할 수는 없었는지 등을 살펴보도록 하겠다.

제2장
퍼블리시티권의 발전

제1절 개념

1. 의의

한국에서 퍼블리시티권 논의가 시작된 것은 1995년 이휘소 사건[1]으로 거슬러 올라간다. 물론 그 전에도 개인의 초상이나 성명 등을 동의없이 무단으로 이용해서 문제가 된 경우가 없었던 것은 아니지만, 개인의 인격적 법익에 대한 법리가 세분화되지 않았던 당시에는 모두 초상권 법리로 해결되고 있었다. 1995년 이휘소 사건에 이르러 법원은 퍼블리시티권의 존재를 인식했고 이를 계기로 국내에서 퍼블리시티권의 논의가 본격적으로 시작되었는데, 한편으로 퍼블리시티권은 한국 법조계에서 독특한 지위를 차지해왔다. 어떤 권리가 성립 요건이나 효력 범위는 고사하고라도 그 인정 여부를 놓고 20년 넘게 해결되지 못하는 경우는 거의 없었기 때문이다.

사실 지난 20년 동안 퍼블리시티권과 관련되어 상당한 양의 판례도 축적되었고 그 판례들에서는 퍼블리시티권과 관련된 다양한 쟁점들이 다루어졌다. 이는 바꾸어 말하면 그 만큼 퍼블리시티권을 인정할 현실적인 필요성이 분명하고 한편으로 이를 받아들일 환경이 되었다는 것을 반증하는 것이기도 하다. 하지만 퍼블리시티권에 대한 판례들이 간혹 일관성이 없거나 혹은 모순되는 태도를 보이면서 권리자들 뿐만 아니라 수범자들을 모두 혼란스럽게 하고 있다. 이를 정리해줄 대법원의 조속한 입장정리를 기대하는 목소리도 많지만 조만간 대법원 판결이 나온다고 하더라도 퍼블리시티권에 관련된 모든 쟁점들이 정리되기에는 아직도 많은 시간이 필요한 듯하다. 그래서 차라리 입법으로 해결하는 것이 더 빠를 것이라는 주장도 있지

---

[1] 서울지방법원 1995. 6. 23. 94카합9230 판결

만, 과연 어느 법률에 어떠한 방식으로 도입할 것인지에 대해서 정부 부처 사이에 미묘한 입장 차이들이 있기 때문에 현재로서는 입법을 통한 해결도 쉽지 않은 것 같다.[2]

미디어산업 혹은 콘텐츠산업의 발전에 따라 퍼블리시티권의 대상은 나날이 확대되고 있다. 즉 종래 성명·초상 뿐만 아니라 유명인의 아이덴티티를 표상(indicia of the celebrity's identity)[3]하는 모든 것에까지 적용 여부가 문제되고 있으며, 이용하는 방법도 광고 뿐만 아니라 현재에는 서적, 캐릭터 상품, 게임, 모바일 앱 등 상당히 다양한 분야로까지 넓혀지고 있다. 한편으로 방송, 인터넷, 모바일 등 IT 기술의 발전으로 인하여 엔터테인먼트 산업은 더 이상 특정 국가나 특정 지역에 한정되지 않고 전 세계를 하나의 시장으로 변화시키고 있으며 이에 따라 국가간 분쟁도 자주 발생하고 있다.[4]

퍼블리시티권은 각종 언론에서 연예인 스타들의 대표적인 권리로 거론되어 왔기 때문에 이제는 법조계뿐만 아니라 일반 국민들도 거의 아는 상식적인 권리가 되었다. 정부에서는 우리나라 문화 콘텐

---

2) 그 동안 퍼블리시티권의 입법과 관련하여 여러 정부부처에서 법률안이 제출되었다. 주요한 것들을 살펴보면 다음과 같다.
   (1) 저작권법 개정안 : 2009년 4월 16일 이성헌 의원 대표발의, 2012. 7. 6. 박창식 의원 대표발의
   (2) 민법 개정안 : 2013. 8. 23. 최원식 의원 대표발의
   (3) 부정경쟁방지법 개정 : 2013. 7. 23. 개정 법률(제2조 제1호 차목 신설)
   (4) 단행법률안 : 2015. 1. 13. 길정우 의원 대표발의 '인격표지권 보호 및 이용에 관한 법률(안)'
   위 각 입법형태에 대한 견해는 이해완, "퍼블리시티권의 법제화 방향에 대한 연구", 성균관법학 제28권 제4호(2016. 12), 100-102면.
3) 이를 총칭하여 Persona라고 부르기도 한다. 안병하, "독일의 퍼블리시티권 관련 논의 개관"(이하 본 논문에서는 "독일의 퍼블리시티권 관련 논의 개관"), 비교사법 제23권 제1호 통권 제72호(2016. 2.), 111면.
4) 남형두, "세계시장 관점에서 본 퍼블리시티권"(이하 본 논문에서는 "세계시장 퍼블리시티권"), 저스티스 제86호(2005. 8), 95면.

츠 산업, 특히 스타 연예인들의 권리를 보호하기 위해 노력하고 있고, 특히 '한류'의 발전 내지 지속성을 위해 내놓는 정책에는 퍼블리시티권에 관한 내용들이 단골 메뉴로 들어가 있다. 따라서 퍼블리시티권을 도입하여 요건과 행사방법, 효력 등에 관하여 적절하게 정하는 것은 그동안 여러 판례를 통하여 퍼블리시티권을 재산권의 하나로 자리잡게 한 사법부뿐만 아니라 우리 행정부와 입법부의 과제가 되었다.[5)6)]

이렇게 널리 알려진 권리인 퍼블리시티권의 '개념'을 다시 거론하는 것이 새삼스러울 수도 있으나, 아직도 퍼블리시티권의 인정 여부에 대한 논의조차 현재진행형이므로, 각종 법률안 등의 인정범위나 효력 등을 논의하기 위한 전제로서 퍼블리시티권의 개념에 관한 논의는 아직도 의미가 있다.

2. 개념

일반적으로 퍼블리시티권(Right of Publicity)은 "성명, 초상 등이 갖는 경제적 이익 내지 가치를 상업적으로 사용·통제하거나 배타적으로 지배하는 권리"라고 정의된다. 이러한 정의는 퍼블리시티권에 대한 미국의 최초 판례라고 일컬어지는 1953년 Haelan 판결[7)]에서 비롯

---

5) 정상조·박준석, "부정경쟁방지 및 영업비밀보호에 관한 법률에 의한 퍼블리시티권 보호방안 연구"(2009), 14면.
6) 재산권적 속성(proprietary nature)을 가짐으로 인하여 각 국가의 문화와 전통에 의해 많은 영향을 받으면서도(국지성, 특수성), 인터넷과 위성방송의 급속한 보급과 확산으로 인하여 거래법적인 요소를 갖고 있는(세계성, 보편성) 퍼블리시티권의 논의에 있어서 국제적 규범의 형성이라고 하는 거창한 목표가 아니더라도 섭외적 사건의 해결 또는 국내법규의 정비 차원에서 퍼블리시티권을 이론적으로 규명하고, 정책차원에서 입법 및 그 형태를 검토하는 것은 매우 긴요한 일이다. 남형두, "세계시장 퍼블리시티권", 100면.

된 것으로, 미국[8]과 우리나라의 판례[9]와 학설들[10]도 대부분 이와 유
사한 정의를 하고 있다. 결국 퍼블리시티권이란 자신이 가지는 성명,
이미지, 외관 등 동일성 표지(Indicia of Identity)의 상업적 이용을 통제
함으로서 경제적 이익을 얻을 수 있는 배타적 권리를 의미한다고 볼
수 있다.[11]

한편, 퍼블리시티권을 독립적인 권리로 인정하지 않는 입장에서
는 기존의 인격권 법리를 넓게 해석하여 혹은 인격권을 재정의함으
로서 해결을 도모한다.[12] 이에 따르면 우리나라의 인격권은 사람의

---

7) Haelan Laboratories, Inc. v. Topps Chewing Gum, Inc., 202 F.2d 866, 868(2nd Cir.
   1953).
8) Restatement of Unfair Competition(Thrid, 1995) § 46. Appropriation Of The
   Commercial Value Of A Person's Identity: The Right Of Publicity
   One who appropriates the commercial value of a person's identity by using without
   consent the person's name, likeness, or other indicia of identity for purposes of trade
   is subject to liability for the relief appropriate under the rules stated in § § 48 and 49.
9) 서울고등법원 2010. 2. 9. 선고 2009나47758 판결 등.
   우리나라에서 퍼블리시티권의 존재를 처음 인식한 '이휘소 사건'(서울지방
   법원 1995. 6. 23. 선고 94카합9230 판결)에서는 "퍼블리시티권이라 함은 재
   산적 가치가 있는 유명인의 성명, 초상 등 프라이버시에 속하는 사항을 상
   업적으로 이용할 권리(right of commercial appropriation)"라고 소개하고 있다.
10) 이한주, "퍼블리시티권에 관하여", 사법논집 제39집(2004), 340면; 권태상, 『퍼
   블리시티권의 이론적 구성』경인문화사(2013년), 293면; 김상중, "퍼블리시티
   권에 관한 국내 논의의 현황과 비교법적 고찰을 통한 법리적 제언", 비교
   사법 제23권 제1호 통권 제72호(2016. 2.) 4면 등.
11) 이러한 현상을 '인격권(right of personality)의 재산권화(propertization)' 혹은 '상
   업적 가치가 있는 인격(人格)의 유동화(流動化)'라고 보는 견해로는 남형
   두, "세계시장 퍼블리시티권", 89면.
12) 우리나라 종래 판례들은 퍼블리시티권과 관련된 쟁점에 있어서 '초상권'이
   라는 용어로 통칭하는 경우가 많았다. 그러나 '초상권'이란 표현은 용어상
   으로 볼 때 특정인의 초상 뿐만 아니라 성명, 목소리 등 인격적 가치를 모
   두 통칭하는 데에는 한계가 있다. 따라서 우리 법제상 헌법이 보장하는 기
   본권들 중에서 위 대상들에 관한 인격권적 측면의 권리에 대한 표현으로
   는 일단 '프라이버시권' 혹은 '인격권'이란 표현이 더 적합하다. 김재형,

정신적 측면의 이익 뿐만 아니라 경제적 측면의 이익도 함께 보호한다고 보고 있다.[13] 이는 종래 인격권의 개념이 '권리 주체와 분리할 수 없는 인격적 이익을 누리는 것으로 내용으로 하는 권리'로 정의되어[14)15] 그 개념상 인격적 이익만 의미하고 경제적 이익은 제외되는 것으로 인식되었지만, 점차 사람의 동일성 표지가 현대사회에서 상품 차별화를 위한 효율적인 마케팅 수단으로 상업적 의미 내지 재산적 가치를 가지게 되었고 이러한 사회의 변화에 따라 인격권의 개념을 '권리주체의 자유로운 인격발현을 직접적인 보호법익으로 하는 권능들의 총체'로 이해하여 재산적 이익까지 포함하여 해석하게 되었다. 이를 통해 기존 퍼블리시티권의 도입 및 관련 쟁점들을 민법상 인격권의 논의를 확장·포섭하는 것이다.[16]

사실 퍼블리시티권 논의는 법이론 보다는 사회적·경제적인 필요성 측면에서 더 강조되어 왔고 이러한 의미에서 미국법적 사고가 반영된 전형적인 미국적인 권리로도 일컬어진다. 미국에서 20세기 중반 이후에 매스미디어산업의 발달과 함께 배우 등 유명 인사들이 가지는 집중력 내지 흡인력을 광고 등에 이용하려는 행위들이 횡행했

"인격권에 관한 판례의 동향", 민사법학 제27권(2005), 376면.

13) 권태상, 앞의 책, 288면; 안병하, "인격권의 재산권적 성격: 퍼블리시티권 비판 서론"(이하 본 논문에서는 "인격권의 재산권적 성격"), 민사법학 제45-1호(2009. 6.), 114면; 정경석, "국내 초상권 이론 및 사례의 전개"(이하 본 논문에서는 "초상권 이론 및 사례의 전개"), 변호사 제38권(2008. 1), 127면.

14) 우리나라 대법원은 1980년 인격권이라는 용어를 처음 사용한 이래(대법원 1980. 1. 15. 선고 79다1883 판결), 인격권은 지속적으로 발전해왔으며, 1996년에는 인격권에 기한 금지청구권도 인정되었다(대법원 1996. 4. 12. 선고 93다40614 판결).

15) 2005년에 공표된 "언론중재 및 피해구제 등에 관한 법률" 제5조 제1항은 인격권의 개념을 "생명, 자유, 신체, 건강, 명예, 사생활의 비밀과 자유, 초상, 성명, 음성, 대화, 저작물 및 사적 문서, 그 밖의 인격적 가치 등에 관한 권리"라고 규정하고 있다.

16) 안병하, "독일에서의 퍼블리시티권 관련 논의 개관", 111-113면.

고 이에 유명 인사들의 그들의 경제적 이익을 적극적으로 주장하면서 고안되고 발전되어 왔다.

산업혁명의 결과로 20세기 초반에 농촌인구가 대도시로 몰려들면서 인구가 급격하게 증가했지만 도시 근로자들의 삶의 질이나 생활환경은 지극히 열악했다. 이러한 도시 근로자들에게 유일한 소일거리가 된 것이 값싼 입장료의 영화관이었다. 대도시의 근로자들 사이에서 폭발적인 인기를 누린 극장들은 전국적으로 퍼져나갔고 이와 더불어 영화에 출연한 영화배우들의 인기도 나날이 상승했다. 미디어의 발달은 종래 영화배우·가수의 지위를 행사·연회 등에서 여흥을 돋구는 보조적인 지위에서 대중들 사이에서 엄청난 인기와 영향력을 가지는 '대중 스타'의 지위로 격상시켜 놓았다. 이러한 대중 스타들에 대한 관심이 폭발하자 그들의 일거수일투족은 자연스레 TV나 신문 등 언론매체를 통해 계속 보도되었고 아예 스타들의 가십거리를 주된 기사로 하는 전문매체들도 생겨났다. 언론매체를 통한 기사는 스타들에 대한 관심을 확대재생산하게 되어 스타들의 영향력을 더욱 높여주었고, 이러한 스타들의 영향력을 이용하여 제작되는 상업광고 등도 늘어났다. 특히 영화배우들은 그 자체로도 높은 주목도를 갖고 있을 뿐만 아니라, 이들의 영화 속 배역 그 자체가 광고의 메시지를 함축하여 전달하는 효과적인 수단으로 인식되면서 광고업계의 인기는 계속 치솟았다. 문제는 스타들의 저명성과 주목도를 동의없이 무단으로 광고에 사용하거나 혹은 명시적인 반대에도 불구하고 강행하는 행위들까지 발생하게 되었고 이에 스타들이 법률적으로 문제를 제기하고 나서면서 프라이버시권의 또 다른 변형, 퍼블리시티권이 문제되기 시작된 것이다.

논의의 초기에는 주로 유명 인사들의 초상을 상업광고 등에 무단으로 사용하는 사례가 문제되었는데, 일반적으로 대중에게 알려지기를 원하고 이런 목적으로 행동하는 유명 인사들이 도리어 (특히 좋

은 이미지로) 대중들에게 널리 공표되는 광고로 인하여 정신적 피해
를 주장하는 것은 모순이라고 생각되었고 이에 기존 프라이버시권
에 의한 보호를 주장하는 것은 부적절하다고 여겼다. 그러나 아무리
대중으로부터 관심을 얻고 이를 위한 목적으로 활동하는 영화배우
라도 자신의 초상이 상업광고 등에서 무단으로 사용되는 것을 통제
할 수 없다는 것은 부당하며 또한 스타의 경제적 이익을 해하는 것
은 분명한 것이기에 이를 보호하기 위한 법적 논리가 필요했다.

　이러한 배경에서 시작된 미국에서의 퍼블리시티권 논의는 엔터
테인먼트 산업의 발전 정도에 따라 같은 고민을 시작하게된 다른 나
라들에 대하여 많은 영향을 주고 있는데, 현재 우리나라에서 논의들
도 이러한 미국의 퍼블리시티권의 이론들을 소개하면서 시작되었으
며, 이는 일본도 마찬가지이다.[17] 우리나라에서 퍼블리시티권의 개
념을 인정하는 견해[18]와 부정하는 견해[19] 사이의 논쟁이 아직도 진
행 중에 있지만, 그 구제의 필요성 자체를 부인하는 경우는 거의 없
는 것같다. 즉 퍼블리시티권의 국내 견해들은 새로운 권리로서 퍼블
리시티권을 인정할 것인지 아니면 기존의 법리 특히 민법상 인격권
법리의 확장해석을 통해 해결하려는 것인지의 논의이고, 개별적으로
는 재산권으로 보느냐 양도성이 있는 권리로 보느냐 등에 있어서 다
툼은 있지만 결국 보호의 필요성은 인정하고 있는 것으로 보인다.

　이에 퍼블리시티권이 발생하게된 미국에서의 법리적 발전을 살

---

17) 퍼블리시티권과 관련된 외국의 논의 현황에 대해서는 최근 『비교사법』(제
　　23권 제1호 통권72호(2016. 2.))에 실린 "미국법상 퍼블리시티권"(권태상),
　　"독일의 퍼블리시티권 관련 논의 개관"(안병하), "일본법에서의 퍼블리시티
　　권"(윤태영) 등 참고.
18) 퍼블리시티권의 도입을 주장하는 대표적인 견해로는 남형두, "세계시장
　　퍼블리시티권", 87-124면.
19) 퍼블리시티권의 도입을 반대하는 대표적인 견해로는 권태상, 앞의 책, 294
　　면 이하 참조.

펴보고 또한 우리나라와 유사한 법제를 가지고 있는 일본에서의 법리적 발전도 살펴보도록 하겠다.

제2절 퍼블리시티권의 연혁

1. 미국에서 이론 및 판례 발전과정

퍼블리시티권이 미국에서 처음 인정된 것은 1953년 Haelan 판결로서 지금으로부터 약 60년 전에 불과하다. 퍼블리시티권은 엔터테인먼트 분야의 산업화 과정에서 주로 유명 영화배우나 가수 등 대중스타들의 초상 등을 광고 등에서 무단으로 이용하는 행위로부터 그들의 경제적인 이익을 보호하고자 하는 목적에서 비롯된 것인데, 사실 미국에서도 그 이념적 기초나 요건, 효과 등에 있어서 완전한 합의를 이룬 것은 아니며 최근 인정범위도 점차 확대되고 있는 등 아직도 발전 과정 중에 있는 권리라고 볼 수 있다. 이론적으로 퍼블리시티권은 종래 프라이버시권이 해결하지 못하는 난점을 보완하려는 목적으로 논의되기 시작했으므로 먼저 프라이버시권에 대한 이론적 검토가 선행되어야 한다.

가. 생성 단계

(1) 서설

미국에서 처음으로 프라이버시권이 자리를 잡게 된 것은 Warren과 Brandeis의 1890년 'The Right to Privacy'이라는 논문에서였다. 이 논문에서는 프라이버시권을 개인이 사적으로 쓴 문서와 기타 지적 또는 정신적 생산물을 보호하는 권리로 설명하면서 그 범위를 개인의 외모, 발언, 행위, 사적 관계 등에까지 확대하고자 했다.[1] 이들은 프

---

[1] Warren, Samuel D. & Brandeis, Louis D., 1890, The Right to Privacy, Harvard Law Review, 193.

라이버시권을 헌법적 권리로 인정하고 이를 보호함으로써 당시 미국 언론들의 가십성 기사 등 과잉 보도경쟁으로 피해를 받고 있는 개인의 인격권을 보호할 수 있다고 보았다.

위 논문으로 인해 프라이버시권의 논의가 본격적으로 시작되었고 법원에서도 프라이버시권의 인정여부가 문제되기 시작했다. 1902년 Robertson 사건[2]에서 당시 New York 주 법원은 프라이버시권의 필요성은 인정하면서도 아직 명문으로 인정되지 않고 있으며 수정헌법 제1조 언론·출판의 자유를 과도하게 제한할 수 있다는 이유로 프라이버시권에 기한 청구를 인정하지 않았다.[3] 그 후 1905년의 Pavesich 판결[4]에서 Georgia 주 최고법원은 프라이버시권이 자연법(natural law)으로부터 도출되는 권리라고 하여 미국 최초로 프라이버시권을 인정하고 '상처받은 감정(wounded feeling)'에 대해서 손해를 배상해야 한다고 판결했다. 이후 1931년 California 주 최고법원의 Melvin 사건[5]을 거치면서 프라이버시권은 미국 내에서 하나의 법원칙으로 승인되기에 이르렀다.

먼저 Warren은 그의 논문에서는 개인의 사적 영역이 공개됨으로 인해서 개인이 정신적으로 극심한 고통을 받을 수 있다는 점을 강조하고 따라서 개인의 사적영역이 그 의사에 반하여 공개되는 것을 방

---

2) Roberson v. Rochester Folding Box Co. 171 N.Y. 538, 64 N.E. 442 (N.Y. 1902). 이 사건에서 원고는 자신의 사진이 피고 회사의 밀가루 광고에 무단으로 이용된 것에 대하여 금지명령과 손해배상을 청구했다.

3) 하지만 이러한 결론에 대하여 많은 비판이 있었고, 이에 1903년 New York 주는 다른 사람의 이름이나 초상 등을 동의없이 영리목적으로 사용하는 것은 경범죄와 불법행위에 해당한다는 내용의 입법을 하기에 이르렀다. New York Session Laws 1903, ch. 132 § § 1-2.(현재는 N.Y. Civil Rights Law § § 50 to 51).

4) Pavesich v. New England Life Insurance Co. 122 Ga. 190 (1905). 이 사건에서 원고는 자신의 초상이 피고 회사의 생명보험 광고에 무단으로 이용되고 마치 생명보험에 가입한 것처럼 기재된 것에 대하여 명예훼손과 프라이버시 침해를 주장했다.

5) Melvin v. Reid, 112 Cal. App. 285, (1931).

지할 수 있는 권리(the right to be let alone, 혼자 있을 권리), 즉 프라이
버시권이 필요하며 이러한 권리가 침해된 경우에는 정신적 고통에
대한 금전배상이 가능하다고 보았다.[6] 이런 점에서 프라이버시권은
개인의 의사에 반하여 대중에게 공개함으로써 인격적으로 고통을
주고 상업 광고 등을 통해 경제적 이익을 올리는 경우에는 적절한
보호수단이 될 수 있었다.

이러한 프라이버시권은 독립된 하나의 권리로서 정립되어 있을
지라도 기본적으로 인격권에 기초하고 이에 테두리 지워진다. 원래
프라이버시권이 인격권의 일종이라는 논의에 따르면, 특정인의 성명
이나 외관 등이 허락 없이 이용된 경우에 이것은 정신적 침해에 대
한 손해배상의 대상이 될 뿐 개인의 재산권에 대한 침해라고 볼 수
는 없었다. 실제로 Pavesich v. New England Life Insurance Co. 사건[7]에서
Georgia 주 대법원은 개인의 초상을 상업적인 목적으로 광고에 무단
으로 사용한 행위는 개인의 프라이버시권의 침해라고 인정하면서
개인의 상처받은 감정(wounded feeling)에 대한 배상을 인정했다.

그러나 점차 침해의 태양이 다양화함에 따라 미국에서도 인격권
인 프라이버시권과는 다른 독자적인 재산권으로서의 퍼블리시티권
이라는 개념이 발전해 나갔다.

(2) O'Brien 판결[8]

퍼블리시티권이 미국에서 하나의 독자적인 권리로서 정립되는
과정에서 첫 단추가 되는 사례로 평가받은 것은 1941년 O'Brien 판결
이다. 대중에게 유명한 사람이 프라이버시권을 주장할 수 있는지가

---

6) Warren, Samuel D. & Brandeis, Louis D., 1890, The Right to Privacy, Harvard Law Review, 193.

7) Pavesich v. New England Life Insurance Co. 122 Ga. 190 (1905).

8) O'Brien v. Pabst Sales Co., 124 F. 2d 170(5th Cir. 1941).

문제된 이 사건에서 연방 제5항소법원은 소위 '포기이론(waiver theory)'
에 의해서 원고의 청구를 배척했다.

원고 O'Brien은 유명한 미식축구선수였는데 운동 외에 많은 사회
활동을 해왔고, 특히 청소년들의 음주예방을 위한 사회단체에 소속
되어 많은 활동을 했고, 맥주를 비롯한 주류회사의 광고출연 제의를
모두 거절해왔다. 그런데 피고 회사가 O'Brien의 사진을 자사의 맥주
광고에 무단으로 사용했고, 이에 O'Brien은 이러한 광고 이용행위는
프라이버시권 침해에 해당한다면서 피고회사를 상대로 손해배상을
청구했다.

그러나 연방 제5항소법원은 기존 프라이버시권 논리의 토대에서
"원고는 사인(private person)이 아니므로 단순히 초상이 공개되었다고
해서 권리를 침해받지 않는다. 왜냐하면 원고는 공인으로서 지속적
으로 대중적인 명성을 얻기 위해 노력해왔기 때문에 원고의 사진 이
용을 인해서 정신적 충격을 입었다고 할 수 없기 때문이다"라고 판
시하여 위 광고행위가 O'Brien의 프라이버시권을 침해한 것이 아니라
고 했다. 즉 유명 미식스포츠선수 O'Brien은 일반 사인이 아니라 공인
이었기 때문에 광고사진의 공개로 인한 별도의 정신적 손해가 없다
고 본 것이다.[9]

위 O'Brien 판결의 소수의견은 비록 퍼블리시티권이라는 용어를
쓰지는 않았지만 사진의 광고이용에 대한 재산권적 성격을 언급함
으로써 이후 퍼블리시티권이 독자적 권리로 정립되기 위한 단초를
제공했다. 즉, 위 판결에서 Holmes 판사는 "프라이버시권은 어떤 사

---

9) 여기에는 O'Brien이 평소에 청소년 음주예방 단체에 활동하면서 맥주광고
   에 캐스팅됨에 따른 합리적 보상에 따른 권리를 포기했던 것도 하나의 원
   인으로 작용했다고 보는 견해도 있다. 이영록, "퍼블리시티권에 관한 연구
   (Ⅰ)-그 주체·객체에 대한 미국에서의 논의를 중심으로"(이하 본 논문에서
   는 "퍼블리시티권에 관한 연구(Ⅰ)"), 저작권연구자료 제43호(2003), 17면.

람의 이름이나 사진을 상업적 광고의 목적으로 이용할 권리와는 구분된다. 후자는 가치에 있어 차이가 있을 뿐 모든 사람에게 귀속하는 재산권(property right)이다. 이 권리는 손해 없이 위반될 수 없는 개인의 권리이다. 맥주, 와인, 위스키, 특허 의약품, 기타 상품 등의 광고주들에 의한 항소인 사진의 비방 없는 모든 이용에 대해 다수의견은 항소인을 구제하지 않고 있다. 이는 다른 모든 유명한 연극, 영화, 운동 스타도 마찬가지이다. 만약 어떤 사람이 유명하고 그래서 예술이나 스포츠에 있어서의 그 재능과 업적을 사용하는 것이 허용되어야 한다면, 상업 광고업자들은 다른 사람의 이름이나 명성을 상업적으로 이용하기 위한 어떠한 보상도 없이 자신들의 물품 판매를 증가시키기 위해서 그러한 인기를 적법하게 이용할 수 있다. 이것은 거래시장에서 광고주들 사이의 이용과 관습에 반한다. 일반적으로 광고업자들이 그들 상품에 대한 수요와 신용을 만들어내기 위해 다른 사람의 이름이나 사진을 구매하여 이용해왔다는 사실은 의심의 여지가 없다"고 설시했다.

즉, 위 의견에서 Holmes 판사는 기존의 프라이버시권 논의에서 독립된 재산적 가치의 존재 및 권리 보호의 필요성을 인정한 것이다. 다만 Holmes 판사의 소수의견은 비록 재산권적 성격을 인정했다고는 하지만 여전히 프라이버시권에 그 토대를 둔 것이고 퍼블리시티권에 독자적인 권리성을 인정한 것은 아니었다.

나. 인정 단계

(1) Haelan 판결[10]

위와 같이 O'Brien 판결에서 Holmes 판사의 소수의견은 유명 인사

---

10) Haelan Laboratories, Inc v. Topps Chewing Gum, Inc., 202 F.2d 866, 868(2nd Cir. 1953).

의 초상 등이 가지는 재산적 가치 및 그에 대한 보호에 대해서 설시를 했고 이러한 주장은 그 후 학설과 판례에 많은 영향을 주었다. 이러한 과정을 거쳐서 1953년 Haelan 판결에서는 개인이 가지는 재산적 권리에 대해서 '퍼블리시티권'이라는 표현을 처음 사용했으며 이로써 퍼블리시티권은 프라이버시권과는 구별되는 독자적인 권리로 인정되기 시작했다.

이 사건의 원고와 피고는 서로 경쟁관계에 있는 껌 제조업체였다. 두 회사는 당시의 청소년들 사이에서 인기리에 수집되고 거래되던 프로야구선수들의 사진들에 대한 이용 권리를 얻기 위해 서로 치열하게 경쟁하고 있었다. 원고 Haelan 회사가 먼저 유명 프로야구 선수들과 그들의 성명과 사진을 독점적으로 광고물에 사용할 수 있는 계약을 체결했는데, 그 계약에는 동일한 계약기간 동안 원고 회사와 계약을 체결한 프로야구 선수들은 다른 껌 제조업체와 유사한 권리를 주는 계약을 체결해서는 안된다는 내용을 포함하고 있었다. 그런데 이후 피고 회사가 원고 회사와 이미 계약을 체결한 야구선수들과 선수들의 사진을 원고 회사와의 계약기간 동안에도 이용할 수 있도록 하는 계약을 체결하고 사진들을 제품에 사용했다.

원고 회사는 피고 회사가 고의로 원고 회사가 먼저 계약을 체결한 프로야구 선수들과 이중 계약을 체결했고 이로 인해 '퍼블리시티권'을 침해당했다고 주장했다. 이에 피고 회사는 New York 주 민권법(Civil Right Law) 제50조 등[11)에 따르면 개인의 허락 없이 야구선수들의 성명과 사진을 이용하는 것은 프라이버시권의 침해에 불과하고

---

11) New York Civil Right Law § 50. Right of privacy

A person, firm or corporation that uses for advertising purposes, or for the purposes of trade, the name, portrait or picture of any living person without having first obtained the written consent of such person, or if a minor of his or her parent or guardian, is guilty of a misdemeanor.

이러한 프라이버시권은 일신전속적이고 양도될 수 없는 권리이므로 원고 회사가 법적으로 보호받을 수 있는 재산상의 이익을 갖는 것은 아니라고 주장했다. 결국 이 사건에서는 선수들의 사진과 성명에 대한 이용권이 인격권인지 아니면 재산권인지가 쟁점이 되었다.[12]

1심 법원은 피고의 항변을 받아들여 원고의 청구를 기각했으나, 항소심에서는 원고의 청구를 받아들이고 일부 쟁점에 대해서는 심리미진을 이유로 파기 환송했다. 즉, 연방 제2항소법원은 "사람은 프라이버시권과는 별도로 그에 덧붙여서 자기 사진이 가지고 있는 공표가치(publicity value)에 대한 권리 즉, 자신의 사진을 공표할 배타적 권리를 타인에게 허락할 수 있는 권리를 가지며, 이러한 권리를 퍼블리시티권이라 부를 수 있다. 왜냐하면 많은 유명 인사들은 그의 초상이 공중에 공개됨으로써 가지게 되는 정신적 고통과는 별도로 광고출연, 신문·잡지·버스·기차·지하철에서의 전시에 대해 전혀 대가를 받지 못한다면 감정을 상하게 될 것이라는 점은 쉽게 이해할 수 있기 때문이다. 또 퍼블리시티권에 유명 인사들에게 광고업자들이 자신의 사진을 이용하는 것을 금지시킬 수 있는 배타적 권리가 없다면, 이러한 퍼블리시티권은 유명 인사에게 아무런 금전적 이익을 가져다 줄 수 없다는 점은 명백하다"고 판시했다.

이 판결에서 법원은 개인의 자기동일성에 대한 재산권으로서의

---

12) 만일 피고 회사가 고의로 선수들과 원고 회사간에 체결된 계약을 침해한 경우에는 불법행위(제3자 채권침해 혹은 계약침해)의 문제가 발생한다. 실제로 이 사건에서 피고 회사는 선수들과 여러 건의 계약들을 했는데, 그 중에 에이전트(Players Enterpirse, Inc.)를 통해서 체결한 부분에 대해서는 피고 회사에게 직접 계약침해책임을 물을 수 있었지만, 제3자(Russell Publishing Co.)의 계약을 양수한 부분에 대해서는 비록 그 제3자가 고의가 있었다고 하더라도 피고 회사는 단순히 양수인에 불과하여 불법행위책임을 물을 수 없었다. 그래서 법원은 계약침해 법리 외에 피고 회사가 고의로 원고 회사의 어떤 권리를 침해한 것인지 검토하게 된 것이다.

'퍼블리시티권(the right of publicity)'이란 표현을 최초로 사용했고, 기존 프라이버시권이 양도할 수 없는 순수한 개인적인 권리(purely personal and not assignable)인 것과는 다르게 퍼블리시티권은 권리주체에서 분리되어 양도할 수 있는 권리이며, 이러한 퍼블리시티권의 양수인은 양수받은 권리를 침해하는 자에 대하여 직접 손해배상을 청구할 수 있다고 판시했다.

결론적으로 그 이전의 판례들이 프라이버시권을 인격권으로만 파악하고 이것을 전제로 그 보호여부를 판단했었지만, Haelan 판결은 특정인의 자기동일성을 일종의 재산권(property right)[13]으로 보고 양도가능성을 인정했으며, 이에 대한 상업적 이용을 보호하기 위하여 독자적인 권리로 퍼블리시티권이라는 표현을 처음 사용했다는 점에서 큰 의의가 있다.

(2) Nimmer 교수의 논문[14]

위와 같은 Haelan 판결이 있은 다음 해인 1954년 Melville B. Nimmer 교수는 기존의 퍼블리시티권에 대한 논의를 자세하게 정리한 논문 "The Right of Publicity"를 발표했다. 이 논문에서 Nimmer 교수는 퍼블리시티권을 '공표 가치(publicity value)'[15]라는 개념을 중심으로 파악했다.

즉 커뮤니케이션, 광고, 엔터테인먼트 기술의 발전으로 인하여 유명한 인물(public personality)들은 자신의 이름, 사진이나 기타 유사물(likeness)이 금전적 가치를 가진다는 것을 알게 되었으며, 이 가치는

---

13) 다만 위 판결문에서는 퍼블리시티권이 '재산권(property right)'이라는 라벨은 붙이는 것은 중요하지 않고, 이것은 금전적 가치를 가진 청구를 인정하기 위한 상징적인 것으로만 파악했다.

14) Nimmer, Melville B., 1954, The Right of Publicity, 19 Law and Contemporary Problems 203 p.216.

15) 여기서 '공표가치'는 사람의 성명, 초상이 광고 또는 상업적 목적으로 이용될 때의 상업적 가치를 의미한다.

프라이버시 이론이나 부정경쟁금지법 등 다른 어떤 전통적인 법이론으로는 보호를 받지 못하기 때문에 다른 독자적인 권리개념이 필요하고, 그래서 재산권의 일종으로서 퍼블리시티권 즉 "자신이 창조했거나 타인으로부터 양수받은 공표 가치를 통제하고 그 가치로부터 이익을 얻는 개인의 권리(the right of each person to control and profit from the publicity values which he has created or purchased)"라고 보았고,[16] 기존의 프라이버시권 등의 법리로는 이러한 퍼블리시티권에 관련된 분쟁을 해결하기에는 부적절하기 때문에 이를 해결하기 위한 독자적인 개념으로 퍼블리시티권이 필요하다고 주장했다.

이와 같이 퍼블리시티권을 공표 가치를 중심으로 이해함에 따라 퍼블리시티권의 주체를 자연인에 한정하지 않고, 이론적으로는 법인 등 단체는 물론 동물에게도 퍼블리시티권을 인정할 수 있게 되었다.[17]

다. 발전 단계

(1) 서설

이와 같은 1953년 Haelan판결이 있었지만 미국 법원의 판례들은 1970년대 중반까지도 프라이버시권이나 퍼블리시티권 성질과 효력에 관한 논의들을 정리하지 못했다. 오히려 퍼블리시티권이 프라이

---

16) Id. p.216.
17) 권태상, "미국 퍼블리시티권(the right of publicity)의 개념과 보호대상-캘리포니아주와 뉴욕주를 중심으로-"(이하 본 논문에서는 "미국 퍼블리시티권의 개념과 보호대상"), 법학논총(단국대학교 법학연구소) 제34권 제1호(2010. 6), 213면.
한편, Nimmer교수가 '공표가치'의 경제적 측면에 지나치게 초점을 맞춤으로써 그것이 개인의 인격권(프라이버시권)의 한 속성으로서의 자기결정권과 관련성이 있음을 전면적으로 부정하는 입장을 취한 것은 비판의 소지가 있다는 견해는 이해완, 앞의 논문, 87면.

버시권과 독립적인 법적 권리인가라는 기본적인 논점에 대하여도 각 주별로 통일적인 입장을 보여주지 못했다.

(2) Prosser 교수의 논문

이러한 프라이버시권은 Prosser 교수에 의해 더욱 발전되었다. Prosser 교수는 1960년 "Privacy"라는 논문[18]에서 프라이버시권의 침해 유형을 네 가지로 분석하면서 이는 공통된 이름으로 결합하여 있으나 "홀로 있을 권리(to be let alone)"를 침해한다는 점을 제외하고는 공통점이 별로 없다고 보았다. 그가 분류한 4 가지의 침해 유형은 ① 사적 영역에 대한 침입(intrusion),[19] ② 사생활의 공개(public disclosure of private facts),[20] ③ 공중에게 잘못된 인식을 심어주는 행위(false light in the public eye),[21] ④ 도용(盜用, appropriation)[22] 등이다. Prosser 교수는 4가지 침해유형 중 '도용(appropriation)'은 나머지 유형들과 성격이 다르고 이로 인해 보호되는 이익은 정신적인 부분은 아니며, 만약 재산권이 아니라도 일단 법에 의해 보호되면 이용허락(license) 등을 통해 활용할 수 있는 가치가 존재한다고 했다. 이로써 Prosser 교수는 퍼블리시티권을 프라이버시권의 유형 중 하나인 '도용(appropriation)'의 내용에 포함하여 이해한 것으로 해석되고 있다.[23]

여하튼 당시에는 프라이버시권이 보호하는 인격권적 권리에는 유명인들의 성명·초상 등에 대한 경제적 이익은 포함되지 않는다고

---

18) Prosser, William L., 1960, Privacy, 48 Cal. L. Rev. 383, pp.383-423.

19) the intrusion upon the seclusion or solitude, or into the plaintiff's private affairs.

20) public disclosure of embarrassing private facts about the plaintiff.

21) presenting plaintiff to the public in a false light.

22) unpermitted use, usually for commercial purposes, of plaintiff's identity, with damage to plaintiff's dignitary interests and peace of mind.

23) Prosser, William L., 1960, Privacy, 48 Cal. L. Rev. 383, pp.405-406; 권태상, "미국 퍼블리시티권의 개념과 보호대상", 17면.

보는 것이 일반적인 견해였다. 즉, 프라이버시권은 대중의 과도한 관심 혹은 무책임한 사용으로부터 개인의 사적 영역(private sector)을 보호하고자 하는 법리이므로, 오히려 일반 대중에게 널리 알려진 인물이거나 대중의 스포트라이트를 적절히 이용해야 하는 유명 인사들의 경우에는 종래 프라이버시권의 법리를 적용할 수 없는 한계가 발생했다.[24] 결국 당시 각종 소송에서 유명 인사들은 자신의 명성을 얻거나 유지하기 위하여 프라이버시권을 포기(waived)했다고 간주되어 소송에서 권리구제를 받지 못했다. 이와 같은 유명인사의 소송상 자기모순 내지 권리구제의 한계를 극복하기 위해서 종래 프라이버시권과는 다른 퍼블리시티권이라는 개념이 발생하게 되었다. 이러한 학계의 논의에 더하여 1976년 Zacchini 판결[25]과 1977년의 Elvis Presley 판결들[26]이 선고되면서 퍼블리시티권에 대한 논의는 더욱 발전되기 시작했다.[27]

---

24) 자신의 성명·초상 등을 타인이 허락 받지 않고 광고 등 상업적 목적으로 이용하는 것에 대해 유명인이 정신적 이익의 침해를 이유로 제기한 소는 실제로는 경제적 이익만 침해되었다는 것을 이유로, 반대로 경제적 이익의 침해를 이유로 제기한 소는 프라이버시권은 논리적으로 경제적 이익이 아닌 정신적 이익에 대한 침해가 있었다는 것을 이유로 번번이 무산되었다. 정상조·박준석, 앞의 논문, 16면.

25) Zacchini v. Scripps-Howard Broadcasting Co. 433 US 562 (1977).

26) Factors v. Creative Card Company 444 F. Supp. 279 (1977), Factors v. Pro Arts, Inc. 444 F. Supp. 288 (1977).

27) 이 외에 Lugosi 판결(Lugosi v. Universal Pictures, 603 P.2d 425 (Cal. 1979)) 등도 퍼블리시티권에 관한 발전 과정에서 중요한 판결 중 하나이다. 이 사건에서 법원은 "인간의 성명·초상이라고 하는 퍼블리시티 특유의 가치를 가진 소위 명성이라고 하는 이익은 프라이버시권으로부터 완전하게 구별되어 분리된 재산권"이라고 판시했다.

(3) 1970년 Uhlaender 판결[28]

원고 Ted Uhlander[29] 등은 프로야구 Minnesota Twins 소속의 야구선
수들이며, 피고 회사는 'Big League Manager'라는 야구게임을 만들었는
데 원고들의 이름과 기록, 선수활동 등이 자세히 기록되어 있는 선
수카드를 사용했다. 하지만 이러한 선수카드에 개별 선수들의 이름
이나 기록을 사용하는데 있어서 원고들의 동의를 받지 않았고 이에
원고 야구선수들이 불법행위에 기한 손해배상을 청구한 사건이다.

이에 연방지방법원은 Prosser 교수 논문의 프라이버시 분류를 인
용하면서 "유명인들은 그의 공적 인격에 관하여 적법한 재산적 이해
관계가 있다. 이를 위해 그들은 수년동안 훈련과 시합에 노력을 투
자했고 그 결과 그것을 상품화시킬 지위를 얻은 것이다. 그의 이름,
외형, 기록에 화체된 동일성(identity)은 그의 노동의 대가(the fruit of
labor)이며 재산권의 일종(a type of property)"이라면서, 야구선수들은
그들의 이름과 기록, 선수 활동에 관하여 재산권적 이익을 가지며
이것들을 상업적 목적으로 사용하는 것을 금지할 권한이 있다고 보
았다.

그러나, 성명이나 외모 뿐만 아니라 실제 경기에서 야구선수들이
활동한 기록들은 일종의 공적인 기록(public record)임에도 불구하고
여기에까지 야구선수들의 재산권이 미친다고 한 것은 개인의 재산
권의 지나친 확장이며 특히 이러한 공적 기록을 이용하려는 다른 사
람들의 표현의 자유를 침해하는 측면이 있다.[30]

---

28) Uhlaender v. Henricksen 316 F. Supp. 1277 (D. Minn. 1970).
29) 이 사건 당시에는 선수들의 권리를 관리해주는 MLBPA가 출연하기 이전이
     었기 때문에 피고 회사가 소재하는 미네소타 트윈스 소속의 Ted Uhlander
     를 대표자로 하여 집단소송(class action)을 제기한 것이다.
30) 남형두, "스포츠경기와 퍼블리시티권-스포츠선수의 이름과 경기기록은
     누구의 것인가?-"(이하 본 논문에서는 "스포츠경기와 퍼블리시티권"), 스
     포츠와법 제10권 제3호(2007. 8), 208면; 정상조·박준석, 앞의 논문, 18면 등.

(4) Zacchini 판결[31]

이렇게 퍼블리시티권은 판례와 학설들에 의해 크게 발전을 거듭해왔고, 마침내 미국 연방대법원은 1977년 Zacchini 판결에서 '퍼블리시티권'이라는 권리를 명시적으로 인정하기에 이르렀다. 이 판결을 계기로 퍼블리시티권은 미국 법조계에서 하나의 독립된 권리로 자리를 잡게 되었다. 이 판결은 퍼블리시티권에 관한 현재까지의 유일한 연방대법원의 판결이다.[32]

원고 Hugo Zacchini는 대포 속에 포탄을 대신하여 들어가 공중에 발사되어 날아올라 200피트 떨어진 그물에 떨어지는 이른바 '인간 포탄 연기(human cannon performance)[33]'를 하는 곡예사이다. 원고는 1976년 여름 Ohio 주의 어느 시장의 축제에서 인간 포탄 연기를 했는데, 그 지역의 Scripps-Howard라는 TV방송국이 저녁 뉴스시간에 원고의 동의 없이 인간 포탄 연기를 전부 촬영해서 방송했고, 이에 원고가 전문적 직업 재산에 대한 위법한 도용이라고 주장하며 TV방송국과 그 지시를 받아 촬영한 프리랜서를 상대로 손해배상을 청구한 사건이다.

이 사건에서 Ohio 주 대법원[34]은 먼저 공연(performance)이 무체재산권의 대상임을 고려하여 저작권법의 적용여부를 판단했는데 Zacchini의 공연이 문학적, 예술적 창작물이 아니고, 원고에게는 저작권 제한의 주요 근거 중의 하나인 언론의 자유에 대한 수인의무가 있으므로 피고에게 손해배상책임이 없다고 판시했다. 또한 Zacchini

---

31) Zacchini v. Scripps-Howard Broadcasting Co. 433 U.S. 562 (1977).
32) 퍼블리시티권에 대한 연방대법원 판결이 드문 이유는 연방법원과 주법원 간의 관할권 분배의 차이에서 기인한다. 대부분의 주들은 퍼블리시티권을 주법 차원에서 규정하거나 혹은 각 주의 보통법에 근거해서 판단을 하고 있기 때문이다.
33) 이러한 실제공연의 시간은 약 15초 정도이다.
34) Zacchini v. Scripps-Howard Broadcasting Co. 351 N.E.2d 454, 462(Ohio 1976).

에게 '퍼블리시티권'을 인정했지만 보도의 실질적 의도가 타인의 권리를 침해하려는 것이 아닌 한 언론기관의 권리가 우선한다고 보았다.

이에 대하여 연방대법원은 "원고의 전체 연기에 대한 필름을 방영하는 것은 그 공연의 경제적 가치에 대해 본질적인 위협을 야기한다. Ohio 법원이 인정한 바와 같이 원고의 공연은 원고 자신의 재능과 정열, 많은 시간, 노력, 지출의 결과에 의한 생산물이다. 그 경제적 가치는 그의 공연에 대한 독점적 지배권(right of exclusive control over the publicity given to his performance)에 있다. 만약 일반 대중이 그의 연기를 TV를 통하여 자유롭게 볼 수 있다면, 그 공연장에서 그것을 보기위해 돈을 지불할 의사가 감소될 것이며 이는 원고로 하여금 입장료를 징수하는 것을 방해한 것과 유사하다"고 판시하여, 보호되는 언론과 보호되지 않는 언론의 경계를 어디에 설정하는지에 관계없이 방송국이 본인의 동의 없이 그 연기 전부를 방송한 것은 부당하고 수정헌법 1조에 의해서 면책될 수 없다고 보았다. 만일 원고의 인간 포탄 연기를 방송해야 할 필요성이 인정된다면 그 일부만을 방송하는 것으로 충분히 목적을 달성할 수 있었고, 원고의 청구는 방송의 중지가 아니라 경제적 손해의 배상만을 구하는 것이며, 이로 인해 발생한 원고의 경제적 이익의 침해는 언론의 자유보다 중대한 침해라고 보아 피고들의 손해배상책임을 인정했다.

이와 같이 미국 연방대법원이 퍼블리시티권에 직접 근거하여 손해배상책임을 인정함에 따라 퍼블리시티권은 미국 내에서 확고한 자리를 차지하게 되었고, 이 판결을 계기로 퍼블리시티권의 개념을 부정하는 판례는 거의 찾아보기 어렵게 되었다. 이후 퍼블리시티권에 관한 논의는 인정여부에 관한 것을 넘어서 점차 그 인정 범위나 권리의 이전성이나 상속성, 권리자 사망 이후의 존속여부 등의 논점으로 발전되기 시작했다.

(5) 이후 퍼블리시티권에 관한 논의의 발전

위와 같은 Zacchini 판결 및 그 후속 판결들로 인하여 퍼블리시티권은 전통적인 프라이버시권과는 구별되는 권리로 인정되었고, 이후 판결들이 누적되면서 퍼블리시티권의 효력 범위는 계속 확대되어 갔다.[35] 특히 1980년대의 Carson 판결, Midler 판결, White 판결 등은 퍼블리시티권의 인정 범위의 확대에 큰 기여를 했다고 평가받는 판결들인데, 이와 같은 확대 경향 속에서 한편으로 법조계와 관련 업계에서는 위 판결들이 타당한지, 특히 퍼블리시티권의 인정범위가 계속 확장되는 것이 과연 바람직한지 등에 대한 논쟁도 계속되고 있다.

① Carson 판결[36]

원고 John W. Carson은 NBC의 『The Tonight Show』라는 유명한 쇼프로그램의 진행자인데, 1962년 처음 프로그램을 맡을 때부터 "Here's Johnny"라는 오프닝 멘트로 유명했다. 이러한 인기를 바탕으로 원고는 1967년부터는 "Heres' Johnny Restaurants"라는 음식점 체인에 위 문구를 사용하도록 허락을 해주기도 했고, 스스로 남성복 회사를 만들어 위 문구를 붙여 사용하기도 했다. 피고 회사인 Here's Johnny Portable Toilets, Inc.는 자신들이 만들어 판매하는 이동식 간이 화장실에 "Here's Johnny" 또는 "The World's Foremost Commodian"[37]이라는 문구를 붙여 사용했다.

---

35) 퍼블리시티권에 대한 연방법이 존재하지 않는다는 특성상 주법 중에서도 캘리포니아주법과 캘리포니아주를 관할하는 연방 제9항소법원의 판결이 판례법리의 확대와 발전에 중요한 역할을 했다. 최승재, "퍼블리시티권의 법적 성격과 주요 쟁점에 관한 연구(상)"(이하 본 논문에서는 "퍼블리시티권의 주요 쟁점(상)"), 언론중재(2010 여름호), 71면.

36) Carson v. Here's Johnny Portable Toilets, Inc., 98 F. 2d 831(6th Cir. 1983).

37) 원래 commodian이라는 단어는 없으나, 원고가 comedian이라는 점에 빗대어 '유용한 물건'이라는 뜻의 commodity를 변형한 것이다.

이에 지방법원에서 위와 같은 피고 행위는 카슨의 이름이나 유사물(Carson's name or likeness)을 사용한 것이 아니라고 보아 퍼블리시티권 침해를 부인한 것에 대해서, 항소심인 연방 제6항소법원은 지방법원의 인식가능성(identifiability)에 대한 판단이 지나치게 좁다면서, 유명인의 아이덴티티가 상업적으로 이용되었다면 비록 이름이나 사진이 직접적으로 사용되지 않았더라도 그 어구의 사용 맥락(in context) 등을 고려하여 퍼블리시티권 침해가 성립할 수 있다고 판시했다.

② Midler 판결[38]

원고 Bette Midler는 1970년대에 앨범을 백만 장 이상 판매한 유명한 가수이자 아카데미상을 수상한 여배우이다. 피고 Ford 자동차 회사는 자사 제품의 기획 광고물 'The Yuppie Campaign'을 제작하면서 중년 고객들의 관심을 불러일으키기 위하여 1973년에 가장 유행한 원고의 노래(『Do You Want To Dance』)를 광고의 배경 음악으로 사용하고자 했다. 그러나 그녀가 자신의 노래 사용을 허락하지 아니하자, 피고는 원고와 유사한 음성을 가진 가수[39]로 하여금 그 노래를 부르게 하고 녹음하여 광고의 배경 음악으로 사용했다. 노래에 대한 이용허락은 받았으나, 광고 어디에도 Midler의 이름이나 사진을 사용하지 않았다.

이에 대하여 미국 연방 제9항소법원은, 표현의 자유와의 관계에 대해서 그 사용의 목적이 중요하며 정보전달적이거나 문화적(informative or cultural)이 아닌 단순히 이익을 위한 목적의 사용은 면책될 수 없다고 보았다. 또한 음성이 고정될 수 없으므로 목소리에 저작권을 인정할 수는 없지만, 목소리를 흉내냈다는 자체가 그녀 목소리가 가

---

38) Midler v. Ford Motor Co., 849 F. 2d 460, 7 U.S.P.Q. 2d 1398(9th Cir. 1988).
39) Midler의 백업 가수로 수십 년 동안 활동을 했던 Ula Hedwig라는 가수였다.

진 상업적인 가치를 나타낸다고 하면서, "음성은 얼굴과 마찬가지로 독특하고 개인적인 것이므로, 인간의 목소리는 특정인을 식별할 수 있게 하는 가장 유력한 수단의 하나이며, 이 때 목소리란 개인의 진정한 목소리뿐 아니라 이를 흉내 낸 경우도 포함한다. 결국 가수의 목소리를 흉내 내는 것은 가수의 동일성을 침해한 것이다"라고 판시하여 퍼블리시티권 침해를 인정했다.[40][41]

③ White 판결[42]

원고 Vanna White는 방송프로그램 『Wheel of Fortune』의 여성 진행자로 위 프로그램을 비롯하여 다양한 광고에 출연해왔다. 피고 삼성전자는 자사가 판매하는 VCR에 대한 광고를 하면서 로봇을 묘사했는데 이 광고는 Wheel of Fortune의 게임보드와 그 옆에 서있는 원고를 연상시켰다. 이 광고는 Vanna White의 광고로 취급되었으나, 그녀는 동의한 적도 보수를 받은 적도 없었다.

이 사건에서 연방 제9항소법원은 해당 로봇의 모습(robotic caricature or resemblance)이 California 주법에서 규정한 퍼블리시티권의 개념으로 볼 때에는 유사물(likeness)에 해당되지는 않으므로 성문법 상의 퍼블리시티권은 침해되지 않았지만, 그 로봇이 대중들로 하여금 원고의 아이덴티티를 떠올리게 하는 이상 원고의 보통법(common law) 상의 퍼블리시티권을 침해한 것이라고 판시했다.[43] 즉 만일 유명인의

---

40) 다만, 그 범위가 넓어지는 것을 우려하여 직업가수의 목소리가 잘 알려져 있고 정교하게 모방한 경우에만 침해가 성립한다고 보았다.

41) 그 후 1992년 Tom Waits 판결에서도 원고의 목소리에 구현되어 있는 통일성의 이용을 통제할 수 있는 퍼블리시티권을 침해했다고 판단했다. Waits v. Frito-Lay, Inc., 978 F.2d 1093 (9th Cir. 1992).

42) Vanna White v. Samsung Electronics America, Inc., 971 F. 2d 1395(9th Cir. 1992).

43) 또한 연방 제9항소법원은 레이싱 카 선수와 그의 자동차 사진을 담배광고에 사용한 사례에서 비록 어느 정도의 수정이 있다 하더라도 원고의 동일

아이덴티티가 상업적으로 사용되었다면 '이름 혹은 유사물(likeness)'
이 사용되었는지 여부에 관계없이 권리는 침해된 것이며 어떻게 침
해했는지가 중요한 것이 아니라 그런 행위를 했다는 것이 중요하고,
이 사건에서 피고는 VCR을 팔기위한 영리(profit) 목적으로 사용한 것
이기 때문에 즐거움(fun)을 추구하는 것을 목적으로 하는 패러디에
해당하지 않는다고 보았다.

이 판결에 대해서는 퍼블리시티권의 인정범위를 지나치게 확대
하고 예측불가능하게 함으로서 타인의 표현의 자유를 제약한다는
비판이 강하게 제기되었고,[44] 이러한 퍼블리시티권의 확장 범위를
둘러싼 논의들은 이후 판결들에도 많은 영향을 주었다.

④ 부정경쟁 리스테이트먼트(Restatement of Unfair Competition)의
　　3차 개정(1995)

위에서 살펴본 바와 같이, 미국에서의 퍼블리시티권은 구체적인
사례에 있어서 법원의 판례들을 통하여 형성되고 발전되어 왔다. 하
지만, 각주의 법원의 판단들이 서로 달라서 통일적인 해석이 요구되
었으며, 결국 각주의 독자적인 입법이 추진되었고,[45] 이후 부정경쟁

성을 나타내는 독특하고 구별되는 속성(distinctive and recognizable nature)이
인식된다면 침해를 인정할 수 있다고 판시했다. Motschenbacher v. R.J. Reynolds
Tobacco Co., 498 F.2d 821 (9th Cir. 1974).

44) "지적재산권을 과하게 보호하는 것은 이것을 적게 보호하는 것만큼 해롭
다. 창작성은 풍부한 public domain이 없이는 불가능하다"고 하여 과보호의
위험성을 설명하는 Kozinsky 판사의 반대의견도 유명하다.

45) 미국 각 주의 입법은 특수한 시점에 집중하여 이루어졌다기보다 각 주의
개별 사정과 시점에 우연하게 이루어진 경우가 많다. 그 중 New York 주가
1903년 가장 먼저 입법을 시행했는데 이는 뉴욕주 상급법원(New York Court
of Appeals)이 퍼블리시티권에 관한 주장을 프라이버시권 논리에 치우쳐 배
척한 것에 대한 수습책으로 시행된 입법이었다. 몇 년 후 Utah 주와 Virginia
주가 New York 주법을 모델로 뒤따라 입법을 했고, 1950년대에 Florida 주와

에 관한 리스테이트먼트의 3차 개정(1995년)을 통해서 더욱 체계화되었다.[46] 부정경쟁 리스테이트먼트(1995년) 제46조[47]에서는 퍼블리시티권을 도용(appropriation)의 하나로 파악하여 "타인의 동의를 받지 않고 개인의 동일성 표지(indicia of identity)의 상업적 가치를 거래의 목적으로 이용하는 것은 책임을 진다"고 규정하고, 그 구제 방법으로 가처분과 손해배상을 받을 수 있고 이러한 소송에서 고려될 요소들에 대해서 밝히고 있다.

라. 소결

미국에서 퍼블리시티권은 해당 사건을 해결하기 위한 법원의 전향적인 태도와 이를 지지하고 보충해주는 학설들 그리고 이러한 논의들을 성문으로 받아들인 각 주의 법률들을 통해 발전해왔으며 결

Oklahoma 주가 입법을 했다. 나머지 주들은 대체로 1970년대와 1980년대 관련입법을 행했는데 1980년대 5개주가 퍼블리시티권을 입법화했고, 특히 California 주는 사망 후의 퍼블리시티권까지 입법화하기에 이르렀다. 정상조·박준석, 앞의 논문, 37면.

46) 미국 법학원(American Law Institute)에서 보통법(common law)의 각 쟁점별로 학술적인 주해를 정리한 것으로, 모범법전의 형식을 띠고 있으며 비록 구속력은 없지만 보통법(common law)의 내용에 관한 권위있는 지침으로 미국의 많은 법원에서 원용되고 있다. 퍼블리시티권에 관하여도 주 법원이 규율하는 경우가 많은데 이와 같이 명시적인 성문규정 없이 퍼블리시티권을 보호하는 경우 이런 주해의 입장에 강한 영향을 받게 된다. 박준석, "프로야구게임 제작에 관한 야구종사자의 퍼블리시티권"(이하 본 논문에서는 "프로야구게임 퍼블리시티권"), 산업재산권 제45호(2014. 12), 각주 37).

47) Restatement of Unfair Competition(Thrid, 1995) § 46. Appropriation Of The Commercial Value Of A Person's Identity: The Right Of Publicity
One who appropriates the commercial value of a person's identity by using without consent the person's name, likeness, or other indicia of identity for purposes of trade is subject to liability for the relief appropriate under the rules stated in § § 48 and 49.

국 독자적인 법적 권리로 자리를 잡게 되었다.

하지만 21세기에 들어서면서 인터넷 등의 정보통신 기술의 발달 및 미디어콘텐츠의 무한 확산이라는 새로운 환경에 직면하면서 기존의 퍼블리시티권도 새로운 문제에 부딪히게 되었다. 각종 정보통신 매체의 발달로 인하여 개인의 영향력이 과연 어느 정도 확대될 것인지 등을 전혀 예측할 수 없게 되었다. 퍼블리시티권에 근거한 자기동일성의 상업적 이용에 대한 권리 주장이 날로 확대될수록 반면에 이를 이용하는 사람의 권리인 표현의 자유 등은 상대적으로 제한될 수밖에 없으며, 그러한 과정에서 자칫 기존 법률이 보호하는 비영리적 이용에 관한 규정들도 형해화될 수도 있어서 이러한 규정들과의 조화로운 해석도 문제가 되고 있다. 따라서 앞으로의 퍼블리시티권에 대한 논의들은 퍼블리시티권의 효력 지나친 확대에 대해 예측가능성을 부여하고 다른 권리와의 관계에서 퍼블리시티권을 어떻게 제한 내지 해석할 것인지에 모아지고 있다.

2. 일본에서의 판례 발전

가. 서설

일본에서의 퍼블리시티권은 하급심 판례의 축적을 통해서 민법 제709조 및 불법행위 법리들을 통해 법률상 보호되어야 하는 이익이라는 것이 명확하게 되었고, 퍼블리시티권 침해에 대한 손해배상청구와 금지청구가 인정되었다. 나아가 최근에는 퍼블리시티권에 대한 입법화의 논의가 나오고 있는 점도 우리나라와 유사하다.[48] 일본

---

48) 정상조·박준석, 앞의 논문, 50면; 다만 일본에서는 퍼블리시티권이 어떤 것인지에 대한 사회적인 공통의 인식이 별로 없고 그 외연도 아직 불명확하기 때문에 그러한 인식이 성숙될 때까지는 퍼블리시티권의 입법이 시기상

에서도 우리나라와 마찬가지로 그 인정여부나 성질에 대하여 견해
의 대립이 있으며 크게는 인격권적으로 접근하는 입장과 재산권적
으로 파악하는 입장들이 있다.[49]

과거 일본에서는 1950년대부터 인격권의 일종으로 초상권 및 성
명권을 인정하는 하급심 판례가 선고되었고,[50] 최고재판소는 개인에
게는 그의 동의없이 용모와 자태가 촬영되지 않을 자유가 있다고 판
시한 바 있다.[51] 그러나 이는 어디까지나 인격권에 근거하여 개인의
인격 침해에 해당하는지 여부에 관한 것으로 인격권이 아닌 재산권

조라는 견해가 지배적이다. 윤태영, "일본에서의 퍼블리시티권", 비교사법
제23권 제1호 통권 제72호(2016. 2.), 163면 및 186면 등.

49) 불법행위에 기한 인격권 침해에도 금지청구를 인정(대법원 1996. 4. 12. 선
고 93다40614 판결)하는 우리나라와는 달리, 일본의 경우에는 좀 상황이 다
르다. 즉 연예인 등의 성명·초상 등 상품화되거나 광고에 이용되는 경우에
보호되어야 하는 이익은 어디까지나 경제적 이익이고 그 침해의 경우에는
민법상의 불법행위로 구성하는 것이 자연스러운 법률 구성이지만, 민법상
의 불법행위에 있어서 재산권의 침해에 대해서는 원칙적으로 금전적인 배
상이기 때문에 침해행위 자체의 금지는 인정되지 않는 것이 난점이 있으
며, 따라서 이와 같이 성명·초상의 보호를 경제적 이익의 보호로 구성해
버리면 가장 효과적인 구제수단인 금지청구가 곤란하므로, 실무상으로 법
원에 금지를 인정받기 위해 부득이 인격권적 요소가 있음을 주장하는 것
이 일본에서 대세를 이루고 있다. 윤태영, 앞의 논문, 164면.

50) 名古屋高等裁判所 金澤支部 1953(昭和 28). 12. 12. 判決(高等裁判所刑事判
例集 6 卷13號1875頁) : 데모대의 시내 행진을 촬영하는 경우에 데모대의 일
원이 초상권 등을 이유로 취재활동을 방해하는 것은 권리남용에 해당한다
고 판시한 사례 등.

51) 초상권에 대하여는 最高裁判所 大法廷 1969(昭和 44). 12. 24. 判決(最高裁判
所刑事判例集23卷12號1625頁, 判例タイムズ 242號119頁, 누구든지 그의 승
낙 없이는 함부로 용모·자태를 촬영당하지 않을 자유가 있다고 판시), 성
명권에 대하여는 最高裁判所 第3小法廷 1988(昭和 63). 2. 16. 判決(最高裁判
所民事判例集42卷2號27頁, 判例タイムズ 662號75頁, 성명은 인격권의 한 내
용을 구성하는 것으로, 타인으로부터 그 성명을 정확하게 호칭되는 것은
불법행위법상 보호받을 인격적 이익을 갖는다고 판시)에서 인정했다.

으로서의 초상권 및 성명권을 인정하는 사례는 아니었다.

나. 판례의 발전

(1) Mark Lester 사건[52]

일본에서도 기존 초상권이론에 독립하여 1960년대 초부터 미국의 퍼블리시티권 이론이 소개되었는데, 일본에서 개인의 초상에 대한 상업적 가치에 대해서 재산권적 측면에서 파악한 최초의 사례는 1976년 선고된 Mark Lester 사건이다.

이 사안은 영화 『어린 목격자』에 대한 상연권과 선전권을 가진 영화사가 주연배우로부터 허락을 받지 않고 그 영화 속 장면을 영화와 상품을 합성하는 방식으로 롯데 아몬드 초컬릿의 TV 광고에 사용[53]한 사례인데, 법원은 이러한 광고행위는 주연배우의 성명·초상에 관한 이익을 침해했다고 보면서 재산적·정신적 손해배상을 인정했다. 즉, 배우, 가수, 프로스포츠 선수 등 유명인은 "스스로가 얻은 명성으로 인하여 자기의 성명이나 초상을 대가를 받고 제3자에게 전속적으로 이용시킬 수 있는 이익"을 가지고 있으며, 이것은 인격적 이익과는 독립된 경제적인 이익이고, 이러한 이익은 불법행위의 보호대상이 되는 이익에 해당한다고 판시했다.

이는 비록 명시적으로 퍼블리시티권이라는 용어는 사용하지 않았지만, 성명과 초상은 인격적 이익과는 다른 성질의 독립된 경제적

---

52) 東京地方裁判所 1976(昭和 51). 6. 29. 判決(判例時報817號23頁, 判例タイムズ339號136頁). 아역배우인 마크 레스터가 출연한 영화의 장면을 동의를 받지 않고 TV광고에 사용한 것에 대해서 손해배상을 청구한 사건이다.

53) 원고의 상반신이 화면 가득 클로즈업되는 신을 위 영화에서 추출하여, 총 16초인 CM의 마지막 3초 부분에 삽입하였다. 광고에서는 화면 전체에 원고가 보여 지고, '목격자'로부터. 마크 레스터」라는 자막에 '마크 레스터도 매우 좋아합니다'라는 나레이션이 삽입되었다.

이익을 가지는 것이므로 배우 등은 그 이름과 초상을 권한없이 사용하는 것에 대해서 정신적 고통을 받지 않은 경우에도 법적 구제를 받을 수 있다고 하여 초상에 대한 경제적 이익을 법률적인 이익으로 파악함으로서 퍼블리시티권을 최초로 인정한 것으로 평가된다.[54] 이 사건 이후 약 40년간 광고, 포스터, 브로마이드, 문방구류, 서적, 게임, 잡지 등 각종 상품 서비스, 미디어에서의 저명인 성명·초상의 이용 관련 권리침해가 다투어져 왔고, 시간이 경과함에 따라 판례가 축적되고 서로 영향을 주고받음으로써 불법행위법상 보호되는 권리 내지 이익의 내용이 명확해졌다.[55]

(2) 히카리(光) GENJI 사건[56]

일본에서도 유명인의 초상 등을 대가 없이 상업 광고나 상품 등에서 이용하는 것을 규제해야 한다는 필요성이 대두되면서 일본의 학설들도 인격권과 구별되는 재산적 개념으로서의 퍼블리시티권의 인정여부가 논의되기 시작했다. 위 Mark Lester 판결이 선고된지 약 10여년 이후인 1987년 히카리(光) GENJI 사건에서 일본 법원은 '퍼블리시티권'이라는 용어를 처음으로 사용했다.

이 사건에서 법원은 인격권 내지 프라이버시권으로서 성명이나 초상에 관한 권리와 구별되는 개념으로서 '퍼블리시티권(パブリシティ

---

54) 이한주, "퍼블리시티권에 관하여", 사법논집 제39집(2004), 344면.

55) 橋谷 俊, "女性週刊誌「女性自身」に「ピンクレディ de ダイエット」と題する特集記事を組み、ピンクレディの白黒を無載した行爲についてパブリシティ侵害を否定した事例 (1) : ピンクレディ事件"[이하 본 논문에서는 前揭論文 (1)], 知的財産法政策究 第41卷, 北海道大學, 2013. 2, p.239 [한양대 로스쿨 2016년 2학기 저작권법 세미나 수업에서 발표된 김보형 변호사의 번역본 (미공간)을 참고.

56) 東京地方裁判所 1989(平成 1). 9. 27. 判決(判例時報1326號137頁). 인기 남성 아이돌그룹 '히카리(光) GENJI' 멤버인 아이돌 가수 15명의 성명과 초상을 이용한 달력이나 포스터를 멤버들의 승낙없이 제조·판매한 사건이다.

権)'이라는 용어를 명시적으로 사용하면서, "퍼블리시티권의 귀속 주
체는 성명·초상이 가진 독립한 재산적 가치를 적극적으로 활용하기
위해 자신의 성명·초상에 관해 제3자에 대하여 대가를 받고 정보전
달수단에 사용하는 것을 허락하는 권리를 가진 것으로 해석된다"고
판시했다. 특히 이 사건에서 법원은 연예인의 성명·초상이 다양한
상품에 표시되고 있고 표시되는 상품의 종류나 디자인 품질 등이 천
차만별이기 때문에, 설령 퍼블리시티권 침해자가 당해 연예인으로부
터 성명·초상 사용을 허락받았다고 하더라도 구체적인 사용방식 등
에 관해 깊고 상세한 주의를 기울여 결정해야 하고, 성명·초상이 표
시된 상품이 과잉 공급되지 않도록 조절하여 대중이 질리거나 혐오
감을 품게 하는 것으로 인하여 퍼블리시티권의 가치까지도 훼손시
킬 우려가 있으므로, 이 사건에서 퍼블리시티권의 침해행위는 퍼블
리시티권 자체의 가치를 훼손할 위험이 있는 반면에 권리 침해에 대
한 배상액을 결정하거나 예측하기는 대단히 어렵다는 이유에서 퍼
블리시티권 침해에 대한 침해금지 가처분을 인정했다. 즉, 이 사건
에서 법원은 퍼블리시티권의 개념을 인정했을 뿐 아니라, 그 침해시
금전적 보상으로 충분하지 않고 침해행위가 당해 연예인의 명성과
사회적 평가에 영향을 미치는 경우에는 금지청구의 대상이 된다고
판시한 것이다.

(3) 오냥코 클럽(おニャン子クラブ) 사건 등
위 히카리(光) GENJI 사건 이후에도, 일본 법원은 1991년 오냥코
클럽(おニャン子クラブ) 사건[57]에서 퍼블리시티권에 근거한 금지청구를

---

57) 東京高等裁判所 1990(平成 3). 9. 26. 判決(判例時報1400號3頁, 判例タイムズ
772號246頁). 원고들은 여성 아이돌그룹 오냥코클럽의 멤버들인데, 후지TV
가 소화60년 4월부터 방영을 시작한 TV프로그램 "저녁놀 냥냥"에 출연하면
서 그 성명과 초상이 전국적으로 널리 알려지게 되었다. 원고들은 초상사

인정하는 판결을 했다. 즉, ① 연예인의 경우에는 자기의 성명·초상이 알려지는 것으로써 평가가 높아지게 됨을 원한다고 추정되므로, 그 성명·초상의 무단사용이 연예인의 사회적 평가를 저하시키는 경우 외에 사회적으로 허용되는 방법·태양에 의할 때에는 일반인의 경우와 달리 연예인의 인격적 이익을 훼손한다고 할 수 없다고 보아 인격적 이익 침해를 부정하면서도, ② 연예인의 성명·초상을 상품에 붙이는 경우에 인정되는 고객흡인력은 연예인이 획득한 명성, 사회적 평가, 지명도 등으로부터 발생하는 독립한 경제적 이익 내지 가치로서 파악하는 것이 가능하고 이것이 연예인에게 고유한 것으로서 귀속하는 것은 당연하다고 할 수 있으므로, 연예인은 이러한 "고객흡인력을 갖는 경제적 이익 내지 가치를 배타적으로 지배할 재산적 권리"를 가지며, ③ 이러한 경제적 가치는 성명·초상이라는 원고들 각자의 고유한 속성에 포함되어 있는 것이므로 원고들에게 귀속하고 이러한 재산적 가치를 무단으로 사용하는 행위에 대해 금지청구를 인정했다.[58]

또한 1998년 King Crimson 사건[59]에서는 퍼블리시티권의 침해 기준

진을 게재한 달력을 업자가 승낙 없이 제조·판매한 것에 대해 원고들이 재산권으로서의 성명·초상을 이용할 권리, 인격권으로서의 성명권 및 초상권, 부정경쟁방지법 위반의 세 가지 권리를 근거로 금지와 손해배상을 선택적으로 청구했다.

58) 결국 이 사건에서 1심과 2심 모두 금지청구를 인용하였으나 그 이론 구성은 다르다. 1심 판결에서는 명문 규정이 없는 상태에서 순수한 경제적 이익에 기초하여 금지를 인정한 선례가 없기 때문에 그 근거를 인격권에서 구했다. 이에 대하여 항소심 판결에서는 퍼블리시티권을 '경제적 이익을 독점적으로 지배하는 재산적 권리'라고 하여 재산권에 근거한 금지청구를 인정했다.

59) 東京地方裁判所 1998(平成 10). 1. 21. 判決(判例時報1644號141頁, 判例タイムズ997號245頁). 영국 출신 세계적 록그룹 '킹 크림슨'의 이름, 사진, 레코드 재킷 사진 등을 사용한 서적 '킹 크림슨'을 판매하자 출판사를 상대로 판매금지 및 손해배상을 청구한 사건이다. 이 사건은 항소심(東京高等裁判

을 좀 더 명확히 하였다. 이 판결은 퍼블리시티권의 대상과 관련하여 퍼블리시티권의 객체는 '성명·초상 기타 고객흡인력이 있는 개인 식별정보'이고, 퍼블리시티권의 본질은 고객흡인력에 있으며, 그 발현형태는 반드시 성명이나 초상에 한정된다는 필연성은 없다고 보았다. 따라서 레코드 등의 재킷 사진도 고객흡인력이 있는 개인의 식별 정보이고 그 이용행위는 원고가 획득한 명성, 사회적 평가, 지명도 등 경제적 가치를 이용한 행위에 해당하므로 원고의 퍼블리시티권의 객체가 되고, 결국 본건 서적은 전체로서 '킹 크림슨' 멤버들의 성명, 초상, 레코드 재킷 사진이 가진 고객흡인력을 중요한 구성부분으로 하고 있어서 원고의 퍼블리시티권을 침해하는 것으로 민법상 불법행위를 구성한다고 판시했다.[60]

그 이후로도 일본의 하급심 판례는 퍼블리시티권이라는 용어를 일반적으로 사용하게 되었고, 개별 사안별로 이익형량을 하면서 퍼블리시티권의 침해에 해당하는지 여부를 구체적으로 판단했다.

한편, 유명인이나 연예인의 지명도 등이 갖는 고객흡인력을 상품 판매에 직접 이용한 경우가 아니라면 이는 표현의 자유의 범위에 해당하여 허용되는 것으로 보기도 했는데, 예를 들어 2000년 프로스포츠 선수의 일생을 저술한 서적이 문제된 사건[61]에서, 프라이버시권 침해를 이유로 손해배상청구를 인정하면서도, 퍼블리시티권에 기한 손해배상에 대하여는 "저명인은 스스로 대중의 강한 관심의 대상이

所 1999(平成 11). 2. 24.)을 거쳐 최고재판소(最高裁判所 2000(平成 12). 11. 9.)를 통해 확정되었다.

60) 이러한 입장에서, 저명인 스스로의 성명 및 초상이 사용되고 있는 재킷 사진은 그 자체로 퍼블리시티권의 내용에 포함되지만, 그 외의 재킷 사진의 경우에는 개별적인 사안에 따라 퍼블리시티권에 포함되는지를 판단해야 한다고 보았다.

61) 東京地方裁判所 2000(平成 12). 2. 29. 判決(判例時報1715號76頁, 判例タイムズ1028號232頁).

되기 때문에 필연적으로 그 인격, 일상 생활, 매일의 행동 등을 포함한 전인격적 사항이 매스미디어나 대중 등에 의한 소개, 비판, 평론의 대상이 되는 것을 피할 수 없고, 또한 현대사회에 있어서 저명인이 저명성을 획득함에 있어서 매스미디어 등에 의한 소개 등이 큰 힘이 되는 것을 부인할 수 없다. 따라서 매스미디어 등에 의한 저명인의 소개 등은 본래 언론, 출판, 보도의 자유로서 보장된다는 점을 고려하면, 설령 저명인의 고객흡인력이 가진 경제적 가치를 소위 퍼블리시티권으로서 법적 보호의 대상으로 보는 견해를 채용하더라도, 저명인이 퍼블리시티권의 이름하에 자기에 대한 매스미디어 등의 비판을 거절할 수 없는 경우가 있다고 보아야 할 것"이라고 보아 퍼블리시티권의 침해를 부정한 사례도 있었다.

(4) 경주마 사건[62]

일본의 하급심들이 퍼블리시티권을 인정해오고 있었지만 일본의 최고재판소가 명시적으로 퍼블리시티권을 법적 보호대상으로 인정한 사례는 없었다. 오히려 일본 최고재판소가 특히 동물에 대해서 퍼블리시티권을 부정한 사례로는 '경주마 사건'이 대표적이다.

경주마의 소유자가 해당 경주마의 명칭을 무단으로 이용하여 게임 소프트웨어를 제작, 판매한 업자에 대하여 소위 물건의 퍼블리시티권의 침해를 이유로 해당 게임 소프트웨어의 제작, 판매 등에 대한 금지청구 및 불법행위에 기한 손해배상청구를 제기한 사건이었고, 법원은 처음에 문제된 '갤럽 레이서' 사건에서는 레이스에서 우승한 경주마의 고객흡인력을 인정하고 최초로 물건(경주마)의 명칭에 대한 퍼블리시티권을 인정했지만,[63] 그 후에 '다비 스타리온' 사

---

62) 最高裁判所 第2小法廷 2004(平成16). 2. 13. 判決(最高裁判所民事判例集58卷 2號311頁, 判例時報1863號25頁, 判例タイムズ1156號101頁).
63) 이후 최고재판소의 핑크레이디 사건에서 카네츠키 세이시(金築誠志) 대법

건에서는 퍼블리시티권을 부정했다. 즉, 최고재판소는 "퍼블리시티권은 미국 판례법상 일신전속적인 인격권의 경제적 가치에 주목해 발생한 권리이며, 미국에서도 인격권과는 전혀 관련 없는 물건 자체에 대해 퍼블리시티권을 인정한 판례는 존재하지 않고, 판례상 퍼블리시티권을 인정한 것으로 언급되는 판례도 모두 물건이 아닌 인간의 이름이나 초상 등의 인격권의 경제적 가치를 그 대상으로 하는 것"이라고 보고, "경주마 등의 물건의 소유권은 그 물건의 유체물로서의 측면에 대한 배타적 지배 권능에 그치고, 그 물건의 명칭 등의 무체물로서의 측면을 직접 배타적으로 지배하는 권능에 미치는 것은 아니다. 따라서 해당 경주마의 명칭 등이 가진 고객 흡인력을 이용했다고 해도 그 행위는 경주마의 소유권을 침해하는 것이 아니다"라고 하여 동물에 대한 퍼블리시티권 침해를 부인했다.[64][65]

(5) 핑크 레이디 사건[66]

최근 일본의 최고재판소는 2012년 핑크 레이디 사건에서 인격권

관의 보충의견은 본 판례에 대해서 다음과 같이 설명하고 있다.

"물건의 퍼블리시티권을 부정한 最高裁判所 平成13年(受) 第866號, 第867號 同16年 2月13日 第2小法廷 判決 民集58卷 2號 311頁 판결은 물건 명칭의 사용 등 물건의 무체물적인 요소의 이용에 관해, 상표법 등의 지적재산권 관련 법률이 권리의 보호를 도모하는 한편 사용권의 부여가 국민의 경제활동이나 문화적 활동의 자유를 과도하게 제약하지 않도록, 배타적 사용권이 미치는 범위, 한계를 명확하게 하고 있음에 비추어 보면, 경주마의 명칭 등이 고객흡인력을 가진다고 해도, 법령 등의 근거 없이 경주마의 소유자에게 배타적 사용권 등을 인정하는 것은 상당하지 않다고 판시하고 있는 취지를 상기하여야 한다."

64) 最高裁判所 第2小法廷 2004(平成 16). 2. 13. 判決(最高裁判所民事判例集58卷2號311頁, 判例時報1863號25頁, 判例タイムズ1156號101頁).
65) 名古屋高等裁判所 2001(平成13), 3. 8. 判決(判例タイムズ1070號294頁)
66) 最高裁判所 第1小法廷 2012(平成 24). 2. 2. 判決(判例タイムズ1367號97頁, 判例時報2143號72頁, 最高裁判所民事判例集66卷2號89頁).

의 일종으로 퍼블리시티권을 인정하면서 이를 침해하는 행위는 불법행위법상 위법성이 인정된다고 판시했다.

이 사안은 피고가 발행하는 잡지에서 '핑크레이디 de 다이어트'라는 기사를 게재하면서 원고들의 활동 당시 사진 등을 동의없이 사용한 것이 문제되었다. 일본 최고재판소는 "사람의 성명, 초상 등은 개인 인격의 상징으로 해당 개인의 인격권에서 유래하는 것으로서 이를 함부로 이용당하지 않을 권리를 갖는다"고 전제한 뒤, "초상 등은 상품의 판매 등을 촉진시키는 고객흡인력을 갖는 경우가 있고, 이와 같이 고객흡인력을 배타적으로 이용하는 권리(이하 '퍼블리시티권'이라고 한다)는 초상 등 그 자체의 상업적 가치에 근거한 것이기 때문에 상기의 인격권에서 유래하는 권리의 한 내용을 구성한다고 할 수 있다"고 하여 퍼블리시티권을 인정했다. 이러한 최고재판소의 입장에 대해서 퍼블리시티권을 독립적인 권리로 인정한 것인지에 대하여 다툼이 있으나, 인격권에서 유래하는 하나의 종류로 파악했다고 해석하는 것이 다수의 견해이다."[67]

나아가 이 판례는 "초상 등에 고객흡인력을 가진 자는 사회의 이목을 모으는 등 그 초상 등이 시사보도, 논설, 창작물 등에 사용되기도 하며, 그 사용을 정당한 표현행위 등으로서 수인해야 하는 경우도 있다"고 하여 표현의 자유 등에 따라 일정한 경우에는 퍼블리시

---

67) 김지만, "엔터테인먼트 산업의 해외 진출과 퍼블리시티권-일본 퍼블리시티권의 논의를 중심으로-", 법학논문집(중앙대학교 법학연구소) 제38집 제1호(2014. 4), 183면.;
한편, 일본 최고재판소의 이러한 판결은 우리와 유사한 법체계 하에서 퍼블리시티권을 '인격권에서 유래하는 권리의 한 내용'으로 파악함으로써 물권법정주의와 관련된 논란을 회피하고, 초상 등 본인의 인격적 이익에 대한 보호를 일관되게 관철하며, 한편으로는 표현의 자유와의 관계에서 제기될 수 있는 우려를 최대한 불식하고자 하는 취지를 강력하게 담고 있는 점에서 참고가치가 많다는 견해에는 이해완, 앞의 논문, 93면.

티권이 제한될 수 있다고 보고,[68] "타인의 성명, 초상 등을 무단으로 사용하는 행위는 ① 초상 등 그 자체를 독립하여 감상의 대상으로 하는 상품 등에 사용하고, ② 상품 등의 차별화를 꾀할 목적으로 초상 등을 상품 등에 부착하며, ③ 초상 등을 상품 등의 광고로서 사용하는 등 전적으로 초상 등에 있는 고객흡인력 이용을 목적으로 하는 경우에 퍼블리시티권을 침해하는 것으로서 불법행위법상 위법한 것으로 해석된다"고 하여 퍼블리시티권이 침해된 경우에 다른 권리와의 이익형량 기준도 제시했다.[69]

결국 일본에서는 판례가 퍼블리시티권이라는 권리를 인정하면서 개별적 사안마다 구체적 타당성을 기하기 위해 어떻게 보호할 것인지 이론구성만 달리하고 있으며, 이런 점에서 퍼블리시티권을 인정하는 법률이나 관습법이 없어 부정하는 판결과 인정하는 판결이 혼재하고 있는 우리나라와 다르다.[70]

---

68) 본 사안에서 최고재판소는 해당 기사의 내용이 직접 핑크 레이디 그 자체를 소개하는 것이 아니고, 핑크 레이디의 노래 안무를 이용한 다이어트법에 대해 해설하는 동시에, 어릴 적 핑크 레이디의 노래 안무를 흉내내곤 했다는 탤런트의 추억 등을 소개하는 것에 지나지 않고, 해당 기사에서 사용된 핑크 레이디의 사진은 약 200면에 걸친 잡지 전체 중 단 3면의 기사 내에서만 사용되었고 또 그 크기도 2.8cm×3.6cm 내지 8cm×10cm 정도의 흑백사진으로 독자의 기억을 환기하고 기사의 내용을 보충하는 목적으로만 사용된 것으로 핑크 레이디의 초상이 가지는 고객흡인력 이용만을 목적으로 한다고 볼 수 없어 위법하지 않다고 판단했다.

69) 이 판결에서 金築誠志 대법관의 보충의견이 있었다. 즉 고객흡인력을 갖는 연예인이나 스포츠 선수 등 저명인의 경우 오락적인 관심을 포함해 대중의 관심의 대상이 될 수밖에 없는바 그 인물상, 활동 상황 등에 대한 소개, 보도, 논평 등이 제약되어서는 안되기 때문에 초상 등의 상업적 사용 일반을 퍼블리시티권의 침해로 보아서는 안되고 침해를 구성하는 범위는 가능한 명확하게 한정되어야 하며, 만일 명예훼손이나 프라이버시 침해, 상표법 등 별개의 구제가 가능한 경우에는 그에 의해야 한다는 것이다. 즉, 명문의 근거가 없는 퍼블리시티권은 명문화된 권리들에 대하여 보충적으로 적용해야 한다고 본 것이다.

3. 한국에서의 판례 발전

가. 서설

우리나라의 현행 법규에는 퍼블리시티권에 대한 규정은 존재하지 않는다. 이에 대하여 헌법 제10조의 행복추구권, 민법 제751조의 불법행위책임을 인정하는 판례[71]들을 근거로 위 조항들을 퍼블리시티권을 인정하는 법적 근거조항으로 제시하는 견해[72]도 있지만, 이러한 법률과 판례들은 기존 초상권에 관한 법적 근거는 될 수 있어도 독자적 권리로서 퍼블리시티권의 근거조항으로 보기는 어렵다.

우리나라의 경우 1980년대 이후에 유명 연예인들의 사진 등을 무단으로 광고에 사용한 케이스에서 초상권 침해를 이유로 손해배상을 청구하는 소송이 다수 제기된 바 있고 이에 초상권 침해를 인정되어 손해배상이 선고된 사례들이 있었다.[73] 그러나 이 사례들은 종래 인격권으로서의 '초상권'의 침해여부가 다투어졌을 뿐이며, '고객흡인력'이나 '경제적 이익' 등 퍼블리시티권의 논점들이 직접적으로 쟁점이 된 사건은 아니었다.[74]

이후 1990년대에 들어서면서 미국식의 퍼블리시티권을 주장하는 소송들이 잇달아 제기되면서 국내 법원에서도 본격적으로 퍼블리시

---

70) 윤태영, 앞의 논문, 186면.

71) 서울지법 남부지원 1997. 8. 7. 선고 97가합8022판결 등.

72) 엄동섭, "퍼블리시티권"(이하 본 논문에서는 "퍼블리시티권"), 서강법학연구(서강대학교 법학연구소) 제6권(2004), 158면.

73) 서울고등법원 1989. 1. 23. 선고 88나38770판결 등.

74) 이러한 소송들에 대해 사건 당시 국내에 퍼블리시티권의 개념이 알려지지 않아서 초상권침해를 이유로 한 것일 뿐, 실질적인 내용은 퍼블리시티권 침해를 주장한 것과 같다고 보아야 한다는 견해에는 박인수, "판례상의 퍼블리시티권", 영남법학(영남대학교 법학연구소) 제5권 제12호(1999), 125면 참고.

티권에 관한 논의가 시작되었다. 이후 2000년 전후에는 퍼블리시티
권에 대한 판례의 입장에 다소 혼란이 있기는 했으나, 2000년대 후반
에 들어서 법원은 하급심을 중심으로 퍼블리시티권을 인정하거나
이를 전제로 하는 판례들이 다수 나왔다. 그러나 최근에는 다시 퍼
블리시티권의 독자성을 부인하고 인격권 법리를 확장해서 해결하려
는 판례들이 다수 나오는 등 퍼블리시티권과 관련된 법원의 입장에
혼란은 계속되고 있다.

우리나라 판례상에서 1995년 '이휘소 사건' 이후 퍼블리시티권에
대한 많은 논의들이 시작되었고, 또한 2000년 '제임스딘 판결'은 유명
인의 초상이나 성명 등에 대한 상업적인 가치의 이용 및 한계 측면
에서 퍼블리시티권을 접근했다. 그 후 우리나라 법원이 퍼블리시티권
을 권리의 하나로 처음 인정한 사례는 2004년 '이영애 사건'이었다.[75]

나. 초기의 중요 판례

(1) 이휘소 사건[76]

미국과 마찬가지로 우리나라의 판례도 처음에는 퍼블리시티권을
독자적인 권리로 인정하지 않았으나, 점차 초상권과 관련된 사건들
을 거치면서 퍼블리시티권의 독자성을 인정하는 방향으로 발전하게

---

75) 퍼블리시티권을 인정한 판례와 부정한 판례를 나누는 기준도 좀 애매한
    면이 있다. 명시적으로 퍼블리시티권을 부정하면서도 별다른 논거도 없이
    양도성을 인정하거나 금전적 배상액을 인정하거나 위자료를 산정하는데
    통상 모델료를 기준으로 하는 등 사실상 퍼블리시티권을 인정하는 것과
    유사한 판례들도 많기 때문이다. 최근에는 초상권 법리를 확대하여 적용
    하기 시작하면서 논리적인 일관성을 갖추기 시작했다. 본 논문에서는 퍼
    블리시티권을 명시적으로 인정한 판례들만을 원칙적으로 퍼블리시티권을
    인정한 판례로 소개하고, 다만 퍼블리시티권의 논리를 담고 있는 판례도
    필요한 경우에 소개하기로 한다.
76) 서울지방법원 1995. 6. 23. 선고 94카합9230 판결.

되었다.[77] 사실 그 이전에 논의되었던 모델소설[78]이나 평전과 관련된 소송들은 주로 허위 사실이나 사실의 왜곡에 대한 명예훼손 여부가 주된 쟁점이었으나, 이휘소 사건은 유명 인사의 숨겨진 이야기나 사진들이 대중에게 공표되는 것과 관련하여 퍼블리시티권(프라이버시권)과 표현의 자유가 충돌된 대표적인 사건이기도 했다. 이 사건에서 법원은 개인의 초상 등에 대한 권리보호의 필요성을 언급하면서 최초로 퍼블리시티권이라는 권리를 인정하는 판결을 했다.

이 사건은 미국에서 활동했던 저명한 물리학자 이휘소 박사의 유족들이 소설 『소설 이휘소』[79] 및 평전 『핵물리학자 이휘소』의 저자 공석하와 소설 『무궁화꽃이 피었습니다』의 저자 김진명에 대해서 출판금지 등 가처분을 구한 사건이다. 신청인들(이휘소 박사의 미망인과 딸)은 이휘소가 한국에서 우수한 성적으로 고등학교, 대학교를 다녔을 뿐 아니라 미국에서도 뛰어난 업적을 남기고 노벨상까지 바

---

77) 퍼블리시티권을 인정하기 전의 판례 중에 퍼블리시티권의 발전에 의미있는 사건으로 거론되는 것은 다음과 같다.
  (1) 한혜숙 사건(서울고등법원 1989. 1. 23. 선고 88나 38770 판결) : 이 사건에서 법원은 초상권의 침해를 인정하면서, 종전과는 달리 정신적 손해가 아닌 재산상 손해로 파악하여 모델료 상당액을 손해배상액으로 인정했다.
  (2) 뉴스위크 사건(서울민사지방법원 1993. 7. 8. 92가단57989 판결) : 이 판결은 초상권에 관한 최초의 섭외사건으로 알려져 있다.
  (3) 윤정희 사건(서울지방법원 1997. 2. 26. 선고 96가합31227 판결) : 이 판결은 은퇴 후의 영화배우는 더 이상 공인이라고 볼 수 없다고 인정했다.
78) 특정인의 스토리를 직접적인 혹은 간접적인 모델로 하여 창작된 소설을 의미한다.
79) 소설의 내용은 당시 박정희 대통령이 미군철수에 대비하여 비밀리에 핵무기 개발계획을 세우게 되고, 여기에 미국에서 활동하던 저명한 이휘소 박사를 불러들이고, 이휘소 박사는 이에 부응하여 노벨상을 받을 수 있는 기회마저 포기하고 고국으로 돌아오려 하지만, 이를 알아차린 미국은 한국이 핵을 보유하는 것을 원치 않았기에 CIA를 통해 교통사고로 위장하여 이휘소 박사를 암살한다는 것이다.

라보는 등 일반인의 이목을 끌 요소가 충분히 있는데, 작가가 위 이휘소와 신청인들의 성명, 초상, 이력, 경력, 생활상, 성격상 등이 지닌 재산적 가치를 동의 없이 이용했다고 주장하면서 피신청인에 대해서 프라이버시권, 성명권, 퍼블리시티권 등의 침해를 주장했다.

이에 법원은 "퍼블리시티권이라 함은 재산적 가치가 있는 유명인의 성명, 초상 등 프라이버시에 속하는 사항을 상업적으로 이용할 권리(right of commercial appropriation)"라고 정의하고, 다만 이 사건의 경우 실존인물인 이휘소의 성명, 사진 등을 사용한 것이 "문학작품인 위 소설에서 이휘소의 성명 사진 등을 사용했다고 하더라도 이를 상업적으로 사용했다고 볼 수는 없"다라고 판시했다.

이 판결은 비록 퍼블리시티권의 침해주장은 배척했지만 우리나라에서 처음으로 퍼블리시티권의 개념을 정의하고 그 적용여부를 검토했다는 점은 큰 의미를 지니며,[80] 이러한 점에서 학계에서 상당히 많은 관심을 끌었다.[81]

위 판결에 의하면 퍼블리시티권의 보호대상이 되기 위해서는 ① 그것이 성명, 초상 등 프라이버시에 속하는 사항이어야 하고 ② 유명인에 관한 것이어야 하며, ③ 재산적 가치가 있어야 한다. 그리고 ④ 피고가 '상업적 이용'을 했어야 비로소 퍼블리시티권의 침해행위가 된다.[82] 또한 이 사건은 사망한 이휘소의 상속인 3인이 제기한 사건

---

80) 이러한 점에서 이 판결이 미국의 Robertson 판결과 비견된다는 견해도 있다. 즉, Robertson 판결에서 New York 주 법원은 비록 퍼블리시티권을 인정하지는 않았지만 그 판결로 인해 미국내 퍼블리시티권에 대한 논의를 촉발시킨 것이 서로 유사하다는 것이다. 남형두, "세계시장 퍼블리시티권", 105면.

81) 대표적인 평석으로는 한위수, "퍼블리서티권(성명·초상 등의 상업적 이용에 관한 권리)의 침해와 민사책임(상)"(이하 본 논문에서는 "퍼블리서티권의 침해와 민사책임(상)"), 인권과 정의 제242호(1996. 10), 28-37면; 김재형, "모델소설과 인격권"(이하 본 논문에서는 "모델소설과 인격권"), 인권과 정의 제255호(1997. 11), 44-71면 등.

인데도 법원이 신청인들의 퍼블리시티권을 검토하고 판결한 것은 법원이 퍼블리시티권의 상속성을 간접적으로나마 인정한 것이라는 평가도 있다.[83]

(2) 제임스 딘 사건[84]

82) 박준우, "퍼블리시티권의 침해요건 중 '상업적 이용'의 판단기준"(이하 본 논문에서는 "퍼블리시티권 상업적 이용의 판단기준"), 비교법학 제13권 2호 (2006. 6), 495면.

83) 박인수, "퍼블리시티권의 법리와 판례에 관한 연구", 헌법학연구 제7권 제3호(2001), 172-173면.

84) 서울고등법원 2002. 4. 16. 선고 2000나42061판결
　　제임스 딘 판결은 위 판결 이외에도 여러 건이 더 있는데, 다른 판결들의 주요 내용은 다음과 같다(이러한 판결들에 대한 정리 및 분석은 남형두, "세계시장 퍼블리시티권", 106-108면).
　　① 서울지방법원 서부지원 1997. 8. 29. 선고 94가합13831 판결 : 관습법에 근거하여 퍼블리시티권을 인정했으나, 당사자의 인격과 완전히 분리되어 독립된 권리라고 보기 어렵다는 이유로 상속성은 부정.
　　다만 이 사건에 대해서도 법원은 '근래 저명한 영화배우, 연예인, 운동선수 등의 성명, 초상 등이 상품의 광고나 표장에 사용되는 경우 그 저명성으로 인하여 이를 사용한 상품이 소비자들 사이에 월등한 인지도와 신뢰성을 획득할 수 있기 때문에, 이들의 성명, 초상 등을 상업적으로 이용하는 경향이 보편화되었고, 따라서 위와 같은 영화배우 등의 성명, 초상 등이 본인의 승낙 없이 함부로 사용되는 경우 본인이 입게 되는 손해는 자신의 성명, 초상이 허락 없이 사용된 데에 따른 정신적인 고통이라기보다는 오히려 자신들이 정당한 사용계약을 체결했을 경우 받을 수 있었던 경제적인 이익의 박탈로 파악될 수 있으므로 성명과 초상 등에 대하여 기존의 인격권으로서의 초상권과는 별도로 재산적 권리로서의 특성을 가지는, 이른바 퍼블리시티권의 성립을 인정할 여지가 있다고 보인다'라고 하여 인정가능성을 완전히 배제하지는 않았다는 견해에는 최승재, "퍼블리시티권의 주요 쟁점(상)", 62면.
　　② 특허법원 1998. 9. 24. 선고 98허171 등 판결 : 제임스딘으로부터 원고로 권리가 양도, 신탁된 증거가 없다는 이유로 기각했으나, 퍼블리시티권이 상속, 양도, 신탁될 수 있는 권리임을 전제로 판결.
　　③ 서울지방법원 1997. 11. 21. 선고 97가합5560 판결 : 퍼블리시티권의 상속

위와 같이 이휘소 사건에서 퍼블리시티권의 개념이 받아들여졌
지만 이로 인해 퍼블리시티권의 쟁점들에 대한 논란이 시작된 것일
뿐이다. 이휘소 사건 이후에도 퍼블리시티권 도입 초기의 판결 가운
데에는 퍼블리시티권의 개념을 부인한 판례도 있다. 대표적인 것이
2002년 James Dean 사건이다.

이 사건은 미국의 유명 영화배우인 James Dean의 유족으로부터 그
의 성명, 초상 및 시각적 묘사에 대한 모든 권리를 양수한 원고('제임
스 딘 인크')가 한국내 등록상표(제임스딘) 권리자로부터 사용허락을
받아 속옷 등 의류에 부착하여 사용을 하고 있는 피고(㈜좋은 사람
들)을 상대로 퍼블리시티권의 침해 등을 이유로 표장사용금지 등을
청구한 사건이었다.

이 사건에서 1심[85]은 퍼블리시티권이 일종의 재산권이고 인격권

성의 요건으로 생전에 이를 행사함으로서 그 권리가 구체화되었다가 그
유명인이 사망하는 경우라고 하여 생전사용(lifetime exploitation)을 제시하
고, 상속성이 인정되더라도 퍼블리시티권과 저작권은 그 권리발생요건, 보
호목적, 효과 등을 달리하므로 저작권법상 사후존속기간 규정을 유추적용
할 수 없다고 판시.
다만, 생전사용을 요구한 것은 아래에서 설명하는 바와 같이 미국의 퍼블
리시티권에 관한 대표적 입법사례인 캘리포니아 주법의 입장과는 반대되
는 것으로 보다 신중한 고민이 필요하다는 견해는 정상조·박준석, 앞의 논
문, 26면.
85) 서울지방법원 2000. 7. 14. 선고 99가합84901 판결
즉, 퍼블리시티권에 대하여 "그 유명인사는 이러한 고객흡인력이 갖는 경
제적 이익 내지 가치를 배타적으로 지배할 수 있는 재산적 권리를 가지는
바, 이러한 성명이나 초상 등이 갖는 재산적 가치를 지배하는 권리를 퍼블
리시티권(the Right of Publicity)"이라고 정의를 하고, 이러한 퍼블리시티권은
"일종의 재산권으로서 인격권과 같이 일신에 전속하는 권리가 아니어서
상속이 가능하고 성명이나 초상이 갖는 경제적 가치를 적극적으로 활용하
기 위하여 제3자에게 양도할 수 있"다고 하여 퍼블리시티권이 재산권으로
서의 성격을 갖는다고 보았다. 나아가 이러한 퍼블리시티권은 "그 권리에
기하여 침해행위의 금지 또는 침해의 방지를 실효성 있게 하기 위해 침해

과 같이 일신에 전속하는 권리가 아니어서 상속이 가능하고 성명이
나 초상이 갖는 경제적 가치를 적극적으로 활용하기 위하여 제3자에
게 양도할 수 있으므로, 그 권리자 또는 그 권리를 상속하거나 양수
한 자는 그 권리에 기하여 침해행위의 금지 또는 침해의 방지를 실
효성 있게 하기 위해 침해 물건의 폐기를 청구할 수 있다고 판시함
으로서 퍼블리시티권에 대해서 상당히 적극적인 태도를 보였다.

    하지만, 2심[86]은 "고유의 명성, 사회적 평가, 지명도 등을 획득한
배우, 가수, 운동선수 등 유명인의 성명이나 초상 등이 상품에 부착
되거나 서비스업에 이용되는 경우 그 상품의 판매촉진이나 서비스
업의 영업활동이 촉진되는 효과가 있는데, 이러한 유명인의 성명, 초
상 등이 갖는 고객흡인력은 그 자체가 경제적 이익 내지 가치로 취
급되어 상업적으로 거래되고 있으므로, 성명권, 초상권 등 일신에 전
속하는 인격권이나 종래의 저작권, 부정경쟁방지법의 법리만으로는
이를 설명하거나 충분히 보호하기 어렵다. 그리하여 미국 연방항소
법원 중 하나가 1953년 위와 같은 재산적 가치를 배타적 독점적으로
지배하는 권리를 독자적인 재산권으로 인정하고, 퍼블리시티권(Right
of Publicity)이라 명명하여 보호한 이래 상당수의 미합중국 주법과 다
수의 학자들에 의하여 지지되기에 이르렀고, 논란은 있으나 퍼블리
시티권은 재산권이지 인격권이 아니므로 상속과 양도가 가능하다고
하며, 퍼블리시티권의 권리자 또는 그 권리를 상속하거나 양수한 자
는 침해자에 대하여 손해배상은 물론 침해행위의 금지를 구할 수도
있다고 한다"고 미국의 퍼블리시티권에 대한 배경을 설시했고, 나아
가 "살피건대 우리나라에서도 근래에 이르러 연예, 스포츠 산업 및

    물건의 폐기를 청구할 수 있다"고 하여 퍼블리시티권이 배타적 권한을 가
    지고 있으며 이에 기해 제3자에 대해 침해행위에 대한 금지청구도 가능함
    을 설시했다.
86) 서울고등법원 2002. 4. 16. 선고 2000나 42061 판결.

광고 산업의 급격한 발달로 유명인의 성명이나 초상 등을 광고에 이용하게 됨으로써 그에 따른 분쟁이 적지 않게 일어나고 있으므로 이를 규율하기 위하여 이른바 퍼블리시티권(Right of Publicity)이라는 새로운 권리 개념을 인정할 필요성은 수긍할 수 있다고 할 것이다"라고 하여 퍼블리시티권의 독자적 권리로서의 논의의 필요성은 인정했다. 하지만 "그러나 성문법주의를 취하고 있는 우리나라에서 법률, 조약 등 실정법이나 확립된 관습법 등의 근거 없이 필요성이 있다는 사정만으로 물권과 유사한 독점·배타적 재산권인 퍼블리시티권을 인정하기는 어렵다고 할 것이며, 퍼블리시티권의 성립요건, 양도·상속성, 보호대상과 존속기간, 침해가 있는 경우의 구제수단 등을 구체적으로 규정하는 법률적인 근거가 마련되어야만 비로소 퍼블리시티권을 인정할 수 있을 것이다"라고 하여 별도 입법이 없는 한 판례가 필요성만으로 퍼블리시티권을 독립된 권리로 인정할 수는 없다고 판시했다.

이 사건은 비단 퍼블리시티권에 대한 정의 뿐만 아니라, 퍼블리시티권의 성립에 관한 미국의 연혁 및 필요성, 이론적 근거에 대해서까지 자세히 설시를 한 후에 결과적으로 별도의 입법이 없는 한 퍼블리시티권을 인정할 수 없다고 판시했는데, 이러한 입장은 이후 판례들 특히 퍼블리시티권을 부인하는 판례들[87] 의 논리에 큰 영향을 주었다. 이러한 법원의 견해에 따르면 실정법상 근거가 마련되기 전까지는 우리나라에서 퍼블리시티권은 인정될 수 없다는 결론에 이르게 되는데, 반대로 입법부에 대한 구체적인 입법 촉구로 해석할 수는 있지만, 현재 연예인의 고객흡인력을 이용하려는 각종 침해행위들이 벌어지고 있고 기술의 발전에 따라 그 침해행위들이 광범위해지는 점 등을 생각할 때 그리고 그 이후로도 계속되는 판례들의

---

87) 서울중앙지방법원 2004. 10. 1. 선고 2002가단254093 판결(김민희 사건), 수원지방법원 2005. 1. 13. 선고 2004가단 20834 판결(은지원 사건) 등.

혼란을 고려해보면 지나치게 경직된 태도를 보일 것이 아니라 해결
방법이라도 제시했어야 한다는 아쉬움이 있다.

다. 기타 중요 판례

(1) 황인정 사건[88]

이 사건에서 탤런트 황인정은 대학생이던 무명시절 피고 회사와
변비약 광고출연계약을 체결했는데 모델료만 200만 원으로 정했을
뿐 계약기간이나 광고할 매체 등에 관하여는 명시하지 않았다. 피고
회사는 1992년 초부터 같은 해 말까지 위 광고를 공중파 텔레비전 방
송에 방영했고, 1993년 일단 중단했다가 다시 1993. 11.부터 1995. 5.까
지 EBS에서 776회를 방영했다. 한편 1994. 2.부터 1996. 8.까지는 영화
관에서 하루 약 2회 상영했다. 이에 원고는 당사자가 계약 당시 기간
을 명시하지 않았다면 계약기간은 6개월로 보아야 할 것인데, 피고
가 동의 없이 기간 경과 후에도 광고를 방영함으로써 원고의 초상권
이나 성명권을 침해했다고 주장하며 재산상·정신상 손해배상을 청
구했다.

이에 대하여 법원은 "사람은 누구나 자기의 성명이나 초상, 음성,
연기 등을 스스로 경제적으로 이용하거나 제3자에게 대가를 받고 일
정한 기간 동안 전속적 또는 1회적으로 이용하게 할 수 있는 권리,
즉 이른바 초상권을 가지고 있다 할 것이므로, 본인의 동의 없이 이
를 함부로 사용하는 경우 불법행위를 구성한다고 할 것이고 ... ... 상
업적인 사용의 경우에는 반드시 본인의 동의를 필요로 하는 것이다.

---

88) 서울고등법원 1998. 3. 27. 선고 97나 29686 판결
　　이와 유사한 사례로서 서울고등법원 2000. 5. 16. 선고 99나30444 판결(최진
　　실 사건)이 있다. 이 판결에서는 유명인의 초상 뿐만 아니라 음성, 연기까
　　지 재산적 권리를 인정할 수 있다고 판시했다.

특히 요즘과 같은 매스미디어 사회에서 원고와 같은 연예인이 자신의 성명이나 초상, 음성, 연기 등을 광고모델 등에 상업적으로 이용할 수 있는 권리는 일종의 재산권으로서 보호의 대상이 된다고 할 것이며, 한편 그 불법사용에는 제3자가 일정한 기간을 정하여 사람의 성명이나 초상 등을 사용하기로 약정했으면서 그 기간을 경과한 이후에도 그의 승낙이나 동의를 얻지 아니한 채 이를 계속 사용하는 것도 포함된다 할 것이다"라고 판시하며, 피고 회사에게 원고가 입은 재산상 손해를 배상할 책임을 인정했다.

그리고 원고의 정신적 손해에 대해서는 "광고모델 등 연예인의 성명이나 초상 등을 상업적으로 이용할 수 있는 권리는 일반인들의 그것과는 달리 일종의 재산권으로서 보호의 대상이 된다고 할 것이므로 타인의 불법행위로 말미암아 그 성명이나 초상 등을 이용할 수 있는 권리가 침해된 경우에는 특별한 사정이 없는 한 그 재산상 손해 외에 정신상 손해가 발생한다고 보기는 어렵다고 할 것"이라며 부정했다.

이 사건에서 법원은 자기의 성명이나 초상, 음성, 연기 등을 스스로 경제적으로 이용하거나 제3자에게 대가를 받고 일정한 기간 동안 전속적 또는 1회적으로 이용하게 할 수 있는 권리에 대해서 비록 '초상권'으로 표현하기는 했으나, 기존에 인격적 성질의 초상권과는 별개의 재산적 측면의 권리가 존재함을 인정하고, 타인의 불법행위로 말미암아 그 성명이나 초상 등을 이용할 수 있는 권리가 침해된 경우에는 특별한 사정이 없는 한 그 재산상 손해 외에 정신상 손해가 발생한다고 보기 어렵다고 판시함으로서 해석상 초상권과 분리된 새로운 재산적 권리를 긍정한 것으로 해석되고 있다.[89][90] 즉 이 판결

---

89) 정상조·박준석, 앞의 논문, 21-22면.
90) 나아가 이 사건 1심에서 통상 우리나라 법원이 인정하는 정신적 위자료로 보기 어려울 정도의 고액인 금68,333,332원(항소심에서도 금42,500,000원)이

은 퍼블리시티권이라는 용어를 사용하지 않고 있지만 사실상 퍼블리시티권과 동일한 개념을 인정했으며 그 권리의 속성이 인격권이 아니라 완전한 재산권적 권리임을 밝혔다는데 의의가 있고, 이러한 태도는 이후 판례들 중에 퍼블리시티권 법리를 초상권 법리로 해석하여 해결하는 판례들에도 영향을 미친 것으로 해석되고 있다.

(2) 박찬호 브로마이드 사건[91]

이 사건에서 미국 프로야구선수였던 신청인 박찬호는 그의 동의 없이 일방적으로 『메이저리그와 정복자 박찬호』라는 서적이 발매되자 그 서적과 함께 그 부록인 브로마이드의 제작 등을 금지하는 가처분을 신청했다.

이에 대하여 법원은 우선 신청인의 초상권 침해 주장에 대하여 신청인이 공적 인물이 되었고 서적은 신청인에 대한 평전의 성격을 갖는다고 하면서, 서적의 내용에 나타나는 신청인의 성명과 사진이 수인한도를 넘어서 신청인의 성명권과 초상권을 침해하는 정도로 과다하거나 부적절하게 이용되었다고 보이지는 않는다고 판단했다. 또한 신청인의 퍼블리시티권 침해 주장에 대해서도 "신청인이 유명 야구선수로서 그 성명과 초상을 재산권으로 이용할 수 있는 권리 즉 이른바 퍼블리시티권을 침해하는 것으로 볼 수 있을 정도로 신청인의 성명과 초상 그 자체가 독립적·영리적으로 이용되었다고 보이지 아니"한다는 이유로 신청인의 주장을 배척했다.

반면에 신청인의 서적에 딸린 브로마이드 사진에 대하여는 "신청인에 대한 평전이라 할 수 있는 이 사건 서적의 내용으로 필요불가결한 부분이라 할 수 없을 뿐만 아니라 이 사건 서적과 분리되어 별

인정된 것도 재산권 차원에서 인정한 것이라고 본다. 남형두, "세계시장 퍼블리시티권", 105면.

91) 서울고등법원 1998. 9. 29. 98라35 결정.

책 부록으로 제작된 것으로서 그 자체만으로도 상업적으로 이용될 염려가 적지 않고, 그와 같이 상업적으로 이용될 경우에 신청인의 초상권 또는 퍼블리시티권이 침해될 것으로 보여지므로 이 사건 브로마이드의 발매·반포로 신청인의 초상권 또는 퍼블리시티권이 침해된다"고 판시했다.

이러한 결정은 우선 서울고등법원이 퍼블리시티권의 존재를 인정했다는 점에서 의미를 갖고 있으며, 나아가 퍼블리시티권의 침해로 인한 손해배상을 인정한 최초의 사건이기도 했다.[92] 그리고 침해여부를 판단함에 있어서 서적을 전체로 동일하게 판단한 것이 아니라 그 사용된 방법에 따라 동일성표지가 서적의 내용으로 사용된 경우와 브로마이드에 사용된 경우를 구분하여 각각 판단했다는 점에서도 의미를 갖는다.

다만, 신청인의 동일성표지가 서적에 사용된 것은 그 서적의 내용과 직접적 관계가 있어 '상업적 이용'이 아닌 것으로 봤어야 한다는 견해도 있다. 이 견해는 본 사건에서 서적 내용이 공중의 관심사이므로 표현의 자유의 보호의 범위 내에 있고 따라서 그 내용과 함께 게재된 사진은 내용과 직접적인 관련이 있으므로 서적의 내용에 관한 표현의 자유의 보호범위가 사진에까지 미친다는 것이다.[93]

(3) 비달사순 사건[94]

이 사건의 원고는 영국 출신의 세계적인 헤어스타일리스트 비달사순으로부터 그의 성명과 그 변형, 초상, 개인적인 특성을 나타내는 표식, 퍼블리시티권, 사인(sign) 등을 독점적으로 사용할 권리를 양수

---

92) 정경석, "초상권 이론 및 사례의 전개", 122면.

93) 박준우, "퍼블리시티권 상업적 이용의 판단기준", 517면.

94) 서울고등법원 2000. 2. 2. 선고 99나26339 판결(1심 : 서울지방법원 1999. 4. 30. 선고 98가합79858 판결).

받은 미국 기업이다. 원고는 "VIDAL SASSOON"이라는 표장에 관하여 상표등록을 마친 다음, 소외 회사에 통상사용권을 설정해주었고 소외 회사는 이 상표가 부착된 샴푸 등을 TV 등을 통하여 광고했으며 그 광고료는 1995년부터 1998. 8.까지 약 70억 원 상당이었다. 그런데 피고 회사는 미용학원을 경영하면서 건물의 외부 벽면에 "비달 사순"이라는 간판을 부착하고, 학원 내부에도 비달 사순의 초상이나 서명이 들어 있는 대형 사진과 "VIDAL SASSOON EDUCATION"이라는 표시가 들어 있는 대형 사진을 부착해 놓고 있었다. 이에 대해 원고가 피고에 대해서 퍼블리시티권의 침해 금지를 청구한 사건이다.

　이 사건에서 법원은 "고유의 명성, 사회적 평가, 지명도 등을 획득한 배우나 가수 등의 예능인, 연주가, 스포츠 선수 등과 같이 대중의 인기에 의하여 뒷받침되어 그 존재가 널리 사회에 알려지기를 바라는 유명인사의 성명과 초상을 상품에 붙이거나 서비스업에 이용하는 경우에는 그 상품의 판매촉진이나 서비스업의 영업활동의 촉진에 효과가 있다는 것은 공지의 사실이다. 그리고 이러한 유명인사의 성명과 초상이 가지는 이러한 고객흡입력은 당해 유명인사가 획득한 명성, 사회적인 평가, 지명도 등으로부터 생기는 독립한 경제적인 이익 내지 가치로서 파악할 수 있으므로, 이러한 당해 유명인사의 성명과 초상이 가진 이러한 고객흡입력은 당해 유명인사가 획득한 명성, 사회적 평가, 지명도 등으로부터 생기는 독립한 경제적인 이익 내지 가치로서 파악할 수 있으므로 이는 당해 유명 인사에게 고유하게 귀속하는 것이고, 그 유명인사는 이러한 고객흡입력이 갖는 경제적 이익 내지 가치를 배타적으로 지배하는 재산적 권리를 가지는 것이고, 이러한 성명이나 초상이 갖는 재산적 가치를 이용하는 권리를 이른바 퍼블리시티권(the Right of Publicity)" 판시하며 퍼블리시티권의 이론적 근거인 고객흡인력에 대해서 자세히 설명하고 이를 토대로 퍼블리시티권을 인정했다.

　　나아가 "이는 일종의 재산권으로서 인격권과 같이 일신에 전속하는 권리가 아니므로 그 귀속 주체는 성명이나 초상이 갖는 경제적 가치를 적극적으로 활용하기 위하여 제3자에 대하여 양도할 수 있다고 할 것이다. 따라서 위 권리의 양수한 자는 그 권리에 터잡아 그 침해행위에 대하여는 금지 및 침해의 방지를 실효성 있게 하기 위하여 침해물건의 폐기를 청구할 수 있다고 해석함이 상당하다"고 하여 양도성을 인정하고 퍼블리시티권에 기한 금지청구도 인정했다.

　　이와 같은 판결은 퍼블리시티권을 독립된 재산권임을 다시 한번 확인하고, 나아가 그 권리에 대한 양수인의 주장을 인정함으로서 퍼블리시티권의 양도성을 처음으로 인정한 것으로 평가된다.[95] 뿐만 아니라 이에 근거한 금지청구까지 인용한 것도 퍼블리시티권 논의의 전개과정에 있어서 상당히 진보된 입장의 판결로 볼 수 있다.

(4) 허브좌훈 사건[96]

　　이 사건에서 원고(식료품 등의 도매업을 하는 회사)는 천연 허브 중 범용 허브와 기타 한방재료를 원료로 개발한 한약재를 좌훈기에 넣고 앉아서 김을 쬐는 방법으로 체중을 감량하는 '허브좌훈 다이어

---

95) 특히 퍼블리시티권의 양도성에 관하여 잘 정리된 판결로서 수원지방법원 성남지원 2002. 8. 30. 선고 2001가합5032 판결(상정 사건)이 있다.
　　이 사건에서 미국 LPGA에서 활동하는 프로골퍼인 원고의 퍼블리시티권 침해 주장에 대하여, 법원은 인격권으로서 초상권과 상업적 권리로서의 초상권인 퍼블리시티권을 엄격히 구분하면서, 전자는 정신적 손해에 대해서만 배상이 가능하고, 후자는 양도가 가능하며, 양도가 이루어진 경우 양수인만이 재산상 손해배상청구권이 있다고 하여, 초상권과 퍼블리시티권을 간명하게 잘 구분해서 정리하고 있다. 이 판결에 의하면, 퍼블리시티권의 양도성이 명백히 인정되었을 뿐만 아니라, 나아가 양도 후에는 양도인에게 권리를 인정하지 않음으로써 배타적 권리로서의 재산권성을 확인했다는 점에서 의미가 있다. 남형두, "세계시장 퍼블리시티권", 109면 각주 88).
96) 서울동부지방법원 2004. 2. 12. 선고 2002가합3370 판결.

트'를 개발했다. 이후 원고는 정수기, 가전제품, 건강식품 제조업 등을 하는 피고 회사와 좌훈기 공급계약을 체결하고, 원고가 개발한 한방약재를 피고로부터 납품받은 좌훈기와 함께 『허브좌훈』이라는 명칭으로 소비자에게 판매했다. 한편, 일반인 모델 김00는 TV프로그램에 출연하여 일반적인 허브나 과일 껍질을 이용한 좌욕·훈증이 다이어트에 효과가 있음을 말하면서 이를 허브좌훈 다이어트로 칭했으나, 이 방법이 원고가 개발한 허브좌훈 다이어트의 효과나 방법이라는 것은 소개되지 않았다. 이에 원고는 김00의 퍼블리시티권을 양도받고 계약을 체결한 후 김00의 허브좌훈의 효과, 성공사례, 진행과정 등을 광고지에 실어 광고를 했다. 그런데 피고가 한국농수산방송에 일정물품을 공급하면서 저작권자인 원고의 승낙 없이 위 광고지를 광고에 이용했고, 김00가 출연한 프로그램의 화면과 "허브좌훈 열풍" 또는 "허브좌훈 다이어트"라는 진행자의 대사를 내용으로 광고를 제작, 방송했다. 이에 원고는 피고에 대하여 퍼블리시티권의 침해 등을 이유로 손해배상청구소송을 제기했다.

이 사건에서 법원은 "피고가 원고의 승낙 없이 농수산방송으로 하여금 김00가 출연한 '21세기위원회'의 방송 화면을 위 광고에 방영하도록 함으로써 원고의 퍼블리시티권을 침해했다"고 인정하고, 다만 그와 같은 침해행위로 인하여 원고가 입은 손해액을 산정할 수 있는 자료가 전혀 없다는 이유로 원고의 손해배상청구를 기각했다.

퍼블리시티권에 관한 기존의 판결들이 주로 탤런트 등 유명인에 대한 관련된 사례인 반면에, 이 사건은 유명인이 아닌 일반 가정주부가 모델이 된 경우이고, 또한 그 권리의 양도성도 주요 쟁점이 되었다. 비록 손해액 입증에는 실패했지만 우리나라에서 일반인에게도 퍼블리시티권을 인정한 최초의 판결로 평가받고 있다.[97]

---

97) 남형두, "세계시장 퍼블리시티권", 112면.

(5) 이영애 사건[98]

이 사건에서 인기 연예인인 원고 이영애는 피고 화장품 회사와 광고모델계약을 체결했다. 그러나 피고가 모델계약 기간 만료 이후에도 원고의 사진이 포함된 책자들 중 일부를 소외 A에게 홍보용으로 넘겨주었고, 이를 다시 양수한 소외 B가 인터넷 포털싸이트의 공동구매란에 원고의 사진을 이용하여 광고를 했다. 이에 원고는 퍼블리시티권 침해를 주장하며 손해배상을 청구한 사건이다.

우선 법원은 퍼블리시티권에 관해 "일반적으로 성명, 초상 등이 갖는 경제적 이익 내지 가치를 상업적으로 사용·통제하거나 배타적으로 지배하는 권리라고 설명되는 퍼블리시티권(Right of Publicity)은 일찍이 광고산업이 발달한 미국에서 판례와 각 주의 성문법에 의하여 보호되기 시작했으며, 일본과 우리나라에서도 이러한 권리를 인정한 하급심 판결을 다수 찾을 수 있는바, 비록 퍼블리시티권의 양도 및 상속성, 보호대상과 존속기간, 구제수단 등을 구체적으로 규정한 우리나라의 실정법이나 확립된 관습법이 존재하지는 않으나, 앞서 인정한 사실에 비추어 볼 때, 원고의 성명, 초상 등에 대하여 형성된 경제적 가치가 이미 광고업 등 관련 업계에서 널리 인정되고 있는 이상 이를 침해하는 행위는 원고 본인에 대한 관계에서는 명백히 민법상의 불법행위를 구성한다고 볼 것이고, 이와 같이 보호되는 한도 내에서 원고가 자신의 성명, 초상 등의 상업적 이용에 대하여 배타적으로 지배할 수 있는 권리를 퍼블리시티권으로 파악하기에 충분하다고 할 것이며, 이는 원고의 인격으로부터 파생된 것이기는 하나 원고의 인격권과는 독립된 별개의 재산권으로 보아야 할 것"이라며, 이 사건에서 피고는 "탤런트, 영화배우 겸 광고모델로 대중적 지명도가 있어서 재산적 가치가 있는 원고의 초상 등을 상업적으로

---

98) 서울고등법원 2005. 6. 22. 선고 2005나9168 판결(1심 : 서울중앙지방법원 2004. 12. 10. 선고 2004가합16025 판결).

이용할 권리인 퍼블리시티권을 침해했다"고 판시했다.

이 판결에서 법원은 종래 제임스딘 판결이 성문법주의를 취하는 우리나라에서 퍼블리시티권을 인정하기 어렵다고 판단한 것에 대응하여 해석상 퍼블리시티권의 존재를 인정할 수 있다고 판시했다. 즉 성명이나 초상 등에 대하여 형성된 경제적 가치를 침해하는 행위가 민법상 불법행위를 구성한다는 점을 근거로 퍼블리시티권을 인정한 것이다. 그러나 우리나라 민법이 권리 침해를 불법행위의 요건으로 하고 있지 않다는 점에서 볼 때 민법상 불법행위로 보호되는 한도에서 퍼블리시티권의 개념을 인정한다는 논리는 설득력이 약하다는 견해도 있다.[99]

그리고 이 판결은 인격권으로서의 초상권 침해를 인정하면서도, 황인정 사건과 유사한 이유로 원고의 위자료 청구는 배척했다. 즉 "원고는 유명한 연예인으로서 그 초상권을 일반인들의 그것과는 달리 재산권인 퍼블리시티권으로 보호받으므로 타인의 불법행위로 그 초상권 등이 침해된 경우에는 특별한 사정이 없는 한 그 재산상 손해 외에 정신적 손해가 발생한다고 보기 어렵다"고 하여 유명인의 경우에는 재산권인 퍼블리시티권의 보호를 받으므로 별도로 초상권 침해에 따른 정신적 손해가 발생하지 않는다고 판시함으로써, 초상의 무단 사용시 유명인의 경우에는 퍼블리시티권으로 일반인의 경우에는 프라이버시권으로 보호한다는 기준을 제시했다.[100] 이에 대해서 퍼블리시티권과 초상권은 별개의 권리이므로 각각의 손해 발생은 별도로 논의해야 한다는 견해도 있다.[101]

---

99) 권태상, 앞의 책, 225면.
100) 남형두, "세계시장 퍼블리시티권", 111면.
　　한편 서울남부지방법원 2004. 8. 4. 2004카합1285 결정(최윤영 사건)에서는 초상권과 퍼블리시티권을 중복적으로 침해했다고 인정하기도 했다.
101) 박준우, "퍼블리시티권 상업적 이용의 판단기준", 501면.

라. 최근 판례의 경향

(1) 퍼블리시티권을 긍정하는 판례(2010년대 초반까지)

2000년대 들어서 한류로 상징되는 콘텐츠산업이 급격하게 팽창하면서 연예인이나 유명 스포츠선수의 초상 등에 대한 퍼블리시티권 침해 소송도 상당히 활발하게 제기되었다. 이러한 배경에는 1990년대 중반 이후 꾸준히 제기된 초상권 및 퍼블리시티권 침해소송이 알려지기 시작하면서 유명 스타들이 새로운 수입원으로서 퍼블리시티권을 인식하게 되었기 때문으로 볼 수도 있다. 2005년 이후의 판례들은 퍼블리시티권을 인정하거나 이를 전제로 하는 판례가 다수이며, 이러한 판례들은 유명 인사의 성명이나 초상 등이 가지는 고객흡인력을 독립된 경제적 권리의 하나로 보호하고 인정하는 것을 가장 핵심적인 퍼블리시티권의 실질적 근거 및 존재의의로 파악했다.[102] 하지만 법령이나 대법원의 판결이 주는 방향성이 없는 상태에서 각 재판부별로 케이스를 판단을 하다보니 구체적 사안에서 권리보호의 범위 및 손해배상책임의 범위 등이 서로 다를 수밖에 없었고, 별다른 근거도 제시하지 않고 퍼블리시티권의 이전성 및 양도성을 인정하는 판결도 많았다.[103]

한국프로야구 2005 사건에서, 법원은 "원고들의 허락을 받지 아니하고 원고들의 성명을 상업적으로 이용하는 행위는 원고들의 성명권 중 성명이 함부로 영리에 이용되지 않을 권리를 침해한 민법상의

---

102) 서울중앙지방법원 2010. 9. 3. 선고 2009가합137637 판결(욘사마투어 사건).
103) 서울중앙지방법원 2006. 4. 19. 선고 2005가합80450 판결; 서울동부지방법원 2006. 12. 21. 선고 2006가합6780 판결(이 판결은 퍼블리시티권의 상속성을 인정했을 뿐만 아니라, 존속기간에 대한 언급도 한 점이 특징적이다. 퍼블리시티권이 본인의 사망 후 시간의 흐름에 따라 사자의 성명, 초상을 자유로이 이용하도록 허용할 필요성이 있음을 인정하고, 그 존속기간을 대상자의 사후 50년으로 해석함이 상당하다고 했다.)

불법행위를 구성한다고 볼 것이고, 이와 같이 보호되는 한도 내에서 원고들이 자신의 성명 등의 상업적 이용에 대하여 배타적으로 지배할 수 있는 권리를 퍼블리시티권으로 파악하기에 충분하다고 할 것이며, 이는 원고들의 인격으로부터 파생된 것이기는 하나 독립한 경제적 이익 또는 가치에 관한 것인 이상 원고들의 인격권과는 독립된 별개의 재산권으로 보아야 할 것이다"라고 하여 퍼블리시티권의 독립적 권리성 및 이전성을 명시적으로 인정했다.[104]

특히 이 판결에서 법원은 "피고들의 퍼블리시티권 침해행위로 인하여 원고들이 입게 된 재산상 손해는 피고들이 원고들의 승낙을 받아서 원고들의 성명을 사용할 경우에 원고들에게 지급하여야 할 대가 상당액이라고 할 것이고, 퍼블리시티권자가 자신의 성명에 관하여 사용계약을 체결하거나 사용료를 받은 적이 전혀 없는 경우라면 일응 그 업계에서 일반화되어 있는 사용료를 손해액 산정에서 한 기준으로 삼을 수 있다"고 하여 손해배상청구에 있어서 손해액 산정의 기준을 제시하기도 했다.

2012년 이후에도 다수의 퍼블리시티권 관련된 판결들이 선고되었으나,[105] 이러한 판결들이 퍼블리시티권의 의미, 범위, 한계 등이 일관되고 명확하게 정해졌다고 보기는 어렵다.[106]

---

104) 서울중앙지방법원 2006. 4. 19. 선고 2005가합80450 판결.
105) 배우 신은경의 성명, 사진 및 자필메모를 동의없이 한의원 홈페이지에 게재한 것이 문제된 사안에서 서울고등법원은 "사람의 성명, 초상 등은 한 개인 인격의 상징이므로 해당 개인은 인격권에서 유래하는 것으로서 이를 함부로 이용당하지 않을 권리를 가지고, 초상 등이 상품의 판매 등을 촉진하는 고객흡인력을 가질 수가 있으며, 그와 같이 고객흡인력을 배타적으로 이용하는 권리(이하, '퍼블리시티권'이라 한다)는 초상 등 그 자체의 상업적 가치에 기초한 것이므로 위와 같은 인격권에서 유래하는 권리의 한 내용을 이루는 것이라고 할 수 있다."라고 판시하고 퍼블리시티권의 침해로 인한 손해배상을 인정했다(서울고등법원 2013. 8. 22. 선고 2012나105675).

(2) 퍼블리시티권을 부정하는 판례

2013년 이후에도 퍼블리시티권을 인정하는 판결[107]도 있으나, 반면에 물권법정주의를 이유로 퍼블리시티권을 부인하고 인격권의 법리로 해결하려는 판례들도 다수 나타나기 시작했다. 이러한 판례들은 주로 해당 연예인의 동의 없이 사진 등을 홈페이지에서 사용한 성형외과나 쇼핑몰, 미용실 등을 대상으로 하는 일련의 소송들이었다. 이러한 소송들의 특징은 사실관계가 서로 다르고 피해로 주장되는 액수나 입증방법도 제각각이라서 이러한 판례들로부터 어떤 일관된 법원의 입장을 추출해내기는 쉽지 않다. 일부 판결들은 물권법정주의를 이유로 퍼블리시티권을 부인하기도 하고, 정신적 손해를 부정하거나 혹은 인격권 침해를 인정하면서 재량적인 위자료 인정을 택하는 방법 등으로 다양하게 나타났다.

즉, 물권법정주의를 취하는 판례는 "'재산권의 내용은 법률로 정한다'는 헌법 제23조 제1문에 따라 물권과 채권은 민법에 의하여, 지식재산권은 저작권법·상표법·특허법·디자인보호법 등에 의하여 각 인정하고 있는 반면, 독립적 재산권으로서의 퍼블리시티권이라는 개념을 인정하는 법률은 존재하지 않는다. 민법 제185조는 '물권은 법률 또는 관습법에 의하는 외에는 임의로 창설하지 못한다'라고 규정하여 이른바 물권법정주의를 선언하고 있고, 물권법의 강행법규성은 이를 중핵으로 하고 있으므로, 법률(성문법과 관습법)이 인정하지 않는 새로운 종류의 물권을 창설하는 것은 허용되지 아니한다(대법원 2002. 2. 26. 선고 2001다64165 판결)"는 전제하에 원래 판례법(common

---

106) 최승재, "퍼블리시티권에 대한 하급심 판결 동향 분석 및 권리화 방안"(이하 본 논문에서는 "퍼블리시티권에 대한 하급심 판결 동향 분석"), 정보법학 제19권 제3호(2016), 6-9면 참고.
107) 서울중앙지방법원 2013. 9. 26. 선고 2013가합11701 판결; 서울중앙지방법원 2013. 9. 13. 선고 2013가합7344 판결 등.

law)에 그 연원을 가지는 미국의 경우와 달리 재산권으로서의 퍼블리시티권(the Right of Publicity)은 우리나라 성문법과 관습법 어디에도 그 근거를 찾아볼 수 없고, 결국 성문법 국가로서 물권법정주의를 채택하고 있는 우리나라에서 법률, 조약 등 실정법이나 확립된 관습법 등의 근거 없이 그 필요성이 있다는 사정만으로 물권과 유사한 독점·배타적 재산권인 퍼블리시티권이라는 개념을 인정하기는 어렵기 때문에 그러한 권리의 성립 요건, 양도성 및 상속성, 보호대상 및 존속기간, 침해가 있는 경우의 구제수단 등을 구체적으로 규정하는 법률적인 근거가 마련되어야만 비로소 인정할 수 있다는 것이다.[108]

또한 많은 판례들은 권리구제의 필요성은 인정하지만, 물권법정주의를 근거로 퍼블리시티권의 인정은 배척하면서 이를 인격권 침해로 구성하는 입장을 보였다.[109] 즉, 가수 백지영이 자신의 초상 등을 무단으로 홈페이지에 사용한 성형외과를 상대로 제기한 소송에서 법원은 물권법정주의를 이유로 퍼블리시티권을 부정했지만 초상권과 성명권[110]의 영리적 이용에 대한 통제권한을 인정하면서, 블로

---

108) 서울고등법원 2015. 6. 19. 선고 2014나2028495 판결(김선아 사건)

109) 서울중앙지방법원 2014. 7. 16. 선고 2013나48424 판결; 2014. 12. 4. 선고 2014나4681 판결 등.

110) 사람은 누구나 자신의 얼굴 기타 사회 통념상 특정인임을 식별할 수 있는 신체적 특징에 관하여 함부로 촬영 또는 그림 묘사되거나 공표되지 아니하며 영리적으로 이용당하지 않을 권리를 가지는데, 이러한 초상권은 우리 헌법 제10조 제1문에 의하여 헌법적으로 보장되는 권리이다. 따라서 초상권에 대한 부당한 침해는 불법행위를 구성한다(대법원 2006. 10. 13. 선고 2004다16280 판결 참조).

또한 성명은 특정한 개인을 다른 사람으로부터 식별하는 표지가 됨과 동시에 이를 기초로 사회적 관계와 신뢰가 형성되는 등 고도의 사회성을 가지는 한편, 인격의 주체인 개인의 입장에서는 자기 스스로를 표현하는 인격의 상징으로서의 의미를 가지는바, 이에 기초한 성명권은 헌법상의 행복추구권과 인격권의 한 내용을 이루는 권리로서 사회통념상 특정인임을 알 수 있는 방법으로 성명이 함부로 사용·공표되지 않을 권리, 성명이

그 상단 및 게시물에는 피고의 사진, 성명, 약력, 피고가 운영하는 병원의 명칭, 전화번호와 피고 운영 병원에서의 시술을 권유하는 취지의 문구 등이 게재되어 있었던 점 등을 근거로 원고의 허락 없이 그의 성명·초상을 영리적으로 이용한 것에 해당하므로 원고의 인격권을 침해[111]하는 불법행위에 해당한다고 판시했다.

이와 같은 판결 중에서 퍼블리시티권의 존재는 부인했지만 손해배상액을 인정함에 있어서 모델료 등을 기준으로 재산상 손해를 산정함으로서 사실상 퍼블리시티권의 기존 논리를 수용한 것으로 평가할만한 판례들도 있다. 즉, 김선아 사건에서 법원은, 물권법정주의를 이유로 퍼블리시티권을 부인하면서도, 초상권과 성명권 내에 자신의 초상 등을 상업적으로 이용하고 통제할 수 있는 권리가 당연히 포함된다고 보고 이와 같은 원고의 성명과 초상을 허락 없이 상업적으로 이용함으로써 재산상 손해가 발생했다면 그 손해의 산정은 그 성명과 초상을 상업적으로 이용하기 위하여 지급하여야 할 대가 상당액으로 보아야 한다면서 원고의 기존 모델료 등을 재산적 손해의 기준으로 삼아 손해배상액을 결정했다.[112]

함부로 영리에 이용되지 않을 권리를 포함한다(대법원 2005. 11. 16.자 2005스26결정 등 참조).

111) "이 사건 게시물에서 사용한 사진이 원고의 허락 아래 이미 인터넷에 공개된 사진이라고 하더라도, 이는 연예인인 원고가 자신의 홍보에 필요한 한도 안에서 인터넷 이용자들에게 이를 공개하여 이용하도록 한 것이라고 보아야 한다. 따라서 이 사건 게시물과 같이 피고가 영리 목적으로 그 사진 등을 별도의 허락 없이 사용하는 것은 원고가 예상했거나 허락한 범위를 넘는 것으로서 원고의 성명·초상이 영리적으로 이용당하지 않을 권리를 침해했다고 봄이 타당하다."

112) 서울고등법원 2015. 6. 19. 선고 2014나2028495 판결. 이 판결에서는 다음과 같은 사유를 위자료와는 별도의 '재산적 손해'의 판단요소로 삼았다.
"① 유명 연예인의 경우 광고계약을 체결할 때 자신의 대중에 대한 이미지나 평판 및 자신의 앞으로 연예계 활동에 미치는 영향 등을 고려할 것으로 보인다.

또한 인격권의 침해를 인정하면서도 연예인의 경우에는 일반인과는 달리 정신적 고통에 대한 손해배상도 제한적으로만 인정해야 한다는 입장도 나타났는데 "다만, 인격적 법익의 주체가 배우, 가수, 프로스포츠 선수 등(이하 '연예인 등'이라 한다)인 경우 인격적 법익에 관한 일반이론이 다소 수정되어야 한다. 연예인 등의 직업을 선택한 사람은 직업의 특성상 자신의 성명과 초상이 대중 앞에 공개되는 것을 포괄적으로 허락한 것이므로 위와 같은 인격적 이익의 보호 범위는 일반인에 비하여 제한된다. 그러므로 연예인 등이 자기의 성명과 초상이 권한 없이 사용됨으로써 정신적 고통을 입었다는 이유로 손해배상을 청구하기 위해서는 그 사용이 방법, 태양, 목적 등에 비추어 그 연예인 등에 대한 평가, 명성, 인상을 훼손·저하시키는 경우이거나, 그 밖에 자신의 성명과 초상이 상품선전 등에 이용됨으로써 정신적 고통을 입었다고 인정될 만한 특별한 사정이 존재하여야 한다"고 판시했다.[113]

나아가 유사한 사실관계에서 퍼블리시티권 뿐만 아니라 인격권

---

② 따라서 유명 연예인의 경우 자신의 대중에 대한 기존의 이미지 등이 훼손될 우려가 있는 광고에 관하여는 광고계약의 체결 자체를 꺼릴 것으로 보여 만약 광고계약이 체결된다면 그 광고료가 훨씬 고가로 책정될 것으로 보인다.

③ 여자 연예인의 성형 여부나 성형 정도는 대중의 주요 관심사가 될 뿐만 아니라 일반적으로 여자 연예인들이 자신에 대한 성형 의혹에 민감하게 반응하고 자신의 성형 사실을 숨기려고 하는 사정들을 고려하여 보면, 유명 여자 연예인이 성형외과를 홍보 또는 광고하면서 자신과 그 성형외과 사이의 개인적 친밀도를 내세우는 내용의 광고를 하는 경우라면 그 광고료는 일반적인 것보다 훨씬 많을 것으로 판단된다."

113) 서울중앙지방법원 2014. 10. 28. 선고 2014나22900 판결; 서울중앙지방법원 2015. 1. 27. 선고 2014나4735 판결; 서울중앙지방법원 2015. 5. 22. 선고 2014나12095 판결 등.
  다만, 이러한 판결들은 연예인의 위임을 받아 성형외과 등의 홈페이지나 쇼핑몰 등을 상대로 소송을 남발하는 행위들에 대한 경계로 보인다.

침해조차도 인정하지 않는 판례들도 있었다. 즉, 가수 유이의 사진을 무단으로 한의원 홈페이지에 이용한 것이 문제된 사건[114]이나 배우 이지아의 복근사진을 무단으로 성형외과 홈페이지에 사용한 사건[115] 등에서는 물권법정주의를 이유로 퍼블리시티권을 부정하고 연예인의 직업 특성상 자신의 성명과 초상이 대중 앞에 공개되는 것을 포괄적으로 허락한 것이므로 인격적 이익의 보호 범위가 일반인보다 제한되며 게시물의 내용이 병원과 관련이 있거나 병원에서 치료를 받은 것처럼 오인할 만한 것으로는 보이지 아니하는 점 등을 근거로 초상권 등의 침해도 부정했다.[116]

(3) 최근 국내 판례의 정리

이상에서 살펴본 바와 같이 우리나라의 판례들은 이휘소 사건 이후부터 2010년대 초반까지는 퍼블리시티권에 대해서 상당히 적극적인 태도를 보였다. 퍼블리시티권에 대한 성문법이나 대법원의 판결 등이 없음에도 불구하고 미국의 정의 및 사례 등을 적극적으로 수용

---

114) 서울중앙지방법원 2015. 2. 12. 선고 2013나64259 판결.
115) 서울중앙지방법원 2015. 4. 28. 선고 2014나12095 판결.
116) 그러나 퍼블리시티권 측면에서 보면 연예인이 자신을 알리는 방법이나 수단은 스스로 결정하는 것이고 어느 경우나 자신의 이미지 등을 상업적으로 이용하도록 하는 것은 아니므로 법원의 판결은 최소한 이 점에 대해서는 오류가 있다고 평가하는 견해도 있다. 최승재, "퍼블리시티권에 대한 하급심 판결 동향 분석", 9면.
    같은 취지의 판례로는 서울중앙지방법원 2014. 7. 16. 선고 2013나48424 판결("이 사건 게시물에서 사용한 사진이 원고의 허락 아래 이미 인터넷에 공개된 사진이라고 하더라도, 이는 연예인인 원고가 자신의 홍보에 필요한 한도 안에서 인터넷 이용자들에게 이를 공개하여 이용하도록 한 것이라고 보아야 한다. 따라서 이 사건 게시물과 같이 피고가 영리 목적으로 그 사진 등을 별도의 허락 없이 사용하는 것은 원고가 예상했거나 허락한 범위를 넘는 것으로서 원고의 성명·초상이 영리적으로 이용당하지 않을 권리를 침해했다고 봄이 타당하다")

하여 연예인들의 초상 등을 무단으로 광고 등에 사용하는 케이스에 대해서 보호를 부여하였고, 그 중에는 양도성이나 상속성, 나아가 존 속기간 등 쟁점에 있어서도 새로운 논리 등을 만들기도 했다.

하지만, 최근에는 퍼블리시티권의 독립적인 권리성을 부인하고 종래 민법상의 인격권 논리에 의해서 해결하고자 하는 판례 경향도 두드러지게 나타나고 있는데 이러한 경향에는 여러 가지 이유가 있 다. 이론적으로는 기존의 인격권 이론의 효력 범위가 좀 더 포괄적 으로 넓게 해석되면서 경제적인 효력 부분이 강조되었고, 실제적으 로는 성형외과나 미용실의 홈페이지 등을 노리는 기획소송경향이 나타나면서 이러한 개인사업자들의 사용에까지 엄격하게 적용하여 야 하는지에 대한 의문이 제기되었으며 한편으로 보호를 하는 경우 에도 손해배상액수의 입증을 못하거나 지나치게 과도한 경우에 법원 에서 이를 부인하거나 제한하는 논리도 필요했던 것으로 분석된다.

그러나 이러한 판례의 경향은 개별 사례에 있어서 구체적 타당성 을 기하는데 도움이 될 수는 있지만 기존의 인격권 이론에서 터를 잡고 있는 한 퍼블리시티권의 정착과 이론적 발전에는 한계가 있다. 기존 프라이버시권 이론이 가진 한계를 인식하고 이를 발전시키고 자 하는 것이 퍼블리시티권 이론이기 때문이다. 물론 미국에서 출발 한 프라이버시권과 독일법에서 출발한 인격권이론이 동일한 것은 아니지만 권리주체로부터 분리가능성 측면에서 부정적인 입장에는 공통된다. 나아가 우리나라 문화산업이 미국의 문화산업 못지않게 양적으로 질적으로 발전한 상황에서 그 토대를 이루는 권리들에 대 해서 좀 더 적극적으로 받아들이는 것도 매우 중요하다. 따라서 퍼 블리시티권을 제한적으로라도 인정하고 좀 더 적극적으로 요건과 효력범위를 해석하는 입장이 타당하다고 생각한다.

제3절 퍼블리시티권의 근거 및 인정여부

이상에서 살펴본 바와 같이, 퍼블리시티권은 유명 인사들의 자기 동일성이 가지는 고객흡인력이 상업광고 등에서 무단으로 이용당하는 상황에서 적절한 법적 보호수단을 찾으며 발전한 재산적 권리이다. 최근 들어 대중문화산업이 급속도로 발전을 함에 따라 유명 인사들의 영향력은 훨씬 커져가고 있으며 이들의 사회적 영향력을 광고 등 각종 매체에 이용하는 사례가 늘어났다는 점이나 그러한 광고 등으로부터 실제로 창출된 이익도 엄청나게 커졌다는 점 등을 살펴볼 때 유명 인사들에게 법적으로 어떤 통제수단을 보장해줄 필요성은 분명히 있다. 그것을 법적으로 보호하는 것은 유명 인사들에 대한 정당한 보상일 뿐만 아니라, 이를 수익의 원천으로 성장하고 있는 문화산업의 기반을 튼튼하게 해주는 일이기 때문이다.

그러나 자신의 전문분야에서 장기간의 노력을 통해 부와 명성을 얻은 사람도 있으나, 단지 행운에 의해 예상치 못한 유명세를 누리며 큰 경제적 이익까지 향유하는 사람들도 있다. 그러므로 단지 유명하다는 이유만으로 아무런 노력도 없이 그에 따른 결과물을 독점할 자격이 있다는 것은 설득력이 부족한 경우가 있다.[1] 따라서 그 외에도 별도의 정당성의 근거가 있을 때 비로소 퍼블리시티권이 인정될 필요성이 더욱 확실히 담보될 수 있을 것이다.

퍼블리시티권은 법적 개념으로 인정받아 구체화된 역사가 매우

---

1) White v. Samsung Elecs. Am, Inc., 971 F.2d 1395(9th Cir. 1992)에서는 능력에 의한 경우 뿐만 아니라 우연에 의해 명성을 획득한 경우에도(whether the celebrity has achieved her fame out of rear ability, dumb luck, or a combination thereof) 퍼블리시티권의 보호를 받아야 한다고 판시했다.

짧기 때문에 우리나라 뿐만 아니라 퍼블리시티권을 처음으로 인정한 미국에서도 그 인정여부나 그 범위 등에 대한 논란이 계속되고 있는 소위 '생성과정 중에 있는 권리'이기도 하다. 특히 우리나라의 경우는 아직 퍼블리시티권에 관한 명문의 규정도 없으며 관련 대법원 판결도 없기 때문에 이러한 법적 공백상태는 상당기간 계속될 수도 있다. 그런 까닭에 퍼블리시티권의 정당성과 필요성이 무엇인지는 단지 퍼블리시티권을 인정할 것인지의 문제 뿐만 아니라 권리로 인정되더라도 그 범위를 어디까지 확장할 것인지 또는 다른 권리와 충돌이 있을 때에 어떻게 비교형량할 것인지 등의 판단에 있어서도 중요한 문제이다.

이하에서는 퍼블리시티권 인정의 정당성 및 필요성을 이론적 근거와 실정법적 근거로 나누어 언급하고, 이어서 우리나라에서는 어떠한 방향으로 논의가 전개되고 있는지를 살펴본다.

1. 이론적 근거

퍼블리시티권의 이론적 근거에 관한 논의는 지식재산권 일반에 관한 이론적, 철학적 근거에 대한 논의와 유사한 면이 많다.[2] 이러한 논의들은 유명인사의 명성은 개인의 노력에 근거하지만 한편으로 일종의 문화적 산물이라는 점에서 이것을 개인에게 독점시키는 이유는 무엇인지, 만일 그러한 명성이나 유명세가 사회적 산물이라면 표현의 자유 등 사회 구성원들의 커뮤니케이션 과정에서 자유로이 사용할 수 있어야 하는 것은 아닌지 등에 대한 근본적인 시각차이를

---

2) 남형두, "퍼블리시티권의 철학적 기반(上)-호사유피 인사유명의 현대적 변용"(이하 본 논문에서는 "퍼블리시티권의 철학적 기반(上)"), 저스티스 제97호(2007. 4), 135-136면. 이 논문은 퍼블리시티권의 이론적 근거에 대해서 가장 자세히 다루고 있다.

보여주고 있다.

　퍼블리시티권의 이론적 근거에 관하여는 미국에서도 다양한 논의들이 전개되어 왔는데 대표적인 것으로는 노동이론, 부당이득방지이론, 인센티브이론 등이 있으며, 그 외에도 효율적 배분이론[3], 소비자 보호이론,[4] 자기결정권 이론[5] 등이 있다.

　이러한 각 이론들은 저작권법 등 다른 지적재산권에 관한 이론적 보호근거와 유사한 면이 많다. 그러나 어느 하나의 이론을 가지고 퍼블리시티권을 독립적으로 설명하기에는 부족하고, 결국 위 이론들이 종합적으로 합해져서 퍼블리시티권을 인정하기 위한 이론적인 근거를 제공하고 있다고 보아야 한다. 즉, 퍼블리시티권은 개인적 측면에서 보면 유명인들이 자신의 명성을 얻고 유지하기 위해서 부단하게 노력한 대가이면서, 동시에 정책적 측면에서 보면 이러한 유명인들의 자기개발적 노력을 유도하여 사회의 발전에 이바지하기 위한 유인책이고, 또한 이용자 측면에서 보면 유명인의 명성 등을 댓가없이 부당하게 이용하는 것을 통제하기 위한 수단이며, 소비자 측면에서 보면 해당 상품이 유명인과 관련이 있는 것

---

3) 유명인의 개성이 반영된 사진, 성명 기타 퍼블리시티 가치들이 과도하게 노출되면 일반 대중이 이를 식상하게 되고 결국 그 상업적 가치가 지속되는 기간이 줄어들 것이므로 유명 인사들에게 퍼블리시티 가치들에 대한 배타적 권리를 인정하고 그 사용을 통제하고 관리함으로써 경제적 가치가 극대화될 수 있도록 하는 것이 필요하다는 이론이다.
4) 소비자 보호이론이란 퍼블리시티권이 해당 상품과 유명인이 관련이 있는 것처럼 부당하게 광고하는 것을 통제함으로서 결과적으로는 소비자를 보호하는 사법적 장치로서 기능할 수 있다는 이론이다.
5) 자기결정권(Right of self-definition) 이론이란 자신의 초상이나 성명이 어떠한 광고에 사용되는지에 따라 본인의 이미지가 서로 다르게 형성될 수 있으므로 인격표지의 주체에게 자신의 인격표지를 어떤 광고 등에 사용하도록 할지 여부를 결정함으로써 공중이 자신과 연관시키는 의미와 가치들을 통제할 수 있는 권리로서 자기결정권을 갖게 하여야 하고, 이를 위해 퍼블리시티권을 인정할 필요가 있다는 이론이다. 이해완, 앞의 논문, 97-98면.

처럼 허위로 인식되는 것으로부터 보호를 받기 위한 권리라고 보는 것이 타당하다.

가. 노동이론

(1) 의의 및 내용

노동이론에 따르면 사람들은 자신의 육체를 소유하고 있고 무주물의 원시상태에 대하여 자신의 노동력을 투입하게 되면 육체노동의 결과물에 대하여 사유재산권을 행사할 수 있는 정당성이 생긴다고 보았다. 즉 인간은 자신의 육체에 대하여 자연권으로서의 재산권을 가지고 있기 때문에, 자신의 노동으로 얻은 결과물에 대해서도 소유권 또는 이와 유사한 권리를 갖는다는 것이다.[6]

퍼블리시티권에 대한 이론적 근거를 찾던 Nimmer는 이러한 로크의 노동이론을 퍼블리시티권에도 적용했다.[7] 즉, Nimmer는 청중들의 주의를 끌거나 상품을 광고하는데 있어서 유명인사의 이름이나 초상 등이 큰 경제적 가치를 가지고 있으며, 이와 같은 퍼블리시티 가치를 사용할 권리를 얻기 위해서는 상당한 대가를 지불해야 하고, 모든 인간은 그가 만들고 사들인 퍼블리시티 가치로부터 이익을 얻고 통제할 수 있는 권리가 있어야 한다고 보았다.

Nimmer는 퍼블리시티권의 정당성과 필요성을 설명하는 주된 요소를 두 가지로 보았다. 하나는 퍼블리시티에 내재하는 금전적 가치에 대한 경제적 실체이고, 다른 하나는 퍼블리시티권의 가치 보호에 대한 종래의 이론의 부적합성이다. 대중의 주의를 끌거나 상품을 광

---

6) 노동이론은 자연권 또는 자연법 사상과 밀접한 관련이 있어서 학자에 따라서는 노동이론 대신 자연법이론(Natural Law Theory)라는 용어를 사용하기도 한다. 남형두, "퍼블리시티권의 철학적 기반(上)", 146-147면.

7) Nimmer, Melville B., 1954, The Right of Publicity, 19 Law and Contemporary Problems 203. pp.215-216.

고함에 있어 유명인사의 이름, 사진 등에 상당한 경제적 가치[8]가 있음은 명백하고, 유명인들의 사진, 성명, 초상 등을 얻기 위해 그에 상응하는 금전을 지급하는 것이 사회적인 관행이라는 사실에 의해서도 알 수 있다. 그러나 종래의 이론은 이러한 사실을 온전히 설명해 주지 못하기 때문에 오랫동안 노동력을 투입한 사람들이 퍼블리시티권을 인정받지 못해 그 재산적 가치에 대한 법적 보호를 인정받지 못했고, 그로 인해 자신의 노동에 의한 산물에 대한 정당한 권리를 향유할 수 없었다. 그렇기 때문에 퍼블리시티권은 자신의 노동의 산물에 대한 권리이고, 여기서 퍼블리시티권의 정당성과 필요성이 도출된다고 보았다.

즉, 노동이론에서의 퍼블리시티권이란 모든 인간이 그가 만들거나 혹은 만든 사람으로부터 양도받은 퍼블리시티의 가치로부터 이익을 얻고 이를 통제할 수 있는 권리를 말하는 것이다.[9]

(2) 노동이론에 대한 비판

Nimmer의 노동이론이 정립된 이후에 이를 지지하는 견해가 많았음에도 불구하고 노동이론은 퍼블리시티권의 이론적 토대라고 하기에는 부족하다는 비판이 있다.[10]

첫째, 퍼블리시티 가치가 반드시 투하된 노동력에 비례하지 않는

---

8) Nimmer의 연구에서는 이러한 것들을 퍼블리시티 가치(publicity value)라고 본다.

9) Nimmer 교수는 일반적으로 고려할 만한 시간과 노력, 기술 그리고 돈을 쓴 후에야 그가 금전적인 가치가 있다고 인정할 만한 퍼블리시티를 얻는 것이고, 중요한 공공정책적 고려에 따른 반대이유가 없는 한 모든 이는 그의 노동에 따른 과실을 수확할 자격이 있다는 것이 가장 기본적인 자연의 이치이자, 앵글로아메리칸 법역의 제1원칙이라고 했다. 최승재, "퍼블리시티권의 주요 쟁점(상)", 66면.

10) 남형두, "퍼블리시티권의 철학적 기반(上)", 153-157면.

다는 점이다. 예를 들면 프로골퍼 아놀드 파머(Arnold Palmer)가 잭 니클라우스(Jack Nicklaus)보다 그 기록에서 앞서지 않음에도 불구하고, 아놀드 파머의 퍼블리시티 가치들이 잭 니클라우스의 그것보다 경제적으로 더 우월하다는 점 등이다. 즉, 노동이론은 자신의 퍼블리시티 가치를 개발하기 위해 많은 노동력을 투하했으나 그에 상응하는 경제적 이익을 획득하지 못한 경우를 설명하지 못한다.

둘째, 노동이론은 '노동'의 의미를 잘못 인식한다는 문제가 있다. 노동이론에서는 노동의 의미를 '고통스러운 것, 부정적인 것, 불쾌한 것'으로 인식했으며, 이에 대한 보상 내지 대가로서 재산으로 보장되어야 한다는 것이다. 그렇다면 만일 퍼블리시티 가치를 창출하기 위해 노동력을 투입하는 과정이 그의 자아실현의 과정으로서 긍정적인 의미를 지니는 경우에는 반드시 보상이 필요한 것이 아니다.

셋째, 퍼블리시티 가치는 노동력 투입의 산물임과 동시에 사회적 산물의 성격을 가진다는 점이다. 노동이론에 따르면 인간의 노동과 그로 인한 결과물은 불가분의 관계에 있고, 따라서 노동력을 투입한 사람이 그 결과물에 대해서 상응하는 권리를 갖는다. 그러나 지식재산권은 인간과 사회의 상호작용의 과정 속에서 창조되는 사회적 산물(social products)이지, 순전히 인간이 완전한 무에서 어떤 것을 새롭게 창조해낸 것이 아니다.[11]

---

11) Edwin Hettinger, Justifying Intellectual Property, 18 Phil. & Pub. Aff. 31 (1989), p.38. 이러한 퍼블리시티 가치가 대중과의 관계 속에서 형성되는 '사회적 산물'로서의 측면을 가진다는 것을 근거로, 일반 대중이 누리는 표현의 자유 등을 최대한 존중하여 권리범위의 적절한 제한을 가할 필요성이 있음을 인정하여야 한다는 견해에는 이해완, 앞의 논문, 96면 참고.

나. 부당이득 방지이론

(1) 의의 및 내용

부당이득 방지이론이란 퍼블리시티권은 타인이 특정인의 신용을 무단으로 이용하여 법률상 원인 없는 이득을 얻는 것을 방지하기 위해 필요하다는 이론이다.[12] 즉 퍼블리시티 가치가 있는 특정인의 자기동일성으로부터 타인이 대가를 지불함이 없이 이익을 얻는 것은 법률상 원인이 없는 부당이득이라고 볼 수 있으므로[13] 이를 방지하는 것이 퍼블리시티권의 인정근거라는 의미이다.

부당이득 방지이론은 미국의 판례들에 의해서 정립된 이론이고, 특히 퍼블리시티권에 관한 유일한 연방대법원 판결인 Zacchini 판결에서 원용되었다.[14] 부당이득 방지이론의 내용을 언급하는 판례의 경우 '부당한 이득(windfall, unjust enrichment)',[15] '무임승차자(free rider)',[16] '뿌리지 않은 데서 얻은 수확(reaping where one had not sown)'[17] 등의 다

---

12) 이영록, "퍼블리시티권에 관한 연구(Ⅰ)", 32면.

13) 우리나라에서도 부당이득의 '이득'을 침해를 통한 이용 그 자체를 이득으로 보고, 타인의 동일성 표지를 상업적 맥락에서 무단으로 이용한 자는 그 동일성표지의 상업적 이용 그 자체를 이득으로 취했다고 보고 있다. 안병하, "인격권 침해와 부당이득 반환"(이하 본 논문에서는 "인격권 침해와 부당이득 반환"), 민사법학 제68호(2014.9), 505면.

14) Zacchini v. Scripps-Howard Broadcasting Co. 351 N.E.2d 454, 462(Ohio 1976); 연방대법원은 인간포탄 공연은 원고의 재능과 시간, 비용, 노력의 결과로 그 경제적 이익도 원고에게 귀속되어야 할 것인데 사람들이 방송에서 공짜로 원고의 공연을 볼 수 있다면 공연장에서 돈을 내고 보려는 사람이 줄어들 것이고, 따라서 공연을 방송하는 것은 원고가 입장료를 걷는 것을 방해한 것과 같다고 보았다.

15) Lugosi v. Universal Pictures, 25 Cal 3d 813, 839, 160 Cal Rptr 323, 339, 603 P2d 425, 205 USPQ 1090 (1979); Martin Luther King Jr., Center for Social Change, Inc. v. American Heritage Products, Inc., 250 Ga 135, 296 SE2d 697, 216 USPQ 711 (1982).

16) Onassis v. Christian Dior-N.Y., Inc., 472 N.Y.S.2d 254, 261 (Sup. Ct. 1984).

17) Warner Bros., Inc. v. Gay Toys, Inc., 658 F2d 76, 211 USPQ 1017 (2d Cir. 1981).

양한 표현을 사용하나 그 의미는 모두 같은 것으로 해석된다.[18] 우리나라의 경우도 판례에서 부당이득방지[19] 혹은 고객흡인력[20] 등이 근거로 제시되고 있다.

(2) 부당이득 방지이론에 대한 비판

'문화'라는 개념 자체가 세대를 거듭하면서 많은 창작자들이 상호작용을 통해 집단적으로 이루어 놓은 것이라는 점을 생각할 때 이미 많은 종류의 무임승차를 용인하는 것이라고 주장하는 입장에서는 무임승차 그 자체로 부당한 것은 아니다. 이는 인류의 지적 활동의 결과물은 그것이 완전히 새로운 것이 아닌 과거부터 인류가 축적해 온 지식에 그 기반을 두고 있다는 견해에서의 비판이다.

뿐만 아니라, 만일 퍼블리시티 가치가 과연 누구에게 귀속되어야 할 것인지에 대하여는 적극적인 결론을 내리지 못하고 결국 그 부당이득을 취한 사람이 결정되면 그것을 되찾아주는 기능밖에는 하지 못한다는 면에서 순환논증이라는 비판이나, 퍼블리시티권은 부당이득법과 관계없이 특히 퍼블리시티권의 프라이버시권으로부터의 구별에 관한 논의를 중심으로 독립된 법 영역으로 발전했다는

---

18) 남형두, "퍼블리시티권의 철학적 기반(下)-호사유피 인사유명의 현대적 변용"(이하 본 논문에서는 "퍼블리시티권의 철학적 기반(下)"), 저스티스 제98호(2007. 6), 102면; 김세권, "퍼블리시티권에 관한 연구", 전북대학교 대학원 박사학위논문(2008년), 27면.

19) 서울고등법원 2001. 10. 24. 선고 2001나30680 판결.

20) 서울고등법원 2000. 2. 2. 선고 99나26339 판결.
유명인사의 성명과 초상을 상품에 붙이거나 서비스업에 이용하는 경우 그 상품의 판매촉진이나 서비스업의 영업활동의 촉진에 효과가 있다는 것은 공지의 사실이며, 이런 유명인사의 고객흡인력이 갖는 경제적 이익 내지 가치를 배타적으로 지배하는 재산적 권리가 퍼블리시티권이라는 독립적인 권리로 당해 유명인사에게 고유하게 귀속된다. 서울중앙지방법원 2010. 9. 3. 2009가합137637 판결 (욘사마투어 사건) 등.

견해도 있다.[21)

다. 인센티브 이론[22)

(1) 의의 및 내용

지적재산권에 대한 대표적 논거인 인센티브 이론은 퍼블리시티권의 이론을 설명함에 있어도 가장 많이 원용된다.[23) 인센티브 이론이란 유명인사의 자기동일성에 경제적 가치를 주장할 수 있는 이론적 근거를 정책적 차원에서 찾고 있다. 즉, 유명인사에게 자신의 동일성에 대한 경제적 가치를 독점적으로 소유할 법적, 도덕적 정당성이 있기 때문이 아니라, 오히려 사회전체적 입장에서 개인에게 그러한 법적 권리를 인정해 줌으로써 시간, 노력, 자본을 투자하여 재능을 개발하거나 작품을 생산하도록 유인하고 이를 통해 사회 전체의 후생을 증대시킨다는 것이다.

인센티브 이론은 미국 헌법[24)에도 연원을 찾을 수 있고, 이 후 지적재산권에 관한 Mazer 판례[25)에 의해서 지지되고 있으며, 퍼블리시티권을 최초로 인정한 연방대법원의 Zacchini 판결[26)에서도 "퍼블리시티권을 보호하기 위한 Ohio 주의 결정은 그의 행위에 투하된 시간과 노력에 대해 실연자에게 보상할 의도에 근거하고 있다. 즉, 그 보

---

21) 남형두, "퍼블리시티권의 철학적 기반(下)", 103면.
22) 또는 유인이론, 동기부여이론이라고도 불린다.
23) 남형두, "퍼블리시티권의 철학적 기반(上)", 160면; McCarthy, J. Thomas, 2009, The Right of Publicity and Privacy, 2nd ed., Thompson Reuters, § 2:14, 1면.
24) 미국 연방 수정헌법 제1조 제8항
   Article Ⅰ, Section 8 (8) To promote the Progress of Science and useful Arts, by securing for limited Times to Authors and Inventors the exclusive Right to their respective Writings and Discoveries.
25) Mazer v. Stein, 347 U.S. 201(1954).
26) Zacchini v. Scripps-Howard Broadcasting Co. 351 N.E.2d 454, 462(Ohio 1976).

호는 실연자에게 공중에 이익이 되는 실연을 생산하기 위해 요구되는 투자를 위한 경제적 동기를 제공한다. 이러한 고려는 특허와 저작권법에도 있다"라고 판시했다.[27]

(2) 인센티브 이론에 대한 비판

인센티브 이론은 퍼블리시티권의 대표적인 이론이지만, 우선 인간의 다양성에 대한 이해가 결여되어 있다는 비판이 있다.[28] 인센티브이론은 모든 사람이 경제적 이익이라는 인센티브에 의해 행동방식을 결정한다는 것을 전제로 하고 있다. 그러나 유명인이나 유명인이 되기 위해 노력하는 사람들 중에는 오로지 경제적인 이익을 얻으려는 목적을 가진 사람도 있지만 그렇지 않고 단순히 유명해지기 위해서 노력하는 경우도 있고 또는 정치나 사업 영위 등 다른 목적을 위해서 노력하는 경우도 많은데 이러한 경우는 인센티브 이론이 그들의 행동을 쉽게 설명할 수 없다.[29]

또한 인센티브 이론은 창작자의 주된 수입을 보호하기 위한 목적으로 이용되는데, 퍼블리시티 가치에 의해 얻어지는 수입은 대부분 유명인의 주된 수입이 아닌 부수적인 수입인 경우가 많다는 지적도 있다.[30] 만일 주된 수입에 비해 모델료라는 부수적 수입이 차지하는

---

27) 이영록, "퍼블리시티권에 관한 연구(Ⅰ), 31면.
28) 남형두, "퍼블리시티권의 철학적 기반(上)", 160-165면.
29) 한편, 저작물의 경우에도 그 작성 동기에 비단 경제적인 동기만이 있는 것이 아님을 누구나 알고 있지만, 경제적인 면에서도 동기부여를 제공할 필요가 있다는 점을 전체적으로 감안하여(적어도 그것을 하나의 주된 이유로 하여) 저작재산권이 라고 하는 경제적 차원의 권리를 인정하고 있는 점 등을 고려할 때, 이러한 권리의 인정을 통한 경제적 이익의 향유가 예체능분야 및 관련 산업에 종사하는 사람들에게 긍정적인 동기부여의 요소가 되는 면이 현실적으로 있다는 것을 전적으로 외면하는 것은 타당하지 않다는 견해에는 이해완, 앞의 논문, 97면 참고.
30) 특히, 스포츠 선수의 경우에 더욱 그런 경향이 있다.

비중이 낮을 경우에는 퍼블리시티권을 권리로 보호하는 것이 얼마나 유명인의 창작활동에 대한 동기부여가 되는지를 알 수 없다는 것이다.

2. 실체법적 근거

미국에서의 퍼블리시티권과 관련된 논의는 각 주 법원들의 판례나 입법에 의하여 형성되어 온 것을 부정경쟁 리스테이트먼트(1995년)를 통해 법제화함으로서 통일적인 해결기준을 제시했고, 이러한 부정경쟁 리스테이트먼트(1995년)의 내용들이 다시 각 주의 입법과 판례에 영향을 주는 방법으로 발전해 왔다. 각 주들은 자신들이 처한 문화적, 산업적 배경에 따라 퍼블리시티권에 대해 적극적 혹은 소극적인 태도를 보이고 있다.[31]

이와 같이 미국에서는 주법 차원에서 퍼블리시티권을 규율하고 있으며,[32] 19개 주에서 퍼블리시티권을 보호하는 법률을 제정하고 있고, 28개 주에서 이를 보통법(common law) 상의 권리로 인정하고 있다. 이처럼 미국의 각 주는 퍼블리시티권에 대하여 다양한 입장을 취하고 있고, 성문법으로 법을 제정하여 퍼블리시티권을 인정하고 있는 주의 경우에도 그 인정내용이 조금씩 다르고, 보통법의 경우에는 법원의 판결에 의해서 형성되는 것이므로 그 구체적인 내용을 파악하는 것이 쉽지는 않다.

---

31) 최승재, "퍼블리시티권의 주요 쟁점(상)", 72면.

32) 다만 부정경쟁방지법의 차원에서 퍼블리시티권을 보호해야 한다는 입장에서는 미국 연방상표법 제43조(a)를 퍼블리시티권 보호의 근거조항으로 보기도 한다. 박준우, "부정경쟁방지법을 통한 퍼블리시티권의 보호-유명인의 유사물(類似物)을 이용한 광고를 중심으로-"(이하 본 논문에서는 "부정경쟁방지법을 통한 퍼블리시티권의 보호"), 산업재산권 제22호(2007. 4), 177-178면.

미국에서 현재 퍼블리시티권과 관련하여 대표적인 입법은 California 주법과 New York 주법인데, 퍼블리시티권에 대한 가장 강력한 보호를 하는 주는 엔터테인먼트 산업이 발달한 California주이고 사용자의 관점과 조화를 이루려는 New York주는 비교적 온건한 입장이다.[33]

California 주 민법에는 살아있는 사람이 자신의 성명, 목소리, 이름, 사진, 또는 이와 유사한 것(likeness)을 당사자의 사전 동의 없이 상업적인 목적(for purposes of advertising or selling)으로 사용하는 경우에는 소송을 제기할 수 있다고 규정하고 있다.[34]

또한 California 주는 성문법과는 별개로 살아있는 사람에 대하여는 보통법상 퍼블리시티권을 인정한다. 따라서 성문법에 의해서 보호의 대상이 되지 않는다고 하더라도 보통법에 의한 법리에 의해서 보호될 수 있으며, 성문법에 의한 보호 주장과 보통법에 의한 침해 주장은 상호 보완적인 관계에 있다. 법률의 내용은 다른 사람의 이름, 목소리, 서명, 사진 혹은 인적 동일성을 동의 없이 사용하는 경우에 관하여 규정하고 있지만, 보통법에 의한 퍼블리시티권 침해를 주장하기 위해 원고는 이름이나 목소리, 외관 등 특정인의 동일성(identity)을 표지하는 특징의 사용, 사용자가 취한 이득, 그로 인한 손해의 발생이라는 세 가지 요건을 입증해야 한다.[35] 그리고 성문법에 의한 보호를 구하는 경우 여기에 고의적 사용(knowingly used)이라는 요건을

---

33) California 주법과 New York 주법의 내용에 대한 자세한 내용은 정상조·박준석, 앞의 논문, 40-49면 참고.

34) California Civil Code Section 3344

(a) Any person who knowingly uses another's name, voice, signature, photograph, or likeness, in any manner, on or in products, merchandise, or goods, or for purposes of advertising or selling, or soliciting purchases of, products, merchandise, goods or services, without such person's prior consent, or, in the case of a minor, the prior consent of his parent or legal guardian, shall be liable for any damages sustained by the person or persons injured as a result thereof.

35) Midler v. Ford Motor Co., 849 F.2d 460, 7 U.S.P.Q.2d 1398 (9th Cir. 1988).

추가적으로 입증하여야 한다.

한편, New York 주의 민권법에는 사람의 성명, 초상 또는 사진을 광고나 상거래 목적으로 당사자의 동의 없이 사용하면 사권의 침해에 해당한다고 규정하고 있다.[36] 그리고 New York 주의 경우 성문법을 제정하여 퍼블리시티권을 인정하고는 있지만, 성문법이 제정된이상 보통법에 따른 퍼블리시티 권리는 인정되지 않는다는 판례를 형성하고 있다.[37] New York 주의 법률 내용은 다른 사람의 이름, 초상 또는 영상을 서면 동의 없이 광고 목적이나 영업 목적으로 사용하는 것은 금지청구와 불법행위에 해당한다는 것이며, 1995년에는 목소리 보호가 추가되었다.[38] 또한 사자의 퍼블리시티권을 부정하고, 상속성을 인정하지 않고 있다. New York 주에서 퍼블리시티권의 침해로 인정되기 위한 '부정한 사용(misuse)'은 '거래나 광고(trade or advertising)'의 목적이 있어야 하며, 우연한 사용은 면책시키고 있는데, 이는 연방 수정헌법 제1조에 말하는 표현의 자유와의 균형을 맞추기 위한 것으로 해석되고 있다. 이는 이른바 '뉴스가치의 예외

---

36) New York Civil Right Law § 50. Right of privacy.
   A person, firm or corporation that uses for advertising purposes, or for the purposes of trade, the name, portrait or picture of any living person without having first obtained the written consent of such person, or if a minor of his or her parent or guardian, is guilty of a misdemeanor.

37) Stephano v. News Group Publications, Inc., 64 N.Y.2d 174, 182, 485 N.Y.S.2d 220, 474 N.E.2d 580 (1984); Arrington v New York Times Co., (N.Y. App. Div. 1980), modified, 55 N.Y.2d 433 (1982), cert. denied, 459 U.S. 1146 (1983); Cohen v Hallmark Cards, 45 NY2d 493 (1978).

38) New York Civil Rights Law § 51. Action for injunction and for damages.
   Any person whose name, portrait, picture or voice is used within this state for advertising purposes or for the purposes of trade without the written consent first obtained as above provided may maintain an equitable action in the supreme court of this state against the person, firm or corporation so using his name, portrait, picture or voice, to prevent and restrain the use thereof,...

(newsworthiness exception)'를 의미하는 것이며, Ali v. Playgirl, Inc 사건[39]
에서 뉴스가치의 예외는 단순히 관심을 끌거나 거래의 목적으로 사
용된 경우에는 적용될 수 없다고 판시했는데, 이러한 태도는 퍼블리
시티권을 과도하게 인정할 경우 일반인들의 알권리를 지나치게 제
약하게 되는 문제가 있다는 점을 염두에 두면서도 한편으로 유명인
의 퍼블리시티권이 과도하게 침해되는 문제를 조화하기 위한 것으
로 해석되고 있다.[40]

3. 우리나라에서의 논의

위와 같이 퍼블리시티권은 미국에서 판례 및 학계의 논의들을 통
해서 발전을 해왔고 이런 논의들이 실정법에 규정되면서 하나의 독
립된 권리로 정착을 했다. 하지만 우리나라의 경우에는 퍼블리시티
권을 인정하는 명문 규정은 아직 없는 상태이고, 이런 상황에서 판
례와 학설들은 아직도 퍼블리시티권을 인정할 것인지에 대해서도
지배적인 견해가 없는 등 논란이 계속되고 있는 상황이다. 이하에서
국내의 퍼블리시티권의 인정여부에 대한 논의를 간단히 살펴본다.

가. 부정하는 견해

우리나라 학설과 판례 중 일부는 퍼블리시티권을 부정한다. 부정
설의 주된 이유는 성문법적 근거가 없이 물권적 효력을 가지는 권리

---

39) 스스로를 "the Greatest"라고 칭하던 전설적 복싱선수 Muhammad Ali가 그와
유사한 흑인 남성이 복싱 링 안에 있고 그 옆에는 "the Greatest"라는 글귀를
적은 사진을 실은 잡지사를 상대로 소를 제기한 사건이다. Ali v. Playgirl,
Inc., 447 F. Supp. 723, 728 (S.D.N.Y.1978).
40) 최승재, "퍼블리시티권의 주요 쟁점(상)", 75면.

를 인정할 수 없다는 것이다.[41] 즉, "성문법주의를 취하고 있는 우리나라에서 법률, 조약 등 실정법이나 확립된 관습법 등의 근거 없이 필요성이 있다는 사정만으로 물권과 유사한 독점배타적 재산권인 퍼블리시티권을 인정하기는 어렵다고 할 것이며, 퍼블리시티권의 성립요건, 양도성, 상속성, 보호대상과 존속기간, 침해가 있는 경우의 구제수단 등을 구체적으로 규정하는 법률적인 근거가 마련되어야만 비로소 퍼블리시티권을 인정할 수 있을 것이다"[42]라는 것이 퍼블리시티권을 부인하는 판결의 대표적인 논거이다.[43)44]

---

41) 권태상, 앞의 책, 297면 이하 참조.

42) 서울고등법원 2002. 4. 16. 선고 2000나42061 (제임스딘 사건) 참고.
   최근에도 서울고등법원은 연예인 검색광고 사건에서 "재산권의 내용은 법률로 정한다는 헌법 제23조 제1문에 따라 물권과 채권은 민법에 의하여, 지식재산권은 저작권법·상표법·특허법·디자인보호법에 의하여 인정하고 있는 반면, 독립적 재산권으로서의 퍼블리시티권을 인정하는 법률은 존재하지 않는다. 원고의 주장에 독립적 재산권으로서가 아니라 불법행위나 양도. 상속에 있어서 채권보다 물권에 가까운 독점적이고 배타성이 있는 권리로서 퍼블리시티권을 인정하여야 한다는 취지가 포함되어 있다고 하더라도, 민법 제185조는 물권은 법률 또는 관습법에 의하는 외에는 임의로 창설하지 못한다고 규정하고 있으므로 퍼블리시티권을 독립적인 권리로 인정할 필요가 있다고 보기도 어렵다"라고 판시했다. 서울고등법원 2015. 1. 30. 선고 2014나2006129 판결.

43) 다만, 이러한 판례의 입장에 대해서 여러 가지 해석이 나오고 있다.
   (1) 과거 퍼블리시티권을 인격권의 일부로 인정했던 시기와는 달리, 권리를 인정할 필요성은 법원도 공감하지만 현행 법체계(legal system)의 한계상 인정할 수 없다는 것으로서, 이는 다른 측면에서 권리의 법제화(legislation)를 강하게 촉구한 것이라고 해석하는 견해는 남형두, "세계시장 퍼블리시티권", 113면 참조.
   (2) 위 판결 사안의 원고는 퍼블리시티권 침해를 이유로 손해배상을 구한 것이 아니라, 유명인의 성명이 포함된 표장 등의 사용금지를 청구했고, 이에 대해 법원은 법률적인 근거가 없는 이상 퍼블리시티권을 인정할 수 없다고 판시하면서 원고의 청구를 모두 기각했는데, 이는 전적으로 퍼블리시티권을 부인하는 것이라기보다는 퍼블리시티권에 기한 사용금지청구를

이러한 논리에 의하면, 퍼블리시티권이 배타적인 권리라는 점에서 물권법정주의[45]에 따라 퍼블리시티권이 권리로서 인정되기 위해서는 별도의 입법이 있어야 하며, 나아가 권리로서의 성립요건 및 보호대상, 양도성이나 상속성, 존속기간, 침해에 대한 구제방법 등에 관하여 구체적인 법률의 근거가 마련된 이후에야 비로소 권리행사가 가능하다고 본다.[46]

물론, 퍼블리시티권의 개념을 부정하는 입장에서도, 타인의 초상이나 성명 등에 관한 재산적 이익이 침해되었을 때 법적 보호 자체

인정하기 어렵다는 취지로 해석할 수 있다는 견해에는 박준우, "퍼블리시티권 상업적 이용의 판단기준", 498-499면.

44) 퍼블리시티권을 비롯한 지적재산권법에서의 독점권은 배타적 지배라는 특성에서 민법상 물권과 공통되지만, 민법상 물권법정주의가 적용되는 '물권'에 해당하지는 않고, 이와 관련하여 학설과 판례가 프라이버시권 혹은 초상권의 침해에 관하여 앞서와 같이 부여하고 있는 금지청구권은 그 권리의 성질이 정확히 '물권'임에 따른 결과라기보다는 구제의 실효성을 위해서라고 보는 것이 더 정확하고, 결국 퍼블리시티권은 물권이 아니므로 물권법정주의에 불구하고 굳이 명문규정이 없더라도 현행 법규 안에서 인정될 여지가 있으므로, 물권법정주의와 관련된 이유로 퍼블리시티권의 존재를 부정한 일부 판례의 입장은 부당하다는 견해에는 정상조·박준석, 앞의 논문, 61-62면 참고.

퍼블리시티권의 법적 성격과 관련하여 인격권으로부터 독립된 재산권설을 취하는 경우에는 물권법정주의와의 관계에서 문제가 될 수 있으나, 퍼블리시티권을 인격권에서 파생된 권리라고 볼 경우에는 인격권이 이미 판례에 의하여 하나의 배타적 권리로 인정되고 있는 이상 그 연장선상에서 퍼블리시티권을 인정하는 것은 법리적으로 문제가 없다는 견해에는 이해완, 앞의 논문, 82면 참고.

45) 민법 제185조는 "물권은 법률 또는 관습법에 의하는 외에는 임의로 창설하지 못한다"고 규정하여 물권법정주의를 선언하고 있고 이는 강행규정이다. 따라서 법률(성문법과 관습법)이 인정하지 않는 새로운 종류의 물권을 창설하는 것은 허용되지 않는다. 관습상의 사도통행권 인정이 물권법정주의에 위배되어 허용될 수 없다고 본 사례로는 대법원 2002. 2. 26. 선고 2001 다64165 판결이 있다.

46) 서울고등법원 2017. 6. 9. 선고 2016나2057657 판결 등

를 부정하는 견해는 별로 없다.[47] 퍼블리시티권을 부정하는 견해는 대부분 유명인사의 초상에 대한 무단도용 사례 등에서 볼 때 퍼블리시티권을 인정할 필요성은 인정하지만, 미국의 프라이버시권과는 달리 우리나라의 인격권은 사람의 정신적·관념적 이익 뿐만 아니라 재산적 이익의 보호도 함께 도모한다고 파악할 수 있기 때문에 기존의 인격권 법리를 확장해서 충분히 보호를 받을 수 있다는 것이며,[48][49] 오히려 퍼블리시티권이라는 독립한 권리, 다시 말해 인격과 분리된 무체재산권을 인정할 경우에 인격적 가치가 재산권의 지배대상이 되고 이로써 이용권자의 경제적 고려에 따라 이용 여부와 방법이 좌우되는 위험스러운 상황이 만들어 질 수 있다는 우려를 표명하고 있다.[50] 이는 인격권과 관련된 불법행위의 범위를 매우 폭넓게 해석하는 최근 법원의 입장[51]과도 관련되어 있다.

---

47) 대법원도 연예인인 광고모델과 사이에 사용협의가 이루어지지 않은 상태에서 그의 동의 없이 광고물을 사용한 사안에서 "사람은 누구나 자신의 얼굴 기타 사회통념상 특정인임을 식별할 수 있는 신체적 특징에 관하여 함부로 촬영 또는 그림묘사되거나 공표되지 아니하며 영리적으로 이용당하지 않을 권리를 가지는데, 이러한 초상권은 우리 헌법 제10조 제1문에 의하여 헌법적으로 보장되는 권리"에 해당한다고 설시하면서 이에 대한 부당한 침해는 불법행위를 구성한다고 판시하고 있다. 대판 2012. 1. 27. 선고 2010다39277 판결 등.

48) 즉, 인간의 동일성표지에 대한 재산적 가치의 성립이 인격권의 인정과 밀접한 인과적 관련을 갖고 있고, 그 가치의 개인적 귀속의 방향도 인격권의 내용 및 기능과 밀접한 관련이 있다면, 재산적 가치의 귀속은 바로 인격권에 의해 이루어지는 것이 타당하다는 것이다. 안병하, "인격권의 재산권적 성격", 99면; 김상중, 앞의 논문, 30면; 이해완, 앞의 논문, 99면 등.

49) 다만, 이러한 인격권설 역시 물권법정주의의 유추적용과 관련된 문제를 해결하지 못하고 있다는 견해에는 박준석, "인격권과 구별된 퍼블리시티권을 인정할지에 관한 고찰-최근의 비판론에 대한 논리적 재반박을 중심으로-"(이하 본 논문에서는 "인격권과 구별된 퍼블리시티권"), 법학(서울대학교 법학연구소) 제56권 제4호(2015. 12), 85면.

50) 안병하, "인격권의 재산권적 성격", 114면

즉, 최근 법원은 퍼블리시티권이 아닌 인격권 특히 기존 '초상권' 법리를 재산적 이익에까지 확대하여 적용하는 경향을 보이고 있다. 즉 '초상권'을 사람이 자신의 초상에 대하여 갖는 인격적·재산적 이익이라고 정의하거나 초상권 내에 사람이 자기의 얼굴 기타 사회통념상 특정인임을 식별할 수 있는 신체적 특징에 관하여 함부로 촬영되어 공표되지 아니하며 광고 등에 영리적으로 이용되지 아니하는 법적 보장을 포함하는 것으로 본다. 특히 초상권에 대한 현행 법령상 명문의 규정은 없으나 우리나라 헌법 제10조[52]와 민법 제750조 제

---

51) 최근 법원은 '권리성'에 국한되지 않고 상당히 넓은 범위에서 불법행위에 의한 구제를 인정하는 경향을 보이고 있다.

즉, 서울고등법원은 개인정보자기결정권과 관련된 사안에서 "민법 제751조의 신체, 자유, 명예의 침해는 단지 예시적인 열거일 뿐으로 위자료청구권은 본조에 열거된 사항에 한하지 않고 널리 비재산적 손해(정신적 손해)가 있는 경우에 인정된다...(중략)...법제사적으로 가장 먼저 불법행위법의 보호를 받은 인적 이익은 물론 인간의 생명 및 신체였으나, 인류문화의 진보에 발맞추어 법의 보호를 받는 인적 이익은 계속 증가하여 왔고, 사회생활이 복잡하여지고 인간의 감정이 섬세화하면 할수록 그러한 인적 이익의 모습은 앞으로도 더 다양해질 것이다. 급기야 오늘날에 와서는 권리만이 불법행위법의 보호를 받는 것은 아니라고 하는 견해(권리침해 불필요설)가 지배적이 되었고, 반드시 권리침해가 있어야만 불법행위가 성립하는 것은 아니라는 견해가 당연시되기에 이르렀다. 권리라고까지는 할 수 없지만 그 침해에 대하여 불법행위법의 보호나 구제가 필요하다고 관념되는 인적 이익이 분명 우리 주변에 존재하고, 이를 군이 무슨 권리라고 이름 붙이지 아니하여도 생명·신체·자유·명예와 마찬가지로 '보호할 가치'가 있는 이상에는 이른바 '권리 아닌 인적 이익'이나 '귀중한 생존요건'으로서 권리와 마찬가지로 보호되어야 하는 것이다"라고 판시한 바 있다. 서울고등법원 2011. 8. 26. 선고 2011나13717 판결 참고.

52) 헌법 제10조

모든 국민은 인간으로서의 존엄과 가치를 가지며 행복을 추구할 권리를 가진다. 국가는 개인이 가지는 불가침의 기본적 인권을 확인하고 이를 보장할 의무를 진다.

여기에서 국가가 보장하여야 할 인간으로서의 존엄과 가치는 생명권, 명예

1항[53] 등 규정들을 초상권의 근거규정으로 보고 있다.[54] 이러한 초상권은 구체적으로 ① 얼굴 기타 사회통념상 특정인임을 알 수 있는 신체적 특징을 함부로 촬영 또는 작성되지 아니할 권리(촬영·작성 거절권), ② 촬영된 사진 또는 작성된 초상이 함부로 공표·복제되지 아니할 권리(공표거절권), ③ 초상이 함부로 영리 목적에 이용되지 아니할 권리(초상영리권)를 포함하는데, 여기서 초상영리권이 권리주체의 초상과 관련된 경제적 이익을 보호하는 기능을 한다는 것이다.[55][56]

권, 성명권 등을 포괄하는 일반적 인격권을 의미하고, 이 일반적 인격권에는 개별적인 인격권으로서의 초상권이 포함된다고 해석된다.

53) 민법 제750조 제1항
  타인의 신체, 자유 또는 명예를 해하거나 기타 정신상 고통을 가한 자는 재산 이외의 손해에 대하여도 배상할 책임이 있다.

54) 대법원 2006. 10. 13. 선고 2004다16280 판결. 이 판결에 대한 자세한 논의는 권영준, "초상권 및 사생활의 비밀과 자유, 그리고 이익형량을 통한 위법성 판단", 민사판례연구[XXXI] 2009년 1월.

55) 최근에도 대법원은 연예인과 광고물의 사용범위에 대한 협의가 결렬되었음에도 무단으로 광고물을 사용한 사안에서 "사람은 누구나 자신의 얼굴 기타 사회통념상 특정인임을 식별할 수 있는 신체적 특징에 관하여 함부로 촬영 또는 그림묘사되거나 공표되지 아니하며 영리적으로 이용당하지 않을 권리를 가지는데, 이러한 초상권은 우리 헌법 제10조 제1문에 의하여 헌법적으로 보장되는 권리이다. 따라서 이에 대한 부당한 침해는 불법행위를 구성하고, 그 침해를 당한 사람에게는 특별한 사정이 없는 한 정신적 고통이 수반된다고 봄이 상당하다. 한편 불법행위로 입은 정신적 고통에 대한 위자료 액수에 관하여는 사실심 법원이 여러 사정을 참작하여 그 직권에 속하는 재량에 의하여 이를 확정할 수 있다"라고 판시했다. 대법원 2012. 1. 27. 선고 2010다39277 판결.

56) 또한 초상권 뿐만 아니라 '성명권'에 대해서도 영리적인 이용을 통제할 수 있는 권리가 포함되어 있다는 판결도 있다.
  "성명은 특정한 개인을 다른 사람으로부터 식별하는 표지가 됨과 동시에 이를 기초로 사회적 관계와 신뢰가 형성되는 등 고도의 사회성을 가지는 한편, 인격의 주체인 개인의 입장에서는 자기 스스로를 표현하는 인격의 상징으로서의 의미를 가지는바, 이에 기초한 성명권은 헌법상의 행복추구권과 인격권의 한 내용을 이루는 권리이다(대법원 2005. 11. 16.자 2005스26

나. 긍정하는 견해

우리나라에서 퍼블리시티권을 긍정하는 견해들은 주로 인격권의 내재적·이론적 한계를 지적한다. 또한 유명인의 동일성 가치에 대한 통제 필요성 혹은 권리의 이전이나 양도를 인정해야할 필요성 등 현실적인 이유를 근거하고 있다.[57]

특히 인격권에 속하는 성명권이나 초상권 등의 권리는 주체로부터 분리 불가능한 일신전속적인 권리이므로 타인에게 양도하거나 상속되는 것이 이론적으로 불가능하다. 또한, 종래 인격권은 사람의 정신적·관념적 이익만을 보호하는 소극적 방어권, 다시 말해 사람의 명예, 프라이버시, 성명, 초상 등을 포괄하는 인격적 속성이 함부로 공개당하지 않을 권리이므로, 이러한 인격의 요소들을 상업적으로 이용할 수 있는 지위는 소극적 방어권인 인격권과 분리하여 이해되어야만 한다는 점을 근거로서 제시하고 있다.[58]

따라서 이들의 권리의 재산권적 측면을 포착하여 이를 독립된 퍼블리시티권으로 인정하게 되면 본인으로서는 양도나 상속 등이 가

결정 등 참조). 이러한 성명권에는 자신의 성명을 상업적으로 이용하고 통제할 수 있는 권리를 당연히 포함한다고 할 것이다"(서울고등법원 2015. 6. 19. 선고 2014나2028495 판결).

57) 다만, 그 동안 우리나라 학설들이 인격권과의 관계에서 다소 명칭과 쟁점에 있어서 혼동을 일으켜왔음을 지적하고, 국내 논자들이 실제로 다투고 있는 쟁점은 종래의 인격권 안에 초상·성명 등을 직접 혹은 타인에게 허락하여 영리적으로 적극 활용하는 데 관한 재산적 이익 보호가 포함되어 있느냐 여부이며, 결국 우리나라 학설들은 ① '보호부정설', ② '퍼블리시티권설', ③ '인격권설' 등 3가지로 분류할 수 있다는 견해에는 박준석, "인격권과 구별된 퍼블리시티권", 75면. 특히 이 견해는 우리나라 판례와 학설이 서로 결론을 내리지 못하고 복잡한 학설대립을 보여왔던 이유가 미국법의 영향을 받는 지적재산권법학계와 대륙법의 영향을 받는 민사법학계의 서로 다른 시각차에서 기인한다고 보고 있다. 같은 논문 77면 각주 10) 참고.

58) 이한주, 앞의 논문, 354면.

능하게 되어 자신의 성명이나 초상이 가지는 경제적 가치를 현실화 시킬 수 있고, 나아가 이러한 권리를 양도받은 상대방이나 이러한 비즈니스에 투자한 제3자도 불측의 손해로부터 권리를 보호받을 수 있게 된다는 점에서 퍼블리시티권을 인정할 법리상 실익이 있다고 본다.[59] 또한 퍼블리시티권을 독립된 재산권으로 인정한다면, 유명인의 초상 등이 가진 가치를 민법 제750조와 같은 일반조항으로 보호하는 것과 달리 손해배상액의 산정에 있어 단순한 정신적 손해에 대한 위자료의 개념이 아니라 상업적 이용에 대한 이용허락이 있었다면 지급했어야 할 금액(통상사용료)의 배상과 같은 유형적으로 세분화할 수 있는 장점도 있다.[60]

다. 소결

생각컨대 현대 대량소비사회에서 유명인들의 동일성이 독자적인 금전적 가치로 인정받아 유통되고 있는 것은 분명한 사회적 현실이라는 점, 이는 대부분 그 개인의 노력에 의해서 정립된 것으로 이에 대한 독립된 가치를 인정해야할 필요가 있다는 점, 기술의 발달에 따라 유명인의 동일성을 활용한 각종 광고 혹은 상품화 방법들이 급증하고 있다는 점, 유명인들이 생애를 걸쳐 이룬 명성을 법적 보호(계약, 상속)을 통하여 충분한 보상을 받도록 하고 나아가 이를 통하

---

59) 한위수, "퍼블리서티권의 침해와 민사책임(하)"(이하 본 논문에서는 "퍼블리서티권의 침해와 민사책임(하)"), 인권과 정의 제243호(1996. 11), 110면; 최승재, "퍼블리시티권의 주요 쟁점(상)", 68면.

60) 퍼블리시티권의 독립성을 부정하여 정신적 충격(혹은 비재산적 가치 침해)에 관한 위자료 배상만을 검토하는 경우 퍼블리시티권설을 취하여 재산상 손해배상을 허용하는 경우와 비교할 때 그 판단기준이 너무 상이하고, 특히 유명인을 위한 손해배상 사안에서는 현저하게 미흡한 과소배상을 피할 수 없게 되어 부당하다는 견해는 박준석, "인격권과 구별된 퍼블리시티권", 107면 이하 참고.

여 유명인들의 동일성 가치와 관련된 엔터테인먼트 분야의 산업화에 중요한 도구로 사용하도록 할 필요가 있는 점, 오늘날 엔터테인먼트산업 및 스포츠산업의 경우에는 국제화가 급격하게 진행되고 있고 특히 우리나라 문화상품의 수출이 폭발적인 급증세에 있으며 이와 관련하여 각종 섭외 사건이 증가하고 있어서 권리로 보호할 필요성이 있다는 점 등을 생각할 때 퍼블리시티권을 독립된 권리로 인정할 정책적 필요성이 있다.

또한 민법상 인격권의 하나로 자리매김하는 경우에는 종래 인격권 법리를 이용할 수 있다는 장점도 있지만, 이전성이나 양도성 그리고 손해배상의 산정 등에 있어서 이론적 변형이 불가피하다. 따라서 오히려 인격권은 정신적 측면으로 순수화시키고 경제적 측면은 별도의 권리로 인정하는 것이 타당하다. 퍼블리시티권이 이미 우리 사회에서 독립된 권리로서 퍼블리시티권을 인정받고 있는 상황을 고려하면 더욱 그러하다.[61] 다만, 재산적 성격의 독립된 권리로 인정한다고 하더라도 요건이나 존속기간, 효력 등에 있어서 입법적인 결단이 필요한 부분이 있으므로 이러한 부분은 조속한 입법을 통해 해결되어야 한다고 생각된다.

---

61) 퍼블리시티권의 성격이 인격권인지 아니면 재산적 권리인지의 여부는 '선택'의 문제가 아닌 '과정'의 문제 또는 '경제재로서의 관리가능성'의 정도 문제로 보는 견해가 있다. 즉 인격에 경제적 가치가 생기면 처음에는 재화로서의 관리가능성이 부족하여 인격권으로 통제할 수밖에 없지만(인격재), 기술적·문화적·윤리적·정치적 여건이 마련되어 인격으로부터 개별화되면 재산적 권리로 경제적 가치를 이용할 수 있는데(무체재), 시장의 현실과 대법원의 입장, 그리고 관련 법률(특히 부정경쟁방지법 제2조 제1호 차목)의 입법과정과 하급심 법원에 축적된 법리를 보면 이미 인격권과는 독립된 재산적 권리로 운영할 수 있는 단계에 도달했다고 보는 것이다. 박준우, "인터넷 광고와 퍼블리시티권의 성격-'부정경쟁방지법' 차목의 적용을 중심으로"(이하 본 논문에서는 "인터넷광고와 퍼블리시티권의 성격"), 산업재산권 제48호(2015), 412면.

　　최근에 부정경쟁방지법에서 타인의 성과를 부당하게 이용하는 행위를 포괄적으로 보호하는 규정이 제정되었고 그 적용범위에 대해서 판례와 학설들이 논의가 진행되고 있는데, 이 신설규정이 퍼블리시티권의 근거규정으로 가능하다는 견해도 있다. 즉 부정경쟁방지법 제2조 제1호 (차)목은 "그 밖에 타인의 상당한 투자나 노력으로 만들어진 성과 등을 공정한 상거래 관행이나 경쟁질서에 반하는 방법으로 자신의 영업을 위하여 무단으로 사용함으로써 타인의 경제적 이익을 침해하는 행위"를 부정경쟁행위의 일종으로 규정하고 있는 바, 타인의 동일성이 가지는 고객흡인력을 공정한 상거래 관행에 반하여 무단으로 이용하는 무임승차행위는 그 부정경쟁행위의 전형적인 예이며, 따라서 퍼블리시티권의 근거규정으로 볼 수 있다는 것이다.[62] 다만, 위 조항이 퍼블리시티권의 침해행위의 전형적인 사례들에 대응하기 위한 근거규정으로 사용될 수는 있지만, 퍼블리시티권과의 관계에서는 '상당한 투자나 노력으로 만들어진 성과' 등 요건이 문제될 수 있고, 퍼블리시티권의 다른 중요한 효용 즉, 이전성이나 상속성 등의 문제를 해결하는 데에는 한계가 있을 것으로 생각된다. 따라서 위 규정에 불구하고 퍼블리시티권을 독립된 권리로 인정할 필요성은 여전히 있다고 생각한다.[63]

---

62) 박준석, "인격권과 구별된 퍼블리시티권", 91-103면; 박준우, "인터넷 광고와 퍼블리시티권의 성격", 416면 이하.
　　다만, 이 견해도 퍼블리시티권은 본질적으로 일정시점에는 사멸하여 그 이후 대개는 공중으로부터 점차 잊히는 자연인에 관한 것이어서 다른 지적재산권들과는 성질이 상이하며, 따라서 퍼블리시티권이 영속(永續)한다고 취급하는 것은, 상품표지·영업표지 등 다른 보호대상들이 영속하는 경우와는 다르게, 지나치게 타인의 표현의 자유를 제한하는 것이 될 수 있으므로 존속기간만큼은 입법자가 특별히 보완적 규정을 도입할 필요가 있다고 보고 있다. 박준석, "인격권과 구별된 퍼블리시티권", 104면 참고.
63) 위 차목 규정으로 규제하는 것은 어디까지나 그 규정상의 요건을 갖춘 경우에 부정경쟁행위가 될 수 있음 즉 '행위규제'의 접근방법을 취하는 것일

뿐 위 규정을 특정한 권리를 창설하는 규정이라고 볼 수는 없고, 설사 이 규정이 퍼블리시티권과 관련하여 일정한 의미를 가진다고 하더라도, 불확정 개념들로 구성된 이 규정을 법상의 근거로 삼는 것은 퍼블리시티권과 관련된 이해당사자들의 법적 안정성을 높이는 면이나 표현의 자유에 대한 우려를 불식하는 면에 있어서는 많은 어려움을 초래할 것이라는 견해에는 이해완, 앞의 논문, 101면 참고.

제3장

퍼블리시티권의 내용

제1절 퍼블리시티권의 법적 성격

1. 인격권설

　인격권설에 따르면 퍼블리시티권은 재산권의 기본적 요소인 특정성(specificity)이 결여되어 있으므로 재산권이라고 볼 수는 없다고 본다.[1] 인격권설은 기존의 인격권은 방해받지 않고 홀로 있을 권리라는 소극적 측면에 그치지 않고 사회구조의 변화 및 거래계의 필요성 등으로 인해 특히 경제적 측면에서도 자기의 인격을 발전시키기 위한 적극적인 내용을 포함하여 확대되었으며, 결국 현재 인격권의 내용에는 추상적·관념적 요소 이외에 경제적 자기결정의 요소가 포함된다고 보고 있다.[2][3] 특히 퍼블리시티권은 개인의 인격과 관련하

---

1) 엄동섭, "퍼블리시티권", 167-168면. 즉, 재산권은 그 개념에서 특정성을 필수요소로 하고 있는데, 퍼블리시티권은 그 객체인 동일성 표지의 재산적 가치에 있어서 그 특정성을 결여하는 관계로 재산권으로 인정할 수는 없으며 실제로는 자신의 프라이버시권을 포기할 수 있는 자유권에 불과하다고 해석한다.

2) 권태상, 앞의 책, 283면; 안병하, "인격권의 재산권적 성격", 114면; 김상중, 앞의 논문, 58면; 박성호, "인격권의 변용-퍼블리시티권에 관한 논의를 중심으로", 법학논총(한양대학교 법학연구소) 제23집 제2호(2006), 399-400면; 최형구, 앞의 논문, 277면; 김재형, "인격권에 관한 입법제안"(이하 본 논문에서는 "인격권에 관한 입법제안"), 민사법학 제57호(2011.12), 92면 등

3) "초상권이란 사람이 자신의 초상에 대하여 갖는 인격적·재산적 이익, 즉 사람이 자기의 얼굴 기타 사회통념상 특정인임을 식별할 수 있는 신체적 특징에 관하여 함부로 촬영되어 공표되지 아니하며 광고 등에 영리적으로 이용되지 아니하는 권리라고 할 수 있고, 이는 인격권의 한 내용으로서 법률적인 보호를 받는 것이며, 이는 첫째, 얼굴 기타 사회통념상 특정인임을 알 수 있는 신체적 특징(초상)을 함부로 촬영 또는 작성되지 아니할 권리(촬영·작성거절권), 둘째, 촬영된 사진 또는 작성된 초상이 함부로 공표 또는 복제되지 아니할 권리(공표거절권), 셋째, 초상이 함부로 영리에 이용되

여 프라이버시권이라는 개별적 권리만을 알고 있던 미국의 법제에서 현실적 필요에 대응하기 위하여 발전시킨 법리이므로, 독일·프랑스와 같이 이미 포괄적 권리로서 인격권을 발전시켜 온 대륙법계 법제 아래에서는 인격권의 정신적 측면과 재산적 측면의 분리·독립은 불필요하고, 또한 초상 등의 동일성 표지와 인격 주체의 완전한 분리로 인하여 자칫 인격실현에 위험을 초래하기도 하는 현상을 감수하면서까지 퍼블리시티권이라는 독립된 권리를 인정할 필요가 없다고 주장한다.[4)5)]

그 동안 우리나라 판례들이 개인의 동일성과 관련된 많은 분쟁에 있어서 인격권에 기초한 해결을 유지하는 이유는 기존의 인격권에 관련된 논의들을 일정 부분 차용해서 그대로 사용할 수 있으며, 특히 재산적 손해가 불분명하여 입증이 힘들거나 혹은 지나치게 고액이나 소액으로 주장되는 경우에 이를 위자료라는 명목으로 적정한 수준에서 재량으로 결정할 수 있는 현실적인 이유도 있는 것으로 생각된다.[6)7)]

지 아니할 권리[초상영리권, 이른바 퍼블리시티(publicity)권] 등으로 구성되는데, 이 사건에서 문제되는 것은 공표거절권과 초상영리권이다"라고 판시하고 있는 서울지방법원 2001. 10. 24 선고 2001나30680 판결 참조.

4) 김상중, 앞의 논문, 57면.

5) 오히려 인격표지에 대한 통합적 보호를 통해 과도한 인격의 상업화를 방지할 수 있다고 본다. 특히, 독일법은 인격권의 범주 안에서 재산적 이익을 보호하려는 태도, 퍼블리시티권의 양도성 인정을 주저하고 있는 듯한 태도, 상속성을 인정하면서도 피상속인의 추정적 의사에 구속력을 인정하려는 태도, 퍼블리시티권의 사후적 보호기간을 가급적 단기적으로 인정하려는 태도 등을 통해 인격의 과도한 상업화 방지를 위한 해석을 도모하고 있다고 한다. 안병하, "독일의 퍼블리시티권 관련 논의 개관", 153면.

6) 인격권으로 해결하고자 하는 주장에 대해, ① 인격에 관한 자유로운 자기결정권 속에 타인의 영리적 사용행위로부터 소극적으로 보호받을 비재산적 가치 보호가 포함된다는 점은 분명하지만, 그런 소극적 배제를 구할 필요가 있다는 근거로부터 곧바로 인격체 자신의 적극적 활용 내지 타인에

그러나 피해자의 사회적 평가의 저하를 수반하지 않는 침해행위인 경우에 보호논리를 구성하는데도 어려움이 있다. 즉 유명 인사의 사회적 평가의 저하가 따르지 않는 광고에 사용하는 경우에는 유명 인사의 의사에 반한다는 이유로 정신적 피해에 대한 위자료만을 인정할 수밖에 없는데, 유명 인사의 경우 그 재산상 손해가 통상인의 그것과 비교할 때 수백 배 이상으로 클 수 있는데도 불구하고 감정상 손해로서의 '위자료'만으로는 납득할만한 보상을 얻을 수 없다는 난점이 있는 것은 분명하다.[8] 결국 이 경우에 아무리 위자료를 높게 인정한다고 하더라도 재산적 권리를 긍정한 경우에 비해 금액이 적을 수밖에 없어 권리 보호에 미흡하고 예측가능성이 떨어지는 어려움이 있기 때문에 소송을 주저하거나 포기하게 될 수밖에 없어서 권

게 허락할 권리까지 포함하게 된다고 보는 것은 부당하고, ② 나아가 현행 법상 유일하게 '인격권'에 대한 규정을 가지고 있는 '언론중재 및 피해구제에 관한 법률'이 "타인의 생명, 자유, 신체, 건강, 명예, 사생활의 비밀과 자유, 초상(肖像), 성명, 음성, 대화, 저작물 및 사적(私的) 문서, 그 밖의 인격적 가치 등에 관한 권리"라고 하여 '인격적 가치'를 중심으로 인격권을 파악하고 있는 태도와도 맞지 않는다는 견해에는 박준석, "인격권과 구별된 퍼블리시티권", 115면.

7) 한편 최근 개정된 민사소송법(2016. 3. 29. 개정)은 손해배상의 액수를 산정함에 있어서 변론에 나타난 전취지 등을 고려하여 재량적인 금액을 손해배상액으로 인정할 수 있다는 규정을 두고 있다.
민사소송법 제202조의2(손해배상 액수의 산정)
손해가 발생한 사실은 인정되나 구체적인 손해의 액수를 증명하는 것이 사안의 성질상 매우 어려운 경우에 법원은 변론 전체의 취지와 증거조사의 결과에 의하여 인정되는 모든 사정을 종합하여 상당하다고 인정되는 금액을 손해배상 액수로 정할 수 있다.

8) 즉 일반인과 특정한 유명인 A를 나란히 놓고 볼 때, 어떤 유형의 침해행위를 상정하든 정신적 위자료를 산정함에 있어 헌법 이념상 평등한 인격체들 사이에서 정신적 고통이 수백 배 이상 차이가 난다고 보아 위자료 배상액에 그만큼 차이를 두는 것은 논리적으로나 현실적으로나 불가능하기 때문이다. 박준석, "인격권과 구별된 퍼블리시티권", 108면.

리보호 측면에서도 문제점이 발생한다.[9]

2. 재산권설

재산권설은 퍼블리시티권을 기존의 인격권에서 분리하여 독립성을 인정하고 이를 통해서 독립된 거래의 대상이 된다는 입장이다. 즉, 유명 인사의 노력에 의해 얻어진 동일성의 경제적 가치를 이용하는 것을 금지하거나 스스로 상업적으로 이용하여 재산적 이익을 얻을 수 있는 권리로 보아야 한다는 견해이며,[10] 미국의 Haelan판결을 비롯해서 퍼블리시티권을 독립된 권리로 인정하는 국내외 판례들은 대부분 재산권으로 파악하고 있다.[11]

---

9) 정상조·박준석, 앞의 논문, 61면.
10) 정상조·박준석, 앞의 논문, 61면; 한위수, "퍼블리서티권의 침해와 민사책임(상)", 30면.
11) 서울중앙지방법원 2006. 4. 19. 선고 2005가합80450 판결; 서울동부지방법원 2011. 2. 16. 선고 2010가합 8226 판결("비록 퍼블리시티권의 보호대상과 존속기간, 구제수단 등을 구체적으로 규정한 우리나라의 실정법이나 확립된 관습법이 존재하지는 않으나, ① 헌법 제10조의 행복추구권과 인격권의 한 내용을 이루는 성명권에는 사회통념상 특정인임을 알 수 있는 방법으로 성명이 함부로 영리에 사용되지 않을 권리가 포함된다고 할 것인 점, ② 우리나라 하급심 판례 중 퍼블리시티권을 인정하는 판결이 다수이며, 대부분의 국가가 법령 또는 판례를 통해 이를 인정하고 있는 점, ③ 특정인의 성명 등에 관하여 형성된 경제적 가치가 이미 관련 업계에서 널리 인정되고 있다면 이를 침해하는 행위는 그 특정인에 대한 관계에서 민법상의 불법행위를 구성한다고 볼 것인 점, ④ 현대사회에서 이른바 '인격의 유동화' 현상이 발생함에 따라 이러한 권리를 보호하고 그 주체가 사회적으로 유익한 활동을 하도록 유인할 필요성이 증가하고 있는 점, ⑤ 헌법상 사생활의 비밀과 자유 규정(제17조), 지적재산권을 보호하는 저작권법, 상표법의 취지 등에 비추어 보면, 특정인이 성명이나 초상 등 자기동일성의 상업적 사용에 대하여 배타적으로 지배할 수 있는 권리를 퍼블리시티권으로 파악하기에 충분하고, 이는 인격권과는 독립된 별개의 재산권으로 보아야

재산권설의 장점은 퍼블리시티권의 경제적 가치에 주목하여 이를 독립한 거래의 객체로서 양도와 상속의 대상으로 인정하는 점에 있다. 사실 유명 인사들에게 퍼블리시티권을 왜 인정해야 하는지 하는 의문에 대한 실용적인 대답은 바로 퍼블리시티권의 재산적 가치에 초점이 있는 것이며 그 가치를 실현하기 위해서 권리의 양도, 상속을 인정하기 위한 것이기 때문이다.

다만 퍼블리시티권은 개인의 초상 등 개인의 아이덴티티와 직접적으로 관련이 있다는 점에서 인격적인 가치가 내포되어 있거나 불가분의 관계에 있다는 점이 간과될 수 있고, 특히 권리가 양도된 이후에는 본인이 이에 대한 통제권을 행사할 수 없게 되어 본인의 의사에 반하여 사용되거나 사회윤리에 반하여 사용되는 경우 등에 있어서 오히려 본인의 권리구제에 불충분할 수 있다는 비판이 있다.[12] 또한 재산권 중에도 권리양도나 상속이 금지되는 권리가 존재하는 것처럼 퍼블리시티권을 재산권으로 본다고 하여 반드시 양도성이나 상속성이 긍정되는 것은 아니므로 논리적인 필연이 없다고 보거나 입법 정책의 문제라고 보기도 한다.[13]

3. 인격권·재산권 결합설

퍼블리시티권의 재산권적 성격을 강조하면서도, 종래 프라이버시권이 가지는 인격권적 측면도 역시 강조하는 입장으로 이 두 성격이 결합된 권리라고 보는 해석이다.[14] 즉, 퍼블리시티권은 성명, 초상

할 것이다")
12) 한위수, "퍼블리서티권의 침해와 민사책임(하)", 114면.
13) 정상조·박준석, 앞의 논문, 60면; 최승재, "퍼블리시티권의 법적 성격과 주요 쟁점에 관한 연구(하)"(이하 본 논문에서는 "퍼블리시티권의 주요 쟁점(하)"), 언론중재(2010 가을호), 75면.
14) 이해완, 『저작권법』, 박영사, 2007년, 609면; 순수재산권설과의 구별에 있어

등의 개인의 동일성이 갖는 경제적 가치를 상업적으로 이용, 통제하는 권리이므로 그 본질은 기본적으로 재산권이지만 한편으로 본인의 인격에서 파생된 것이라고 하여 퍼블리시티권의 양도, 상속, 소멸, 침해 및 권리구제 등에서 순수한 이론구성을 도모하기도 한다.[15] 나아가 종전 인격권을 인격적 이익과 재산적 이익으로 구별하여 퍼블리시티권을 재산적 이익으로 구성하는 견해[16]도 절충설의 입장으로 볼 수 있다.[17)18]

이러한 결합설의 가장 큰 장점은 양자의 성격을 모두 가지고 있기 때문에 필요한 쟁점에서 이론적 변형이 상대적으로 자유롭다는 데 있다. 즉 기본적으로 재산권설을 유지하고 양도성이나 상속성을 인정하면서도, 본인의 의사와는 다른 방법으로 사용되거나 혹은 전

서 중요한 기준은 인격권과의 법적인 관계가 단절된 것으로 볼 것인지 여부에 있다. 만약 퍼블리시티권이 인격권에서 파생된 권리라고 하면서도 결과적으로 인격권과의 관계가 완전히 단절된 것으로 보아, 그 재산권으로서의 양도가능성 등을 아무런 유보 없이 인정하는 견해를 취한다면 '순수재산권설'에 해당하는 것으로 보는 것이 타당하고, 반면에 퍼블리시티권을 하나의 재산권으로 보면서도 양도성의 인정여부 등과 같은 중요한 논점과 관련하여 인격권과의 관련성을 심각하게 고려하는 입장을 취한다면 이 견해에 해당한다고 본다. 이해완, 앞의 논문, 105면.

15) 이한주, 앞의 논문, 354면; 이해완, 앞의 논문, 105면.

16) 본 논문 제2장 제3절 3. 가. 참고; 정경석, "초상권의 침해요건과 구제방법" (이하 본 논문에서는 "초상권의 침해요건과 구제방법"), 저스티스 제98호 (2007. 6), 123면.

17) 정상조·박준석, 앞의 논문, 60면.

18) 우리나라 법원이 마구마구 사건(서울서부지방법원 2010. 4. 21. 자 2010카합 245 결정)에서 "이러한 퍼블리시티권은 채권자들의 인격권, 행복추구권으로부터 파생된 것이기는 하나 재산권적 성격도 가지고 있다고 할 것이다 "라고 판시하였는데, 이는 퍼블리시티권을 인격권, 행복추구권으로부터 파생된 것이기는 하나 재산권적 성격도 가지고 있는 복합적인 권리 내지 하이브리드(Hybrid)적인 권리로 파악한 것이라는 견해로는 최승재, "퍼블리시티권의 주요 쟁점(상)", 64면.

혀 다른 방법 등으로 사용되는 경우에 혹은 상속 후 존속기간을 제한할 경우 등에 있어서 인격권적 측면에서 통제가능성을 부여하거나 기간을 제한하는 논리를 제공할 수 있기 때문이다.

4. 소결

퍼블리시티권의 논의 유래나 필요성 측면에서 보면 퍼블리시티권을 독립적인 권리로 인정한다면 그 기본적인 성격이 재산권이라는 점을 인정해야 할 것이다. 특히 독립된 재산권으로 거래의 대상을 인정하여야 권리 주체 뿐만 아니라 거래상대방 나아가 이러한 권리를 토대로 형성된 엔터테인먼트 산업이 안정적으로 발전하기 위해서는 양도성이나 상속성을 인정하여 거래의 안정을 추구할 필요가 있기 때문이다. 다만, 퍼블리시티권이 개인의 동일성을 기초로 한다는 점에서 인격권적 성격을 가진다는 점을 전면적으로 부인하기는 힘들다. 결국 퍼블리시티권의 권리범위 내지 효력을 인정함에 있어서 인격적 성격을 어느 정도 강조할 것인지가 문제로 해석될 수 있다. 사실 본인의 의사에 반하는 사용 등은 계약의 해석 및 통제 법리로 해결될 수 있을 것이고, 사망 후의 이용의 경우는 명예훼손 등 기존의 인격권 법리로 통제할 수 있으며,[19] 상속기간의 문제도 결국 입법을 통해 해결될 영역이라고 보면 퍼블리시티권의 인격적 성격이 권리의 속성을 결정하는 요소로 보이지는 않는다.

---

19) 저작권법도 저작재산권과는 달리 사후 저작인격권은 제한적으로만 인정한다.

저작권법 제14조(저작인격권의 일신전속성)

② 저작자의 사망 후에 그의 저작물을 이용하는 자는 저작자가 생존하였더라면 그 저작인격권의 침해가 될 행위를 하여서는 아니 된다. 다만, 그 행위의 성질 및 정도에 비추어 사회통념상 그 저작자의 명예를 훼손하는 것이 아니라고 인정되는 경우에는 그러하지 아니하다.

제2절 이전성

1. 양도성

생존 중의 퍼블리시티권이 타인에게 양도가 가능한지가 문제된다. 퍼블리시티권의 경제적인 가치가 거래대상으로서 효율적이고 안정적으로 자리잡기 위해서는 이용허락보다는 양도라는 좀 더 강한 법적지위가 필요하다. 즉 권리주체도 양도를 통해 좀 더 포괄적인 권리행사 선택이 가능하고 또한 양도받거나 이러한 거래구조에 투자한 제3자로서도 좀 더 안정적이고 강력한 지위를 가지게 되는 등 현실적인 장점이 있기 때문이다. 실무에서는 연예인이 전속계약을 통해 기획사에게 퍼블리시티권을 양도한다는 계약을 체결하는 사례들도 있으며, 이러한 경우에 그러한 계약이 유효한지, 그러한 계약에 근거하여 직접 제3자를 상대로 권리행사를 하는 것이 적법한지의 문제가 종종 발생하고 있다.

퍼블리시티권을 재산권으로 인식하게 되는 경우라도 양도성이 당연히 긍정되는 것은 아니다. 미국에서도 퍼블리시티권을 인정하는 모든 주에서 양도성을 인정하는 것은 아니다. 우리나라에서는 퍼블리시티권을 인정하지 않는 판례도 다수 있으며, 독립된 권리로 인정을 한다고 하더라도 재산권적 성격과 더불어 일신전속적인 성격이 강조되는 경우에는 이전성이 부인되기도 한다.

가. 학설

(1) 부정설

먼저 퍼블리시티권을 일신전속적인 성격의 인격권의 내용으로 파악하거나 인격권성을 강조하는 견해에 의하면 양도를 부정하게 된다. 즉, 퍼블리시티권을 포함하는 인격권은 원래 인간의 전인격적인 통일성 내지 동일성에 대한 통제권을 갖는데 있는 것이므로 개인의 인격과 완전히 분리되어 독자적으로 존재하는 것이 아니며, 이것을 타인에게 양도한다는 것은 자기결정을 기초로 하는 인격발현의 포기를 의미하므로 불가능하다는 것이다.[1] 미국을 제외하고 우리나라와 인격권 보호의 법적 체계의 면에서 보다 유사한 체계를 가지고 있는 독일, 프랑스 등에서도 권리의 인격권적 속성이나 인격권과의 불가분성을 중시하여 양도성을 부정하는 입장을 취하고 있다.[2]

또한 퍼블리시티권의 양도성을 긍정하게 되면, 양수인이 저속한 목적과 방법 등으로 타인의 성명, 초상 등을 마음대로 사용하는 것을 인정하게 되는데 이는 공서양속에 반하여 본인의 인격권 행사와 충돌되는 결과를 가져올 수 있고, 상업적인 사용이라는 목적은 양도라는 수단을 사용하지 않고도 광고모델 계약과 같은 이용허락 계약에 의하여 충분히 달성할 수 있다고 본다.[3][4]

---

1) 엄동섭, "퍼블리시티권", 168면; 김상중, 앞의 논문, 32면; 안병하, "독일의 퍼블리시티권 관련 논의 개관", 127면; 최형구, "퍼블리시티권의 양도성에 관한 재검토", 산업재산권 제31권(2010), 282면; 이해완, 앞의 논문, 113면 등.
2) 이해완, 앞의 논문, 114면.
3) 송영식 등 공저, 『지적소유권법』, 육법사, 2010년, 586면; 한위수, "퍼블리서티권의 침해와 민사책임(하)", 114면; 권태상, 앞의 책, 321-322면; 최형구, 앞의 논문, 291면 등.
4) 양도부정설을 전제로 하면 연예인이 기획사와 전속계약 혹은 별도로 체결하는 양도계약은 무의미하게 되고 법적으로는 무효로 된다.
   다만 이 때 당해 조항이 일체의 의미를 갖지 못한다고 하는 의미는 아니고, 당사자 의사를 합리적으로 해석하여 당해 조항은 연예인의 퍼블리시티권의 '사용허락' 또는 '관리' 조항이라고 하는 의미로 받아들여 그 범위 내에서 유효하다고 보는 견해로는 윤태영, 앞의 논문, 168면.

(2) 긍정설

긍정설은 퍼블리시티권이라는 개념이 인정된 이유 자체가 인격권으로서의 프라이버시권과 구별되는 양도성을 가지는 재산적인 권리가 필요했기 때문이므로 따라서 퍼블리시티권을 독립된 재산권으로 인정하는 견해들은 대부분 양도성을 긍정한다.[5][6] 한편, 인격권설의 입장에서도 양도에 관하여 재산적 요소를 강조하여 적극적인 입장을 보이기도 한다.[7] 즉, 오늘날에는 광고나 상업적 언론 등에서 유명인들의 동일성표지가 사용되는 것이 흔하고 이를 통한 수입이 오히려 연예인들의 주수입원이 되었기 때문에 이를 보장하기 위한 좀더 적극적인 거래형식과 내용이 요구될 수밖에 없고, 거래 상대방의 지위도 인격주체 뿐만 아니라 제3자에 대해서 더욱 공고해져서 투자성과에 대한 예측가능성이 증가하고 재양도를 통한 투하자본을 회수할 수 있는 길이 마련될 필요성이 크다는 현실적인 이유가 있기 때문이다.[8]

퍼블리시티권의 양도를 인정하는 경우 해당 초상, 성명 등의 징표 부분에 관해서는 더 이상 통제할 수 있는 지위를 완전히 상실하게 되어 인격의 상품화 등 문제가 심각할 수 있다는 비판이 있다.[9]

---

5) 남형두, 퍼블리시티권의 철학적 기반(上), 138면; 이한주, 앞의 논문, 386면 등.
6) 다만, 퍼블리시티권을 저작권 등 무체재산권과 유사하게 파악하면서도 퍼블리시티권이 인격권을 표상하는 성명·초상 등을 공유하는 관계로 그 사용에서 인격주체의 통제가 있어야만 한다는 점과 그 포괄적 양도는 선량한 풍속 기타 사회질서에 반하는 무효의 행위라는 점을 이유로 양도성을 부정하는 견해도 있다. 이상정, "퍼블리시티권에 관한 소고", 아세아여성법학 제4호(2001. 6), 318면.
7) 김재형, "인격권에 관한 입법제안", 94면 등.
8) 이러한 경향에 따른 독일에서의 논의들(채권적 양도, 설정적 물권적 양도, 이전적 물권적 양도 등)에 대해서는 안병하, "독일의 퍼블리시티권 관련 논의 개관", 128-130면. 다만 독일 판례는 아직 유보적인 입장을 보이고 있다고 한다.
9) 이상정, 앞의 논문, 318면.

하지만 이미 우리 법제는 상표법 등에서 인격권과 독립된 재산권의 분리, 이전을 인정하고 있으며,[10] 퍼블리시티 가치의 이용이 양도인의 명예를 훼손하는 경우는 별도의 법리 즉, 명예훼손이나 프라이버시권의 영역에서의 인격권 침해문제로 통제가 가능하므로 퍼블리시티권의 양도성을 인정하는 것이 곧바로 개인의 인격적 가치의 이용에 대한 통제권 상실로 이어진다고 볼 수는 없다.[11]

특히, 양도를 인정하지 않게 되면 이용허락만 가능한데, 우리 판례는 이용권과 같이 대세적 효력이 없는 채권적 권리의 경우에 침해자를 상대로 금지청구권을 행사할 수 없는 것이 원칙이고 다만 독점적 사용권자가 사용허락자를 대위하여 예외적으로만 허용하고 있는 점[12] 등을 고려할 때 퍼블리시티권의 이용가치를 높이고 양수받은 자의 권리를 보장하기 위해서도 권리의 양도성을 인정하는 것이 타당하다.

나. 판례

퍼블리시티권을 인정하는 우리나라 판례들은 대부분 이전성에

---

10) 상표법 제7조 제1항 제6호에 따르면 "저명한 타인의 성명·명칭 또는 상호·초상·서명·인장·아호·예명·필명 또는 이들의 약칭을 포함하는 상표"는 그 타인의 동의를 얻어서 상표등록을 마친 후에 다른 상표와 동일하게 양도나 이용허락의 대상이 될 수 있다.
   이러한 입법은 인격과 재산적 가치의 분리 현상이 우리 법제상으로는 전혀 용납하기 어려운 심각한 폐해를 낳을 만한 것은 아니라는 판단을 내린 결과이거나 혹은 설령 그런 우려가 일부 사실이더라도 현대 산업사회에서 특정인의 초상·성명 등 징표를 타인으로 하여금 활용하게 허용할 필요성이 더 강하다고 판단한 이익형량의 결과라고 볼 수 있다는 견해에는 박준석, "인격권과 구별된 퍼블리시티권", 121면.
11) 정상조·박준석, 앞의 논문, 92면.
12) 저작물의 독점적 이용허락에 관한 소리바다 사건(대법원 2007. 1. 25. 선고 2005다11626) 등.

대해서도 긍정적인 입장을 취한다. 즉 비달 사순 사건에서 법원은 "퍼블리시티권이란 재산적 가치가 있는 유명인의 성명, 초상 등 프라이버시에 속하는 사항을 상업적으로 이용할 수 있는 권리로서 일반적으로 인정되는 인격권에 기초한 권리이지만, 인격권과는 달리 양도가 가능하다'"고 판시했다.[13] 최근 슬러거 사건[14]에서도 "퍼블리시티권의 대상은 '인격 그 자체'가 아니라 '인격의 발현으로 인하여 생성된 경제적 이익'이며 퍼블리시티권은 독립한 재산권이므로, 제3자에게 양도하거나 권리행사를 포괄적·개별적으로 위임할 수 있다. 현실적으로도 퍼블리시티권의 귀속주체가 성명이나 초상이 갖는 경제적 가치를 적극적으로 활용하기 위하여 제3자에게 양도하거나, 제3자로 하여금 전속적으로 이용하게 하는 것이 필요하고 적절한 경우가 발생한다"라고 하여 퍼블리시티권의 양도성을 긍정하고 있다. 또한, 연예인 등으로부터 퍼블리시티권을 양도받은 원고의 무단이용자에 대한 손해배상청구권을 인용한 판례들도 퍼블리시티권의 양도성을 전제로 하는 판결들이다.[15]

다만, 양도성을 인정한 판례들도 일반적으로는 양도성을 인정하지만, 개별 사례에서 이를 승인함에 있어서 엄격한 해석을 함으로써 퍼블리시티권의 양도에 대하여 소극적·부정적 태도를 보이고 있다는 견해도 있다.[16] 위 슬러거 사건에서 법원은 "공시방법이 없는 성명권 및 퍼블리시티권의 특성상 위 권리가 양도되었다고 하더라도 법률의 규정 없이 양수인이 자기 이름으로 직접 위 권리들을 행사할 수 있다고 볼 경우 법적 불안이 극심해지는 점" 등을 이유로 제시하

---

13) 서울고등법원 2000. 2. 2. 선고 99나26339 판결.
14) 서울동부지방법원 2011. 2. 16. 선고 2.1.가합8226 판결.
15) 서울동부지방법원 2004. 2. 12. 선고 2002가합3370 판결; 서울중앙지방법원 2007. 1. 19. 선고 2006가단250396 판결 등.
16) 권태상, 앞의 책, 314면; 김상중, 앞의 논문, 11면 등.

면서 은퇴한 야구선수들이 피고에 대한 손해배상청구권을 원고 협의회에 별도로 양도하겠다는 채권양도계약서를 작성하였는지 여부를 기준으로 그 양도성 여하를 판단했다.

또한 연예인과 체결한 전속계약을 근거로 기획사가 제기한 손해배상소송에서도 법원은 원고 적격을 엄격하게 해석하고 있다. 즉, 연예인 자신의 연예활동 전반에 대한 대리권을 기획사에 부여하고 이를 위하여 자신의 성명, 사진 등 동일성을 나타내는 일체의 것을 이용할 권한을 기획사에 일임하기로 하는 전속계약을 체결하고 이를 근거로 기획사가 소송을 제기한 경우에 퍼블리시티권 또는 그 침해로 인한 손해배상청구권을 양도받았다는 것을 인정할 만한 증거가 없다고 기각하거나,[17] 혹은 "소속사들이 연예인의 초상·성명 등을 상업적으로 이용하는 것은 연예인이 부여한 통상사용권 내지 이용허락에 근거한 행위이거나 전속계약에 기한 대행행위로서 그 초상·성명영리권은 여전히 연예인 본인에게 있다"고 판단하는 등 연예인과 기획사 사이에 전속계약 이외에 양도와 관련된 별도의 약정이 없는 한 소속사의 청구를 받아들이지 않고 있다.[18]

2. 상속성

가. 학설

퍼블리시티권의 상속성 문제는 양도성 보다는 좀더 적극적인 견해가 많다. 생존하는 유명인과는 달리 이미 사망한 자는 기존 인격이나 이미지가 주관적 혹은 객관적 요인에 의해서 변동할 가능성이 낮아 오히려 매력적인 마케팅 수단이 될 수 있으며 권리 주체도 더

---

17) 서울동부지방법원 2011. 2. 16. 선고 2010가합8226 판결.
18) 서울중앙지방법원 2007. 11. 14. 선고 2006가합106519 판결.

이상 존재하지 않기 때문에 보호의 필요성도 줄어들기 때문이다.[19]
또한 상속성 인정문제는 상속인들의 이해관계와 관련된 문제일 뿐
만 아니라 특정인의 동일성을 이용하려는 타인의 표현의 자유 등 공
공의 이익에 대한 제한을 언제까지 지속시킬지의 문제이기도 하다.
본인의 경우에는 공표 가치를 스스로 창조하였기 때문에 이를 향유
하는 것이 당연하더라도 사후의 상속인의 경우에는 그 이익을 마땅
히 누려야 할 근거가 상대적으로 약해질 수밖에 없기 때문이다.[20]

(1) 부정설

퍼블리시티권의 본질을 인격권 혹은 인격과 결부된 재산권으로
보는 등 일신전속권적인 성질을 강조하는 견해에 따르면, 퍼블리시
티권자의 사망으로 인해 퍼블리시티권은 소멸하고 유족에게 상속되
지는 않는다고 본다.[21] 이 경우에 퍼블리시티권자의 사망으로 인해 그
의 성명, 초상 등은 공중의 영역(public domain)에 속하여 누구나 자유
롭게 이를 사용할 수 있게 되며, 다만 유족들의 이해관계는 저작권
법[22]이나 형법[23] 등 다른 규정을 통해서 보호할 수 있다는 것이다.[24][25]

---

19) 안병하, "독일의 퍼블리시티권 관련 논의 개관", 134면.
20) 김상중, 앞의 논문, 35면.
21) 엄동섭, "퍼블리시티권", 168면 등.
22) 저작권법 제14조 (저작인격권의 일신전속성)
   ② 저작자의 사망 후에 그의 저작물을 이용하는 자는 저작자가 생존했더
   라면 그 저작인격권의 침해가 될 행위를 하여서는 아니된다. 다만, 그 행
   위의 성질 및 정도에 비추어 사회통념상 그 저작자의 명예를 훼손하는 것
   이 아니라고 인정되는 경우에는 그러하지 아니하다.
23) 형법 제308조 (사자의 명예훼손)
   공연히 허위의 사실을 적시하여 사자의 명예를 훼손한 자는 2년 이하의
   징역이나 금고 또는 500만원 이하의 벌금에 처한다.
24) 정경석, "초상권의 침해요건과 구제방법", 145면.
25) 다만 인간의 존엄과 가치라는 헌법상 가치를 실효성 있게 보장하기 위하
   여 사자의 인격권을 일정한 범위내에서 인정하여야 한다는 견해에는 김재

또한, 퍼블리시티권의 상속성 인정여부를 사후 존속기간 인정문제와 연결하여 해석하는 견해도 있다. 만일 퍼블리시티권이 권리자의 사후에도 영구적으로 존속한다면 권리자가 사망한 후 수백 년이 지난 뒤에도 그의 후손이 조상의 성명, 초상 등에 대한 사용을 임의로 금지할 수 있게 되어 타인의 권리와의 관계상 부당하다는 것이다.[26] 특히 상속성의 문제는 존속기간의 문제와 연결되어 있는데 사후 언제까지 이를 인정할 것인가가 정해져 있지 않은 상황에서 상속성을 인정하게 되면 법원이 개별 사건에서 망인의 유명세가 현재에도 인정되는지에 따라 권리의 존속여부가 결정될 것이어서 예측가능성이 떨어져 거래의 안정을 해할 수 있다는 것이다.[27]

(2) 긍정설

우리나라 학설들은 대체로 퍼블리시티권의 상속성을 인정한다. 퍼블리시티권을 독립적인 권리로 보는 입장에서는 당연히 상속성을 긍정하며,[28] 퍼블리시티권의 독립성을 부정하고 인격권의 재산권적 요소로 파악하는 입장에서도 권리자가 사망하더라도 상속인에게 상속된다고 보는 견해가 많다.[29][30][31] 즉, 비록 사망 후에도 유명 인사

형, "인격권에 관한 입법제안", 84면 참고. 이 견해에 따르면 유족들이 저작권법이나 언론피해구제법 등을 유추적용하여 행사할 수 있으며, 금지청구만 인정되고 손해배상은 인정되지 않는다고 한다.

26) 한위수, "퍼블리서티권의 침해와 민사책임(하)", 115면; Memphis Development Foundation v. Factors Etc., Inc., 616 F.2d 956, 5 Media L. Rep. 2521, 205 U.S.P.Q. (BNA) 784 (6th Cir. 1980).

27) 최승재, "퍼블리시티권의 주요 쟁점(하)", 77면.

28) 이한주, 앞의 논문, 392면; 이상정, 앞의 논문, 320면 등.
한편, 퍼블리시티권의 독립성을 인정하면서도 상속성을 부인하고 사자의 권리는 유족의 추모감정 또는 생전의 권리등록 등에 따라 지적재산권법제에 따라 보호될 수 있다는 견해에는 한위수, "퍼블리시티권 – 성명·초상 등의 상업적 이용에 관한 권리 – 의 침해와 민사책임", 554면.

29) 권태상, 앞의 책, 345면; 김상중, 앞의 논문, 37면; 김재형, "인격권에 관한

입법제안", 94면; 박영규, "인격권, 퍼블리시티권 그리고 지적재산권", 저스티스 제112호(2009. 8), 284면 등.

독일에서 인격권의 재산적 성격을 인정한 최초의 판결인 Marlene Dietrich 판결도 인격권의 재산적 구성부분은 상속된다고 보았다(BGH. Urt. v. 1. 12. 1999. NJW 2000, 2195, 2197 f). 이 판결에 대한 자세한 소개는 안병하, "독일의 퍼블리시티권 관련 논의 개관", 119-121면 참고.

30) 특히 퍼블리시티권의 양도성과 상속성을 별개로 취급하여, 양도성은 부정하면서 상속성은 인정하는 견해들도 많다.

김상중 교수는 양도성의 경우에는 인격과의 밀접한 관계에 따라 동일성 표지의 이용·관리에 관한 본인의 계속된 관여가능성을 확보하기 위한 이유에서 부정하지만, 상속성은 ① 상속을 부정할 경우 영리목적의 무단침해에 대한 방치 내지 보호의 공백, ② 통일성 표지에 대하여 자산과 무관한 제3자 보다는 상속인에 의한 재산적 이용·관리를 원하는 사망자의 추정적 의사, ③ 인격과 밀접한 관계를 갖는 저작재산권의 상속성을 인정하는 현행 법질서의 가치 판단 등에 비추어 인정해야 한다고 보고 있다. 김상중, 앞의 논문, 39면.

또한 퍼블리시티권은 성명, 초상 등 개인의 인적 속성이 갖는 경제적 가치를 상업적으로 이용·통제할 수 권리이기는 하지만 본인의 인격으로부터 파생한 것으로 그 사용은 여전히 인격주체가 통제할 수 있어야 한다는 점에서 양도성은 부정되어야 할 것이지만, 퍼블리시티권의 양도와 달리 사자 자신의 노력에 의해 획득된 명성 혹은 사자와 동일시 될 수 있는 요소의 공개가치 등을 제3자에게 이용하게 하여 사자의 상속인이 이익을 취하는 것은 허용되어야 한다는 점에서 그 상속은 인정된다는 견해에는 박영규, 앞의 논문, 284면.

양도성과 상속성은 통상 동일하게 취급되어 전자가 인정되면 후자가 인정되는 것이 자연스럽게 보이지만 반드시 그래야만 하는 것은 아니며, 권리의 양도는 권리를 행사할 수 있는 원래의 주체가 존재하고 있음에도 불구하고 그 주체의 변경을 꾀하는 것이고, 상속은 더 이상 권리를 행사할 주체가 존재하지 않는다는 사정으로부터 발생하는 권리의 이전이므로 양도와 상속을 둘러싼 상황이 다르기 때문이라고 본다. 독일 저작권법 또한 저작권의 양도성은 부정하지만 상속성은 인정하고 있다. 안병하, "독일 퍼블리시티권 관련 논의 개관", 134면; 이해완, 앞의 논문, 120면.

31) 한편, 인격권으로 보호하는 입장 중에서도 상속성을 부인하는 견해도 있는데, 저명인이 사망한 이상 그의 인격적 가치는 사회 공동의 재산(public domain)으로 다루어져야 함에도 상속의 인정에 따라 특정되지도 않는 성격

의 성명, 초상 등이 제3자에 의해서 상업광고 등 무단사용되는 것을
방지하고 그 이익을 일정기간 상속인에게 귀속시킬 실익은 있다는
점, 반면에 인격권은 상속되지 않아 상속인들의 입장에서는 명예훼
손적인 사용이 아닌 한 사실상 이를 방지할 수단이 없어서 보호의
공백이 생긴다는 점,[32] 동일성 표지가 갖는 재산적 지위와 유사하다
고 볼 수 있는 저작재산권의 상속이 인정되고 있다는 점, 상속성을
부정하는 경우 사망이라는 우연적 요소에 의하여 그 재산적 가치가
크게 좌우되며 특히 양수인이나 투자자 등 제3자에게 불측의 결과가
되어 거래의 안전을 해할 수 있다는 점 등을 고려할 때 상속성을 인
정할 필요가 있다는 것이다.[33]

　　생각건대 퍼블리시티권을 인격에서 독립되는 재산권으로 파악하
는한 특히 거래의 안전을 보호할 측면에서라도 권리의 상속성을 인
정하는 긍정설이 타당하다. 만일 상속성을 인정하지 않는다면 자신

을 갖는 세습재산이 만들어질 수 있다는 견해에는 엄동섭, "한국에서의 퍼
블리시티권 논의; 법적 성격을 중심으로"(이하 본 논문에서는 "한국에서의
퍼블리시티권 논의"), 민사법학 제57호(2011), 141면.

32) 이효석 사건(서울동부지법 2006.12.21. 선고 2006가합6780판결)에서 법원은
인격권으로서의 초상권은 일신전속적 권리라고 할 것이어서 사자는 원칙
적으로 그 권리 주체가 될 수 없고, 설령 일정한 경우 사자의 초상권이 인
정될 수 있다고 보더라도 살아있는 사람의 초상권과 달리 그 보호범위를
제한적으로 인정하여야 할 것인데, 유사한 성격의 권리인 저작인격권의
경우 저자의 사후 그의 명예를 훼손하는 정도에 이르는 행위를 금지하는
방법으로 보호되고 있는 점 등에 비추어 볼 때 사자의 초상권도 사자의 초
상을 사용한 것이 그 명예를 훼손하는 정도에 이른 경우에만 제한적으로
인정될 수 있다고 하면서 상품권 발행업체가 이미 사망한 유명 소설가의
초상을 상속인의 승낙 없이 상품권에 게재한 것이 그 상품권의 사용처나
기재 내용 등에 비추어 사자의 명예를 훼손하는 정도에 이르지 않아 초상
권의 침해를 인정할 수 없다고 판시했다.

33) 최승재, "퍼블리시티권의 주요 쟁점(하)", 76면. 다만, 최승재 변호사는 위
에서 본 바와 같이 상속성을 예외적으로만 인정하자는 입장이다.

이 재산적 권리가 피상속인에게도 이전되기 바라는 상속인의 의사
에 반할 뿐만 아니라 생전에 거래관계를 설정한 타인에게 불측의 피
해가 되어 예측 가능성이나 법적 안정성 측면에서도 매우 불합리한
결과를 가져오기 때문이다. 상속성을 인정함으로서 영구불변의 재
산권성을 인정하게 된다는 것도 매우 예외적인 경우일 뿐만 아니라
사회적 합의에 의해서 적당한 기간을 설정함으로서 완화될 수 있는
문제이다.

나. 판례

최근들어 미국의 캘리포니아를 비롯한 많은 주에서는 보통법과
제정법으로 유명 인사가 사망한 다음에 유족들이 퍼블리시티권을
주장하는 것을 허용하고 있다.[34] 나아가 법원도 퍼블리시티권의 상
속성을 긍정하는 입장이 많다.[35]

---

34) 특히 California Civil Code § 3344.1(h)는 사망 후의 퍼블리시티권을 인정하고,
특히 살아있는 동안 성명 등을 상업적 목적으로 이용했는지 여부와 관계
없이 퍼블리시티권이 인정된다고 규정하고 있다.

35) 엘비스 프레슬리가 관련된 Factors Etc. Inc. v. Pro Art, Inc. 사건 (579 F.2d at
221)에서, 연방 제2항소법원은 "엘비스 프레슬리는 라이선스 양수인에게
독점적 출판권, 공표권 및 성명과 초상 배포권 등 유효한 재산권을 양도했
다. 양도 가능한 재산권으로서, 라이선스 양수인의 소유가 된 동일성에 대
한 독점적 권리는 엘비스 프레슬리 사후에도 여전히 존속한다"며, 나아가
"만일 엘비스 프레슬리 사후에 이러한 권리가 소멸한다고 한다면 위 라이
선스 양수인의 경쟁자들이 뜻밖의 행운을 차지하게 되는 것"이라고 판시
한 바 있다.
반면에 Lugosi 사건에서는 1) 상속인의 이익을 위해 개인이 자신의 명성을
개발하려고 노력하는 동기부여는 아주 예외적인 것이며, 2) 명성 그 자체
는 행운의 산물이거나, 유명인사의 노력이 아닌 대중과 언론매체의 노력
의 결과일 수도 있으며, 선한 행동 뿐만 아니라 악한 행동을 통하여도 형
성될 수 있고, 3) 보통법을 통한 권리의 상속은 존속기간의 문제가 있으며,

 우리나라 판례 중에는 "퍼블리시티권이 아직까지 성문법상의 원리로서 인정되지 않고 있고, 그 향유주체, 양도 가능 여부 등에 관하여 아직까지 학설의 대립이 있을 뿐 이에 관한 일치된 견해가 없는 점, 퍼블리시티권이 한 사람의 인격을 상정하는 성명, 초상 등을 상업적 이용이 가능한 특수분야에서 이용할 수 있는 권리를 의미한다는 점에서 볼 때 그 당사자의 인격과 완전히 분리된 독립된 권리 또는 무체재산권과 유사한 권리라고 보기 어려운 점, 재산권이라고 하여 반드시 상속이 가능한 것은 아닌 점(예컨대 연금청구권) 등을 고려하여 볼 때 일반적으로 인격권은 상속될 수 없는 것과 마찬가지로 퍼블리시티권도 상속될 수 없는 권리라고 파악하는 것이 타당하다"고 상속성을 부정한 사례도 있다.[36)]

 그러나, 우리나라에서 퍼블리시티권이 논의된 첫 사건인 이휘소 사건에서 법원은 비록 퍼블리시티권의 상속성에 관하여 명시적으로 판단하지는 않았지만 퍼블리시티권의 사후 존속 내지 상속성을 전제로 판시했다.[37)] 나아가 이효석 판결[38)]에서 법원은 "퍼블리시티권은 인격권보다는 재산권에 가까운 점, 퍼블리시티권에 관하여는 그 성질상 민법상의 명예훼손이나 프라이버시에 대한 권리를 유추 적용하는 것보다는 상표법이나 저작권법의 규정을 유추 적용함이 상

---

4) 퍼블리시티권이 상속된다면 퍼블리시티권과 수정헌법 제1조의 충돌을 보다 장기간 동안 지속화시키는 결과를 방치하는 것이라고 하면서 퍼블리시티권의 상속성을 부인했다. Lugosi vs Universal Pictures Co. Cal. Superior Crt., L.A.Co. (1972) 172 USPQ 541; Bela George Lugosi vs Universal Calif. Court of Appeals, 2nd D. (8-11-1977) 139 Cal. Rptr. 35 Bela George Lugosi, et al vs Universal Pictures, Supreme Court of Calif. (12-3-1979) 603 F.2d 425.

36) 서울서부지방법원 1997. 8. 29. 선고 94가합13831 판결.

37) 박인수, "판례상의 퍼블리시티권" 영남법학(영남대학교 법학연구소) 제5권 제12호(1999), 118면.

38) 서울동부지방법원 2006. 12. 21. 선고 2006가합6780 판결; 서울지방법원 2000. 7. 14. 선고 99가합84901.

당한데 이러한 상표권이나 저작권은 상속 가능한 점, 상속성을 부정하는 경우 사망이라는 우연적 요소에 의하여 그 재산적 가치가 크게 좌우되므로 부당한 결과를 가져올 우려가 큰 점 등"을 근거로 퍼블리시티권의 상속성을 인정하는 것이 타당하다고 판시했다.

제3절 존속기간

1. 학설

퍼블리시티권의 상속성을 인정하지 않는다면 권리자의 생존기간에 한정되므로, 퍼블리시티권의 존속기간의 문제는 퍼블리시티권의 상속성을 인정하는 경우에 비로소 문제된다.[1] 우리나라 엔터테인먼트 산업의 발전 속도 등으로 볼 때 아직 유명인들이 사망한 후에 쟁점들이 문제된 경우가 많지 않아 이에 대한 논의는 적지만 장차 시간이 지남에 따라 소송상 중요한 쟁점이 될 가능성이 높다.

상속성과 관련된 학설들이 논한 바와 같이, 만일 퍼블리시티권의 존속기간에 제한이 없다면 유명 인사의 경우에 대대손손 후손들이 그 권리를 누리게 되어 부당하다는 점, 본인의 사망 후에 점차 시간의 흐름에 따라 사자의 성명 등을 자유롭게 이용할 표현의 자유 등 공공의 이익을 보다 우선시킬 필요가 있다는 점, 특히 역사적 인물을 대상으로 하는 상업적 표현행위에 후손들의 동의가 필요하다고 보는 경우에 상속인에 의해 내용이 취사선택되어 사적 검열(private censorship)이 가능해지는 불합리한 결과를 가져오는 점, 상속인이 누

---

1) 미국에서는 New York 주와 같이 상속성을 부정하는 주도 있지만, California 주는 50년의 존속기간을 인정하고 있고, 다른 많은 주들도 퍼블리시티권의 상속성을 인정하고 있다. 다만 인정하는 주들 간에도 지나치게 장기간 인정할 경우 퍼블리시티권의 속성이 훼손될 우려가 있다는 점에서 상이한 입법을 하고 있는데, Indiana 주의 경우 유명인의 사망 후 100년간 존속하지만, Tennessee 주는 사망 후 10년까지만 존속하는 것으로 하면서 2년 이상 사용하지 않으면 연방 상표법상의 상표권 포기조항과 유사하게 퍼블리시티권이 소멸되도록 규정하고 있다. 최승재, "퍼블리시티권의 주요 쟁점(상)", 77면.

구인지를 찾아내어 일일이 동의를 얻기도 사실상 불가능한 경우가 많다는 점 등을 고려할 때 존속기간을 제한하는 것이 타당하다.

2. 판례

우리 판례는 저작권법 규정을 유추적용할 수 없다는 판결[2]도 있고, 퍼블리시티권의 실체적 권리성을 인정한 후 저작권법을 유추적용하여 사후 50년까지 보호가 가능하다는 판결도 있다.

즉, 이효석 사건[3]에서 법원은 "다만 명문의 규정이 없다는 이유만으로 무한정 존속한다고 해석할 경우 발생할 수 있는 문제점, 예컨대 역사적 인물을 대상으로 하는 상업적 행위가 대부분 후손들의 동의를 필요로 하게 되어 불합리한 결과를 가져올 수 있는 점, 현실적으로 상속인을 찾아 그러한 동의를 얻기도 사실상 불가능한 점, 본인의 사망 후 시간의 흐름에 따라 사자의 성명이나 초상을 자유로이 이용할 수 있도록 하여야 할 공공의 이익도 상당한 점 등에 비추어 해석상으로라도 그 존속기간을 제한하여야 하며, 이를 위해 퍼블리시티권과 유사한 저작권법상의 저작재산권 보호기간을 준용하는 것이 타당하고, 저작권법 제36조 제1항 본문은 저작재산권의 보호기간을 저자의 사망 후 50년으로 규정하고 있으므로 이를 유추적용하여 퍼블리시티권의 존속기한도 해당자의 사후 50년으로 해석함이 상당하다"고 하여 저작권법을 유추하여 퍼블리시티권의 존속기간을 산정하고 있다.[4][5]

---

2) 서울지방법원 1997. 11. 21. 선고 97가합5560 판결(제임스 딘 사건).
3) 서울동부지방법원 2006. 12. 21. 선고 2006가합6780 판결(이효석 사건).
4) 위 판결 이후 저작권법이 개정(2011.6.30.)되어 현재는 사후 70년까지 보호하고 있다.
   저작권법 제39조 (보호기간의 원칙)
   ① 저작재산권은 이 관에 특별한 규정이 있는 경우를 제외하고는 저작자가

우리나라에서 존속기간에 대해서는, ① 존속기간에 관해서 해석론으로 정하기는 어려우나 퍼블리시티권이 재산권으로서의 성격을 가지므로 저작권법을 유추하는 것이 바람직하다는 견해,[6] ② 저작권법 규정의 유추적용에 따를 경우에 너무 장기간 존속기간을 인정하게 된다는 점을 지적하면서 채권 일반의 소멸시효 규정인 10년(민법 제162조 제1항)[7] ③ 혹은 20년(민법 제162조 제2항)[8] 혹은 30년[9]의 존속기간을 주장하는 견해, ④ 명문의 규정 없이 판결로 퍼블리시티권의 존속기간을 제한할 수는 없고 사후존속과 그 존속기간 등에 대한 명문 규정을 두어야 한다는 견해,[10] ⑤ 사망 후 세월의 경과 정도, 고인의 인격적 속성에 관한 상품가치 내지 고객흡인력의 정도, 이용의 모습과 이용자의 주관적 사정 등 제반 사정을 고려하여 정하자는 견해[11] 등 다양한 견해가 있다.

생각건대, 명문의 규정이 없이 존속기간을 몇 년으로 정할 것인

생존하는 동안과 사망한 후 70년간 존속한다.

5) 한편, 위 판결 의도는 "사후 50년까지 보호된다가 아니라 당시 지적재산권 중 가장 긴 존속기간을 가진 저작권법을 적용해도 보호기간이 지났는데 하물며 사후 50년이 지난 자의 퍼블리시티를 보호할 수 있겠는가"라고 해석하는 견해로는 박준우, "퍼블리시티의 보호에 관한 쟁점"(이하 본 논문에서는 "퍼블리시티의 보호에 관한 쟁점"), 퍼블리시티권 보호에 관한 법률안 제정을 위한 공청회(2014. 10. 29), 39면. 이 견해는 보호요건으로서 '유명성'을 요구하면 보호기간의 문제는 자연스럽게 해결된다고 본다.

6) 권태상, 앞의 책, 347면; 이상정, 앞의 논문, 319면; 박영규, 앞의 논문, 289면 등.

7) 최형구, 앞의 논문, 361면; 이해완, 앞의 논문, 121면.

8) 김상중, 앞의 논문, 41면.

9) 김재형, "인격권에 관한 입법제안", 98면. 이 견해는 인격권의 사후 존속기간을 한 세대를 기준으로 하여 30년으로 제안하고, 이를 퍼블리시티권에도 같이 적용하자고 제안한다.

10) 한위수, "퍼블리서티권의 침해와 민사책임(하)", 112면; 정상조·박준석, 앞의 논문, 99면; 송영식 등, 앞의 책, 588면.

11) 이한주, 앞의 논문, 393면.

지는 해석론으로는 해결하기에는 매우 어려운 문제이고 입법으로 해결할 문제이다. 하지만 상속성을 인정하는 이상 너무 단기간으로 정하는 것은 상속성을 인정하는 취지를 다할 수 없다는 점 등을 고려할 때 현행 규정 중에 가장 유사한 규정인 저작권법을 유추적용하는 것이 타당할 것으로 생각된다.

제4절 주체 및 객체

1. 주체

가. 유명인사

퍼블리시티권은 그 권리 속성상 배우나 가수 등 연예인 또는 운동선수, 정치인 등과 같은 유명 인사(celebrity)나 공적 인물(public figure)이 권리 주체가 되는 경우가 대부분이다. 퍼블리시티권이라는 개념 자체가 고객흡인력을 가진 유명 인사가 자기의 동일성을 무단으로 상업적으로 이용하는 것을 통제하기 위해 발생한 권리이기 때문에 어느 정도의 주목도 내지 고객흡인력을 가지고 있는 사람들이 주체가 되는 경우가 일반적이기 때문이다.

반드시 한 사람에게 하나의 퍼블리시티권만 존재하는 것은 아니며, 한 명의 배우가 여러 개의 극중 등장배역을 통하여 서로 상이한 아이덴티티를 구축하는 것도 가능하므로 1인이 복수의 퍼블리시티권을 보유할 수 있다.[1] 다만 어떤 퍼블리시티권을 어떻게 특정할 것인지 등 여러 가지 문제가 발생할 수 있다.

나. 일반인

이와 같이 원래 퍼블리시티권은 유명인들의 초상 등을 무단 이용하는 것을 방지하는데 목적을 두고 그것에 한정하여 출발한 개념이었다. 하지만 퍼블리시티권의 확대 논의와 함께 유명인이 아닌 일반

---

1) 정상조·박준석, 앞의 논문, 82면.

인에 대해 퍼블리시티권이 인정되는지 여부가 문제된다. 특히 '유명인'이라는 개념이 상대적이고 불확정적이라는 현실적인 이유도 있다.

(1) 학설

퍼블리시티권을 유명인에게만 한정해야 한다는 견해도 있지만,[2] 우리나라의 다수 견해는 일반인에게도 인정해야 한다고 보고 있다.[3] 즉, 유명하다는 개념이 모호할 뿐만 아니라 시대나 상황에 따라 유동적이라는 점, 일반인을 광고 등에서 상업적으로 사용되는 사례가 많아졌고 이를 적극적으로 통제할 필요성이 있다는 점, 영리 목적으로 이용되었다는 것이 재산적 가치가 있다는 것을 나타낸다는 점, 유명인사와 달리 재산적 가치가 크지는 않겠지만 아예 인정을 하지 않는다는 것은 오히려 인격권의 본질에 반한다는 점 등을 근거로 일반인의 경우에 퍼블리시티권의 보호대상에서 제외하는 것은 부당하다고 한다.[4]

---

2) 이상정, 앞의 논문, 320면; 박준우, "퍼블리시티의 보호에 관한 쟁점", 39-40면. 박준우 교수는 ① 기존의 판결 중 일반인에게도 퍼블리시티의 보호를 인정한 판결은 소수이고 유명성 여부를 판단한 판결에도 별 문제가 없는 점, ② 이미 법원은 부정경쟁방지법 관련 사안에서 상품표지의 유명성을 판단한 경험이 충분히 쌓여 있는 점, ③ 실제로 일반인에게도 퍼블리시티의 보호를 인정한 판결도 손해배상액의 산정에 있어서는 근거자료의 부족으로 재산상의 손해액 산정을 하지 않거나 초상권 침해의 경우와 같은 정도의 액수만을 산정한 점 등에 비추어 볼 때, 유명인만 퍼블리시티의 보호를 인정하고 일반인은 초상권으로 해결하자고 보고 있다.

3) 박준석, "프로야구게임 퍼블리시티권", 335면 ; 한위수, "퍼블리시티권과 민사책임(하)", 110면; 남형두, "스포츠경기와 퍼블리시티권" 221면 각주 93번; 이한주, 앞의 논문, 362면; 김상중, 앞의 논문, 41면 등.

4) 다만 일반인의 경우에는 상업적인 가치가 거의 없어 재산권인 퍼블리시티권으로 배상받을 실익이 없다는 견해에는 박준우, "퍼블리시티권 침해의 유형에 관한 연구-판례에 나타난 피고의 이용형태를 중심으로-"(이하 본 논문에서는 "퍼블리시티권 침해의 유형에 관한 연구"), 서강법학(서강대학

미국에서도 일반인의 퍼블리시티권을 인정하는 견해가 다수이다.[5] 소수의 견해는 퍼블리시티권의 재산권성을 중시하여 이미 입증된 경제적 가치를 갖는 사람에게만 인정될 수 있고 자신의 특성을 상업적인 방법으로 이용한 적이 없는 경우에는 프라이버시 침해의 문제로 봐야 한다고 주장하기도 한다.[6]

생각건대 퍼블리시티권은 유명인인지의 문제가 아니라 고객흡인력을 이용한 상업적인 이용이 있었는지의 문제이므로 개인에게 상업적 가치가 있어야 할 것이다. 그런 점에서 퍼블리시티권은 상업적 가치 혹은 고객흡인력을 획득한 자에게 한정하는 것이 타당하다. 만일 일반인이라도 광고에서 사용되었다면 고객흡인력이 많고 적음의 문제이고 상업적 가치는 추정될 수 있을 것이다. 이렇게 본다면 일반인에게 굳이 퍼블리시티권을 인정해야 한다는 주장의 실익도 없다. 그렇지 않고 퍼블리시티권을 일반인에게 넓게 인정하는 경우에는 초상권 등 기존 인격권 영역과의 구별이 문제될 수 있기 때문이다.[7]

(2) 판례

유명인들의 퍼블리시티권의 침해가 문제된 사안에서 퍼블리시티권의 개념을 설시하면서 "퍼블리시티권이라 함은 재산적 가치가 있는 '유명인'의 성명, 초상 등 프라이버시에 속하는 사항을 상업적으

교 법학연구소) 제10권 제1호(2008), 51면.

5) McCarthy, Volume 1. pp.220; 1995년 부정경쟁 리스테이트먼트는 일반인의 동일성도 경제적 가치를 가질 수 있으며, 원고 명성에 대한 평가는 적절한 구제수단의 결정과 더 관련성이 있다고 보고 있다. Restatement Third, Unfair Competition § 46 comment d (1995).

6) Peter L. Felcher and Edward L, Rubin, Privacy, Publicity, and the Portrayal of Real People by the Media, 88 Yale L.J. 1577, 1591. n.78 (1979).

7) 일본에서는 퍼블리시티권의 주체를 고객흡인력을 전제로 하여 유명인에 한정한다는 것이 다수설이고 판례라고 한다. 윤태영, 앞의 논문, 170면.

로 이용하는 권리"라고 유명인에 한정한 판례도 있다.[8]

하지만, 우리나라 다수 판례는 유명인사 이외에 일반인들에게도 퍼블리시티권을 인정하는 것으로 해석되고 있다. 즉 허브좌훈 판결에서 퍼블리시티권의 정의 자체를 "특정인의 성명이나 초상 등 자기 동일성의 상업적 사용에 대해 배타적으로 지배할 수 있는 권리를 퍼블리시티권으로 파악"하여 유명인에 한정하지 않고 있다.[9] 나아가 본 더치 판결[10]에서도 "퍼블리시티권은 유명인 뿐 아니라 일정한 경우 일반인에게도 인정될 수 있고, 그 대상도 성명(아호, 예명, 필명 등 포함), 사진, 초상, 기타 개인의 이미지 등을 형상화하는 경우 특정인을 연상시키는 물건 등에 널리 인정될 수 있으며"라고 판시하여 명시적으로 일반인의 퍼블리시티권을 인정했다.

다. 사자(死者)

우리나라에서 퍼블리시티권의 주체 논의 중에 사자에 대한 부분은 대부분 상속성의 논의에 포함되는 경우가 많다. 퍼블리시티권을 재산권으로 해석한다면 상속인이 상속재산의 일부로서 권리를 행사

---

8) 서울중앙지방법원 1995. 6. 23. 선고 94카합9230 판결; 서울고등법원 2001. 10. 24. 선고 2001나30680 판결 등.
  인지도가 낮은 신인연예인의 경우 사회통념상 연예계의 신인이라면 오히려 인기연예인과는 반대로 잡지나 방송 등의 매체에 될수록 많은 기회에 자신의 사진이 게재되거나 방송되게 하여 자신의 지명도를 높이기 위해서 애쓴다는 점을 고려하여 침해를 인정하지 않은 사건으로는 서울지방법원 2000. 3. 16. 선고 99가합46206 판결.
9) 서울동부지방법원 2004. 2. 12. 선고 2002가합3370 판결.
  특히 야구게임 슬러거 사건에서는 개개 야구선수들의 유명한 정도를 고려하지 않고 300명이 넘는 원고들에게 일괄적인 손해액을 산정했다. 서울동부지방법원 2011.2.16. 선고 2010가합8226 판결.
10) 서울북부지방법원 2008. 11. 27. 선고 2008가합3187 판결.

하게 된다. 퍼블리시티권을 인격권의 일종으로 보고 인격권의 사자 주체성을 인정하는 입장도 있지만,[11] 주로 재산적 측면이 아닌 인격적 측면에 있어서 매우 제한적으로 인정하자는 것이므로 큰 차이는 없다.

우리 법원도 이효석 사건에서 "인격권으로서의 초상권은 일신전속적 권리라고 할 것이어서 사자는 원칙적으로 그 권리 주체가 될 수 없고, 설령 일정한 경우 사자의 초상권이 인정될 수 있다고 보더라도 살아있는 사람의 초상권과 달리 그 보호범위를 제한적으로 인정하여야 할 것인데, 유사한 성격의 권리인 저작인격권의 경우 저작자의 사망 후에 그의 명예를 훼손하는 정도에 이르는 행위를 금지하는 방법으로 보호되고 있는 점(저작권법 제14조 제2항 참조) 등에 비추어 볼 때, 사자의 초상권도 사자의 초상을 사용한 것이 그 명예를 훼손하는 정도에 이른 경우에만 제한적으로 인정된다"고 판시하고 있다.[12]

라. 법인 혹은 비법인사단

퍼블리시티권은 프라이버시권에서 출발한 권리로서 인격권적 측면을 가지고 있는 바, 자연인이 아닌 법인이나 기타 단체에도 인정할 것인지에 대하여 논의가 있다.

퍼블리시티권은 비록 재산권성이 강하더라도 개인의 인격적 존엄성과 자율성에 기반한 권리이므로 그 주체는 자연인에 한정된다고 해석하여야 하고 법인이나 단체에게는 상표법, 부정경쟁방지법에 의한 보호로도 충분하므로 법인 및 단체의 주체성을 부인하는 견해가 있다.[13] 미국에서도 주류적인 학설과 판례는 회사, 비법인사단,

---

11) 김재형, "인격권의 입법제안", 84면.
12) 서울동부지방법원 2006. 12. 21. 선고 2006가합6780 판결.

기타 조직에 대해서 퍼블리시티권을 인정하지 않고 있다.[14)]

　그러나 우리나라의 다수 견해는 법인이나 단체의 권리주체성을 긍정하고 있다. 즉, 재산권적인 성격을 강조하는 입장에서는 자연인과 연원은 다르다고 하더라도 법인격이 있는 이상 법인도 재산권을 가질 수 있어야 하는 점, 퍼블리시티권의 경우에 법인이나 단체의 명칭에도 상업적 가치가 있는 경우가 많은 점, 현실적으로 상법이나 부정경쟁방지법, 상표법만으로는 법인의 이름을 함부로 광고하는 등 상업적으로 이용하는 것에 대한 제재를 가하기에 부족한 점, 비교법적으로도 독일의 경우에 자연인뿐만 아니라 법인, 권리능력 없는 사단, 공공기업체, 조합 등 단체 등에게도 성명권이 인정되고 있으며 일본의 경우에도 종교 법인에게 성명권을 인정한 사례가 있는 점 등을 감안하면 법인 또는 비법인 단체 등에게도 퍼블리시티권을 인정함이 타당하다는 것이다.[15)16)]

　하지만, 퍼블리시티권의 성격이 비록 독립된 재산권이더라도 어

---

13) 이해완, 앞의 책, 597면; 정상기, "PUBLICITY권에 관한 소고", 한국저작권논문선집(II)(1995), 128-129면; 이한주, 앞의 논문, 362면 등.

14) McCarthy, Volume 1, p.282; 부정경쟁에 관한 리스테이트먼트도 법인 또는 단체의 동일성을 권한 없이 사용하는 것에 대한 보호는 상표법 등에 따라 보호된다고 규정하고 있다. Restatement Third, Unfair Competition § 46, comment d (1995).

15) 한위수, "퍼블리서티권의 침해와 민사책임(상)", 21면; 이한주, 앞의 논문, 363면; 김상중, 앞의 논문, 42면 등.

16) 법인의 인격권 중에서도 명예권과 성명권 등 기본권 주체의 신체 및 정신 활동과 분리되어 고유한 보호법익이 인정되는 것에 대하여는 이를 법인에 대하여도 기본권으로서 보장할 필요가 있으며, 특히 법인의 명예 및 성명 등의 권리는 자연인의 경우와는 달리 직접 인간의 존엄과 가치에 관한 헌법 제10조에서 도출된다고 보기는 어렵지만, 재산권, 영업의 자유, 법인의 목적에 비추어 인정되는 개별 기본권 조항, 일반적 행동자유권 등을 근거로 하는 헌법적 권리로서 봄이 타당하다는 견해에는 송진호, "법인의 인격권에 관한 검토－최근의 논의들을 중심으로－", 법조 제716호(2016. 5.), 152면.

디까지나 그것의 출발점은 인격권이었으며 이와 관련해 자연인과
달리 법인의 인격권을 인정하는 것은 정책적 필요에 따른 의제(擬
制)에 가깝다고 볼 수 있는 점, 기업의 아이덴티티는 자연인의 그것
과 다르게 그 보유자의 시간과 노력에 따라 얼마든지 자유롭게 설정
할 수 있고 또한 원하는 대로 변화를 가할 수 있는 성질의 것인데 퍼
블리시티권이라는 독점권으로 보호한다면 특정 기업의 아이덴티티
가 더욱 강하게 보호되는데서 얻어질 추가적인 이익보다 다른 인접
기업들의 경쟁활동이 제한되는 불이익이 더 막대할 것이라는 점 등
에 비추어, 한국에서 단체에까지 퍼블리시티권을 인정하는 것은 당
장 무리라는 견해도 있다.[17]

　　사실 퍼블리시티권에 재산권적 성질이 있는 점이나 법인에 대해
서 명예권을 인정해온 우리나라 판례의 태도[18] 등을 생각해볼 때, 법
인이나 단체 역시 그 명칭이나 이미지 등에 관하여 침해가 발생하는
경우에 법적으로 구제를 받을 수 있기 위해서 법인에게 권리주체성
을 인정하는 것이 타당하다고 생각한다.[19]

---

17) 박준석, "프로야구게임 퍼블리시티권", 344면.
18) "민법 제764조에서 말하는 명예란 사람의 품성, 덕행, 명예, 신용 등 세상으
　　로부터 받는 객관적인 평가를 말하는 것이고 특히 법인의 경우 그 사회적
　　명예, 신용을 가리키는데 다름없는 것으로 명예를 훼손한다는 것은 그 사
　　회적 평가를 침해하는 것을 말한다"는 판결에는 대법원 1988.6.14. 선고 87
　　다카1450 판결.
　　또한, 대법원 1997. 10. 24. 선고 96다17851 판결 등은 종중과 같은 비법인사
　　단도 일종의 인격권으로서 명예에 관한 권리를 가진다고 보고 있다.
19) 성명권에 대하여 법인의 권리주체성을 인정한 판례도 있다.
　　"원고의 성명은 개인을 타인으로부터 식별하여 특정하는 기능을 가지는
　　것으로 사람이 사람으로서 존중되는 기초이고, 그에 기초한 성명권은 헌
　　법상의 행복추구권과 인격권의 한 내용을 이루는 권리로써 자신의 성명의
　　표시 여부에 관하여 스스로 결정할 권리 및 사회통념상 특정인임을 알 수
　　있는 방법으로 성명이 함부로 사용, 공표되지 않을 권리, 성명이 함부로
　　영리에 이용되지 않을 권리 등을 포함하며, 법인의 경우에도 자연인과 마

우리나라 판례들도 법인 혹은 법인격 없는 단체에 퍼블리시티권을 인정한 사례가 있다고 소개되고 있다. 웃찾사 따라와 사건에서는 특정 엔터테인먼트 회사에 소속된 연기자들로 구성된 팀에 대하여 퍼블리시티권을 인정했고,[20] 가비앤제이 사건에서도 예명 또는 그룹명이 당초 피고 회사에 의해 창안되었거나 피고들이 위 예명 중 일부를 가지고 상표권 등록을 했다는 사정에도 불구하고 명칭에 대한 성명권과 퍼블리시티권이 멤버들인 원고들에게 귀속된다고 판시했다는 것이다.[21] 그러나 이러한 팀을 법인격 없는 단체로 볼 수 있을 것인지에 의문이 있다는 점에서 우리나라 판례는 아직 단체에 대한 퍼블리시티권을 인정한 사례는 없다고 보아야 한다.

2. 객체

퍼블리시티권의 보호객체의 문제는 특정인의 아이덴티티의 인식범위 혹은 특정인을 식별할 수 있는 자기동일성의 범위를 어디까지 인정할 것인지의 문제이다.

찬가지로 헌법상의 행복추구권을 바탕으로 하여 자신을 특정할 수 있는 명칭과 관련하여 이를 타인의 방해를 받지 않고 사용하고, 자신의 명칭이 타인에 의해 모용되거나 상업적 목적, 명예훼손적 방법 등으로 무단 사용되지 않을 권리를 가진다." (서울중앙지방법원 2013. 12. 13. 선고, 2013가합23230 판결).

20) 서울중앙지방법원 2007. 1. 19. 2006가단250396 판결.

21) 서울중앙지방법원 2008. 1. 18. 선고 2007가합10059 판결 ("'가비앤제이'라는 명칭은 원고들로 구성된 여성 3인조 그룹을 지칭하는 것으로 '가비앤제이'라는 성명권은 원고들에게 귀속된다고 할 것이고, 성명을 상업적으로 이용할 재산상 권리인 소위 퍼블리시티권 역시 원고들에게 귀속된다").
가비앤제이(gavy n j) 사건은 여성3인조 그룹과 전속계약 해지 후 매니지먼트회사가 새로이 여성 3인조 그룹을 구성하여 '가비 퀸즈(gavy queens)'라고 이름 붙인 경우에 '가비앤제이'의 퍼블리시티권 침해가 문제된 사례이다.

　학설들은 일반적으로 사람의 아이덴티티를 연상시키는 모든 표지를 퍼블리시티권의 대상이라고 보고 있다.[22] 여기에는 특정인의 성명, 목소리, 서명, 사진, 이미지, 제스처 등 여러 가지가 있을 수 있으며, 이에 한정되지 않고 특정인과의 동일성을 식별할 수 있는 것이라면 무엇이든지 퍼블리시티권의 보호대상이 될 수 있다고 본다.[23]

　하지만 개인의 동일성을 식별할 수 있다고 해서 혹은 시장에서 거래된다거나 어느 정도 재산적 가치를 가지고 있다고 해서 모두 퍼블리시티권의 대상으로 보게 되면 퍼블리시티권의 범위가 지나치게 확장되거나 혹은 다른 법체계와 중첩되거나 충돌될 우려가 있다.[24] 따라서 인식가능성 혹은 식별가능성을 너무 넓게 해석해서는 안되고 이를 개인의 재산권의 범위내로 인정할만한 또다른 요건이 있어야 할 것이다. 학설상으로는 ① 구체적으로 특정가능할 것, ② 최소한 그 인격주체와 대내적으로 소유권 유사의 배타적 지배관계에 있을 것, ③ 그리하여 그 인격주체에 대한 일의적 귀속성을 보여줄 것

---

22) 엄동섭, "퍼블리시티권", 169면.
23) 최승재, "퍼블리시티권의 주요 쟁점(상)", 59-60면.
　Indiana 주법은 다음의 9가지를 퍼블리시티권의 대상으로 규정하고 있다.
　IC 32-36 ARTICLE 36. PUBLICITY Sec. 7.
　As used in this chapter, "right of publicity" means a personality's property interest in the personality's: (1)name; (2)voice; (3)signature; (4)photograph; (5)image; (6)likeness; (7)distinctive appearance; (8)gestures; or (9)mannerisms.
24) 특히 퍼블리시티권의 보호대상의 기준을 식별가능성(identifiablity)에 중점을 둔다면 '개인정보'에 대한 규율들과 중첩될 가능성도 있다.
　이와 같이 퍼블리시티권에는 저작권법적 요소, 부정경쟁방지법적 요소, 상표법적 요소, 명예훼손 관련 법리, 프라이버시 내지 인격권 법리, 개인정보 등 정보법 관련 법리 등이 혼재되어 있다는 점에서 최근 자주 논란을 빚고 있는 언론에 의한 명예훼손, 개인정보침해 등의 법률적 쟁점과 함께 퍼블리시티권을 포함하는 통합 법률의 제정을 고민해볼 필요가 있다는 견해로는 남형두, "퍼블리시티권의 입법적 보호 방안 연구", 문화체육관광부, 2011. 11., 118면.

등을 요건으로 해야 한다는 견해,[25] 퍼블리시티권의 객체로 될 수 있는 것은 특정인의 속성에 관한 것으로서 ① 그 주체와 다른 사람을 식별할 수 있을 것(식별가능성), ② 그 주체와 상당한 관련성을 가진 것, 즉 다른 사람들과 구분하여 직접적으로 상기·연상시킬 수 있는 정도가 되어야 한다는 견해 등이 있다.[26]

가. 초상

배우의 사진 등 개인의 외관을 나타내는 초상은 특정인임을 인식할 수 있는 가장 대표적인 것이고, 이와 관련된 분쟁도 가장 많다.[27] 따라서 개인의 외모를 식별하기에 충분하다면 그 형식은 사진 뿐만 아니라 그림, 만화 등의 형태와 관계없이 보호객체인 '초상'에 해당한다. 이와 같이 초상의 경우에는 퍼블리시티권의 대상인지 여부의 문제보다는 초상과 관련된 자기동일성을 어느 범위까지 확장할 수 있는지에 대한 기준의 설정을 중심으로 논의가 전개되고 있다.[28]

---

25) 안병하, "독일의 퍼블리시티권 관련 논의 개관", 143면.
   이러한 입장에서 초상, 성명, 자필서명, 음성 등은 인정되지만, 그 외에 명예, 이미지, 사생활, 개인정보, 특정 포즈 등은 인격주체와 배타적 지배관계나 일의적 귀속관계 등의 요건을 충족시키기 어려워 특정 개인의 독점적인 재산권의 대상이 아니라고 본다. 예컨대 어느 개인의 사생활은 오로지 한 개인의 생만을 내포하고 있는 것이 아니라 그 안에는 그와 접촉을 가지는 어려 사람들의 삶이 어우러져 있기에 한 개인에게만 귀속시킬 수 없다는 것이다.
26) 윤태영, 앞의 논문, 177면.
27) 대표적인 사건으로 서울고등법원 1998. 9. 29. 선고 98라35 결정(박찬호 사건)과 서울중앙지방법원 2005. 9. 27. 선고 2004가단235324 판결(정준하 사건) 등이 있다.
28) 미국의 경우는 portrait으로 한정하지 않고 널리 likeness로 인정하므로 훨씬 넓게 인정될 수 있다. Onassis v. Christian Dior-New York, Inc., 122 Misc.2d 603, 472 N.Y.S.2d 254. 10 Meclia L. Rep. 1859 (Sup 1984).

학설들은 앞모습, 옆모습은 물론 주위 상황에 비추어 볼 때 특정인임을 인식할 수 있는 경우라면 뒷모습도 퍼블리시티권의 보호대상이 될 수 있고,[29] 본인의 사진이 아니더라도 본인과 외모가 비슷한 인물을 이용하는 경우에도 본인의 고객흡인력을 이용한 것으로 인정되는 한 퍼블리시티권의 침해에 해당한다고 보고 있다.[30] 따라서 초상이 표현되는 방법도 제한되지 않으며, 특정인과 유사한 모습을 한 사람의 초상을 이용한 경우에도 일반인들이 이를 그 특정인으로 인식하는 한 퍼블리시티권을 침해할 수 있다.[31]

초상권 침해여부가 문제된 임꺽정 사건[32]에서 법원은 "위 광고에 사용된 인물화는 비록 원고의 실제 모습이나 사진과 완전히 동일한 것은 아니고 세부적인 묘사에 있어서 원고의 모습과 상이한 점이 있"지만, "위 드라마의 주인공으로 분장한 원고의 모습 중 특징적인 부분들이 대부분 표현되어 있어서 위 드라마를 보았거나 원고를 알고 있는 사람이라면 누구나 이 사건 인물화를 보고 위 드라마의 주

---

29) 서울남부지방법원 2017. 1. 17. 선고 2015가단241000(초상이란 모사된 인물이 누구인지 인지할 수 있을 것임을 전제로 하므로 신체의 일부만이 촬영된 경우라도 그 사진이 누구에 대한 사진인가를 알 수 있는 정도라면 초상권의 침해에 해당한다고 할 것이다 - 코 아랫부분부터 가슴까지 부분을 편집하여 홍보배너에 사용한 것에 대해서 초상권 침해를 인정한 사례)
30) 한위수, "퍼블리서티권의 침해와 민사책임(상)", 22면.
31) 권태상, 앞의 책, 59면
32) 서울중앙지방법원 1997. 8. 1. 선고 97가합16508 판결
　　원고는 TV드라마 '임꺽정'의 주인공인 임꺽정 배역으로 출연했던 연기자인데, 피고 회사가 10여개 이상의 일간신문에 피고 회사가 제조한 위장약의 전면광고를 게재했는바 위 광고에는 위 드라마의 주인공 '임꺽정'으로 분장한 원고의 얼굴의 특징적 부분들인 머리띠를 묶은 이마, 덥수룩한 머리털, 턱수염, 콧수염과 짙은 눈썹부분 등을 목탄 스케치로 유사하게 재현한 인물화가 삽입되어 있고, 그 위에 큰 글씨체로 "속쓰린 세상 내가 잡는다"는 광고 문안이 적혀 있었다. 이러한 광고를 함에 있어서 원고의 동의는 없었고, 이에 원고가 손해배상을 청구한 사건이다.

인공 '임꺽정'으로 분장한 원고의 초상을 충분히 연상할 수 있다할 것이므로 이 사건 인물화는 원고의 초상과 동일시된다"고 판시한 바 있다. 그러나 이러한 판결에 대해서는 피고의 광고에 게재된 인물화는 원고가 출연한 드라마 이전에도 다른 매체에서 작품화되었으며 그 모습이 피고 광고의 인물화와 매우 유사했고, 이와 같이 임꺽정을 묘사할 수 있는 표현방법이 극히 제한되어 있는 경우 또는 피고가 임꺽정을 묘사할 때 기대할 수 있는 일반적인 기법을 이용한 경우에도 퍼블리시티권을 인정하는 것은 다른 사람의 표현의 자유를 지나치게 제한하는 것이라는 비판이 있다.[33][34]

나. 성명

성명도 초상과 마찬가지로 즉 자기동일성을 인식할 수 있는 가장 대표적인 것이므로 퍼블리시티권의 보호대상이 된다. 나아가 별명(別名), 필명(筆名), 예명(藝名),[35] 가명(假名)[36] 등도 특정인을 인식할

---

33) 박준우, "퍼블리시티권 침해의 유형에 관한 연구", 51면 ; 박준우, "표현의 자유에 의한 퍼블리시티권의 제한-상품의 디자인과 캐릭터로 이용한 경우를 중심으로-"(이하 본 논문에서는 "표현의 자유에 의한 퍼블리시티권의 제한"), 정보법학 제14권 제3호(2010), 158면.

34) 한편 박상민 짝퉁가수 사건에서 법원은 성명 이외의 외관 등에 대해서는 부정경쟁방지법 위반이 아니라고 판시하기도 했다(서울고등법원 2008.6.19. 선고 2008노108 판결).
하지만 이 사건에서 부정경쟁방지법이 아니라 퍼블리시티권이 문제되었다면 침해로 인정될 가능성이 있다는 견해가 있다. 즉, 가수 박상민 짝퉁 사건에서 문제된 가수 박상민의 선글라스, 콧수염 등 일반 공중에게 인식하는 박상민의 정체성 속에 선글라스와 콧수염이 포함되어 있을 정도로 고정적인 징표라고 할 수 있는 경우에 박상민의 퍼블리시티권으로 보호받는 초상에 포함될 수 있다는 것이다. 박준석, "프로야구게임 퍼블리시티권", 347면 이하 참고.

35) 박성호, "실연자의 예명에 대한 법적 보호-성명권·성명표시권·상표권 그

수 있는 수단이기 때문에 성명에 준하여 취급된다.[37]

성명에 있어서 같은 이름을 사용하는 사람이 여러 명인 경우가 많으므로 어떤 것이 특정인을 가리키는 것으로 볼 수 있는지 여부가 문제되는데, 개별 사건에서 그 이름이 사용된 문맥(in context)이나 상황 등을 고려하여 구체적으로 판단할 수밖에 없다.[38] 특히 이름이 잘 알려진 유명인의 경우에는 상대적으로 용이하게 특정될 수 있을 것이며, 유명인의 이름을 일부만 사용한 경우나 조금 변형하여 사용한 경우 등도 퍼블리시티권의 침해로 인정될 수 있을 것이다.[39]

전직 그리고 현직 야구선수들의 동의를 받지 않고 영문 이니셜을 야구게임에 사용한 사건에서 법원은 "어떤 사람의 성명 전부 또는 일부를 그대로 사용하는 것은 물론 전부 또는 일부를 그대로 사용하지 않더라도 그 사람을 나타낸다고 볼 수 있을 정도로 이를 변형하여 사용하는 경우에도 퍼블리시티권을 침해한 것으로 볼 것"이라고 판시했다.[40]

리고 이른바 퍼블리시티권을 둘러싼 몇 가지 문제점-", 법조 제56권 제10호(2007.10), 305면.

36) 서울지방법원 1999. 4. 16. 선고 98가합55661 판결 (이 판결은 본명 뿐만 아니라 '곽영일'이라는 가명에도 퍼블리시티권이 성립한다고 보았다).

37) 서울중앙지방법원 2008. 1. 18 선고 2007가합10059 판결.

38) McCarthy, Volume 1, p.297; 권태상, 앞의 책, 56면.

39) 한위수, "퍼블리서티권의 침해와 민사책임(상)", 21면 이하 ; 박준석, "프로야구게임 퍼블리시티권", 354면 등.

다만, 판례 중에는 "성명권은 일반의 상표권과 달리 그 전체로서 대상을 특정하는 기능이 있다고 할 것이고, 이를 분리하여 관찰한다거나 그 분리된 각 부분이 성명권 또는 퍼블리시티권의 보호객체가 된다고는 보기 어렵다"고 하면서 원고들의 성명권은 그룹명 전체인 '가비엔제이'가 그 객체가 될 뿐이어서 그룹명의 일부분으로 피고들 그룹명인 '가비퀸즈'에 포함된 문구 '가비'는 성명권 또는 퍼블리시티권의 보호객체가 아니라는 판결도 있다. 서울중앙지방법원 2008. 1. 18. 선고 2007가합10059 판결.

40) 서울서부지방법원 2010. 4. 21. 자 2010카합245 결정.

야구게임 '마구마구' 게임과 관련하여 전직 프로야구 선수들의 사전 동의

다. 음성

음성도 지문처럼 특정인의 개성이 느껴지는 경우가 많고 따라서 그 목소리만의 차별성(distinctive sounds)을 인식할 수 있다면 퍼블리시티권의 보호대상이 될 수 있다.[41] 특히 시각적 효과를 노릴 수 없는 라디오 광고 등에 있어서 목소리는 주요한 자원으로 인정되고 있다.[42] 특정인과 유사한 목소리를 이용한 경우에 일반인들의 인식을 기준으로 해당 목소리로부터 특정인이 인식가능한지 여부가 침해의 판단기준이 된다.[43]

우리나라 법원도 "사람은 누구나 자기의 성명이나 초상, 음성, 연기 등을 스스로 경제적으로 이용하거나 제3자에게 대가를 받고 일정한 기간 동안 전속적 또는 1회적으로 이용하게 할 수 있는 권리, 즉 이른바 초상권을 가지고 있다 할 것이므로, 본인의 동의 없이 이를 함부로 사용하는 경우 불법행위를 구성한다고 할 것이고, 다만 공익

없이 위 선수들의 성명을 사용하자 게임제작사를 상대로 성명 등 사용금지가처분을 신청했고 이러한 신청이 법원에서 인용되었다(서울남부지방법원 2009. 12. 17. 2009카합1108 결정). 그러자 피신청인은 2010. 1. 20.경부터 은퇴선수 27명에 관하여 해당 선수들의 현역시절 소속구단 및 수비 위치, 선수시절의 기록 등을 활용한 능력치 등 게임 내 다른 요소는 변경하지 아니한 채, 오직 성명 부분에 관해서만 마해영을 'H.Y.마' 등으로 변형하여 게임서비스를 계속했다. 이에 다시 선수들이 그 이니셜의 사용금지를 신청한 사건이었다.

41) Midler v. Ford Motor Co., 849 F.2d 460. 15 Media L. Rep. 1620. 7 U.S P.Q.2D (BNA) 1398 (9th Cir. 1988).
  다만 음성만으로 특정인을 식별할 수 있는 경우는 오히려 드물 것이라는 견해에는 한위수, "퍼블리서티권의 침해와 민사책임(하)", 112면.
42) 박준우, "유명인의 목소리에 대한 퍼블리시티권의 보호-미국의 판례법을 중심으로-"(이하 본 논문에서는 "유명인의 목소리에 대한 퍼블리시티권의 보호"), 지적재산권 제18호(2007. 3), 6면.
43) 권태상, 앞의 책, 60면.

을 위하여 필요한 경우에 예외적으로 본인의 동의를 필요로 하지 않는 경우는 있겠으나, 상업적인 사용의 경우에는 반드시 본인의 동의를 필요로 하는 것이다"라고 하여 음성도 성명 등과 마찬가지로 동일성의 인식 수단임을 인정하고 있다.[44]

다만 가수나 성우 등 특수한 경우 외에는 목소리 자체가 바로 인식수단으로 기능하는 경우 보다는 다른 상황들과 합하여 퍼블리시티권 침해로 인정되는 경우가 더 많을 것이다.[45] 목소리에 대해서 퍼블리시티권을 인정한 대표적인 판례로 알려진 미국의 Bette Midler 사건에서도 법원은 단순히 음성이 비슷하다는 것뿐만 아니라 피고의 고의적인 행위 등을 종합적으로 판단해서 퍼블리시티권을 인정했다.[46]

라. 연기나 캐릭터

퍼블리시티권의 보호객체에는 성명이나 초상 등 생래적인 징표뿐만 아니라 잠정적이고 인위적 이미지(가수의 가명, 가령 유명배우의 극중 배역 이미지)도 포함될 수 있다.[47] 어떤 사람을 알아보게 하는 것은 반드시 그의 실제 모습을 나타내는 것에 한정되지 않으며,[48]

---

44) 서울고등법원 1998. 3. 27. 선고 97나29686 판결.
45) 특정한 사람의 음색을 모방하는 성대모사나 모창을 했다고 하여 항상 퍼블리시티권의 침해가 되는 것은 아니며 광고 등 이용행위에 관한 일정한 요건을 갖춘 경우에 한하여 침해를 인정할 수 있다는 견해에는 이해완, 앞의 책, 600면.
46) Midler v. Ford Motor Co., 849 F.2d 460, 7 U.S.P.Q.2d 1398 (9th Cir. 1988). 미국에서 유사 목소리의 광고사용이 문제되었던 사건들(Lahr v. Adell Chemical Co. 사건, Waits v. Frito Lay, Inc. 사건 등)에 대한 소개와 평석은 박준우, "유명인의 목소리에 대한 퍼블리시티권의 보호", 11면이하 참고.
47) 정상조·박준석, 앞의 논문, 99면.
48) 한위수, "퍼블리서티권의 침해와 민사책임(하)", 112면.

그 외에도 어떤 사람의 캐릭터, 말투, 유행어 등을 통해서도 동일성을 인식할 수 있기 때문이다.

어떤 배우가 특정 역할을 연기하여 유명해진 경우에 그 배우는 특정 역할에서 나타난 모습을 통해서도 인식될 수 있다.[49] 이 경우에는 드라마나 연극의 저작권자, 연출가 등과의 관계에서 배우의 퍼블리시티권을 어디까지 인정할 것인지가 문제될 수 있으며, 그 역할이 배우의 persona의 일부가 되었는지 여부, 배우의 연기가 독특하여 그 특정 역할이 배우와 분리할 수 없게 결합되어 있는지 여부 등이 일응의 판단기준이 될 것이다.[50] 특히 배우가 독특한 역할을 직접 창조하여 연기한 경우에는 그 역할이 배우의 동일성을 나타낸다고 인정될 가능성이 높아지게 될 것이지만, 단지 배우가 다른 사람에 의해서 창조된 역할을 연기한 경우에는 그 배우가 역할과 어느 정도 결합되어 있는지 등을 종합적으로 판단해야 한다.[51][52]

---

49) 퍼블리시티권의 보호 대상을 '성명, 초상, 음성, 연기'까지도 포함된다는 판결에는 서울고등법원 2000. 4. 25. 선고 99나30444 판결.

50) McFarland v. Miller, 14 F.3d 912, 22 Media L. Rep. 1205, 29 U.S.P.Q.2D (BNA) 1586 (3d Cir. 1994).

51) 권태상, 앞의 책, 61면.

52) 한편, 실연자의 권리가 따로 존재하지 않는 미국에서와 달리 한국에서는 이를 이미 저작권법상 실연자의 복제권으로 보호할 수 있으므로 굳이 퍼블리시티권의 도입대상에 포함시킬 필요가 없다는 견해도 있다. 남형두, "재산분할청구권의 대상으로서 지적재산권-퍼블리시티권을 중심으로-", 가족법연구 제22권 3호(2008), 365-366면.
하지만 실연자의 실연을 그대로 복제하거나 방송한 Zacchini 판결의 사안과 달리 실연을 복제한 표현행위는 아니면서도 여전히 그것을 통하여 원래 실연한 실연자를 징표하는 경우는 여전히 퍼블리시티권이 독자적인 의미를 가지고, 저작권법상 실연자에게 보장되는 권리와 새롭게 퍼블리시티권으로 부여되는 권리의 성격이 전혀 별개의 차원임을 고려할 때 실연 전부에 관하여 별도로 퍼블리시티권의 적용을 긍정하여야 논리적이며, 실연을 그대로 복제한 행위는 실연자의 복제권으로 의율하고 실질적으로 유사하게 복제한 경우에는 퍼블리시티권으로 의율하는 것이 타당하다. 정상

판례 중에는 "개그 프로그램의 한 코너에서 실연한 개그맨들의 소속사가 위 개그맨들이 위 코너를 통해 갖게 된 그들 개인의 용모, 이름, 음성, 동작, 실연 스타일 등 총체적 인성(personal identity)에 대한 상품적 가치인 퍼블리시티권을 갖게 되었다"라고 하여 '총체적 인성'에 대해 넓게 인정하기도 했다.[53]

또한 정준하 사건에서, "원고는 대중적 지명도가 있는 연예인으로서 자신의 초상이나 성명 등을 상업적으로 이용할 수 있는 권리를 보유하는바, 피고가 원고로부터 아무런 승낙을 받지 아니하고 원고의 얼굴을 형상화하여 일반인들이 원고임을 쉽게 알아 볼 수 있는 이 사건 캐릭터를 제작한 후, 이를 이동통신회사들이 운영하는 인터넷 모바일 서비스에 컨텐츠로 제공하여, 이동통신회사의 고객들이 돈을 지불하고 휴대전화로 캐릭터를 다운로드 받도록 하는 방법으로 영업을 했는바, 이는 피고가 원고의 승낙 없이 원고의 초상과 성명을 상업적으로 사용함으로써 코미디언으로서 대중적 지명도가 있어 재산적 가치가 있는 원고의 초상 등을 상업적으로 이용할 권리인 퍼블리시티권을 침해한 것"이라고 하여 얼굴을 형상화한 캐릭터를 모바일 앱에서 사용한 것에 대한 퍼블리시티권 침해를 인정했다.[54]

마. 이미지나 캐치프레이즈 등

퍼블리시티권에 대한 대표적인 성문입법인 California 주 민법 3344조에서는 퍼블리시티권의 보호대상으로 성명, 목소리, 서명, 사진 뿐

조·박준석, 앞의 논문, 74면.

53) 서울중앙지방법원 2007. 1. 19. 선고 2006가단250396 판결.
54) 서울중앙지방법원 2005. 9. 27. 선고 2004가단235324 판결 (코미디언 정준하의 얼굴을 형상화한 캐릭터를 제작하여 정준하의 유행어 문구와 함께 인터넷 모바일 서비스를 통해 제공한 사안이다).

만 아니라 기타 특정인을 징표하는 '유사물(likeness)'을 포괄적으로 적시하고 있다.[55] 즉, 퍼블리시티권의 침해여부를 판단함에 있어서 성명이나 초상, 음성, 연기 등은 구체화된 예시에 불과하고, 더 나아가 타인의 정체성을 환기시킬 수 있는 어떤 것(anything evoking one's personal identity)이라도 퍼블리시티권 침해가 될 수 있다고 해석된다.[56]

우리나라 판례도 "성명과 초상 등 대중에게 널리 알려진 유명인의 개성은 고객흡입력이 있어 독립한 경제적 가치를 가지는바, 이와 같이 특정인의 성명, 초상(본인으로서 동일성이 인식될 수 있는 사진, 그림, 초상화, 이미지, 캐릭터 등), 서명, 음성 등이 갖는 경제적 이익 내지 가치를 상업적으로 사용·통제하거나 배타적으로 지배하는 권리를 강학상 및 실무상 퍼블리시티권(Right of Publicity)이라 한다"라고 하여 퍼블리시티권의 객체를 매우 넓게 인정하고 있는 편이다.[57]

미국에서도 특정인의 아이덴티티 뿐 아니라 특정인을 연상시킬 수 있는 이미지나 표현에 대해서도 퍼블리시티권을 인정하는 사례들이 있다. 즉 특정인의 시각적이거나 신체적인 특징을 묘사했고 그것으로부터 특정인의 동일성을 인식할 수 있으면 보호의 대상으로 본다.[58] 그래서 특수하게 도안된 경주용 스포츠카의 이미지,[59] 독특

---

55) California Civil Code Section 3344

    (a) Any person who knowingly uses another's name, voice, signature, photograph, or likeness, in any manner, on or in products, merchandise, or goods, or for purposes of advertising or selling, or soliciting purchases of, products, merchandise, goods or services, without such person's prior consent, or, in the case of a minor, the prior consent of his parent or legal guardian, shall be liable for any damages sustained by the person or persons injured as a result thereof.

56) 박준석, "프로야구게임 퍼블리시티권", 357면.

57) 서울동부지방법원 2011. 2. 16. 선고 2010가합8226 판결 (슬러거 사건).

58) 정경석, "초상권 이론 및 사례의 전개", 130면.

59) Motschebacher v. R.J.Raynolds Tabacco Co., 498 F.2d 821 (9th Cir. 1974). 유명 카

하게 페인팅된 모터사이클 사진,[60] 방송토크쇼의 독창적인 진행 어투[61] 등에 대해서도 퍼블리시티권이 인정되었다.

한편 동물 또는 물건에 대하여 퍼블리시티권을 인정할 수 있는지에 대한 논의들이 있으나, 물건 자체에 대하여 퍼블리시티권을 인정한다기 보다는 그러한 물건을 통하여 연상되는 특정 개인(소유자)의 퍼블리시티권을 인정할 수 있는지의 문제로 보아야 할 것이다.[62] 외국에서의 판결을 살펴보면, 미국의 Motschenbacher 사건[63]이나 일본의 경주마 사건[64]에서도 물건 자체에 대해서가 아니라 물건의 주인에 대한 퍼블리시티권 인정여부를 판단했다. 즉, 일본 법원은 경주마 사건에서 "경주마 등의 물건의 소유권은 그 물건의 유체물으로서의 측면에 대한 배타적 지배권능에 그치고 그 물건의 명칭 등의 무체물으로서의 측면을 직접 배타적으로 지배하는 권능에 미치는 것은 아니기 때문에, 경주마의 명칭 등이 고객 흡인력을 가진다고 하여도 법령의 근거도 없이 경주마의 소유자에 대하여 배타적인 사용권 등을 인정하는 것은 타당하지 아니하다"라고 하여 경주마 소유자의 권리를 침해한 것이 아니라고 판시한 사례가 있다.[65] 우리나라에서도

레이서인 원고의 자동차를 찍은 사진을 담배광고에 무단으로 사용한 사례에서 법원은 원고의 자동차에 있는 독특한 장식에 의해 사람들은 원고의 자동차이고 자동차를 운전하는 사람도 원고라고 추론할 수 있다고 판시했다.

60) Int-Elect Engineering Inc. v. Clinton Harley Corp., 27 U.S.P.Q. 2d. 1631, 21 Media L. Rep. 1762(1993).

61) Carson v. Here's Johnny Portable Toilettes, Inc., 698 F.2d 831, 835 (6th Cir. 1983).

62) 김상중, 앞의 논문, 44면.

63) Motschebacher v. R.J.Raynolds Tabacco Co., 498 F.2d 821 (9th Cir. 1974).

64) 最高裁判所 第2小法廷 2004(平成 16). 2. 13. 判決(最高裁判所民事判例集58卷2號311頁, 判例時報1863號25頁, 判例タイムズ1156號101頁).

65) 이러한 판결에 대해, 특정한 '물'에 고객흡입력이 존재하는 것은 부정할 수 없더라도 이는 소유권의 효과의 문제로서 처리하는 것이 타당하다는 찬성론과 물건의 퍼블리시티를 다투는 사안 모두가 보호의 대상에서 배제되어서는 안되며 사안에 따라 지적재산권법이 목적인 적정한 수준의 유인

신문사 소유 전광판은 소유권의 객체일 뿐 퍼블리시티권의 대상이
아니라고 본 판례가 있다.[66)

　생각건대, 미국의 Motschenbacher 사건은 자동차로부터 떠올려지는
특정인(운전자)의 이미지를 논한 것인데 반해 일본의 경주마 사건은
경주마 자체의 퍼블리시티권을 인정할 것인지의 문제로 약간 다른
측면에서 검토되어야 한다. 특히 일본 경주마 사건에서 판례가 논한
바와 같이 경주마의 소유권자로서는 경주마를 이용하여 수익을 올
리는 것을 넘어서 경주마의 이름이나 사진 등에 대해서 포괄적으로
독점권을 인정하는 것은 특정인의 인격적 이익이 없는 것에 대해서
까지 퍼블리시티권의 범위를 지나치게 넓히는 것이어서 권리의 범
위를 오히려 모호하게 하는 것으로 부당하다고 생각된다.[67)

(incentive)를 유지하기 위해 타인의 무임승차(free-ride)를 금지하는 것이 필
요한 상황이라면 비록 물건의 퍼블리시티권이라도 보호해야 한다는 반대
론에 대해서는 정상조·박준석, 앞의 논문, 86면.
66) 서울서부지방법원 2012. 7. 26. 선고 2012나284 판결.
67) 윤태영, 앞의 논문, 173면.

제5절 퍼블리시티권의 효력

퍼블리시티권은 자신의 동일성을 상업화는 것을 보장받기 위한 권리이므로 그 효력은 중요한 의미를 가진다. 특히 제3자와의 관계에 있어서 접점에 있기 때문에 한계론을 논하는데 전제가 되는 문제이다.

퍼블리시티권의 양도성을 인정한다면 권리자는 양도나 이용허락 중에서 적당한 방법을 선택해서 자신의 권리를 상업화시킬 수 있다. 한편 퍼블리시티권을 온전하게 보호하기 위해서는 제3자의 침해행위를 효과적으로 방어할 수 있는 방법이 있어야 한다. 따라서 권리자에게 어떤 구제수단이 있는지가 문제된다. 일반적인 구제수단으로 손해배상이 인정되는데 특히 금액을 산정하는 방법이 문제가 되며, 나아가 침해행위에 대한 금지청구가 가능한지도 문제된다.

1. 일반적인 효력

가. 양도

양도는 양도인이 자신의 권리 자체를 양수인에게 이전하고 양수인이 양도인의 지위에서 권리를 행사하는 것을 말하며, 일반적으로 계약자유의 원칙상 허용된다. 퍼블리시티권의 재산적 가치를 활용하기 위해서 양도가 인정될 필요성이 있기 때문에 미국에서 퍼블리시티권을 독립적인 권리로 보는 견해들은 대부분 양도를 인정하고 있다.[112] 양도에는 권리 전체에 대한 포괄적 양도와 부분에 대한 일부 양도가 모두 포함된다.

다만 퍼블리시티권의 경우에 보호객체가 형성되기 이전에 권리를 양도하는 계약이 체결된 경우나 권리주체가 가진 일체의 권리에 대한 포괄적인 양도계약이 체결된 경우에 그 유효성이 문제된다. 만일 초상 등 사용에 대해 미리 일정한 제약을 두지 않고 권리 전부를 양도를 허용하면 그 사용태양에 따라서는 권리주체의 인격권을 침해하는 상황이 발생할 수 있기 때문이다. 예를 들어 신인의 입장에서 전속계약을 체결하면서 장래에 발생할 퍼블리시티권 일체를 기획사에 양도하는 내용의 계약을 체결하는 경우에 그 효력이 문제가 되고, 양도 후 권리 주체의 신념에 반하는 내용의 광고나 불건전한 광고 등에 초상 등을 사용하는 경우에 이에 대항할 수 없는지가 문제된다. 이러한 경우에 양도계약의 문언에 따라 양수인의 권리가 보호되어야 하는 것이 계약자유의 원칙상 타당하지만, 계약 당시에 당사자의 지위가 불공정하다고 인정되거나 양도 후의 사용방법이 권리주체의 인격 등에 심각한 영향을 준다고 인정되는 경우 등에는 예외적으로 민법 제103조 등 일반이론이나 약관의 규제에 관한 법률 등 강행 규정으로 개별 조항의 효력 내지 계약자체의 유효성을 다툴 수 있다고 해야 할 것이다.

나. 이용허락

퍼블리시티권의 이용허락이란 다른 사람으로 하여금 일정한 범위 내에서 자신의 자기동일성을 이용할 수 있도록 허용하는 행위이

---

1) Nimmer, supra, p.212.

   Factors Etc., Inc. v. Pro Arts, Inc., 579 F.2d 215, 4 Media L. Rep. 1144, 205 U.S.P.Q. (BNA) 751 (2d Cir. 1978).

2) 미국 California 주의 California Civil Code § 3344.1.(b)는 사망 후에 계약, 신탁, 유언에 의해 그 전부 또는 일부를 자유롭게 양도가능하다고 규정하고 있다.

다.[3] 양도와는 달리 권리가 이전되지 않기 때문에 이용을 허락한 이후에도 이용을 허락한 사람이 그대로 권리를 보유한다.[4] 이러한 퍼블리시티권의 이용허락은 이용을 허락하는 사람이 다시 제3자에게 동일한 내용의 이용허락을 하는 것이 가능한지에 따라 일반적으로 독점적 허락(exclusive license)과 비독점적 허락(nonexclusive license)으로 구분할 수 있다.

특히, 독점적 이용허락의 경우에 퍼블리시티권의 독점적 허락을 받은 자가 퍼블리시티권을 침해하는 제3자를 상대로 직접 손해배상 또는 금지청구를 할 수 있는지가 실무상으로 문제된다.[5] 하지만 독점적인 이용허락이라고 할지라도 채권적 권리를 가진 것에 불과한 이용허락권자로서 직접 제3자를 상대로 권리행사를 하는 것은 무리가 있으며, 제3자의 무단 이용행위에 대해서는 제3자의 채권침해법리나 본인의 방해배제청구권을 대위행사할 수 있을 뿐이다.[6] 판례도 저작권의 이용허락이 문제된 사안에서 "독점적 이용허락계약에서도

---

3) 현재 주로 연예인이나 운동선수와 같은 유명인의 경우 전속매니지먼트계약을 통해 매니지먼트사에게 초상 등의 관리권을 전속적으로 위임하거나 또는 전속계약기간 중 매니지먼트사에게 초상권을 양도하는 경우가 있는데, 실제로는 완전양도라고 보기 어렵고 대개는 초상권의 관리에 대한 위임이나 이용허락으로 보아야 할 경우들이 많다. 왜냐하면 매니지먼트 계약기간 중 초상권을 매니지먼트사에게 완전히 양도한다고 하고 계약기간 중 산출된 초상사진 등은 매니지먼트사에게 그 권리가 귀속된다고 약정하더라도, 실제 초상을 상업적으로 이용할 경우에는 초상본인의 의사를 먼저 확인하고 그 의사를 중요시하며 초상본인도 초상권 이용허락계약에 당사자로 들어가서 날인을 하는 경우가 대부분이기 때문이다. 정경석, "초상권 이론 및 사례의 전개", 128면 참고.

4) 권태상, 앞의 책, 73면.

5) 권리자로부터 이용허락을 받은 자가 제3자에게 직접 자신의 이용권한을 준물권적으로 주장할 수 있다는 독일의 '구속된 양도' 법리에 대해서는 김상중, 앞의 논문, 34면 참고.

6) 엄동섭, "한국에서의 퍼블리시티권 논의", 139면; 권태상, 앞의 책, 327면; 김상중, 앞의 논문, 34면 등.

채권자대위의 법리를 이용하여 독점적 이용권자에게 자신의 권리를 보전하기 위하여 필요한 범위 내에서 권리자를 대위하여 침해정지 청구권을 행사할 수 있다"고 판시하는 것에 비추어, 퍼블리시티권의 독점적 이용허락을 받은 이용자는 채권자대위의 법리에 따라 손해배상 및 금지청구를 행사할 수 있을 뿐이라고 해석된다.

2. 민사상 구제

가. 손해배상

퍼블리시티권의 침해가 발생한 경우에 별도의 근거 법률이 없는 한 민법 제750조에 따라 손해배상을 청구할 수 있다. 따라서 손해배상의 일반적인 성립요건으로 고의나 과실에 의한 위법한 행위와 손해의 발생 그리고 인과관계 등의 요건을 갖추어야 한다. 아직 권리로 인정여부가 문제되고 있는 퍼블리시티권의 경우에는 특히 위법성 요건이 문제되며, 나아가 손해를 어떻게 산정할 것인지도 문제된다.[7]

---

7) 미국에서도 퍼블리시티권의 침해가 성립되려면 권리의 정당성(validity)과 그 권리가 침해되었다는 점(infringement) 등에 대한 입증이 있어야 한다고 보는데, 여기서 '정당성'이란 원고가 권리주체 혹은 상속인 등 자기동일성에 관한 권리를 가지는 것을 말하며, 또한 '침해'란 타인이 권리자의 허락 없이 자기동일성을 이용했고 그로 인해 권리자에게 경제적 손해가 발생한 것을 의미한다.

  (1) Validity. Plaintiff owns an enforceable right in the identity or persona of a human being; and

  (2) Infringement.

    (A) Defendant, without permission, has used some aspect of identity or persona in such a way that plaintiff is identifiable from defendants use; and

    (B) Defendants use is likely to cause damage to the commercial value of that persona.

  McCarthy, J. Thomas, 2009, The Right of Publicity and Privacy, 2nd ed., Thompson

(1) 손해배상의 성립요건

퍼블리시티권이 침해된 경우에 학설은 법리구성 여하와 관계없이 재산적 손해의 배상을 인정하고 있다. 퍼블리시티권의 독립된 재산권을 인정하는 경우에는 그 침해에 대하여 손해배상을 인정하는 것은 당연할 것이며, 동일성 표지의 무단이용에 대한 인격권적 해결방법을 주장하는 견해에서도 인격권의 재산적 요소가 침해되었다는 점에서 그 결론을 같이 하고 있다.[8]

특히, 퍼블리시티권 침해가 되기 위해서는 퍼블리시티 가치(publicity value) 즉, 자기동일성(persona)을 인식할 수 있게 하는 이용행위가 있어야 한다. 타인의 고유한 신체적 특징이나 외모 등 관계되는 사정을 종합하여 본인을 인식할 정도면 침해라고 볼 것이지만, 과연 어느 정도까지 침해라고 판단할 것인지는 어려운 문제이며 앞서 객체론에서 살펴본 바와 같다.

또한, 퍼블리시티권의 침해가 성립하려면 권리자에게 손해가 인정되어야 한다. 하지만 대부분의 퍼블리시티권 소송에서는 원고의 손해액을 과연 어떻게 산정할 것인지 문제된다. 일반적으로 권리자가 동일 혹은 유사한 광고계약을 체결한 경우에는 이것을 기준으로 산정하는 경우가 많지만, 유명인이 아니거나 혹은 유명인이라도 기존 광고를 기준으로 삼기에 적절치 않은 경우가 많아 통상적인 손해액을 산정하기도 쉽지 않다. 이는 우리나라 뿐만 아니라 미국에서도 문제가 되는데, 미국 소송에서는 침해행위로 인한 원고의 경제적 손실 정도, 무단 이용으로 인한 침해자의 경제적 이익, 무단 이용의 본질과 정도, 다른 구제수단이 충분했는지, 침해자가 침해행위의 위법성을 알고 있었는지, 소송을 제기하는데 불합리하게 시간이 오래 걸렸는지, 침해자의 침해와 관련된 다른 불법행위 등 여러 가지 요소

Reuters, § 3:2.
8) 권태상, 앞의 책, 352-354면; 김상중, 앞의 논문, 24면 등.

를 고려하여 결정하고 있다.[9]

(2) 재산적 손해배상

퍼블리시티권의 침해로 인한 손해는 일차적으로 그 상업적 이용에 대하여 권리자가 받아야 할 정당한 대가를 받지 못한 것이 되므로 당해 이용행위에 사용된 성명·초상의 공정한 시장가치(fair market value)나 통상 사용료(reasonable royalty) 상당액 혹은 피고가 이용대가를 지급하지 않음으로서 취득한 이득액 등이 그 손해로 인정될 것이다.[10] 한편 자발적으로는 결코 이용을 허락하지 않았을 경우에는 그러한 이용에 의하여 성명·초상의 상업적 가치가 감소하게 된 부분의 평가액 또는 장래의 수입감소분 상당액의 배상을 명할 수도 있다.[11]

---

9) Restatement of Unfair Competition(Third, 1995) § 49. Monetary Relief: Appropriation Of The Commercial Value Of A Person's Identity.

   (2) Whether an award of monetary relief is appropriate and the appropriate method of measuring such relief depend upon a comparative appraisal of all the factors of the case, including the following primary factors:

     (a) the degree of certainty with which the plaintiff has established the fact and extent of the pecuniary loss or the actor's pecuniary gain resulting from the appropriation;

     (b) the nature and extent of the appropriation;

     (c) the relative adequacy to the plaintiff of other remedies;

     (d) the intent of the actor and whether the actor knew or should have known that the conduct was unlawful;

     (e) any unreasonable delay by the plaintiff in bringing suit or otherwise asserting his or her rights; and

     (f) any related misconduct on the part of the plaintiff.

10) 엄동섭, "퍼블리시티권", 175면; Restatement Third, Unfair Competition § 49, comment d. (1995).

11) 미국 연방9항소법원은 평소 원고가 상품의 보증을 하지 않았기 때문에 광고에 의해 예술가로서의 평판에 손해가 발생할 수 있고 또한 장래에 원고가 광고를 할 경우 요구할 수 있는 금액이 이 사건 광고에 의해 감소될 수

또한 특정 상품을 보증하거나 추천하는 취지의 허위 광고를 했거나, 본인의 명성이나 신용을 훼손하는 이용행위를 했다면 이를 바로잡는데 필요한 광고비용 등도 배상액에 포함될 수 있을 것이다.[12][13]

우리나라 판례는 퍼블리시티권 침해를 인정하는 경우에 대부분 피고들이 원고에게 지급했어야 할 통상의 보수 상당액을 손해배상의 기준으로 삼음으로서 저작권법 제125조를 유추적용하는 것과 같은 결론을 내리고 있다. 즉 법원은 "퍼블리시티권 침해행위로 인한 재산상 손해는 퍼블리시티권자의 승낙을 받아서 그의 성명을 상업적으로 사용할 경우에 지급하여야 할 대가 상당액이라고 할 것이고, 퍼블리시티권자가 자신의 성명에 관하여 사용계약을 체결하거나 사용료를 받은 적이 전혀 없는 경우라면 일응 그 업계에서 일반화되어 있는 사용료를 손해액 산정에서 한 기준으로 삼을 수 있다. 단, 성명권 및 퍼블리시티권을 사용하는 방법은 다양하므로, 이 사건처럼 침해행위의 방법이 정해져 있는 경우의 손해액 산정은 선수들의 승낙을 얻어 피고의 침해행위와 같은 유형으로 성명권 및 퍼블리시티권을 사용할 경우 선수들이 얻을 수 있었던 대가 상당액이 된다"라고 하여 통상의 사용대가를 기준으로 손해를 산정하고 있다.[14]

그러나 퍼블리시티권 침해소송에서는 원고에게 적합한 동종 사례나 업계 관행 등을 입증하기 힘들기 때문에 성명이나 초상에 대한 공정한 시장가치를 인정하기가 어려운 경우가 많다. 침해 당시에 권

있다고 보았다. Waits v. Frito-Lay, Inc., 978 F.2d 1093 (9th Cir. 1992).
12) 한위수, "퍼블리서티권의 침해와 민사책임(하)", 123면.
13) 명예훼손의 경우에 민법 제764조의 '명예회복에 적당한 처분'에 사죄광고를 포함시키는 것은 양심의 자유에 반하는 과도한 기본권 제한이어서 위헌이라는 것이 헌법재판소의 입장이다(헌법재판소 1991.4.1.선고 89헌마160 결정).
14) 서울동부지방법원 2011. 2. 16. 선고 2012가합8226 판결(슬러거 사건); 서울중앙지방법원 2007. 1. 31. 선고 2005가합51001 판결 등.

리자에게 동일 혹은 유사한 광고계약의 존재를 입증하기도 어렵고, 동종 계약이 존재한다고 하더라도 문제된 사건에 그대로 적용할 수 없는 경우가 많기 때문이다. 따라서 이러한 경우에 저작권법의 손해액 추정조항[15]을 퍼블리시티권에도 유추적용하자는 견해[16]와 입법론으로는 몰라도 해석론으로 유추적용할 수는 없다는 견해[17]가 있다.

(2) 정신적 손해배상(위자료)

퍼블리시티권이 기본적으로 재산권적인 성격을 가진다고 하는 경우에 별도로 위자료를 인정할 것인지가 문제된다.

유명인의 초상 등 무단침해에 따른 재산적 손해 이외에 원하지 않는 광고 등에 무단이용 됨으로써 정신적·경제적 인격이 침해됨에 따른 위자료청구가 가능하다는 견해[18]도 있지만, 우리나라의 판례는 일반적으로 계약상 채무불이행으로 인하여 재산적 손해가 발생한 경우에 그로 인하여 계약 당사자가 받은 정신적인 고통은 재산적 손해에 대한 배상이 이루어짐으로써 회복된다고 보고 있고, 예외적으로 재산적 손해의 배상만으로는 회복될 수 없는 정신적 고통을 입었

---

15) 저작권법 제125조 (손해배상의 청구)
　② 저작재산권자등이 고의 또는 과실로 그 권리를 침해한 자에 대하여 그 침해행위에 의하여 자기가 받은 손해의 배상을 청구하는 경우에 그 권리의 행사로 통상 받을 수 있는 금액에 상당하는 액을 저작재산권자등이 받은 손해의 액으로 하여 그 손해배상을 청구할 수 있다.

16) 김상중, 앞의 논문, 48면.

17) 한위수, "퍼블리서티권의 침해와 민사책임(하)", 123면; 권태상, 앞의 책, 354면 등

18) 장재옥, "연예인의 성명·초상의 경제적 가치보호와 손해배상법의 역할", 법학논문집 제27권 제1호 (중앙대학교 법학연구소), 2003, 114면.
　나아가 이 견해는 '불법행위를 통해 이득을 얻지 못한다'는 관점에 따라 침해자가 명백한 고의로 피해자의 초상 등을 영리 목적으로 무단이용하는 경우 침해된 권리의 시장가치를 명백히 초월하는 액을 손해로 인정하여야 한다고 보고 있다. 같은 논문, 119면.

다는 특별한 사정이 있고 상대방이 이와 같은 사정을 알았거나 알
수 있었을 경우에 한하여 정신적 고통에 대한 위자료를 인정하고
있다.[19)

특히 법원은 연예인으로서의 평가·명성·인상 등의 훼손 또는 저
해하는 등의 '특별한 사정'이 발생하는 경우에만 위자료를 인정하고
있다.[20)21) 예컨대 본인이 원하지 아니하는 광고나 제품에 이용되는
경우에 자기의 성명이나 초상에 대한 결정권이 침해된데 대한 정신
적 고통이 있을 수 있고, 또한 본인이 이미 제3자와 광고계약을 체결
한 경우에 이중으로 광고에 출연하여 이익을 얻고 있는 인상을 주어
본인의 이미지가 훼손될지 모른다는 데에 대한 정신적 고통 등이 특
별한 사정으로 인정될 수 있을 것이다.[22)23)

19) 대법원 2004. 11. 12. 선고 2002다53865 판결 등.
20) 서울고등법원 1998. 3. 27. 선고 97나29686 판결, 2000. 5. 16. 선고 99나30444,
   서울고등법원 2010. 12. 22. 선고 2010나58188 판결, 서울중앙지방법원 2006.
   4. 19. 선고 2005가합80450 판결 등.
   한편, 서울고등법원 1998. 10. 13 선고 97나43323 사건의 경우에 위자료의 액
   수를 산정함에 있어서 금전적 배상의 범위에 해당되는 요소("원고가 피고
   회사와 광고출연계약을 체결할 경우 얻을 수 있었을 광고모델료의 정도")
   까지 포함시켜 판단하고 있다.
21) 한편 일부 판례가 위자료에 대한 보충적인 지위가 아닌 재산적 손해배상
   을 갈음하는 수단으로 활용하는 경향이 있는데 이는 침해자의 이익이 침
   해행위로 인한 것이라는 것에 대한 입증곤란 등을 해결하기 위한 현실적
   필요성에 기인한 것이며, 이미 금전적 대가로 공표를 허락한 자가 대가지
   급 없이 계속된 공표에 대하여 가지는 불이익이란 그런 임의의 공표행위
   에 상응하는 금전지급청구권에 관한 재산상 이익일 뿐 새삼스럽게 인격적
   권리를 침해당하여 정신적 고통을 당했다고 '위자료' 배상을 명하는 것은
   재산상 손해에 관한 위자료의 보충적 기능에 비추어 지나치게 기교적인
   이론구성에 불과하다는 비판이 있다. 정상조·박준석, 앞의 논문, 59-60면.
22) 판례는 '특별한 경우'를 해석함에 있어서 "그 사용방법, 태양, 목적 등으로
   부터 보아 그의 모델로서의 평가, 명성, 인상 등을 훼손 또는 저하시키는
   경우, 기타 자기의 성명이나 초상을 상품 선전에 이용하지 않는 것을 의욕
   한 경우와 같이 특별한 사정이 있는 경우에 한하여 정신적 고통이 있다"고

하지만 이렇게 해석하는 경우에는 부당한 결과를 초래할 수 있다. 즉, 금전적 손해배상의 산정에 있어서 일반적으로 통상 라이선스료를 기준으로 배상액을 산정하는데 이러한 산정방식으로는 충분한 예방효과를 거두기 어렵기 때문이다. 즉, 적법한 계약으로도 통상 라이선스료를 지급하는데 위법한 무단사용의 경우에도 통상 라이선스료를 지급하는 것으로 족하다면 이용자들은 제소를 당하지 않을 요행을 바라고라도 무단 이용을 선택할 유혹을 쉽게 받을 수 있다.[24] 더군다나 통상 라이선스료 조차 입증이 쉽지 않은 현실을 고려하면 더욱 그러하다. 따라서 위자료 요건 중 특별한 사정 요건을 너무 좁게 해석하지 말고 이용자의 악의 등이 나타나는 경우에는 위자료를 적극적으로 인정하여야 할 것이다.[25]

나. 부당이득

침해자의 주된 동기는 경제적 이익의 추구이며 추후에 인격권침해로 인한 위자료 등의 배상을 감안하더라도 무단이용으로 인한 이익이 더 크다는 계산 하에 고의적으로 그러한 침해가 이루어지는 경

보고 "광고계약 종료 후 다른 회사로부터 전속계약위반의 책임을 추궁당하는 형편에 이르게 됨으로써 심한 정신적 고통을 받았을 것임은 경험칙상 능히 수긍되므로 피고들은 금전으로 이를 위자할 의무가 있다"고 설시했다. 서울중앙지방법원 1991. 7. 25. 선고 90가합76280 판결.
기타 특별한 사정을 인정한 예로는 서울동부지방법원 2010. 7. 14. 선고 2009가합16764 판결, 서울남부지방법원 2012. 10. 24. 선고 2011가단89822 판결 등.
23) 한위수, "퍼블리서티권의 침해와 민사책임(하)", 124면
24) 안병하, "독일의 퍼블리시티권 관련 논의 개관", 149면.
25) 최근에 선고된 서울고등법원 2017. 6. 9. 선고 2016나2057657 판결은 재산적 손해와 정신적 손해를 모두 인정하고, 특히 특별한 사정의 존재를 요구하지 않고 정신적 손해의 배상을 인정했다.

우도 많기 때문에 피해자의 손해에 초점을 맞추기보다는 가해자의 이익에 초점을 맞추는 제재 및 구제수단이 필요하다.[26]

　퍼블리시티권을 재산권으로 보거나 재산권적 성질을 인정한다면 민법 제741조[27] 소정의 부당이득의 요건을 충족하는 이상 퍼블리시티권자는 침해자에 대하여 부당이득반환을 구할 수 있다.[28] 즉, 법률상 원인 없이 타인에게 속한 성명, 초상 등의 재산적 가치를 이용하여 이익을 얻고 이로 인해 타인에게 손해를 가한 자는 그 성명, 초상의 이용가치 상당액의 부당이득 반환책임을 진다.

　일반적으로 부당이득반환청구권이 성립하려면 ① 타인의 재산 또는 노물 이익을 얻었을 것(이득 또는 수익), ② 타인에게 손해를 가하였을 것(손실), ③ 위 이득과 손실간에 인과관계가 있을 것(인과관계), ④ 위 이득에 법률상 원인이 없을 것(법률상 원인의 흠결) 등 4가지 성립요건이 필요하다. 특히 부당이득에서는 침해를 통한 이용 그 자체를 이득으로 보기 때문에 타인의 동일성 표지를 상업적 맥락에서 무단으로 이용한 자는 그 동일성 표지의 상업적 이용 그 자체를 이득으로 취득한 것으로 볼 수 있다.[29] 또한 침해행위자가 반드시 수

---

26) 안병하, "인격권 침해와 부당이득 반환", 502면.

27) 민법 제741조 (부당이득의 내용)
　　법률상 원인없이 타인의 재산 또는 노무로 인하여 이익을 얻고 이로 인하여 타인에게 손해를 가한 자는 그 이익을 반환하여야 한다.

28) 안병하, "인격권 침해와 부당이득반환", 502면. 부당이득반환제도는 권리자에게 독점적으로 귀속되어 있는 이익이나 권능을 찬탈하여 얻은 침해자의 재산적 이익을 그것이 원래 귀속되어야 할 자에게 돌려주는 제도로서 이를 통해서 수익자와 손실자간에는 마치 피침해이익이나 권능의 사용에 대한 계약이 성립된 것과 동일한 법적 효과가 사후적으로 창출된다고 보고 있다. ; 김상중, 앞의 논문, 27면 등.

29) 다만, 그 속성상 원물반환이 불가능하므로 민법 제747조 제1항에 따라 가액반환을 해야 하고 그 가액은 객관적 가치인 통상의 라이선스료가 된다. 나아가 무단이용의 경우에는 악의 수익자이므로 민법 제748조 제2항에 따라 라이선스료에 항상 이자를 붙여 반환하여야 하며, 만일 손실자인 동일

익자일 필요는 없고 제3자라도 무방하기 때문에 다수 당사자가 얽힌 분쟁에서도 유리한 면이 있다.[30]

즉 침해자의 고의나 과실이 인정되지 않아 불법행위에 기한 손해배상을 인정하기 어려운 경우 등에 부당이득반환 청구권은 효과적인 구제수단이 될 수 있다. 나아가 부당이득반환청구에 있어서는 불법행위의 손해배상청구의 민법 제766조(소멸시효)가 적용되지 않고, 수익자가 악의인 경우 받은 이익에 이자까지 반환하도록 하는 민법 제748조 제2항이 적용될 수 있는 점 등 원고에게 유리한 부분이 있다.[31]

3. 금지청구

퍼블리시티권의 침해에 있어서 대표적인 구제수단인 손해배상청구는 사후적 구제수단이기 때문에 권리자의 입장에서는 권리 보호가 완전하지 않고 오히려 정의에 반하는 결과를 초래할 수도 있다. 즉, 권리자에게 사전 구제수단인 가처분을 허용하지 않게 되면 유명인사의 성명이나 초상 등을 사용하려는 광고업자로서는 동의없이 일단 사용을 하더라도 손해배상소송에서 시간을 최대한 끌 수 있고 나중에는 법원에서 인정하는 금액만을 배상하면 되기 때문에 굳이

성 표지의 주체에게 손해가 있다면 별도로 민법 제750조에 따라 손해를 배상해야 한다. 안병하, "인격권 침해와 부당이득반환", 517-518면.

30) 예컨대 병원의 홈페이지에서 유명인들의 초상이나 성명을 무단으로 이용한 것에 대해서 손해배상을 청구한 사안에서 온라인 광고를 의뢰받은 광고대행사의 행위임을 이유로 사실상 블로그의 보유자이자 실질적 수익자인 병원에 대한 위 유명인들의 손해배상청구는 병원측에 고의나 과실이 없음을 이유로 기각되었으며 병원의 사용자책임도 위 병원과 온라인 광고대행사 사이의 계약이 도급계약이라는 이유로 부정되었다(서울중앙지방법원 2013. 6. 13. 선고 2013가합2363 판결 등).

31) 권태상, 앞의 책, 366면; 정상기, 앞의 논문, 132-133면.

사전에 성명이나 초상 등에 대한 사용허락을 얻으려 어려운 협상을 하지 않을 것이기 때문이다.[32] 따라서 퍼블리시티권의 속성상 권리자의 실질적인 구제를 위해서는 손해배상뿐만 아니라 침해행위 자체를 금지할 필요가 있다.[33][34] 나아가 금지청구에는 침해행위의 위법성만 요구되고 침해자의 고의나 과실은 요건이 아니므로 손해배상보다 유리한 면이 있다.

그런데 우리나라의 경우에는 퍼블리시티권 침해에 대해 금지청구권을 인정하는 명문규정이 없으므로 퍼블리시티권을 침해하는 경우에 금지청구를 할 수 있는지, 가능하다면 어떠한 요건 하에 가능한지 문제된다.

우리나라 법원은 인격권에 기한 금지청구권에 대하여 민법에 명문의 규정은 없지만 실무상 오래전부터 인정을 해왔고,[35] 대법원도 1996년에 처음으로 인격권에 기한 금지청구권을 인정했다.[36] 즉, 현실적으로 금전배상이나 명예회복을 위한 적당한 처분이라는 구제수단만으로는 인격권 침해에 대한 피해의 완전한 회복이 어렵다는 실정을 감안하여 대법원은 인격권 침해에 대한 구제수단으로 금지청구권을 긍정한 것이다.[37]

---

32) 대부분의 광고기간은 6개월을 넘지 않는 점, 해당 모델과 관련하여 통상 사용료를 입증하는 것이 쉽지 않다는 점, 이런 점들을 고려할 때 침해 후에도 권리자로서 법원을 통한 권리구제를 아예 단념하는 경우도 생긴다는 점 등을 고려하면 더욱 그러하다.

33) 정상조·박준석, 앞의 논문, 641면;

34) Restatement Third. Unfair Competition § 48. comment b. (1995).

35) 서울민사지방법원 1987. 12. 4. 87카53922 결정; 서울민사지방법원 1988. 2. 27. 87카36203 결정; 서울민사지방법원 1988. 6. 20. 88카28987 결정; 서울민사지방법원 1992. 5. 16. 92카44613 결정 등.

36) 대법원 1996. 4. 12. 선고 93다40614 판결.

37) 대법원 1996. 4. 12. 선고 93다40614 판결; 대법원 1997. 10. 24. 선고 96다17851 판결 등.
   인격권에 기한 금지청구의 일반적 기준에 관하여는 대법원 2005. 1. 17.

위와 같은 판례의 태도에 의하면 퍼블리시티권의 법적 성질에 관하여 인격권설에 의하면 인격권이 성질상 배타성을 갖는 것으로 해석되므로 금지청구를 인정하기에 용이하다.[38] 그러나 퍼블리시티권을 재산권으로 보는 입장에서는 손해배상청구는 별론으로 하고라도 금지청구를 인정할 수 있는지에 대해서 논란이 된다. 그래서 학설 중에는 퍼블리시티권을 배타성을 가진 재산적 권리로 파악한다면

2003마1477 결정("따라서 표현행위에 대한 사전억제는 표현의 자유를 보장하고 검열을 금지하는 헌법 제21조 제2항의 취지에 비추어 엄격하고 명확한 요건을 갖춘 경우에만 허용된다고 할 것인바, 출판물에 대한 발행·판매 등의 금지는 위와 같은 표현행위에 대한 사전억제에 해당하고, 그 대상이 종교단체에 관한 평가나 비판 등의 표현행위에 관한 것이라고 하더라도 그 표현행위에 대한 사전금지는 원칙적으로 허용되어서는 안 될 것이지만, 다만 그와 같은 경우에도 그 표현내용이 진실이 아니거나, 그것이 공공의 이해에 관한 사항으로서 그 목적이 오로지 공공의 이익을 위한 것이 아니며, 또한 피해자에게 중대하고 현저하게 회복하기 어려운 손해를 입힐 우려가 있는 경우에는 그와 같은 표현행위는 그 가치가 피해자의 명예에 우월하지 아니하는 것이 명백하고, 또 그에 대한 유효적절한 구제수단으로서 금지의 필요성도 인정되므로 이러한 실체적인 요건을 갖춘 때에 한하여 예외적으로 사전금지가 허용된다고 할 것이다").

38) 권태상, 앞의 책, 348-351면.
우리나라 판례상으로는 인격권에 대해서는 명문의 규정이 없더라도 방해예방, 방해정지 및 방해배제 청구 등의 금지청구가 일반적으로 인정되어 왔다. 특히 언론출판과 관련된 인격권 침해에 대해서는 판례가 금지청구를 인정하고 있다.
즉, 대법원은 "명예는 생명, 신체와 함께 매우 중대한 보호법익이고 인격권으로서의 명예권은 물권의 경우와 마찬가지로 배타성을 가지는 권리라고 할 것이므로, 사람의 품성, 덕행, 명성, 신용 등의 인격적 가치에 관하여 사회로부터 받는 객관적인 평가인 명예를 위법하게 침해당한 자는 손해배상(민법 제751조)또는 명예회복을 위한 처분(민법 제764조)을 구할 수 있는 이외에 인격권으로서 명예권에 기초하여 가해자에 대하여 현재 이루어지고 있는 침해행위를 배제하거나 장래에 생길 침해를 예방하기 위하여 침해행위의 금지를 구할 수도 있다"고 판시했다(대법원 2013. 3. 28. 선고 2010다60950 판결).

물권법정주의에 위반되는 것이 아닌가 하는 의문이 있으므로 퍼블리시티권에 기초한 금지청구에 대하여는 매우 신중해야 한다는 견해[39]도 있고, 반면에 퍼블리시티권이 순수한 재산권이 아니라 인격권적 속성이 있으므로 혹은 인격과 불가분적으로 결합된 배타적 권리이므로 금지청구를 인정할 수 있다고 하거나,[40] 물권에 대한 방해배제 및 예방청구권을 규정한 민법 제214조를 유추적용하거나,[41] 퍼블리시티권도 일종의 무체재산권이므로 저작권법이나 부정경쟁방지법상의 금지청구규정을 유추적용하여 금지청구를 인정할 수 있다고 설명한다.[42]

생각건대 언론자유의 보호가 강한 미국에서도 퍼블리시티권에 기한 금지청구가 인정되고 있는 점,[43][44] 퍼블리시티권이 재산권이기

---

39) 이균용, "서적, 신문, 잡지 등의 출판 등 금지를 구하는 가처분의 실무상의 문제", 재판실무연구(1) 언론관계소송(2008), 424면.

40) 한위수, "퍼블리서티권의 침해와 민사책임(하)", 126면.

41) 김재형, "언론에 의한 인격권 침해에 대한 구제수단", 인권과 정의 제339호 (2004. 11), 22면.

42) 이한주, 앞의 논문, 412면; 이상정, 앞의 논문, 326면; 윤태영, 앞의 논문, 184면 등.

43) Restatement of Unfair Competition(Thrid, 1995) § 48 Injunctions:

Appropriation Of The Commercial Value Of A Person's Identity

(1) If appropriate under the rule stated in Subsection (2), injunctive relief may be awarded to prevent a continuing or threatened appropriation of the commercial value of another's identity by one who is subject to liability under the rule stated in § 46.

(2) The appropriateness and scope of injunctive relief depend upon a comparative appraisal of all the factors of the case, including the following primary factors:

(a) the nature of the interest to be protected;

(b) the nature and extent of the appropriation;

(c) the relative adequacy to the plaintiff of an injunction and of other remedies;

(d) the relative harm likely to result to the legitimate interests of the defendant if an injunction is granted and to the legitimate interests of the plaintiff if an injunction is denied;

는 하지만 물권과 유사한 배타적 권리이고 무단 이용의 객체가 성명·초상 등 인격권과 관계된 것인 점, 현재 침해가 일어나고 있는데 즉시 금지를 청구할 수 없다면 가장 효과적인 구제수단이 배제된다는 점 등을 생각할 때 금지청구를 인정하는 것이 타당할 것이고, 그 근거는 퍼블리시티권이 가진 인격권적 성질에서 찾는 것이 타당하다.[45]

우리나라 판례 중 퍼블리시티권의 실체적 권리성을 부인하면서 금지청구를 배척한 사례[46]가 있었으나, 최근 판례들 중에는 금지청

(e) the interests of third persons and of the public;

(f) any unreasonable delay by the plaintiff in bringing suit or otherwise asserting his or her rights;

(g) any related misconduct on the part of the plaintiff; and

(h) the practicality of framing and enforcing the injunction.

44) 반면에 미국이나 독일과 같은 일반적인 프라이버시 개념이 없는 영국의 경우에는 특정한 상황에서만 제한적으로 프라이버시권이 인정되고 있고 그 효과로서의 금지청구권도 예외적으로만 인정하고 있다. 이러한 입장에서 영국 법원은 Hello!라는 대중잡지가 유명한 영화배우인 Michael Douglas 와 Catherine Zeta-Jones의 결혼식 사진을 이들의 의사에 반하여 게재하려는 것을 막아달라는 留止命令(injunction) 청구를 기각했다. 윤진수, "영국의 1998년 인권법(Human Rights Act 1998)이 사법관계에 미치는 영향", 서울대학교 법학 제43권 제1호(2002. 3), 148-150면.

45) 최근 대법원 판결 중에는 인격권 등 절대권의 침해가 없는 데에도 금지청구권을 인정하는 사례가 나타나고 있다.

"경쟁자가 상당한 노력과 투자에 의하여 구축한 성과물을 상도덕이나 공정한 경쟁질서에 반하여 자신의 영업을 위하여 무단으로 이용함으로써 경쟁자의 노력과 투자에 편승하여 부당하게 이익을 얻고 경쟁자의 법률상 보호할 가치가 있는 이익을 침해하는 행위는 부정한 경쟁행위로서 민법상 불법행위에 해당하는바, 위와 같은 무단이용 상태가 계속되어 금전배상을 명하는 것만으로는 피해자 구제의 실효성을 기대하기 어렵고 무단이용의 금지로 인하여 보호되는 피해자의 이익과 그로 인한 가해자의 불이익을 비교·교량할 때 피해자의 이익이 더 큰 경우에는 그 행위의 금지 또는 예방을 청구할 수 있다."(대법원 2010. 8. 25. 선고 2008마1541 결정).

46) 서울고등법원 2002. 4. 16. 선고 2000나42061 판결; 퍼블리시티권을 근거로

구를 인정하는 사례가 늘고 있다. 특히 판례는 게임업체가 야구선수의 성명 이용에 대한 금지가처분이 인용되자 성명을 영문 이니셜로 변경하여 사용한 것이 마구마구 사건에서 퍼블리시티권은 "인격적 특성과 밀접한 관계가 있어 전적으로 재산적 가치로만 환산할 수 있는 성질의 것은 아니"라는 점 등을 근거로 금지청구를 인정했다.[47]

'제임스 딘'의 이름과 서명을 사용하거나 이용하여 제작한 제품의 제조 판매 등을 금지 및 광고 등에 대한 금지를 청구한 사건에서 명문의 규정이 없이는 퍼블리시티권이 인정되지 않는다며 기각한 사건이다.

47) 서울서부지방법원 2010. 4. 21. 2010카합245 결정.

제4장
퍼블리시티권의 한계에 관한
외국에서의 논의

제1절 서언

1. 서설

앞서 살펴본 바와 같이, 퍼블리시티권은 개인의 성명, 초상 등이 갖는 경제적 이익 내지 가치를 상업적으로 사용·통제하거나 배타적으로 지배하는 권리로 정의할 수 있다. 퍼블리시티권을 이와 같이 파악하는 한, 유명인의 초상이나 성명 등을 이용하는 타인의 권리, 특히 표현의 자유나 영업의 자유 등과 서로 충돌하는 것은 불가피하다. 사실 퍼블리시티권의 성질면에서 볼 때 그 주체나 객체 등의 범위에 대한 논의가 계속되고 있는 현실에서 특정인의 동일성 가치를 상업적으로 이용하는 모든 행위를 퍼블리시티권의 침해라고 할 수는 없을 것이다. 또한 퍼블리시티권 이외에 헌법이나 법률이 보호하는 다른 법익이나 가치를 위하여 타인의 동일성 표지를 자유롭게 이용하는 것이 허용되는 경우도 있으며 이러한 가치가 퍼블리시티권이 보호하려는 가치보다 더 중요할 수도 있다.

유명인이 가지는 동일성 표지는 사회 구성원들에게 있어서 의사표현의 하나의 수단이 되기도 하며, 사실 유명 인사들이 명성이라는 것도 그들의 동일성 표지가 대중으로부터 얻어진 것일 뿐만 아니라 대중들 사이에서 특정한 상황에서 사회에서 커뮤니케이션에 있어서 효과적인 수단으로 받아들여진 결과이기도 하다.[1] 즉, 일종의 '사회

---

1) 일반 대중이 연예인이나 운동선수의 개성을 인식하기 시작하면 서서히 '고객흡인력'이라는 경제적 가치가 생긴다. 그런데 대중 사이에 연예인이나 운동선수의 개성이 인식되어 유명인이 되면 '고객흡인력'이라는 경제적 가치가 있는 성과만 생기는 것이 아니다. 그 유명인의 이름이나 얼굴 등이 가지는 상징적 의미는 서서히 우리 사회의 커뮤니케이션에 필요한 '표현수단'이 되어 우리의 언어 체계 안에 들어오게 된다. 따라서 그 유명인의

적 산물(social products)'로서의 성격도 가지고 있는 유명인의 동일성 표지를 다른 사람들이 의사표현의 수단으로 사용하는 것을 금지하거나 특정인의 통제에 맡기는 것은 부당하고 한편으로 불가능하기도 하다. 따라서 이러한 충돌하는 권리들 사이의 이익충돌을 어떻게 조화롭게 해결할 것인지는 퍼블리시티권이 가지고 있는 태생적인 긴장관계(inherent tension)라고 볼 수 있다.[2]

물론 유명인의 초상이나 성명을 제품 등의 판매촉진을 위한 광고에 사용하는 등 상업적으로 사용하는 경우에는 용이하게 퍼블리시티권의 침해가 인정될 것이지만, 신문이나 방송 등 언론매체의 기사의 내용으로 사용되는 경우나 소설이나 전기 등의 문학작품 속에서 다루어지는 경우에 해당 인물의 퍼블리시티권이 침해하는 것인지에 대해서는 논란이 될 수 있다.

만일 퍼블리시티권을 강조하여 동일성을 징표하는 모든 것에 대해서 특정인(나아가 상속인들)의 통제권을 부여하고 그 허락을 요구한다면 자칫 사회 구성원들의 표현의 자유에 대한 중대한 제한일뿐만 아니라 자신에게 불리하거나 불편한 표현에 대해 사적 검열권(private censorship)을 인정하는 결과를 초래할 수 있다.[3] 반면에 표현

이름이나 얼굴 등을 사용한 커뮤니케이션은 '표현의 자유'의 보호를 받게 된다. 박준우, "인터넷 광고와 퍼블리시티권의 성격", 433면.

2) Titan Sports, Inc. v. Comics World Corp., 870 F.2d 85, 16 Media L. Rep. 1408, 10 U.S.P.Q.2d 1311 (2d Cir. 1989).

"a court must be ever mindful of the inherent tension between the protection of an individual's right to control the use of his likeness and the constitutional guarantee of free dissemination of ideas, images, and newsworthy matter in whatever form it takes."

3) 최근에 퍼블리시티권의 입법이 추진되고 있는데, 그 법안의 효력범위와 관련하여 표현의 자유 등과 관련된 영화계 등이 반발하고 있다는 기사가 있다. 이 기사는 영화계에서 "법률안에 따르면 '연평해전'에 실명이 나오는 사람에게 일일이 동의를 구하고 그에 따른 대가를 지불해야 해 영화 제작

의 자유에 치우쳐 누구든 자유롭게 동일성 표지를 사용할 수 있다고 한다면 자칫 퍼블리시티권의 존재 의미가 허물어질 수 있고 나아가 배우 등 유명인들로서는 직업을 수행하는데 직접적인 침해가 될 수 있으며 이러한 가치를 주요 자산으로 보호하여 거래의 대상으로 삼고 있는 엔터테인먼트 산업의 기반을 흔들 우려도 있다. 따라서 대립하는 권리들 사이에 조화로운 해결을 추구하고 권리충돌을 해결하기 위한 기준을 설정하는 것은 매우 중요한 문제이며, 향후 퍼블리시티권 관련 판례들이나 입법에서 다루어져야할 가장 중요한 주제이다.[4]

특히 퍼블리시티권은 독점적 권리 부여를 특징으로 하므로 지적재산권과 유사한 면이 있는데, 이러한 지적재산권 영역에 있어서도 권리자와 이용자 사이의 균형 문제는 가장 중요한 논점 중 하나이다. 특허법, 상표법, 저작권법 등은 권리자만을 보호하는 것이 아니라 권리자와 이용자 간의 균형을 추구하는 것이 목적 조항 등을 통해 명시하고 있으며, 독점기간의 설정이나 자유로운 이용조항 등을 통해 이용자의 권리충돌에 있어서 균형적인 해결을 도모하고 있다. 지적재산권 영역에 있어서의 독점은 그 자체가 목적이 아니라 독점

자체가 불가능해진다고 전했다. 여기에 상속권까지 부여하면 출판·방송·영화·인터넷 등 전 영역에 걸쳐 파장이 일 것이라고 강조했다. 법률안의 인격표지권은 상속·양도 가능하고 30년까지 보호받을 수 있다. 그는 모든 실화영화 제작에 유가족 동의를 구해야 하는 데 이는 사실상 실화 영화를 만들지 말라는 것과 다를 바 없다고 반발했다"라고 하면서 이런 혼란을 방지할 수 있는 법률적인 보완이 필요하다고 보도하고 있다.
전자신문, "'퍼블리시티권' 발의 놓고 영화 방송계 반발" 2015. 7. 5.자 기사. http://www.etnews.com/20150703000252 (2016. 12. 15. 최종방문).

4) 퍼블리시티권의 재산권 보호로 인한 부작용이 존재할 것이라 예측되지만 정확히 어떠한 상황인지는 예측할 수 없는 상황에서 부작용을 없앨 수 있는 '효력제한규정'을 적절히 갖추지 못한 재산권을 설정하는 입법은 '장래의 또는 입법에 의한 법과 현실의 괴리'와 '정보의 이용 및 2차적 생산의 비효율'을 의미한다는 견해에는 박준우, "부정경쟁방지법을 통한 퍼블리시티권의 보호", 188면 참고.

의 보장이라는 인센티브를 통한 사회 기여와 동시에 결과물에 대한 구성원의 이용보장 등 사회 전체의 발전을 추구하는 수단으로서 기능을 하고 있기 때문이다.

2. 표현의 자유

주지하다시피, 우리나라에서 헌법이나 법률로 인정되는 모든 권리는 아무런 제한이 없이 행사할 수 있는 것이 아니다. 주장하는 권리보다 우월한 가치를 추구하는 또 다른 법익이 있는 경우에는 양보해야하며, 동등하거나 유사한 가치를 추구한다고 하더라도 서로 침해가 되지 않도록 조화로운 해결을 추구해야 한다. 따라서 개인의 권리들이 서로 충돌하는 경우에 어느 권리를 우선할 것인지, 만일 하나의 권리가 우선한다고 판단되는 경우에 다른 권리는 어느 선까지 양보해야 하는 것인지 등의 권리충돌에서의 해석문제는 헌법의 중요한 주제이다. 또한 퍼블리시티권자의 권리 행사도 권리남용 등 사법상 통용되는 일반적인 제한 법리를 준수해야 한다.

퍼블리시티권이 개별 법률로 인정되든 관습법으로 인정되든 헌법이 설정한 한계와 테두리 내에서 행사되어야 함은 당연하다. 판례도 유명인에 대한 프라이버시권의 제약이 일반적으로 용인되던 상황에서 유명인의 경제적 가치를 보호하기 위하여 인정된 퍼블리시티권의 인정경위와 성문법주의를 취하는 우리나라에서 아직까지 퍼블리시티권에 관한 실정법이나 확립된 관습법이 존재하지 않는다는 점에 비추어, 퍼블리시티권은 무제한적으로 인정되는 절대적인 권리가 아니라 공공의 이익 또는 다른 사람들의 이에 상충하는 권리들에 의한 한계가 내재되어 있는 상대적 권리이고, 따라서 퍼블리시티권의 침해를 인정함에 있어서는 표현의 자유, 영업의 자유 등의 보장을 위하여 일정한 한계의 설정이 필요하다고 하여 퍼블리시티권이

제한이 가능한 상대적 권리임을 분명히 하고 있다.[5]

퍼블리시티권 개념이 탄생하고 발전해온 미국의 경우에도 초기부터 퍼블리시티권과 표현의 자유가 충돌하는 상황에서 적절한 균형을 찾기 위해 많은 노력을 해왔다. 따라서 본장에서는 헌법상 표현의 자유의 의미를 살펴보고, 표현의 자유 등에 의해서 퍼블리시티권이 어떻게 제한될 수 있는지, 두 법익이 충돌하는 경우에 이를 해결하기 위한 구체적인 기준은 무엇인지 등에 관해 미국과 일본 등 해외 사례들을 살펴보겠다.

가. 표현의 자유의 의의 및 기능

표현의 자유(freedom of expression)란 자신의 사상 또는 의견을 언어나 비언어적 수단을 통하여 불특정 다수인에게 표명하거나 전달할 수 있는 자유를 의미한다. 우리나라 헌법 제21조 제1항에서는 "모든 국민은 언론·출판의 자유와 집회·결사의 자유를 가진다"고 규정하여 표현의 자유를 국민의 헌법상 권리로 보장하고 있다. 여기서 헌법상 표현의 자유는 언론·출판·집회·결사의 자유를 통칭하는 개념이다.[6][7][8]

---

5) 서울중앙지법 2010.9.3. 선고 2009가합137637,11359.

6) 성낙인, 『헌법학』, 법문사, 2015년, 1141면.

7) 우리나라에서는 표현의 자유 또는 언론의 자유 등의 용어가 사용되고 있으나, 일반적으로 언론, 출판, TV 뿐만 아니라 영화 등 모든 주체에 적용되는 경우에는 '표현의 자유'라고 하고, 그 중에서 특히 언론기관에 의한 보도의 자유가 문제되는 경우에는 '언론의 자유'라고 지칭된다.
미국에서도 수정헌법 제1조가 직접 규정하는 것은 언론과 출판의 자유였는데, 영화, 라디오, 텔레비전 등 매체의 등장으로 언론과 출판의 이분법이 해체되었고, 또한 오늘날에는 집회·결사의 자유도 언론의 자유의 범주 속에 포함시키고 있으므로 이들 관념을 모두 포괄하는 개념이 필요하게 되었는데 이를 표현의 자유(freedom of expression)라고 부르며, 수정헌법 제1조 우리나라 헌법은 제10조에서 인간의 존엄과 가치를 최고의 이념으로 삼고 있으며, 이를 실현하기 위한 개별적이고 실천적인 권리를 규정하고 있다. 즉, 헌법에서는 인간의 존엄과 가치 및 행복추구권을 보장하고(제10조), 이를 실현하기 위하여 주거의 자유(제16조), 사생활의 비밀과 자유(제17조), 양심의 자유(제19조), 통신의 자유(제18조), 표현의 자유(제21조) 등을 보장하는 등 인간으로서 가지는 인격과 자주적인 가치를 구현할 수 있는 헌법적 장치를 마련하고 있다. 이러한 권리들 가운데 제21조의 표현의 자유는 인간의 존엄과 가치를 유지하고 행복추구권을 실현하는데 필수불가결한 도구로서 정신적 자유의 핵심임과 동시에, 사회의 통합을 위한 여론형성의 촉진수단이자 민주적 통치질서의 전제조건으로서 매우 중요한 의의와 기능을 가진다.

즉, 인간은 자신의 사상 또는 의견을 자유로이 발표할 수 있을 때에 인간으로서의 존엄과 가치를 유지하고 자유로운 인격발현을 이룩할 수 있다. 또한 민주시민으로서 국정에 참여하고 인간다운 생활을 영위하기 위해서는 합리적이고 건설적인 사상 또는 의견의 형성이 불가피하며, 특히 민주정치체제는 사상의 자유로운 형성과 전달

는 곧 표현의 자유를 의미하는 것으로 간주되고 있다. 권태상, "퍼블리시티권과 표현의 자유-미국법상 논의를 중심으로-"(이하 본 논문에서는 "퍼블리시티권과 표현의 자유"), 법학논집(이화여자대학교 법학연구소) 제18권 제4호(2014. 6), 5면.

8) 한편, 헌법 제22조는 "모든 국민은 학문과 예술의 자유를 가진다"라고 하여 예술의 자유에 관해 규정하고 있다. 예술의 자유는 헌법이 규정하고 있는 정신적 기본권 중에서도 최상급 기본권이며, 우리나라가 추구하고 있는 문화국가를 형성하기 위한 토대가 되는 기본적인 권리이다. 헌법상 예술의 자유는 구체적으로 예술창작의 자유, 예술표현의 자유, 예술적 집회·결사의 자유 등으로 구성된다. 이러한 예술의 자유는 표현의 자유에 대하여 특별법적 지위를 가진다고 해석되는데, 본 논문에서는 편의상 표현의 자유에 포함하여 논하기로 한다.

에 의하여 비로소 기능할 수 있는 것이기 때문에 민주적인 정치적·법적 질서를 형성하고 유지하기 위해서는 그와 같은 자유로운 사상 전달의 수단과 기회가 보장되어야만 한다.[9]

　우리나라 헌법재판소도 언론·출판의 자유를 민주체제에 있어서 불가결의 본질적 요소라고 하여 표현의 자유의 기능과 중요성을 여러 차례 설시하고 있다. 즉, 사회구성원이 자신의 사상과 의견을 자유롭게 표현할 수 있다는 것이야말로 모든 민주사회의 기초이며, 이와 같이 사상의 자유로운 교환을 위한 열린 공간이 확보되지 않는다면 민주정치는 결코 기대할 수 없다. 따라서 민주주의는 사회 내의 다양한 사상과 의견이 자유로운 교환과정을 통하여 여과 없이 사회 구석구석에 전달되고 자유로운 비판과 토론이 활발하게 이루어질 때에 비로소 그 꽃을 피울 수 있게 된다. 또한 언론·출판의 자유는 인간이 그 생활 속에서 지각하고 사고한 결과를 자유롭게 외부에 표출하고 타인과 소통함으로써 스스로 공동사회의 일원으로 포섭되는 동시에 자신의 인격을 발현하는 가장 유효하고도 직접적인 수단으로서 기능한다. 아울러 언론·출판의 자유가 보장되지 않는다면, 사상은 억제되고 진리는 더 이상 존재하지 않게 될 것이다. 문화의 진보는 한때 공식적인 진리로 생각되었던 오류가 새로운 믿음에 의해 대체되고 새로운 진리에 자리를 양보하는 과정 속에서 이루어지며, 진리를 추구할 권리는 우리 사회가 경화되지 않고 민주적으로 성장해가기 위한 원동력이며 불가결의 필요조건이다. 따라서 헌법 제21조가 언론·출판의 자유를 보장하고 있는 것은 이러한 헌법적 가치들을 확보하기 위한 전제조건을 마련하기 위한 것이다.[10]

---

9) 헌법재판소 1992. 2. 25. 선고 89헌가104 참고.
10) 헌법재판소 1998. 4. 30. 선고 95헌가16 등.

나. 표현의 자유의 우월성

위와 같이 인간이 자신이 생각한 것을 표현하고 다른 사람과 나누고자 하는 욕구, 즉 자신의 생각을 외부로 표현하려는 욕구는 본능적인 것이다. 사람들은 서로 다른 견해의 교환을 통해서 진실을 추구하고 이를 통해 인격을 형성해나가므로 표현의 자유는 인간의 자아실현에 있어서 필수적인 요소이다. 한편으로 민주주의란 국민들의 뜻에 의한 의사결정을 전제로 하므로 각 구성원들이 사회의 의사결정과정에 참여함으로서 통치행위에 정당성을 부여하고 그 위에서 사회는 안정을 이룩하게 된다. 따라서 표현의 자유를 제한하는 것은 인격형성의 기회를 박탈하고 인간 존엄성을 실현하는 것에 중대한 장애가 될 뿐만 아니라, 사회의 이슈들에 대한 합의 형성의 기회를 가로막음으로서 사회의 변화와 발전의 기회를 봉쇄하는 것이다.[11] 이러한 표현의 자유가 가지는 근본적이고 정치적인 성격으로 말미암아 세계 각국은 표현의 자유를 자연권으로서의 성질을 가진 기본적인 인권으로써 인정하고 있으며, 특히 헌법상의 권리들 중에서도 표현의 자유에 대하여 우월적인 지위(preferred position)을 인정하고 있다.

표현의 자유는 1789년 '인간과 시민의 권리선언' 제11조[12]를 비롯하여 거의 모든 민주헌법에 있어서 핵심적인 권리로 보장받고 있다. 물론 각국마다 언론의 자유를 보장하는 정도나 현실에서 구체적으로 실현되는 정도는 그 역사적, 시대적 상황과 구성원들의 권리의식

---

11) 헌법재판소 1990. 4. 2. 선고 89헌가113; 헌법재판소 1991. 9. 16. 선고 89헌마 165 등.
12) 프랑스 인간과 시민에 관한 권리선언 제11조
  사상과 의견의 자유로운 교환은 인간의 가장 소중한 권리의 하나다. 모든 시민은 자유로이 발언하고 집필하고 인쇄할 수 있다. 그러나 법에 규정된 경우에 자유의 남용은 책임을 져야 한다.

수준에 따라 다르게 나타나는데, 현재 헌법상 표현의 자유를 법적으로 그리고 제도적으로 가장 잘 보장하고 있다고 평가받고 있는 나라는 미국이다.

미국 수정헌법 제1조[13]는 "의회는… 언론 또는 출판의 자유를 제한하는 … 법률을 제정해서는 안된다(Congress shall make no law … abridging the freedom of speech, or of the press)"라고 규정하여 표현의 자유를 헌법의 명문규정으로 보장하고 있고, 연방대법원을 비롯한 각주 법원들도 위 수정헌법 제1조에 대하여 우월적인 때로는 절대적인 지위를 인정하는 판례들을 통해 표현의 자유 조항을 우선시해왔다. 그리고 이러한 미국의 입법과 판례들 그리고 그 해석론들은 사회의 발전 단계에 따라 비슷한 고민을 시작하던 다른 나라의 법제도에 상당한 영향을 주었다.

우리나라 현행 헌법도 제37조 제2항의 일반적 법률유보조항에도 불구하고 제21조 제2항에서 제한의 방법으로서 사전검열은 어떠한 경우에도 금지된다고 규정한다고 규정하는 등[14] 표현의 자유에 대해서는 다른 권리보다 우선하는 지위를 인정하고 있으며,[15] 헌법재판

---

13) US Amendment I

Congress shall make no law respecting an establishment of religion, or prohibiting the free exercise thereof; or abridging the freedom of speech, or of the press; or the right of the people peaceably to assemble, and to petition the government for a redress of grievances.

의회는 국교를 정하거나, 자유로운 종교 활동을 금지하거나, 언론·출판의 자유, 집회의 자유 및 청원권을 제한하는 입법을 할 수 없다.

14) 과거 1962년 헌법(제18조 제2항)은 사전검열을 허용했다.

"언론·출판에 대한 허가나 검열과 집회·결사에 대한 허가는 인정되지 아니한다. 다만, 공중도덕과 사회윤리를 위하여는 영화나 연예에 대한 검열을 할 수 있다."

15) 헌법 제21조

① 모든 국민은 언론·출판의 자유와 집회·결사의 자유를 가진다.

② 언론·출판에 대한 허가나 검열과 집회·결사에 대한 허가는 인정되지 아

소도 "언론의 자유는 민주국가의 존립과 발전을 위한 기초가 되기 때문에 특히 '우월적 지위'를 가지고 있는 것이 현대 헌법의 한 특징이다"라고 판시하고 있다.[16]

이러한 표현의 자유의 우월성 때문에 표현의 자유에 대한 규제들이 헌법에 부합하는지를 판단하는데 있어서도 다른 기본권에 대한 규제보다 엄격한 기준이 제시됐고 이를 구체화하는 이론들이 발달해왔다. 이러한 이론들로는 ① 사전억제(prior restraint) 금지의 원칙, ② 명확성의 원칙(막연하기 때문에 무효의 이론, void for vagueness)과 합헌성 추정 배제의 원칙, ③ 명백하고 현존하는 위험(clear and present danger)의 원칙, ④ 보다 덜 제한적인 수단(less restrictive alternative, LRA)을 선택하여야 한다는 필요최소한도의 규제수단의 선택에 관한 원칙, ⑤ 비교형량(balancing test)의 원칙 또는 이중기준(double standard)의 원칙 등이 있다.[17]

다. 표현의 자유의 제한

구체적인 사례에서 표현의 자유가 다른 법익과 충돌하는 경우에는 법원은 두 권리 상호 간의 목적·태양·실현방법 등을 구체적으로 비교형량을 하게 된다. 즉 충돌하는 두 법익과 관련된 제반 이익을 고려하여 표현의 자유에 의하여 얻어지는 가치와 표현을 제한하여 달성되는 가치를 비교형량하여 그 규제의 폭과 방법을 결정하는 것이다.

기본권 충돌의 경우에 해결원리에는 일반적으로 법익형량의 원칙과 규범조화적 해석의 원칙 등이 논의되고 있다. 다만 이 두 원칙

니한다.

16) 헌법재판소 1991. 9. 16. 선고 89헌마165 결정.

17) 이러한 이론들에 대한 자세한 설명은 성낙인, 앞의 책, 1141-1147면.

은 별개의 것이 아니고 서로 보완적인 것이다. 헌법재판소와 대법원 판례들도 대체로 이익형량의 원칙에 입각하여 규범조화적 해석을 도모하는 것을 기본권이 충돌하는 경우의 해결원칙으로 삼고 있다. 특히, 언론의 자유와 개인의 인격권 내지 프라이버시권 간에 해결원리에 대해서 미국에서는 권리 포기의 이론, 공익의 이론, 공적 인물의 이론 등 판례이론들이 발달해왔고 이러한 이론들은 우리나라에도 받아들여졌으며 관련 판례들에서도 어렵지 않게 발견되고 있다.[18] 또한 독일에서는 인격영역이론이 발전되어 왔다. 이러한 이론들은 헌법상 이익형량의 원칙과 규범조화적 해석원칙이 구체화된 것이다.[19]

특히 우리나라 대법원은 표현의 자유와 인격권이 서로 충돌하는 경우에 구체적인 이익을 비교형량하여 양자의 조화점을 찾아야 한

---

18) 헌법재판소 1999. 6. 24. 97헌마265 결정.
　"신문보도의 명예훼손적 표현의 피해자가 공적 인물인지 아니면 사인인지, 그 표현이 공적인 관심 사안에 관한 것인지 순수한 사적인 영역에 속하는 사안인지의 여부에 따라 헌법적 심사기준에는 차이가 있어야 한다."
　대법원 2002. 1. 22. 선고 2000다37524 판결.
　"언론·출판의 자유와 명예보호 사이의 한계를 설정함에 있어서 표현된 내용이 사적(私的) 관계에 관한 것인가 공적(公的) 관계에 관한 것인가에 따라 차이가 있는바, 즉 당해 표현으로 인한 피해자가 공적인 존재인지 사적인 존재인지, 그 표현이 공적인 관심 사안에 관한 것인지 순수한 사적인 영역에 속하는 사안에 관한 것인지, 그 표현이 객관적으로 국민이 알아야 할 공공성, 사회성을 갖춘 사안에 관한 것으로 여론형성이나 공개토론에 기여하는 것인지 아닌지 등을 따져보아 공적 존재에 대한 공적 관심사안과 사적인 영역에 속하는 사안 간에는 심사기준에 차이를 두어야 하며, 당해 표현이 사적인 영역에 속하는 사안에 관한 것인 경우에는 언론의 자유보다 명예의 보호라는 인격권이 우선할 수 있으나, 공공적·사회적인 의미를 가진 사안에 관한 것인 경우에는 그 평가를 달리하여야 하고 언론의 자유에 대한 제한이 완화되어야 하며, 피해자가 당해 명예훼손적 표현의 위험을 자초한 것인지의 여부도 또한 고려되어야 한다."
19) 성낙인, 앞의 책, 938면.

다고 판시하고 있다. 즉, 민주주의 국가에서는 여론의 자유로운 형성과 전달에 의하여 다수의견을 집약시켜 민주적 정치질서를 생성·유지시켜 나가는 것이므로 표현의 자유, 특히 공적 사항에 대한 표현의 자유는 중요한 헌법상의 권리로서 최대한 보장을 받아야 하지만, 그에 못지않게 개인의 명예나 사생활의 자유와 비밀 등 사적 법익도 보호되어야 할 것이므로, 인격권으로서의 개인의 명예의 보호와 표현의 자유의 보장이라는 두 법익이 충돌했을 때 그 조정을 어떻게 할 것인지는 구체적인 경우에 사회적인 여러 가지 이익을 비교하여 표현의 자유로 얻어지는 이익 및 가치와 인격권의 보호에 의하여 달성되는 가치를 형량하여 그 규제의 폭과 방법을 정하여야 할 것이다.[20]

3. 퍼블리시티권과 이익형량

가. 표현의 자유와 이익형량

위에서 살펴본 바와 같이, 표현의 자유는 헌법에서 직접 규정하고 있는 고도의 정신적 권리이며 또한 그 정치적 성격으로 인하여 다른 기본권에 비해서 우월적 지위를 인정받고 있지만, 표현의 자유는 어떠한 사유로도 제한이 불가능한 절대적인 권리가 아니고 추구하려는 목적과 침해되는 법익의 중요성 등을 비교형량하여 제한이 가능한 상대적인 권리이다.

퍼블리시티권도 기본적으로 특정인의 동일성 표지를 언제, 어떻게, 누구에 의해 사용할지를 허락하고 통제할 수 있는 것에 기본적인 속성이 있으며, 따라서 사상과 정보의 확산과 공유를 추구하는

---

20) 대법원 1998. 7. 14. 선고 96다17257 판결 등.

표현의 자유에 양보해야할 경우가 발생한다. 즉, 유명인은 공적 인물인 경우가 대부분인데 이들의 동일성 표지는 대중 사이에 의사표현의 수단으로 사용되는 경우가 많다.[21] 따라서 만일 사실 보도의 목적에서 유명 인사의 성명이나 초상 등을 기사의 내용으로 사용하는 것은 기사의 내용과 관련성이 있는한 원칙적으로 허용되어야 한다. 다만 언론보도의 외형을 갖춘 경우에도 실제로는 표현행위나 보도행위가 아니라 보도를 가장하여 광고를 목적으로 하거나 고객흡인력을 직접적인 목적으로 하는 경우에는 퍼블리시티권의 침해가 인정될 가능성이 높아질 것이다.

이러한 이익형량구조에 있어서 퍼블리시티권의 법적 성격을 어떻게 파악하는지에 따라 표현의 자유와의 경합적 지위에 있어서 차이가 발생할 수 있다.[22]

---

21) 서울고등법원 2006. 6. 14. 결정 2006라2229
"개인의 초상권은 헌법상 기본적 권리로서 그 성격상 절대권이라고 하더라도 질서유지나 공공복리 또는 다른 기본권과의 관계에 있어서 그 제한이 없을 수는 없는 것이고, 특히 예술의 자유 또는 표현의 자유와의 관계에 있어서는 창작의 목적, 창작물의 예술성 내지 심미성, 상업적 이용 가능성 및 잠재적 시장에 미치는 영향, 초상권 사용 대가에 관한 협의 경위와 초상권자의 의사 등을 종합하여 초상권의 제한 여부를 결정해야 할 것이다."

22) 따라서 표현의 자유와 인격권은 모두 헌법에 기초를 두고 있는 것이므로 어느 한쪽을 일방적으로 우선시할 수 없고 개별적으로 이익형량을 통해서 인격권의 침해여부를 결정하고 있다. 김재형, 『언론과 인격권』, 박영사, 2012년, 184면.
우리나라 헌법재판소도 표현의 자유와 인격권 사이의 충돌관계에 대해 "개인의 기본권인 언론의 자유와 타인의 인격권인 명예는 모두 인간으로서의 존엄과 가치, 행복추구권에 그 뿌리를 두고 있으므로 두 권리의 우열은 쉽사리 단정할 성질의 것이 아니다. 그러나 자기의 사상과 의견 표현에 아무런 제한도 받지 않고 타인의 인격권인 명예를 함부로 침해할 수 있다고 한다면 언론의 자유는 자기모순에서 헤어나지 못하므로, 헌법은 언론·출판의 자유는 보장하되 명예 보호와의 관계에서 일정한 제한을 받는 것

즉, 퍼블리시티권의 근거를 헌법상 인격권에서 찾는 견해에 따르면 이론적으로 같은 헌법상 기본권인 표현의 자유와 사이에 법익을 비교 형량하는 것이 쉽지 않다고 볼 수도 있다. 즉, 인격권을 헌법 제10조의 인간의 존엄과 가치라는 헌법의 목적조항에서 찾는다면 인격권의 구성부분으로써의 퍼블리시티권도 고도의 헌법상 가치를 가지며, 따라서 표현의 자유와 동등할 수도 있고 때로는 더 우월한 가치를 주장할 수 있기 때문이다.[23] 하지만, 퍼블리시티권은 인격권의 재산권적 성격 내지 구성부분이 강조되므로 일반적 인격권에 비해서 표현의 자유에 우선하는 권리를 주장하는 경우는 상당히 제한적일 것이다.[24]

반면에 만일 퍼블리시티권을 재산권으로 보거나 위와 같이 인격

을 분명히 한 것이다"라고 판시하고 있다(헌법재판소 1999. 6. 24. 자 97헌마 265).

23) "기본권을 보장하는 목적은 인간의 존엄성을 실현하기 위한 것이다. 그러므로 우리 헌법구조에서 보다 더 중요한 자유영역과 덜 중요한 자유영역을 나눌 수 있다면, 이를 판단하는 유일한 기준은 "인간의 존엄성"이다. 따라서 인간의 존엄성을 실현하는 데 있어서 불가결하고 근본적인 자유는 더욱 강하게 보호되어야 하고 이에 대한 제한은 더욱 엄격히 심사되어야 하는 반면에, 인간의 존엄성의 실현에 있어서 부차적이고 잉여적인 자유는 공익상의 이유로 보다 더 광범위한 제한이 가능하다고 할 것이다"(헌법재판소 1999. 4. 29. 자 94헌바37).

24) 퍼블리시티권을 인격권의 재산권적 측면으로 이해하는 독일에서는 Marlene 사건의 헌법재판소 판결이후 인격권의 재산적 이익은 민법적으로만 보호되며 헌법적으로는 보호되지 않고 따라서 헌법상 표현의 자유에 우선하지 못한다고 해석된다. 상업적 표현도 헌법상 표현의 자유에 포함되므로, 결국 상업적 의사표현, 순수한 경제적 광고라도 공공정보의 필요(Informationsbedürfnis der Allgemeinheit)나 의견형성적 내용을 포함하고 있으면 헌법상 표현의 자유의 보호를 받을 수 있다고 보는 것이다. 이하 독일의 인격권과 표현의 자유의 충돌에 관한 자세한 논의는 김수정, "퍼블리시티권과 표현의 자유의 형량-독일과 일본의 최근 판례 발전을 중심으로-", 비교사법 제24권 제1호(2017. 2), 10-21면.

권으로 보더라도 재산권적 성질을 강조하는 경우에는 표현의 자유와 비교 형량에서 보호 범위가 좁아질 수밖에 없다.[25] 즉, 퍼블리시티권의 근거를 헌법 제23조의 재산권 규정에서 찾는 경우에는 일반적으로 재산적 권리보다는 정신적 권리가 더 우월하다고 인정되기 때문에 표현의 자유가 우선할 수 있고,[26] 퍼블리시티권의 근거를 헌법 제22조 제2항의 예술의 자유 중 저작자 등의 권리[27]에서 찾는 경우에도 헌법상 권리인 표현의 자유가 헌법에서 파생된 법률상 권리인 퍼블리시티권보다 우월하게 된다. 결국, 퍼블리시티권을 재산권이라고 보거나 재산권적 성질을 강조하는 경우에는 헌법상 표현의 자유와의 관계에서 비교적 열위에 서게 되고 그 보호범위도 좁아지

---

25) 신지혜, "표현의 자유와 퍼블리시티권의 보호범위: 서적에 관한 일본 및 국내 판결에 대한 분석을 중심으로," 저스티스 제150호(2015), 100면.
한편, 이를 근거로 퍼블리시티권을 재산권적 성격의 권리로서 인정하게 되면 표현의 자유와의 균형을 보다 폭 넓게 논할 수 있는 장점이 있다는 견해가 있다.
만일 퍼블리시티권을 독일과 같이 인격권 기반으로 다루게 된다면 이는 표현의 자유를 압도하는 것이기에 표현의 자유와의 균형의 고찰에 한계가 있었을 것이지만, 퍼블리시티권의 법적 성격을 인격권이라기보다 재산권적 성격이 강화된 권리로 인정하게 되면 위의 원칙에 따라 표현의 자유가 우선시될 수 있는 여지가 생기게 되고, 따라서 이러한 근거로 두 법익간의 비교형량 기준에 대하여 보다 다양한 논의와 모색이 가능할 수 있다는 것이다. 김도경, "퍼블리시티권과 표현의 자유 사이의 균형성 연구-미국의 비교형량 기준(Balancing Test)을 중심으로-", 계간 저작권(2015 겨울호), 18면; 같은 취지의 견해는 남형두, "퍼블리시티권에 관한 해외사례 연구", 저작권정책연구 제2012-20호(2012. 12), 177면.
26) 독일의 경우에 인격권의 재산적 구성부분은 헌법이 아니라 민법에 의해서만 보호되는 것이므로 반대이익으로 등장하는 헌법적 가치(예컨대 언론의 자유, 표현의 자유 등)보다는 원칙적으로 열위에 있다고 본다. 안병하, "독일의 퍼블리시티권 관련 논의 개관", 145면.
27) 헌법 제22조
① 모든 국민은 학문과 예술의 자유를 가진다.
② 저작자·발명가·과학기술자와 예술가의 권리는 법률로써 보호한다.

게 되는 것이다.[28]

---

28) 일부 학설이나 판례처럼 퍼블리시티권을 물권에 준하는 배타성이 강한 권리로 인정하는 경우에는 표현의 자유를 심각하게 침해할 수 있다는 견해도 있다. 즉, '퍼블리시티권'을 '물권 유사의 강한 재산권'으로 이해하는 경우 사법(司法)의 영역에서는 유명인의 이름·사진의 상업적 이용에 대한 적절한 보호가 이루어지지 아니하는 반면(과소보호의 위험), 입법(立法)의 영역에서는 그에 대한 반동으로 표현의 자유 등 공공의 이익을 침해하는 과도한 법률이 제정되는 계기를 제공할 수 있다(과도보호의 위험)는 것이다. 따라서 유명인의 동일성을 배타성이 강한 물권 유사의 재산권이 아닌 행위규제방식으로 보호하면 위와 같은 '과소보호−과도보호'의 위험을 피할 수 있으며, 행위규제방식으로 보호하는 경우 표현의 자유와의 충돌을 사전에 배제함으로써 불필요한 분쟁을 방지할 수 있고, 현재 저작권법이 보이고 있는 이용활성화의 문제를 최소화할 수 있다는 것이다.

결론적으로 이 견해는 퍼블리시티권의 근거조항으로 최근에 신설된 부정경쟁방지법 차목의 활용을 주장하며, 우리나라 하급심 법원들은 이미 차목을 이용한 행위규제방식으로 유명인의 동일성을 보호할 수 있는 법리를 다음과 같이 축적해 왔다고 설명하고 있다.

① 유명인 여부의 판단 : 서울지방법원 2000. 3. 16. 선고 99가합46206 판결(허영란 사건).

② 언론·출판·학문·예술의 자유를 이유로 모델소설·만화, 언론보도에 유명인의 동일성이 이용된 경우에는 '상업적 이용'을 부인 : 서울고등법원 1998. 9. 29. 자 98라35 결정(박찬호 사건); 서울지방법원 1996. 9. 6. 선고 95가합72771 판결(아스팔트사나이 사건).

③ 유명인의 동의를 얻은 상품·서비스의 홍보·유통에 필요한 경우에는 '상업적 이용'을 부인 : 서울중앙지방법원 2007. 1. 31. 선고 2005가합51001 판결(배용준 영상화보집 사건); 서울지방법원 2000. 9. 29. 선고 99가합83250 판결(김영임 사건); 서울고등법원 2001. 10. 24. 선고 2001나30680 판결(시나위 사건)

④ 사실의 전달에 불과한 경우에 '상업적 이용'을 부인 : 서울지방법원 2004. 12. 10. 선고 2004가합16025 판결(이영애−화장품 사건. 회사 홈페이지의 연혁란에 역대 전속모델 소개)

⑤ 모창, 성대모사, 공중의 일원으로 촬영된 경우 등에 '상업적 이용'을 부인 : 서울북부지방법원 2008. 11. 27. 선고 2008가합3187 판결(본더취 사건)

⑥ 명예훼손이나 허위표시의 경우에는 '상업적 이용'을 인정 : 서울지방법원 2001. 4. 10. 선고 99가합62260 판결(이병헌 뮤지컬 사건. 허위표시);

이와 같이 표현의 자유와 퍼블리시티권 사이의 관계는 퍼블리시티권의 재산권성이 강조되는 한 원칙적으로 헌법상 표현의 자유가 우선한다고 보아야 하며, 이러한 전제하에 각 사례별로 주어진 요소들을 개별적으로 형량하여 평가할 수밖에 없다. 즉, 개개 사안에서 표현의 자유가 갖는 정치적·사회적인 성격이 클수록 그리고 상업적인 성격이 작을수록 표현의 자유가 우선할 것이고, 퍼블리시티권의 인격적인 성격이 클수록 그리고 본질적인 부분이 침해될수록 퍼블리시티권이 우선하는 것으로 보아야 한다.

나. 예술의 자유와 이익형량

퍼블리시티권의 객체인 이름, 초상, 성명 등 개인의 동일성 요소는 소설, 영화 등의 예술분야에서 아이디어와 사상을 압축적으로 혹은 효과적으로 표현하는 소재로서 사회적 공적 자원의 특성을 갖는 만큼 이를 공중이 자유롭게 사용하도록 보장하는 것은 우리 사회의 문화적 다양성을 촉진하고 사회 전체의 문화 발달을 이루는 전제로써 중요한 제도적 의미를 가진다. 헌법도 언론의 자유와 별도로 예술의 자유를 규정하고 있으며,[29] 이러한 예술의 자유는 언론의 자유에 대해 특별법적 지위를 가지고 있다.

일반적으로는 예술작품에 있어서는 예술창작의 자유가 우선할 것이지만, 작가의 창작성이 드러난 정도 즉 창작적 변형의 정도가 어느 정도인지, 동일성 지표의 사용이 작품에 있어서 필요하고 최소

서울지방법원 1997. 2. 26. 선고 96가합31227 판결(명예훼손).
이상 박준우, "인터넷 광고와 퍼블리시티권의 성격", 423-425면.
29) 헌법 제22조
　　① 모든 국민은 학문과 예술의 자유를 가진다.
　　② 저작자·발명가·과학기술자와 예술가의 권리는 법률로써 보호한다.

한의 것이었는지, 이러한 사용이 권리자의 경제적 수입에 어떠한 영향을 미치는지 등이 권리의 침해에 대한 주요 판단기준으로 고려된다. 특히 퍼블리시티권과 관련하여 미국 부정경쟁 리스테이트먼트(1995년)는 동일성 요소들을 소설이나 평론 등에 사용하는 경우에는 '상업적 이용'이 아니라고 규정했으며,[30] 우리나라의 판례들 중에도 소설과 같은 문학작품에서 소재로 사용하는 것은 상업적 이용이 아니라는 판시들이 있다.[31]

법원도 예술의 자유와의 관계에서의 비교형량에 대하여 "초상권이 헌법상 기본적 권리로서 그 성격상 절대권이라고 하더라도 질서유지나 공공복리 또는 다른 기본권과의 관계에 있어서 그 제한이 없을 수는 없는 것이고, 특히 예술의 자유 또는 표현의 자유와의 관계에서 창작의 목적, 창작물의 예술성 내지 심미성, 상업적 이용 가능성 및 잠재적 시장에 미치는 영향, 초상권 사용 대가에 관한 협의 경위와 초상권자의 의사 등을 종합하여 초상권의 제한여부를 결정하여야 할 것이다"고 하여 다양한 요소들을 열거하고 있다.[32]

다. 영업의 자유와 이익형량

연혁적으로 퍼블리시티권이 초상 등을 상업 광고에 무단이용하는 것을 통제하는 과정에서 발생된 권리이므로[33] 퍼블리시티권은 이

---

30) Restatement of Unfair Competition(Third, 1995) § 47.
31) 서울지방법원 1995. 6. 23. 94카합9230 판결(이휘소 사건); 서울지방법원 1996. 9. 6. 95가합72771 판결(아스팔트 사나이 사건) 등.
32) 서울고등법원 2006. 6. 14. 2006라229 결정(배용준 밀납인형 사건).
33) 서울고등법원 2002. 4. 16. 2000나42061 판결 ("우리나라에서도 근래에 이르러 연예, 스포츠 산업 및 광고산업의 급격한 발달로 유명인의 성명이나 초상 등을 광고에 이용하게 됨으로써 그에 따른 분쟁이 적지 않게 일어나고 있으므로 이를 규율하기 위하여 이른바 퍼블리시티권(Right of Publicity)이라

러한 측면의 영업의 자유에 대한 관계에 있어서는 상대적으로 우선적인 지위에 있다.[34] 또한 퍼블리시티권의 성격을 인격권의 하나로 보거나 혹은 인격권적인 요소를 강조하는 경우에는 경제적인 자유의 하나인 영업의 자유보다 우월적인 지위에서의 비교형량이 가능해진다.

법원도 영리목적으로 유명인사의 초상 등이 가지는 고객흡인력을 무단으로 이용하여 문제가 되는 사안에서 대부분 퍼블리시티권의 침해를 인정하고 있다. 즉, "원고들이 유명 연예인으로서 공적인 인물이므로 초상, 성명 등의 공표를 어느 정도 수인하여야 한다고 하더라도, 자신의 사진 등이 무단으로 영리적 목적에 이용되는 것까지 그대로 수인하여야 한다고 볼 수는 없다. 오히려 원고들은 자신의 초상과 명성 등을 영리에 이용하여 재산상의 이익을 얻는 것을 주된 직업 활동으로 삼고 있으므로, 그 초상이나 성명을 영리적으로 무단 사용할 경우 비록 그 사용이 명예훼손의 정도에 이르지는 않는 경우라도 원고들이 자신의 초상과 성명에 대하여 보유하는 권리에 대한 중대한 침해에 해당한다고 보아야 한다"고 하여 광고 등에 있

는 새로운 권리 개념을 인정할 필요성은 수긍할 수 있...").

34) 광고물도 사상·지식·정보 등을 불특정다수인에게 전파하는 것으로서 제한적으로 언론·출판의 자유에 의한 보호를 받는 대상이 된다.
즉, 헌법재판소 2005. 10. 27. 2003헌가3 결정은 "상업광고에 대한 규제에 의한 표현의 자유 내지 직업수행의 자유의 제한은 헌법 제37조 제2항에서 도출되는 비례의 원칙(과잉금지원칙)을 준수하여야 하지만, 상업광고는 사상이나 지식에 관한 정치적, 시민적 표현행위와는 차이가 있고, 인격발현과 개성신장에 미치는 효과가 중대한 것은 아니므로, 비례의 원칙 심사에 있어서 '피해의 최소성' 원칙은 '입법목적을 달성하기 위하여 필요한 범위 내의 것인지'를 심사하는 정도로 완화되는 것이 상당하다"고 판시했다.
서울중앙지법 2010. 9. 3. 선고 2009가합137637,11359 판결. ("상업광고라도 무조건 퍼블리시티권 침해는 아니며, 상업광고에 의한 표현의 자유도 인정된다").

어서의 상업적 이용은 원칙적으로 퍼블리시티권 침해로 인정하고 있다.[35]

따라서 무단으로 타인의 초상을 광고에 이용하거나,[36] 광고계약을 체결했다고 하더라도 기간, 지역 등의 약정 범위를 넘어서 이용하는 경우[37]에는 대부분 퍼블리시티권의 침해가 인정된다. 다만, 광고 대상 자체가 표현의 자유에 의해서 보호되는 경우, 예를 들어 유명인사의 삶을 다룬 소설에 대한 광고의 경우에 소설과는 별도로 광고에 대해서만 퍼블리시티권 침해가 성립하는 것은 아니라고 보아야 한다.[38]

퍼블리시티권의 침해가 인정되는 영업행위에는 단순히 광고 뿐만 아니라 합작, 공동마케팅, 후원, 스폰서 등 영리적인 성격을 가지는 행위들은 포괄적으로 이에 해당한다. 따라서 광고 내에 다소간 정보전달적 요소나 문화적·교육적 요소들이 포함되어 있더라도 그 목적이 특정 상품이나 서비스의 판매라고 인정되는 경우에는 원칙적으로 퍼블리시티권의 침해가 인정될 것이고, 나아가 상품이나 서비스의 판매 목적이 직접적으로 인정되지 않는 경우라도 간접적인 영리 목적이 있다고 판단되는 경우(소위 '기업 이미지광고' 등)에도 퍼블리시티권의 침해를 인정할 수 있을 것이다.

---

35) 서울고등법원 2014. 4. 3. 선고 2013나2022827 판결 등.
36) 서울지방법원 1999. 4. 30. 선고 98가합79858(비달사순 판결); 서울중앙지방법원 2005. 9. 27. 선고 2004가단235324(정준하 판결); 서울중앙지방법원 2007. 10. 24. 2006가합45416(최지우 사건).
37) 서울중앙지방법원 2007. 11. 28. 선고 2007가합2393(박주봉 사건); 서울중앙지방법원 2007. 10. 24. 선고 2006가합63759(용가리 사건); 서울지방법원 1996. 8. 23. 선고 95가합32896; 서울지방법원 1996. 4. 19. 선고 95가합102276 등 다수의 판결.
38) 권태상, "퍼블리시티권과 표현의 자유", 19면.

제2절 표현의 자유와 퍼블리시티권에 관한 미국에서의 논의

1. 서설

미국의 경우에 퍼블리시티권에 대한 법제는 각주에 위임했고, 각 주들은 그들이 처한 상황에 따라 법률을 개정하면서 퍼블리시티권의 보호범위를 폭넓게 혹은 매우 좁게 인정을 해오고 있다. 이런 이유로 미국에서도 퍼블리시티권과 표현의 자유에 대한 이익형량이 각 주마다 서로 다를 수밖에 없고 모든 주의 법들을 아우를 수 있는 통일된 기준은 아직 제시되지 못하고 있다.[1]

2. 표현의 자유와 관련된 미국의 논의

표현의 자유에 대해서 우월적인 헌법적 가치를 인정하는 미국에서는 퍼블리시티권을 재산권으로 규정하는 한 표현의 자유에 비해 강한 지위를 보장받기는 힘들다. 하지만, 퍼블리시티권이 문제된 개별 사안에서는 원고 및 피고들의 권리를 둘러싼 다양한 법익들을 비교형량 해왔다. 결국 사안에 따라서 관련 이익들을 형량하여 개별적으로 판단될 문제이나, 표현의 자유의 우월적 지위가 비교적 뚜렷하고 어떤 정치적, 경제적, 사회적 가치가 인정되는 경우에는 비교 형량이 좀 더 쉬울 것이고, 같은 기사라도 뉴스가치가 별로 없다고 판

---

1) 오히려 주법으로 퍼블리시티권을 규율하고 연방 차원의 통일적 입법이 확립되지 않은 상황으로 인해 퍼블리시티권이 남용되고 있는 것이 문제라고 한다. 김도경, 앞의 논문, 14면.

단되거나 오히려 특정 상품이나 서비스 등에 대한 홍보의 성격이 강한 경우에는 표현의 자유에 의한 보호를 받기 어려울 것이다.

여기서 당사자가 주장하는 법익들을 어떤 기준을 가지고 비교형량을 할 것인지가 문제되는데, 개개의 사건에 있어서 문제되는 이익을 그때마다 비교형량하는 방식(Ad Hoc Balancing test)은 예측가능성이 떨어질 뿐만 아니라 기타 요소들을 평면적으로 고려하는 경우에는 자칫 표현의 자유를 억압하는 방향으로 흐를 염려가 있으며 절차의 공정성이 침해될 수 있다. 따라서 좀 더 일반적인 원칙을 먼저 정하고 이를 토대로 판단하는 방법(Definitional Balancing Method)들이 논의되어 왔다.[2]

이하에서는 그 동안 미국 판례들을 통해서 논의되어 왔던 구체적인 이익형량의 기준들에 대해서 살펴보겠다.

가. 종래의 판단 기준에 관한 논의

(1) 상업적·비상업적 표현 기준

미국 판례들에서 표현의 자유와 퍼블리시티권이 충돌될 때 가장 먼저 고려하는 요소는 해당 표현이 '상업적(commercial)'인지 여부이다. 즉, 인격적 동일성을 사용한 것을 상업적인 경우와 '비상업적(non commercial)' 혹은 '정보전달적(communicative)'인 경우를 구별한 후에, 비상업적 이용의 경우에는 퍼블리시티권의 권리범위에서 제외함으로써 퍼블리시티권의 침해 논의를 상업적인 이용의 경우에 한정한다. 따라서 동일성 표지를 사용한 것이 광고 등과 같이 상업적인 목적이 인정되는 경우에는 퍼블리시티권의 침해로 보고, 상업적이 아닌 다른 가치를 추구하는 경우에는 표현의 자유가 우선된다고 보는

---

2) 이태섭, "미국 Publicity권에 관한 연구", 재판자료 제84집 외국사법연수논집 (17)(1999), 148면.

것이다.

이러한 이론은 상업적인 표현보다 비상업적 표현을 보다 강하게 보호하는 이중 기준(Double standard, Different levels of scrutiny)의 원칙에 근거하고 있다.[3] 시민적·정치적 표현행위는 사회적으로 의사소통을 위한 것으로 표현의 자유의 핵심적인 사항에 속하기 때문에 이러한 의사표현을 규제하는 법률에는 '엄격한 심사(strict scrutiny) 기준'을 적용했다. 엄격한 심사기준에 따르면 표현에 대한 제한의 목적이 '절박한 국가이익(compelling state interest)'을 달성하기 위한 것이 입증되어야 할 뿐만 아니라 그 목적 달성을 위한 조치가 '필요한 수단(necessary means)' 혹은 '최소한의 수단(least restrictive means)'이라는 점도 동시에 입증되어야만 합헌으로 판단될 수 있다. 따라서 이러한 엄격한 심사 기준이 제시하는 까다로운 요건은 충족되기가 매우 어렵기 때문에 대부분의 규제법률들이 위헌으로 간주되었고 이로 인해 표현의 자유의 보호 범위를 넓힐 수 있었다.

일반적으로 '상업적 언론(commercial speech)'이란 영리를 목적으로 상품이나 서비스의 판매를 촉진하는 모든 형태의 언론으로 이해된다.[4] 과거 미국 판례들은 이러한 상업적인 언론의 경우에는 표현의 자유의 보호대상에 포함시키지 않았다. 즉, 연방대법원은 1942년 Valentine사건[5]에서 "순수한 상업적 광고를 규제하는 것에 대해서 헌법이 정부에게 어떠한 제한도 부과하고 있지 않음은 명백하다"라는 원칙을 선언함으로서 상업적인 표현을 수정헌법 제1조의 보호대상

---

3) 이중 기준의 원칙은 미국 연방대법원의 Schenck 판결에서 유래한다. 즉 기본권 중 정신적 자유권과 재산적, 경제적 기본권을 구별하여 전자의 가치가 후자의 가치에 우월하고, 따라서 전자에 대한 판단은 후자에 대한 판단보다 엄격하게 심사해야 한다는 원칙으로 발전하였다. Schenck v. United States, 249 U.S. 47 (1919).
4) 권태상, "퍼블리시티권과 표현의 자유", 18면.
5) Valentine v. Chrestensen, 316 U.S. 52(1942).

에서 제외시켰다. 상업적인 표현은 경제적인 이익 증대에 주된 목적
이 있기 때문에 표현의 자유의 본질적인 기능인 개인의 의사표시 보
호를 통한 인격의 발현 혹은 자유로운 의사 교환을 통한 민주주의의
발전에 어떤 기여를 하지 않으므로 우선적인 보호를 해줄 필요가 없
다고 본 것이다.

하지만 의사표현의 종류나 방법이 다양화되고 매체 기술도 발달
하면서 의사표현 그 자체만 놓고 그것이 상업적인지 여부를 판단하
는 것이 매우 곤란해졌다.[6] 이에 연방대법원은 1976년 Virginia Board
사건[7]에서 상업적인 분야에서 정보의 자유로운 소통이라는 소비자
의 이익이 정치적 토론에 대한 시민들의 이익과 마찬가지로 중요하
고, 자유 경제에서 자원의 분배는 수많은 개인들의 경제적 결정들에
의해 행해지는데 이러한 결정들이 충분한 정보에 입각하여 현명하
게 이루어지는 것은 공적 관심사에 해당하며 이러한 목적에 상업적
정보의 자유로운 소통은 필수적이라고 하면서 상업적 언론도 수정
헌법 제1조의 보호를 받는다고 판시하기에 이르렀다.[8] 그러나 위와

---

6) White v, Samsung Elecs, Am" Inc,, 989 F,2d 1512.

    이 판결에서 Kozinski 판사의 반대의견은, 상업광고가 비상업광고보다 헌법
    상 덜 보호받지만, 문화형성에 커다란 기여를 해왔으며, 현대 엔터테인먼
    트 산업의 구조상 상업과 비상업의 경계선은 희미해지다 못해 사라졌다고
    설시했다.

    "Commercial speech may be less protected by the First Amendment than
    noncommercial speech, but less protected means protected nonetheless...Commercial
    speech has a profound effect on our culture and our attitudes. Neutral−seeming ads
    influence people's social and political attitudes, and themselves arouse political
    controversy.,,In our pop culture, where salesmanship must be entertaining and
    entertainment must sell, the line between the commercial and noncommercial has not
    merely blurred; it has disappeared."

7) Virginia State Board of Pharmacy v. Virginia Citizens Consumer Council, Inc,, 425
    U.S. 748(1976).

8) 권태상, "퍼블리시티권과 표현의 자유", 18면.

같이 연방대법원이 입장을 변경했음에도, 1980년 이후 미국 법원들은 상업적 표현이 수정헌법 제1조에 의한 보호를 받지만 일반적으로 비상업적 언론과 동등하게 취급하지 않고 있으며 상업적 언론에 대해서는 좀 더 다양한 규제가 허용된다는 입장을 보이고 있다.[9]

퍼블리시티권의 침해 판단에 있어서 그 이용의 목적이 '상업적 이용(commercial use, purpose of trade)'인지 여부는 중요한 의미를 가진다. 퍼블리시티권 자체가 타인의 상업적 이용을 통제하려는데 목적이 있으므로 '상업적 이용'은 퍼블리시티권 침해의 전제요건이며, 따라서 미국에서 퍼블리시티권을 보호하는 각 주의 입법들도 대부분 '상업적 이용(commercial use)'을 그 성립요건으로 규정하고 있다.[10]

하지만, 현대 자본주의 사회에서 대부분의 활동은 다소간이라도 '영리' 혹은 '상업'적인 의미와 연관되어 있으므로, 상업적 이용의 의미를 너무 넓게 해석하는 경우에는 자칫 정상적인 표현행위들까지 심하게 제약할 수 있다. 따라서 퍼블리시티권의 한계와 관련하여 '상업적 이용'의 의미는 무엇인지 혹은 그 범위를 어디까지 인정할 것인지를 살펴볼 필요가 있다.

부정경쟁 리스테이트먼트(1995년)는 상업적인 이용인 경우에 일단

---

9) 위 1976년 연방 대법원의 판결도 일정한 유형의 상업적 언론에 대해서는 규제가 허용된다고 하면서 예컨대 단지 광고의 시간·장소·방법을 규제하는 것은 가능하고 허위 또는 오도하는 광고나 위법한 거래를 제안하는 광고도 규제할 수 있다고 판시했다. 또한 1980년 연방 대법원 판결도 전기 회사의 광고를 금지하는 규제가 문제된 사건에서 상업적 언론에는 헌법적으로 보호되는 다른 표현에 비해 더 적은 보호가 주어진다고 하면서 상업적 언론에 대한 보호는 그 표현의 성격과 규제가 추구하는 정부의 이익의 성격에 따라 정해진다고 판시했다. Central Hudson Gas & Elec. Corp. v. Public Service Commission of New York, 447 U.S. 557, 100 S.Ct. 2343, 65 L.Ed.2d 341, 6 Media L. Rep. 1497, 34 P.U.R.4th 178 (1980)
권태상, "퍼블리시권과 표현의 자유", 18면.
10) New York Civil Right Law 50; Cal Civil Code 3344.

퍼블리시티권의 침해가 성립한다고 보고 있는데, 여기서 퍼블리시티권 침해의 전제가 되는 '상업적 이용(use for purpose of trade)'은 "이용자의 상품 또는 서비스의 광고에 이용하는 경우(used in advertising the user's goods or services), 이용자가 판매하는 상품에 붙이는 경우(placed on merchandise marketed by the user), 이용자가 제공하는 서비스와 관련하여 이용하는 경우(used in connection with services rendered by the user)"를 의미하며, 다만, 뉴스보도·비평·오락물·픽션 혹은 논픽션 등에서 이용하거나 혹은 그 광고를 위해서 특정인의 아이덴티티를 사용하는 경우에는 퍼블리시티권의 침해가 아니라고 보고 있다.[11] 위 규정에 대한 해석상 직접적인 물건의 생산이나 판매 뿐만 아니라, 물건의 생산·판매에 간접적으로 도움을 주는 광고·홍보·마케팅 등도 포함되고, 기타 여기에 영향을 줄 수 있는 제반 행위들도 포함된다. 그리고 상업적 이용이라고 판단되면 일반적으로 침해로 인정되고 표현의 자유에 의한 항변은 기각되는데, 이런 경우라도 몇몇 상황 즉 특정 상품의 정보제공적 내용이거나 또는 구매자의 편의를 위한 표현인 경우에는 수정헌법 제1조에 의한 보호를 받을 수도 있다고 보고 있다.[12]

또한, 위 규정은 매우 폭넓게 적용되며, 특정인의 동일성을 신문·잡지·방송의 뉴스에서 사용하는 경우에는 퍼블리시티권의 침해에 해당하지 않는다. 여기서 표현의 자유의 이익은 오락물이나 기타 창작물에까지 확장되고 그것이 픽션인지 논픽션인지를 불문한다. 따라서 유명인사의 이름이나 사진을 팬 잡지나 특집 방송에 사용하는 것은 허용되고, 비록 그런 방송이 사전에 허락을 받지 않았더라도 마찬가지이다. 소설이나 연극, 영화 등에 특정인의 아이덴티티를 사용하는 것도 일반적으로는 침해가 아니다.[13] 만일 발행자 등이 상업

---

11) Restatement of Unfair Competition(Third, 1995) § 47.
12) Id. § 47 cmt. b.

적인 이익을 추구했거나 이를 취득했다는 사실로 인해서 침해가 인정
되지 않지만, 작품의 내용과 무관한 인물에 대해서 단순히 관심을 끌
기 위한 사용은 광고로서 퍼블리시티권의 침해로 인정될 수 있다.[14)

　개인의 성명이나 초상을 뉴스 등에서 이용하는 것은 주된 목적이
정보의 전달에 있으므로 표현의 자유에 의해서 보호되어야 하며, 따
라서 '이용매체의 상업성 때문에 일단 상업적 이용으로서 퍼블리시
티권의 침해가 인정된 이후 그 효력이 제한되는 경우'가 아니라 '상
업적 이용이 아니므로 처음부터 퍼블리시티권 침해가 되지 아니하
는 경우(not generally actionable as a violation of the person's right of
publicity)'로 해석된다. 즉, 단순히 '유명인의 유사물이 이용된 매체의
상업성 여부'의 판단에 의해서 상업적 이용 여부를 결정하는 것이
아니고, 그 이용 자체의 내용적 측면을 판단하여 '유명인의 유사물을
이용하는 주된 목적이 정보전달 또는 아이디어의 표현인 경우'에는
'상업적 이용'에서 제외된다는 것이다.[15)

　미국 판결 중에서 '상업적 목적'의 의미에 대하여 자세히 설시한
것은 Downing v. Abercrombie & Fitch 사건[16)이다.

　피고회사 Abercrombie는 젊은 층이 주로 입는 의류를 생산하는 회
사이며, 『Abercrombie and Fitch Quarterly』라는 홍보 카탈로그를 발행하
고 있다. 피고회사는 카탈로그의 주제를 서핑으로 정하고 전문사진
작가 LeRoy Grannis로부터 원고가 찍힌 사진(1965년 하와이의 Makaha
서핑대회에서 찍힌 사진)을 구입했고, 당시에 그가 입었던 티셔츠도
만들어 팔기로 했다. 1999년 봄호는 'Spring Fever'를 주제로 파도타기
역사에 관한 'Surf Nekkid' 섹션에 California 해변에 관한 'Your Beach

---

13) Id. § 47 cmt. c.
14) Id. § 47 cmt. c.
15) 박준우, "표현의 자유에 의한 퍼블리시티권의 제한", 146면.
16) Downing v. Abercrombie & Fitch265 F.3d 994 (9th Cir. 2001).

Should Be This Cool'라는 기사가 있었는데, 다음 페이지에 원고의 사진을 게재하고 그 다음에 원고가 입었던 셔츠에 관한 'Final Heat Tees'의 구매 정보를 실었다. 이 잡지는 그 외에도 서핑의 라이프스타일, 서퍼 재단, 최초 프로 서버 Nat Young과 관련된 기사 등 서핑과 관련된 각종 기사들이 있었다.

이 사건에서 연방 제9항소법원은 다음과 같은 이유로 퍼블리시티권 침해를 인정했다. California 주 민법 3344조는 퍼블리시티권의 침해요건으로 '광고의 목적으로(for the purpose of advertising)' 사용할 것을 규정하고 있는데, 이를 위해 원고는 피고의 사용과 상업적 목적 간의 직접적 관련(a direct connection)을 입증해야 한다. 공중의 알권리와 언론의 자유를 보장하기 위해서, 공중의 관심사에 관한 발행에 대해서는 어떤 소송도 제기할 수 없다. 수정헌법 제1조는 생활 방식 그리고 직업적 성취 등 사람들의 주목을 받는 활동들에 관한 간행물을 포함하여 최근 행사들에 관한 거의 모든 보도에까지 넓게 보호한다. 하지만 이러한 항변은 절대적인 것은 아니므로 법원은 표현의 자유와 퍼블리시티권의 충돌에 있어서 적절한 조화점을 찾아야 한다. 이 사건에서 피고의 카탈로그가 공중의 관심사인 파도타기와 그 문화에 관한 주제를 다루고 있지만, 그 주제와 원고의 사진 사이에는 거의 관계가 없다(tenuous relationship). 피고는 원고의 사진을 단지 파도타기라는 주제를 장식하기 위해 사용했을 뿐, 카탈로그에는 원고가 파도타기에서 전설적인 존재라는 언급을 하지 않았고, 기타 어떠한 방식으로도 원고와 그 기사의 내용을 연결시키지 않았으며, 그 사진이 찍힌 장소와 시간도 다르다. 이러한 이유로 법원은 원고 사진의 사용은 공중의 이익에 중요하게 기여하고 있지 않으므로 수정헌법 제1조의 항변을 할 수 없다고 보았다.

결국 '상업적 이용'인지를 판단함에 있어서 '이용 목적' 뿐만 아니라 '이용의 내용적 측면'을 기준으로 판단하며, 기사의 내용이 공중의 관심사인지 여부, 기사의 내용과 직접 관련이 있는지 여부, 기사가 광고로 사용되었는지 여부 등이 주된 고려사항이 된다.[17] 여기서 만일 상업적 광고에 정보전달적 요소나 문화적 요소가 포함된 경우에 어떻게 판단할지가 문제되는데, 상업적인 성격이 지배적인 경우에는 퍼블리시티권의 침해가 인정되기 용이하지만, 정보전달적 요소나 문화적 요소가 상업적 요소와 분리할 수 없게 얽혀진 경우에는 퍼블리시티권의 침해를 쉽게 인정할 수 없다고 해석된다.[18]

(2) 뉴스가치 기준

뉴스 가치 예외(Newsworthiness Exception)는 언론 기관이 보도를 위해서 특정인의 사진 등을 사용하는 경우에는 퍼블리시티권의 책임에서 면책이 된다는 이론이다. 뉴스를 이용한 의사의 전달은 개인의 자아실현 뿐만 아니라 사회 전체의 민주적 자치를 실현하는데 중요한 역할을 하기 때문에 표현의 자유의 본질적인 부분이므로 헌법상 고도의 보장을 받는다는 것에 근거한다. 따라서 뉴스보도를 위한 것인 경우에는 그것이 상업적인지 혹은 비상업적인지를 불문하고 퍼블리시티권의 침해를 인정하지 않는 것이 원칙이다.[19] 현대 자본주의 사회에서 거의 모든 활동은 다소간 경제적인 이익을 위한 활동이라는 점을 고려할 때 일부 상업적인 성격이 있다고 하더라도 뉴스보도의 성격 자체가 변하는 것은 아니기 때문이다.

한편 표현의 자유의 보장을 받는 '뉴스'는 넓은 개념으로 단순히 공적인 내용이나 시사적인 사항만을 전달하는 경우에 한정하지 않

---

17) 박준우, "퍼블리시티권 상업적 이용의 판단기준", 516면.
18) 권태상, "퍼블리시티권과 표현의 자유", 22면.
   Hoffman v. Capital Cities/ABC, Inc., 255 F.3d 1180, 29 Media L. Rep. 1993, 59 U.S.P.Q.2d 1363 (9th Cir. 2001).
19) Time, Inc. v. Hill, 385 U.S. 374, 87 S.Ct. 534, 17 L.Ed.2d 456, 1 Media L. Rep. 1791 (1967).

는다. 뉴스의 개념과 관련하여 '뉴스 가치(newsworthy)' 혹은 '공중의 관심(public concern)'의 의미가 문제되는데, 이에 대해서 미국 판례는 공중의 관심이 있거나 뉴스 가치가 있다고 인정되는 주제의 범위는 자유롭고 폭넓은 용어로 정의(most liberal and far-reaching terms)되어 왔으며, 현재의 사건이라는 의미에서의 뉴스에 한정되지 않고 모든 유형의 사실적, 교육적, 역사적 자료(all types of factual, educational and historical data)와 연예물(entertainment), 오락물(amusement)까지 포함된다.[20] 따라서 이러한 뉴스가치가 있는 한 신문, 잡지 뿐만 아니라 TV, 라디오나 영화, 만화(comic books)와 같은 매체에까지 적용된다.[21]

이와 같이 미국법원은 뉴스가치의 범위를 정치적, 경제적, 사회적으로 가치가 있는 보도에 한정하지 않고 넓게 인정하고 있으며, 나아가 상품 등에 관한 정보도 어느 정도 뉴스가치가 있다고 판단하고 있다.

Stephano v. News Group Publication, Inc. 사건[22]은 뉴스가치 기준에 관한 대표적인 사건이다. 이 사건에서 원고는 피고와 1981년 여름에 남성의 가을패션에 관한 기사의 사진모델을 하기로 계약했고 촬영은 8월 11일에 이루어졌다. 원고의 사진은 『New York』이라는 잡지의 'Classic Mixes(1981년 9월 7일 발행)'라는 기사에 'Fall Fashion'이라는 제목으로 게재되었다. 그런데 같은 잡지의 'Best Bets'라는 칼럼(같은 해 8월 31일 발행)은 지역 신상품 또는 서비스에 관한 정보를 담고 있는데, 여기에 원고의 또 다른 사진이 의류의 가격, 디자이너 이름, 구매 장소에 관한 정보와 함께 실렸다. 이에 원고는 자신이 9월 7일자 기사의 모델이 되는 것에만 동의했으므로, 피고가 8월 31일자 칼럼에

---

20) Paulsen v. Personality Posters, Inc., 59 Misc.2d 444, 299 N.Y.S.2d 501 (Sup 1968).

21) Gautier v. Pro-Football, 278 App. Div. 431, affd. 304 N.Y. 354.

22) Stephano v. News Group Publication, Inc., 64 N.Y.2d 174, 485 N.Y.S.2d 220, 474 N.E.2d 580, 11 Media L. Rep. 1303 (1984).

자신의 사진을 게재한 것은 퍼블리시티권 침해라고 주장했다.

이 사건에서 New York 주 항소법원은 다음과 같은 이유로 퍼블리시티권의 침해가 아니라고 보았다. 즉, 수정헌법 제1조는 생각, 아이디어, 뉴스가치 있는 사건(newsworthy events) 또는 공적 사안(matters of public)의 자유로운 확산을 방해하는 것을 금지하기 위한 조항이며, 따라서 그런 목적이 있는 경우에는 '광고 또는 영업 목적(for the purpose of trade or advertising)'이 있다고 할 수 없으며, 따라서 이러한 뉴스가치의 예외(newsworthiness exception)는 정치적 사건이나 사회적 동향에 대한 보도 뿐만 아니라 패션업계의 변화를 포함하여 소비자의 관심사(consumer interest)에 관한 스토리나 기사에도 적용된다. 상품의 존재 뿐만 아니라 특정 장소에서의 구입 가능성이나 가격 등도 특정 집단의 사람들에게는 뉴스가치가 있다. 어느 기사가 '뉴스가치의 예외'에 해당하는가의 여부의 판단기준은 '기사의 내용'이지 '기사를 게재한 동기'는 아니며, '일반 공중이 관심을 가지는 기사에 그와 실제로 관련 있는 사진을 사용하는 것'은 '영업 또는 광고목적의 사용'에 해당하지 않는다. 이렇게 해석하지 않는 경우, 즉 이 사건에서와 같은 사용을 '광고 또는 영업 목적'의 사용이라고 해석하는 경우에는 '뉴스가치 예외'의 적용범위는 매우 좁아지고 비영리단체 또는 순수한 봉사단체(altruistic organizations)에 제한되어 비현실적이라는 것이다.[23]

여기서 뉴스가치가 인정되려면 특정인의 동일성과 뉴스의 주제 사이에 합리적인 관련성(resonable relationship)이 있을 것이 요구되는데,[24] 다만 이러한 관련성에 대해서 그리 엄격하게 판단하지 않고 있다.[25] 하지만 아무리 뉴스라고 하더라도 뉴스의 보도로 인해 상대방

---

23) 박준우, "퍼블리시티권 상업적 이용의 판단기준", 505면.
24) Downing v. Abercrombie & Fitch265 F.3d 994 (9th Cir. 2001).
25) 권태상, "퍼블리시티권과 표현의 자유", 11면.

의 경제적 이익의 획득 기회를 완전히 붕괴시켰을 경우에는 뉴스가
치의 면책은 허용되지 않는다.[26]

나. 최근의 판단 기준에 관한 논의

위와 같은 상업적 이용기준이나 뉴스가치 기준은 표현의 자유와
퍼블리시티권 사이의 경계선을 확정하는데 중요한 역할을 해왔다.
하지만 구체적인 사건에 있어서 그 이용이 상업적인 성격이 있는지,
혹은 뉴스가치가 있는지 등을 기준으로 삼는 경우에는 매우 좁게 해
석될 여지가 많고, 만일 그 기준들을 확대해석하는 경우에는 명확한
기준제시에 실패할 가능성이 높아지게 된다. 이에 위 기준들을 보다
좀 더 구체화시킨 기준이 필요하다는 논의가 나오게 되었다.

(1) 지배적 이용 기준(Predominant Use Test)

지배적 이용 기준은 Doe v. TCI Cablevision 판결[27]에서 도입되었는
데, 개인의 동일성 표지를 사용하는 주된 목적이 표현적이거나 비상업
적인지 아니면 상업적인지의 여부를 고려하여 퍼블리시티권의 침해
여부를 판단하는 비교형량 기준이다. 즉, 비록 일부 표현적인 부분이
있더라도 특정인의 동일성 표지의 상업적 가치를 '지배적'으로 이용했
다면 퍼블리시티권 침해에 해당하고, 동일성 표지를 사용하는 '주된
목적'이 표현적이라면 표현의 자유에 의해서 보호된다는 것이다.[28]

Doe v. TCI Cablevision 사건은 유명한 미국 프로아이스하키 선수

---

26) 미국 연방대법원은 Zacchini 사건에서 재판부는 원고 공연의 전부를 무료로
    방송하는 것은 공연으로 생계를 유지하는 원고에게 실질적 피해를 끼칠
    수 있어 언론의 책임이 면책되지 않는다고 판시했다. Zacchini v. Scripps-
    Howard Broad. Co., 433 U.S. 562, 575 (1977).

27) DOE v. TCI Cablevision, 110 S.W.3d 363 (Mo. 2003).

28) 박준우, "표현의 자유에 의한 퍼블리시티권의 제한", 152-153면.

Tony Twist[29]의 이름을 만화가인 피고가 『Spawn』이라는 만화에서 마피아 두목 이름(Anthony 'Tony Twist' Twisteli)으로 사용한 것이 해당 선수의 퍼블리시티권 침해에 해당하는지 여부가 문제된 사건이다. 피고 작품에서 외관은 전혀 다르게 묘사되었고 단지 터프가이 캐릭터라는 점만 유사했다.

이에 대하여 Missouri 주 대법원은 유명인의 아이덴티티가 가진 상업적 가치의 지배적인 이용을 통해 제품이 팔린다면 그 제품에 다소간 표현적인 요소가 있더라도 유명인의 퍼블리시티권을 침해한 것이고, 반면 피고상품의 지배적인 목적이 유명인과 관련된 논평을 하는 것이라면 표현적 가치에 더 큰 비중이 있다고 보았다. 그리고 이 사건에서 피고가 원고의 이름을 이용한 것은 비록 은유적인 요소가 있을지라도 예술적 또는 문학적 표현이 아니라 만화책을 판매하기 위한 수단이라는 것이 지배적이라는 것을 근거로 퍼블리시티권 침해를 인정했다.

이러한 지배적 이용 기준은 상업적 요소와 표현적 요소가 혼재하는 경우에 무엇이 지배적이었는지를 고려하여 이익형량을 할 수 있는 점이 장점이지만, 오히려 '지배적인 목적'이 무엇인지의 판단은 재량적이고 주관적으로 흐를 위험이 있고 유사한 사건에서 예측가능성이 떨어진다는 단점이 있다. 또한 지배적 이용 기준은 피고의

---

29) 원고 Tony Twist는 미국의 프로아이스하키 선수로서 팀에서 인포서(enforcer)의 역할을 맡고 있었다. 인포서의 주요 임무는 팀의 주득점선수를 상대팀 선수의 공격으로부터 보호하는 것인데, 원고는 미국 프로아이스하키 리그 전체에서 악명이 높은 인포서였다. Sports Illustrated 誌는 원고를 "스케이트를 신은 채로 상대방을 무자비하게 폭행하기 위해서는 특별한 재능이 필요하며, 이를 원고보다 더 잘하는 선수는 없다."고 평가할 정도였다. 또한 원고 자신도 인터뷰를 통하여 "나는 상대방 선수에게 고통을 주고 싶고 싸움을 빨리 끝내고 싶으며 이를 상대방에게 각인시킬 것이다."라고 했다. 박준우, "표현의 자유에 의한 퍼블리시티권의 제한", p.152에서 재인용.

표현이 예술적 가치가 높거나 독특한 경우에도 지배적인 목적이 상업적이라면 퍼블리시티권의 침해가 된다는 점에서 실질적 변형 기준에 비해 예술의 자유를 좁게 인정한다는 비판이 있다.[30]

(2) Restatement/Rogers Test

Restatement/Rogers 기준은 개인의 동일성 표지를 그 개인과 전혀 관련 없는(wholly unrelated) 작품에 사용한 경우에는 퍼블리시티권의 침해로 허용될 수 없으나, 유명인을 다른 예술작품에 제목으로 사용하는 등 서로 관련되어 있는 경우에는 표현의 자유로 보호된다는 이론이다. 이 이론은 Rogers v. Grimaldi 사건[31]에서 정립되었다.

이 사건은 미국의 유명한 여배우 Ginger Rogers가 영화 『Ginger and Fred』[32]의 제작자 Alberto Grimaldi 및 제작사 MGM을 상대로 영화 제목에서 자신의 이름을 사용한 것은 그녀가 영화와 어떤 관련이 있다고 관객들에게 오인을 일으키게 한 것이므로 상표권 및 퍼블리시티권 침해라고 주장했다.

이에 연방 제2항소법원은 이 사건을 자신 이름을 보호하고자 하는 유명연예인 Rogers의 권리와 예술활동에서 자유롭게 사용하고자 하는 다른 사람의 권리 사이에 충돌문제로 보았으며, Rogers는 『Ginger and Fred』라는 영화의 제목으로 사용하는 것에 대해서 Rogers와 Astaire와 관련되어 있다고 볼 수 있는 경우에만 그 사용을 금지할

---

30) 위 Twist 사건과 사실관계가 유사한 Winter사건과의 비교에 대해서는 박준우, "표현의 자유에 의한 퍼블리시티권의 제한", 154-155면 참고.

31) Rogers v. Grimaldi, 875 F.2d 994 (2d Cir. 1989).

32) 1986년 Federico Fellini 감독의 이 영화는 헐리우드의 전설적 뮤지컬 스타인 Ginger Rogers와 Fred Astaire를 흉내내어 40년대 이탈리아에서 Ginger와 Fred 라는 이름으로 명성을 떨치던 댑댄스 듀오 Pippo와 Amelia가 과거 명사를 소개하는 TV 프로그램에 출연하기 위해서 30년 만에 만나 실제 공연을 하는 이야기이다.

수 있다고 보았다. 즉, 이중적 의미의 영화 제목이라는 예술적 관련성을 상표법적 근거로 억누르는 것은 표현의 자유에 대한 부당한 제한이며, 이 사건에서 유명 인사의 이름을 예술적 작업의 제목으로 사용함으로서 유명 인사가 저자, 후원, 협찬 등을 명시적으로 나타내거나 오인하게 하지 않고 있으므로 최소한의 관련성(minimally relevant)이 있는 이름의 사용이어서 연방 상표법 43조 (a)로 금지할 수 없고, 또한 유명 인사의 이름을 영화의 제목으로 사용하는 것이 영화와 완전히 무관한(wholly unrelated) 사용이거나 상품 판매를 위한 상업광고를 단순히 위장(simply disguised)하려는 것이 아닌 경우에는 퍼블리시티권으로 금지할 수 없다는 것이다.

이러한 기준은 상표법과 퍼블리시티권 모두 동일성 표지의 상업적 도용을 방지하려는 목적이 동일하다는 점에서 두 법익간의 비교형량의 기준도 유사하게 적용한 것이다. 하지만, 상표법은 주로 소비자의 혼동을 피하는 것을 추구하는데 반해, 퍼블리시티권은 개인의 이미지에 대한 상업적 이용을 통제하는데 목적이 있다는 점이 서로 다르고,[33] 따라서 이 사건과 유사한 경우 이외에 두 법익의 충돌 문제를 해결할 수 있는 일반적인 기준으로 확대하는 것은 적절치 않으므로 일반적인 비교형량 기준으로 받아들여지지 않는다고 한다.[34]

(2) 변형적 이용 기준(Transformative Use Test)

변형적 이용 기준은 저작권법의 공정이용의 원칙(fair use doctrine)으로부터 도출되었다. 미국 저작권법 제107조 공정이용을 판단하기

---

33) 퍼블리시티권은 유명인의 동일성이 결정된 최종 상태라기보다는 계속 변화하며, '정치·사회·예술적 상황'에서 유명인은 '문화적 표시'이고 반드시 상표로서 기능하는 것이 아니라고 했다. 이대희·노현숙, "성명을 사용한 도메인이름의 분쟁양상과 분쟁해결방안", 경영법률 제20권 제3호(2010), 447면 참조.

34) 김도경, 앞의 논문, 26-27면.

위한 4가지 요소[35] 중에서 첫 번째 요소인 '원저작물의 사용 목적과
성격'과 관련된 기준으로 그 이용이 변형적인 이용인지 여부가 문제
되는데, 이것은 그 이용이 단순히 원저작물을 복제하는 것인지 아니
면 원저작물을 이용하여 새로운 표현이나 메시지 등을 부가하는 변
형적인 이용인지 여부, 그리고 만약 그러하다면 그 변형의 정도는
어느 정도인지 여부 등으로 판단한다. 따라서 타인의 동일성을 이용
한 것이 충분히 변형적이어서 이용자의 고유의 표현이라고 볼 수 있
을 정도라면 퍼블리시티권의 침해는 부인된다고 본다.

　　위와 같은 변형적 이용 기준을 적용한 사례는 Comedy III 사건(또
는 Three Stooges사건)[36]이다. 이 사건에서 원고 Comedy III[37]는 석판화
작가인 피고가 유명 코미디언 Three Stooges의 캐리커처를 이용하여

---

35) 17 U.S. Code § 107 - Limitations on exclusive rights: Fair use
　　Notwithstanding the provisions of sections 106 and 106A, the fair use of a
　　copyrighted work, including such use by reproduction in copies or phonorecords or
　　by any other means specified by that section, for purposes such as criticism,
　　comment, news reporting, teaching (including multiple copies for classroom use),
　　scholarship, or research, is not an infringement of copyright. In determining whether
　　the use made of a work in any particular case is a fair use the factors to be
　　considered shall include
　　　(1) the purpose and character of the use, including whether such use is of a
　　　　　commercial nature or is for nonprofit educational purposes;
　　　(2) the nature of the copyrighted work;
　　　(3) the amount and substantiality of the portion used in relation to the copyrighted
　　　　　work as a whole; and
　　　(4) the effect of the use upon the potential market for or value of the copyrighted
　　　　　work.
　　The fact that a work is unpublished shall not itself bar a finding of fair use if such
　　finding is made upon consideration of all the above factors.
36) Comedy III Productions, Inc. v. Gary Sademp, Inc., 21 P.3d 797 (Cal. 2001).
37) Three Stooges에 관한 모든 권리와 여기에 등장한 코미디언들의 퍼블리시티
　　권을 행사하는 회사이다.

티셔츠나 석판인쇄물(lithograph)로 만들어 판매를 하자 퍼블리시티권 침해 등을 이유로 손해배상 등을 청구했다.

이 사건에서 California 주 대법원은 유명인의 이미지를 예술적으로 사용한 경우에 표현의 자유의 보호를 받는지에 대해서 변형적 이용 기준을 채택했다. 즉, 저작권법상 공정이용의 판단기준 특히 "이용의 목적과 성격(the purpose and character of the use)"은 표현의 자유와 퍼블리시티권의 조화에 있어서 특히 적절하며, 그 중에서도 새로운 작품이 변형적인지(transformative), 즉 다른 목적이나 성격을 가지고 새로운 것을 추가했는지, 첫번째 작품에 새로운 표현이나 의미나 메시지를 변경했는지 등의 여부가 중요하다고 판시했다. 표현의 자유에 요구되는 변형성 요소는 패러디 뿐만 아니라 사실적 보도에서 허구적 묘사까지, 가혹한 풍자에서 미묘한 사회적 비평에까지 두루 적용된다고 보았다.

또한 법원은 본래의 대상물로부터 충분한 변형이 이루어진 경우에만 헌법상의 예술표현의 자유의 보호를 받을 수 있다고 판시했고, 이를 판단하는데 있어서 질적 평가보다는 양적 평가를 우선시하여 변형의 정도가 클수록 표현의 자유로 보호를 받을 가능성이 높고, 유명 인사의 명성이 작품의 경제적 가치(economic value)에 미치는 영향도 중요한 판단요소가 된다. 또한 복제(reproduction)라고 할지라도 앤디 워홀의 실크스크린 작품처럼 유명인에 대한 비인격화라는 사회적 메시지를 전달한 경우에는 수정헌법 제1조의 보호를 받을 자격이 있다고 보았다. 결국 이 사건에서는 피고의 티셔츠에서 원고의 명성을 이용하기 위해 일반적으로 사용되는 묘사를 했을 뿐 다른 창작적 공헌을 한 것이 없으므로 의미있는 변형(significant transformative)을 이루지 못한 것이며 표현의 자유에 따른 보호를 받을 수 없다고 판단했다.

이 사건에서 법원은 표현물이 상업적이라고 할지라도 표현의 자유로 보호받는데 제약이 되지 않고, 또한 본래의 대상물로부터 충분한 변형을 일으킨 경우는 헌법상 표현의 자유로 보호받을 뿐만 아니라 그 정도가 클수록 원작품에서 파생된 시장과 경쟁할 위험이 낮아지고 유명인의 경제적 이익을 침해할 가능성도 적어질 것이므로, 변형의 판단에 있어서 창작성 정도와 창작물의 독자적 시장성을 기준으로 사용할 수 있다고 보았다. 또한 독창적인 예술적 요소를 판단함에 있어서 질적인 것이 아니라 양적인 측면을 고려하기 때문에 비록 예술성이 높지 않더라도 표현의 자유로서 보호받을 수 있다고 판시했다.

이 기준은 실무에서 어떠한 표현이 퍼블리시티권을 침해하는지를 판단함에 있어 비교적 통일된 견지에서 용이하게 사용될 수 있다는 장점이 있고, 따라서 현재 학계 및 법원에서 널리 받아들여지고 있다고 한다.[38)39)]

다만 Comedy Ⅲ 사건에서 새로운 기준으로서 제시된 변형적 이용기준에 대해서는 아직 저작권법에서도 요건 등이 명확히 확립되지 않았기 때문에 어느 정도 변형이 필요한지 알 수 없어 예측가능성이 높지 않다는 점, 양적인 측면을 강조하므로 변형이 충분히 이루어지지 않은 경우에는 오히려 퍼블리시티권 침해로 인정될 가능성이 높아질 수 있어서 창작자의 권리를 부당히 침해할 가능성이 있다는 점 등의 비판이 있다.[40)]

---

38) 연방 제3항소소법원은 변형적 이용기준이 비록 가변적이라는 단점이 있으나, 사안의 통일된 적용이 가능하여 체계적 틀을 제시해 줄 수 있다고 했다. 특히 표현물이 충분히 유명인의 동일성 표지를 변환시켰는지 여부라는 한 가지 사항만 판단하면 되기에, 법원이 어떤 상황에서든 동일성 표지의 도용 문제를 설명 가능하게 만들고 또한 효과적으로 퍼블리시티권이 대중의 표현물을 가장 과도하지 않게 제한할 수 있게 한다는 것이다. Hart v. Elec. Arts Inc., 717 F.3d at 163.

39) 김도경, 앞의 논문, 29면.

이후 변형적 이용 기준은 ETW v. Jireh Publishing 사건[41]에서도 사용되었다. 1997년 타이거 우즈가 마스터스 골프대회에서 최연소로 우승하자 스포츠 아티스트인 Rich Rush는 『The Masters of Augusta』라는 그림을 그려서 피고 회사 Jireh Publishing를 통해 출판하자, 원고 ETW[42]는 퍼블리시티권의 침해를 이유로 소송을 제기했다.

이에 연방 제6항소법원은 퍼블리시티권과 표현의 자유 사이에는 숙명적인 긴장관계(inherent tension)가 있는데 법원은 그 두 권리 사이의 조심스러운 균형점을 지속적으로 만들어왔다고 전제하고, 위 Three Stooges 판결에서 채용했던 Transformative Test를 적용하여, Rush의 작품은 타이거 우즈의 이미지를 예술적인 방법을 통해서 스포츠 역사상 최고 이벤트를 묘사하고 있고 그 이벤트에 있어서 우즈가 이룩한 성과의 중요성에 대한 메시지를 전달하고 있으므로, 이러한 충분한 변형적 요소들은 수정헌법상의 보호를 받을 자격이 있는 동시에 우즈의 퍼블리시티권에 의해서 보호되는 경제적 이익을 방해하지 않는다고 보았다.

3. 패러디와 퍼블리시티권 침해

가. 패러디와 퍼블리시티권의 관계

표현의 자유와 퍼블리시티권 사이의 관계에 있어서 패러디 항변이 검토될 필요가 있다. 미국에서 퍼블리시티권이 문제된 사안 중에

---

40) 김성환, 앞의 책, 156-157면.
41) ETW v. Jireh Publishing, 332 F.2d 915 (6th Cir. 2000).
42) ETW는 타이거 우즈의 본명인 Eldrick Tont Woods의 이니셜을 따서 만든 회사로서, 타이거 우즈의 이름, 초상 등 퍼블리시티권과 라이선싱을 관리하는 회사이다.

상당수가 패러디에 관련된 항변을 하고 있기 때문이다. 사실 그동안 우리나라에서는 패러디와 관련된 논문이 상대적으로 매우 적은 편이었고, 패러디를 인정한 판례도 손에 꼽는 수준이다.[43] 하지만 사회의 문화수준이 좀 더 다양한 표현방식을 수용할수록 사회의 주류나 기존 권위에 대한 비판이나 해학 등에 대한 포용력이 높아질수록 패러디에 관한 논의는 더욱 발달할 것이다. 결국 패러디를 어느 정도까지 허용할지의 문제는 사회와 구성원들의 정치, 경제, 문화적 특성이나 역사적 배경 뿐만 아니라 풍자나 변형가치에 대한 인식수준이나 포용력 등에 연동하는 문제이기도 하다.

일반적으로 넓은 의미의 '패러디(parody)'란 표현형식을 불문하고 대중에게 널리 알려진 원작의 약점이나 진지함을 목표로 삼아 이를 흉내 내거나 과장하여 왜곡시킨 다음 그 결과를 알림으로써 원작이나 사회적 상황에 대하여 비평하거나 웃음을 이끌어 내는 것을 말한다.[44] 패러디는 원작품이 가지고 있는 고유성이나 완결성을 깨뜨리고 원작품 자체 혹은 다른 관념을 빗대어 비평함으로서 이를 접하는 대중으로 하여금 원작품에서 느낄 수 없었던 새로운 사상과 감정을 경험할 기회를 제공한다. 이러한 패러디에는 원작 자체를 비평의 대상으로 삼는 직접적 패러디(direct parody)와 원작을 비평의 수단으로 이용하지만 원작의 내용과는 무관한 현대사회에 대한 일반적인 비평을 하는 매개적(媒介的) 패러디(vehicle parody) 등이 있다.[45]

---

43) 이는 우리나라 명예훼손과 관련된 법제가 비교적 넓게 명예훼손이나 모욕의 범위를 인정하는 것과도 관련이 있어 보인다. 패러디는 특정 개인이나 집단에 대한 비꼼 등을 통해 그들의 사회적 평가가 저하되는 것이 보통이며 따라서 명예훼손을 넓게 인정할수록 패러디가 존재할 공간은 그만큼 줄어들 수밖에 없다. 명예훼손 처벌규정 자체가 대중에게 미치는 chilling effect를 고려하면 더욱 그러하다.

44) 오승종, 앞의 책, 608면.

45) 정재훈, "패러디 광고와 저작권 침해", 광고연구 제39호(1998), 11면.

패러디를 저작물(원작)에 대한 자유이용의 한 형태로 인정하는 이유로는 보통 다음과 같은 세 가지를 들고 있다.[46]

첫째, 패러디는 기존의 작품에 비평이나 논평, 풍자 등 새로운 창작을 가미함으로써 인류의 문화유산을 풍부하게 하고 따라서 문화의 향상발전이라는 저작권법의 목적달성에 기여한다. 둘째, 패러디에 그와 같은 이로운 점이 있음에도 불구하고 보통 패러디라는 것은 엄숙하고 진지한 작품에 대한 풍자, 비평, 비꼼 등에서 시작하므로 원저작자로서는 자신의 저작물에 대하여 스스로 패러디를 작성한다거나 아니면 다른 사람에게 자신의 저작물에 대한 패러디를 작성하도록 허락을 해 줄 가능성이 낮다. 셋째, 패러디는 원작의 시장적 가치를 침해할 가능성이 거의 없다. 원작과 패러디는 전혀 다른 효용가치를 가지는 것이므로 패러디 작품을 감상했다고 해서 원작에 대한 수요가 감소될 가능성이 높지 않다.

퍼블리시티권과 관련하여 패러디를 정의해보면 사람이나 사물, 특히 사람의 아이덴티티 중 특징적인 부분을 과장되고 유머러스하게 묘사하여 독자에게 즐거움과 함께 특정 메시지를 전달하고자 하는 비평의 일종이라고 정의할 수 있을 것이다. 이러한 패러디는 그 속성상 특정인이 가지고 있는 고유한 특성을 감지하도록 하는 것이 핵심이기 때문에 이러한 특징의 무단 이용의 보호를 목적으로 하는 퍼블리시티권과 상호 충돌할 수밖에 없다. 또한 패러디는 그 속성상 일반인에게 널리 알려진 인물에 대한 풍자 내지 대상에 대한 조롱과 빈정거림이 수반되고 이는 대상이 된 인물에 대한 변형이 이루어지기 때문에 프라이버시권 내지 퍼블리시티권자로부터의 침해 주장이 쉽게 야기된다.

따라서 타인의 성명, 초상 등을 패러디하여 사용한 경우에 퍼블

---

46) 오승종, 앞의 책, 608면.

리시티권의 침해가 되는지, 이 경우 표현의 자유 내지 공정 이용의
원리에 의하여 퍼블리시티권의 침해 주장을 저지할 수 있는지 등이
문제되고 있다. 이하에서는 패러디와 퍼블리시티권 침해가 문제된
몇 가지 판례들을 살펴본다.

나. 패러디와 퍼블리시티권 침해에 관한 사례

(1) Hustler Magazine 사건[47]

퍼블리시티권이 문제된 사안은 아니지만, 패러디와 언론·표현의
자유와의 관계가 검토된 대표적 사건으로 Hustler Magazine사건을 들
수 있다.

Hustler Magazine은 1983년 11월 앞표지 뒷면에 "Jerry Falwell이 그의
첫 경험에 대하여 이야기 한다"는 제목으로, 그가 이성과의 첫 경험
으로 집 앞에서 술에 취해 어머니와 근친상간했다고 인터뷰하는 "패
러디" 광고를 실었다. 이 패러디는 실제 Campari 술회사 광고를 모델
로 했는데, 이 광고에는 다양한 유명인들의 '첫경험(first times)'에 대
한 인터뷰를 내용으로 했다. 그러나 실제 "첫경험"은 Campari 술에 대
한 경험이었다. 이러한 Campri 광고의 폼과 레이아웃을 본떴는데, 허
슬러 편집자는 유명인사를 인터뷰하는 형식으로 Jerry Falwell[48]을 이
중인격자로 암시한 것이다. 패러디 광고의 맨 아래에는 작은 글씨로
"광고 패러디 – 심각하게 받아들이지 말 것"("ad parody – not to be
taken seriously.")라는 문구가 있었고, 잡지 목차 부분에도 이 광고에
대해서 "픽션; 광고와 인격 패러디"("Fiction; Ad and Personality Parody.")
라고 표시했다.

---

47) Hustler Magazine and Larry Flynt v. Jerry Falwell, 485 U.S. 46 (1988). 이하 사실관
   계 및 판결과 관련된 부분은 함석천, 앞의 논문, 83-86면 참고.
48) 당시 미국에서 잘 알려진 목사이자 정치평론가였다.

원고 Jerry Falwell은 잡지사에 대하여 명예훼손, 프라이버시권 침해 및 고의적인 정신적 고통유발 등으로 인한 손해배상을 요구했는데, 연방대법원은 허슬러지의 패러디 광고가 정치적 만평의 먼 친척이고 별 관련도 없으며, 정치적 만평과 패러디 사이를 갈라놓는 원칙이 있다고 하더라도, 그 때문에 공적인 담론(public discourse)이 손상되거나 해를 받는 일은 별로 없을 것이라면서, 특히 공인이나 공무원은 허위에 대한 actual malice나 혹은 reckless disregard를 입증하지 않는한 구제받을 수 없고, "단순히 발언이 다른 사람을 당혹하게 하거나 어떤 행동에 이르도록 충동했다는 이유만으로 표현이 자유에 의해 보호받아야 하는 성질을 잃지는 않는다"면서 손해배상청구를 기각했다.

이 사건의 결론에 대해서는 미국 내에서도 논란이 많지만, 패러디 역시 헌법으로 보호받는 사상의 표현의 일종이며 특히 공인에 대한 패러디를 통제하면 위축효과가 생겨 사상의 자유로운 시장의 형성에 방해가 되므로, 적어도 패러디가 묘사한 사실이 명백히 거짓이고 누구나 이를 쉽게 알 수 있다면 패러디가 사회의 공적인 담론에 악영향을 미치는 것도 아니므로, 이러한 영역에서 패러디는 넓게 인정되어야 한다고 판시했다는 의미가 있다.[49]

(2) Vanna White 사건[50]

특정인의 동일성에 대한 패러디물을 상품 광고에 사용한 경우에 관한 대표적 사례로서 Vanna White사건을 들 수 있다.

이 사건은 미국의 유명한 게임쇼 Wheel of Fortune의 진행자 Vanna White가 삼성전자의 VCR광고를 문제삼아 제기한 소송이다. 위 광고는 원고를 닮은 로봇이 일견 Wheel of Fortune 게임보드 옆에서 있는

---

49) 함석천, 앞의 논문, 86면.
50) White v. Samsung Elecs. Am., Inc., 971 F.2d 1395 (9th Cir. 1992).

모습을 묘사했다. 광고의 취지는 서기 2012년에도 위 게임쇼는 Vanna White의 모습을 한 로봇에 의하여 인기리에 진행될 것이고, 마찬가지로 삼성전자의 VCR은 그 때까지 계속 우수상품으로 잘 팔릴 것이라는 내용이었다. Vanna White는 동 광고에 출연시킨 로봇의 모습이 자신이 출연하는 게임쇼 프로그램 'Wheel of Fortune'에서의 자신의 형상과 연기를 무단 모방한 것이라고 주장했고, 삼성전자는 로봇의 모습과 출연은 패러디물로서 언론·표현의 자유로서 보호받아야 한다고 항변했다.

연방 제9항소법원은 삼성의 비디오 패러디 광고가 표현의 자유 대상이지만, 상업광고에 있어서 표현의 자유 장벽은 그리 높지 않다고 보았다. 상업적 성격에 주안이 있는 광고라는 이유로 패러디 항변을 받아들이지 않았다. 즉 광고 패러디는 웃음을 유발하는데 목적이 있어야 함에도, 이 사건 광고는 "buy Samsung VCRs"가 주된 메시지이며, 패러디와 짝퉁의 차이는 재미와 수익의 차이라는 것이다. 퍼블리시티권의 침해 여부를 판정할 때 기준이 되는 것은 실질적으로 그 사람의 이미지의 동일성이 무단으로 침해되었는지 여부이고, 어떻게 침해되었는지는 중요하지 않고,[51] 삼성전자는 Vanna White의 이름이나 그와 유사한 것을 사용한 것은 아니지만 로봇 인형을 이용하여 Vanna White의 이미지의 동일성을 무단 침해했다고 보았다.

이 사건에서 반대의견은, 일반적으로 패러디는 원작을 "떠올릴 (conjure up)" 정도면 원작에 대한 침해가 성립하지 않는다면서, 다수 견해에 따르면 예측가능성이 없다고 비판했다. 광고가 사용한 유명세는 크고 둥근 게임판과 그 옆에 백인 여자가 서 있는 쇼프로그램의 세팅(the imitation of "Wheel of Fortune" set)이지 게임판을 빼고 남은 평범한 여자의 유명세가 아니라는 점을 지적하면서, 세팅을 빼고 여

---

51) "It is not important how Defendant has appropriated Plaintiff's identity, but whether Defendant has done so."

자진행자만 남길 경우 패러디 광고에서 White를 직관적으로 연상(conjure up)할 수도 없으므로 퍼블리시티권 침해로 볼 수도 없다고 했다. 다수의견에 따를 경우 유명인과 관련시킬 수 있는 특징 혹은 속성이라면 그 어떤 것에 기해서도 퍼블리시티권 침해를 주장할 수 있게 되어 권리의 한계가 불분명해지고, 그에 따라 표현의 자유가 위축될 수밖에 없다고 지적했다.

이 사건에서 법원은 언론 및 예술표현의 자유와의 판단기준으로 기존의 상업적·비상업적 기준을 중시하고, 이를 패러디물의 퍼블리시티권 침해여부 판단에도 적용했다. 이러한 다수의견은 광고의 상업성과 비상업성이라는 기준으로 판단했지만, 저작권법에서 적용하는 여러 기준들이나 표현의 자유에 관한 여러 제한 요소들 가운데 왜 상업성만을 중요요소로 삼았는지 의문이 있고, 따라서 패러디가 비평 기능을 주로 하는 분야라는 면에서 상업성이 있더라도 저작권의 공정사용 판단에서 보았던 여러 기준들을 기준으로 살펴보아 그 허용 한계를 정하는 것이 바람직하다.[52]

(3) Campbell v. Acuff-Rose Music Inc. 사건[53]

비록 퍼블리시티권에 대한 사건은 아니지만, 패러디와 공정이용 사이의 관계에 대한 대표적인 사건은 Campbell v. Acuff-Rose Music Inc. 사건이다.

Roy Orbison과 William Dees는 1964년에 록발라드 『Oh, Pretty Woman』라는 곡을 만들었고 Acuff-Rose Music, Inc.에 권리를 양도했다. 그 후 1989년 래퍼 그룹 '2 Live Crew'[54]는 위 곡을 편곡, 개사하여 『Pretty Woman』이라는 패러디곡을 만들고, 1989년 5월경 Acuff-Rose 측에 크

---

52) 함석천, 앞의 논문, 88-89면.

53) Campbell v. Acuff-Rose Music Inc., 510 U.S. 569, 590 (1994).

54) Luther R. Campbell, Christopher Wongwon, Mark Ross, and David Hobbs.

레딧 및 사용료와 관련된 이용허락을 구했으나 거절되었다. 그럼에
도 불구하고 1989년 6월 혹은 7월에 곡이 발매되었으며, 그 후 1년쯤
지나 2 Live Crew의 음반이 25만장 정도 판매되었을 때 Acuff-Rose는
2 Live Crew와 레코드회사를 상대로 저작권 침해소송을 제기했다. 이
사건에서 2 Live Crew가 Acuff-Rose의 저작권을 침해했다는 점에는 다
툼이 없었고, 쟁점은 공정사용에 해당하는지 여부였다.

　이 사건에서 미국 연방대법원은 저작권법 제107조에서 규정한 4
가지 요소들을 구체적으로 판단하면서 Campbell의 공정이용 항변을
받아들였다.[55] 먼저 ① '저작물 이용의 목적과 성격'과 관련해서는,
이 사건 저작물이 상업적인 성격을 인정하면서도[56] 패러디가 가지는
변형적 가치(transformative value)를 강조했다. 저작권법의 목적상 작품
이 가지는 변형성이 높을수록 상업성 등 다른 요소들의 중요성이 줄
어든다는 것이다. 새로운 작품이 원작품이 가지는 목적을 대신하는
지, 그리고 새로운 표현, 의미, 혹은 메시지와 함께 심도 있는 목적과
다른 성질을 부각시켜 새로운 무엇인가를 추가한 것인지, 즉 어느
정도까지 새 작품이 변형되었는지(transformative)가 심리의 초점이라
고 밝혔다. 일반적으로 저작권법의 목적인 문화 향상 발전은 변형
작품의 창작으로 심화되어 왔기 때문이라고 한다. 또한 패러디의 비
판적 기능도 중요하다고 보았다. 유머러스한 비평과 같이, 패러디는
기존 작품을 재조명하는 기회를 주면서 새로운 가치를 창출함으로
써 사회에 이익을 준다고 보았다. ② '저작물의 성질'과 관련해서는,
이 사건 패러디곡이 저작권으로 보호할 필요가 있는 원곡의 독창적
인 핵심 부분을 사용했지만, 패러디는 대부분 널리 알려진 작품을

---

55) 함석천, 앞의 논문, 73-76면 발췌 번역부분 참고.
56) 미국 연방대법원의 소니사건 이후에 상업적인 사용은 불공정한 이용으로
　　추정(presumptively)되고 있었다.
　　Sony v. Universal City Studios, Inc., 464 U.S. 417 (1984).

사용할 수밖에 없기 때문에 이 사실은 공정사용을 판단하는 데 피고들에게 불리한 중요한 요소가 되지는 않는다고 보았다. ③ '이용된 부분의 양과 중요성'과 관련해서는, 패러디는 원작이 무엇인지 알 수 있도록 원작의 핵심 부분을 사용할 수밖에 없는 특징을 가지고 있고,[57] 결국 패러디는 그 특성상 원작의 핵심(heart)을 사용하여 직관적인 "연상 작용(conjure up)"을 하게 할 때 존재가치와 의의가 있기 때문에 원작의 핵심 부분을 사용했다는 점만으로 세 번째 요소가 공정사용(fair use)의 부정 요소로 작용하지는 않는다고 했다. 마지막으로 ④ '잠재적 시장 또는 가치에 미치는 영향'과 관련해서는, 원작 뿐만 아니라 2차적 저작물 시장에 미치는 영향도 고려해야 하지만, 희화와 비판을 주된 목적으로 하는 패러디가 원작의 변형에 독창적인 요소를 가지고 있고, 그 요소의 독창성으로 말미암아 또 다른 저작물의 창작으로 평가될 수 있다면 공정이용이라고 볼 여지가 많으며, 이러한 독창적인 변형 때문에 2차적 저작물(derivative work)이 가지는 한계를 뛰어넘어 패러디만의 또 다른 시장을 형성하는 것이라고 했다.

(4) Cardtoons L. C. v. Major League Baseball Players 사건[58]

원고 Cardtoons는 프로야구 메이저리그 선수들의 초상을 이용하여 캐리커쳐를 그린 패러디 카드(parody trading card)를 만들었다. 카드의 앞면에는 선수들의 외모나 해당 구단의 유니폼을 이용하여 캐리커쳐를 그려 넣었고, 카드의 뒷면에는 선수의 캐리어에 관한 유머러스한 코멘트가 있었고, 아래쪽에는 "Cardtoons의 야구카드는 패러디이

---

57) 패러디는 어려운 문제를 제기한다. 패러디의 유머나 의미는 원작에 대한 비틀린 모방을 알아보도록 하는데서 나온다. 패러디의 예술성은 잘 알려진 원작과 패러디적인 쌍둥이 사이의 긴장에 놓여있다. 패러디가 특정 원작을 겨냥하므로, 패러디는 원작의 중요부분을 떠올리고 비평적 위트를 알아차릴 수 있도록 할 수 있어야 한다.

58) Cardtoons L. C. v. Major League Baseball Players95 F.3d 959 (10th Cir. 1996).

며, 메이저리그 구단 또는 메이저리그 선수노조의 라이선스를 받지
않았다"라는 문구[59]를 기재했다. 그 외에는 일반적인 야구카드와 구
성, 사용방법이 유사했다. 원고가 위 카드의 광고를 시작하자 MLBPA
(피고)에서 중단을 요청했고 이에 원고가 침해가 아니라는 확인판결
을 청구했다.

이 사건에서 연방 제3항소법원은 패러디를 인정하고 퍼블리시티
권의 침해를 부정했다. 즉, 지적재산권의 주요 목적 중의 하나가 창
의적인 표현을 극대화하는 것이고, 법률은 기존 창작자의 보호와 미
래창작자의 표현의 자유 사이에 적절한 균형이라는 목표를 달성하
기 위해 노력해야 하며, 그 과소보호(underprotection)는 창작자의 인센
티브를 줄이지만 과대보호(overprotection)는 창작적 표현의 소재에 대
한 독점을 형성한다고 보았다. 원고의 표현의 자유와 피고의 재산권
이 충돌하는 상황에서 두 권리 사이의 이익형량이 필요하며, 원고의
표현의 자유의 제한에 따른 결과와 피고의 퍼블리시티권의 제한에
따른 결과를 서로 비교해야 한다는 것이다.

(a) 표현의 자유에 대한 제한의 효과 :

패러디는 기존 작품을 해석하여 새로운 작품을 만드는 중요한 자
기표현의 수단이므로, 사회비판과 자기표현의 수단으로서의 패러디
는 사상의 자유시장에 있어서 필수적 재화이다. 현대 사회에서 유명
인사의 역할을 고려할 때 유명 인사에 대한 패러디는 특히 중요한
표현수단이 된다. 그래서 유명인으로 인하여, 한 번도 만난 적이 없
는 일반 대중들이 미디어 문화에 참여함으로서 같은 경험과 기억을
공유할 수 있게 되었으므로, 유명 인사는 우리의 문화영역에서 많이
사용되고 있는 중요한 의사전달수단(common points reference, valuable

---

59) "Cardtoons baseball is a parody and is NOT licenced by Major League Baseball
    Properties or Major League Players Association(MLBPA)."

communicative resources)이다. 이와 같이 유명 인사들이 일반 대중의 어휘에 중요한 역할을 차지하기 때문에, 유명 인사의 패러디는 단지 유명 인사에 대한 풍자일 뿐만 아니라 사회적으로 유명 인사가 상징하는 생각이나 가치의 약점에 대한 표현이기도 하다.

수정헌법 1조의 보호가 없으면 인기스포츠에 대한 코멘트를 담은 야구 패러디카드는 공중에게 자유로이 배포될 수 없다. 저작물과 같은 창작물의 경우에도 저작자들은 그들의 저작물을 비판하거나 우스꽝스럽게 표현하는 패러디 작품의 저작을 허락하려 하지 않을 것이다. 그러므로 표현의 자유보다 퍼블리시티권을 우선시키면 패러디카드의 배포는 불가능해질 것이며, 이는 MLBPA가 야구선수들에 대한 비판을 검열하도록 할 뿐만 아니라 장래의 유명인 패러디 자체를 크게 위축시킬 것이다. 이런 결과는 결코 바람직스럽지 않으며, 수정헌법 1조는 유명인을 풍자하는 것을 금지하는 법을 절대로 용인해서는 안된다.

ⓑ 퍼블리시티권에 대한 제한의 효과 :

판결은 퍼블리시티권의 정당화사유들을 경제적인 것과 비경제적인 것을 나누고, 다시 경제적인 논거로 ① 우수한 스포츠맨 또는 인센티브의 제공, ② 자원의 효율적 배분, ③ 소비자 보호 등, 그리고 비경제적인 논거로 ① 자연권의 보장, ② 유명인의 노동의 결과 보장, ③ 부당이득의 방지, ④ 정신적 손해의 방지 등을 들었다. 그리고 각각의 경우에 있어서 적용가능성을 검토[60]한 후, 결과적으로 이 사건에

---

60) (1) 경제적 논거

① 인센티브 제공 : 대부분의 퍼블리시티권자는 이미 스포츠, 연예활동을 통해 상당한 부를 축적한 사람들로 퍼블리시티권을 인정받지 못한다고 해도 활동에 전혀 지장을 받지 않을 것이고, 마이너리그 선수들도 메이저리그 선수가 되기 위한 꿈을 포기하지 않을 것이라는 점.

② 자원의 효율적 배분 : 패러디와 관련해서 유명인들은 퍼블리시티권을

있어서 MLBPLA의 퍼블리시티권에 대한 제한은 무시할만큼(negligible) 적다고 판단했다.[61]

미국은 이미 50년대부터 연방법원 Haelan 사건에서 분명하게 퍼블리시티권을 인정하여 가장 강력하게 보호하던 국가였지만, 90년대

그들의 성명이 가지는 가치를 장기적으로 극대화하기 위한 목적이 아닌, 자신들에 대한 비판을 억압할 목적으로 사용할 것이며, 결국 그들의 표상에 관한 가치있는 정보의 원천을 시장에서 영원히 제거하려 할 것이라는 점.

③ 소비자 보호 : 패러디의 경우에는 소비자들이 혼동하거나 기만당할 우려가 없다는 점.

(2) 비경제적 논거

① 유명인의 노동결과 보장 : 유명인의 패러디 작품은 일반적으로 사회적으로 평판이 좋지 않은 자를 대상으로 해서 만들어지므로 만약 유명인이 패러디 작품의 창작허락을 통해서 수입을 얻을 수 있다고 한다면, 결과적으로 사회적으로 바람직하지 않은 행동을 해서 비판과 풍자의 대상이 된 유명인이 퍼블리시티권의 수혜자가 된다는 왜곡된 결과를 초래하게 된다는 점.

② 부당이득 방지 : 패러디 작품은 유명인의 표상을 단순히 이용하는 것이 아니라 창작적인 요소를 상당히 추가하기 때문에 부당이득이라고 보기 힘들다는 점 등.

③ 정신적 피해의 방지 : 유명인도 그 표상의 이용으로 인해서 정신적인 피해를 입을 수 있고 그러한 결과는 방지되어야 하지만, 이는 재산적 가치를 보호하는 퍼블리시티권의 영역이 아니라는 점.

이상에 대한 자세한 설명은 박준우, "퍼블리시티권 상업적 이용의 판단기준", 511면 이하 참고.

61) 다만 이러한 판례의 결론에 대해서, 동 사건의 법원도 인정한 바와 같이 ① 유명인의 초상을 이용한 패러디 작품의 경우 유명인이 기여한 부분도 분명히 있으며, ② 패러디에 대해서 퍼블리시티권의 침해를 인정할 수 없는 주된 이유가 퍼블리시티권자가 패러디 작품의 창작허락을 하지 아니할 것이기 때문이라면, 퍼블리시티권의 침해를 인정하면서 유명인이 기여한 부분에 해당하는 만큼의 낮은 손해배상액수를 산정하는 방법이 더 타당한 결론이라는 견해에는 박준우, "퍼블리시티권 상업적 이용의 판단기준", 517면 참고.

이후에 들어서는 너무 강력한 퍼블리시티권 보호의 부작용을 우려한 것인지 1996년 Cardtoon v. Major League Baseball 판결(연방 제10항소법원), 2000년 ETW v. Jireh Pub. 판결(연방 제6항소법원),[62] 2007년 C.B.C. v. MLB 판결(연방 제8항소법원)[63] 등에서 연달아 퍼블리시티권 침해 주장을 배척하고 공정사용을 인정하는 쪽으로 결론을 내렸다. 다만 2007년 C.B.C. v. MLB 판결에서 야구게임 제작자가 야구선수들의 인적 징표를 거의 그대로 활용한 야구게임 제작의 경우까지 표현의 자유를 우선시하여 퍼블리시티권 침해를 부정하는 것에 대해서는 부당하다는 입장이 현재 미국의 주된 견해이다.[64]

다. 소결

위와 같이 미국 법원에서는 패러디의 항변을 적극 받아들이고 있다. 최근 패러디의 항변은 공정 이용의 하나로 보고 있는데 첫째, 풍자의 경우에는 풍자의 대상이 되는 원저작물을 뚜렷이 드러냄으로써 은밀한 저작물의 도용이라는 문제가 없으며, 둘째, 원저작물과 풍자물은 그 스타일이나 제작목적 등이 확연히 달라 풍자물이 원저작물의 시장을 침해할 우려가 없고, 셋째, 기본적으로 원저작물의 저작자는 자신의 저작물에 대한 패러디를 금지하려는 경향이 있으므로 이를 정당한 사용으로 인정하지 않을 경우에는 패러디의 제작 자체가 힘들어지고, 넷째, 패러디란 그 속성상 원저작물을 이용할 수밖에 없어 정당한 이용으로 보지 않는다면 모든 패러디는 저작권침해로 간주될 수밖에 없기 때문이다.[65]

---

62) ETW v. Jireh Publishing, 332 F.2d 915 (6th Cir. 2000).
63) C.B.C. Distribution and Marketing, Inc. v. Major League Baseball Advanced Media, L.P., 505 F.3d 818 (8th Cir. 2007).
64) 박준석, "프로야구게임 퍼블리시티권", 360-362면.

위에서 논한 바와 같이 현재 미국의 법원은 패러디라는 형식 자체는 일종의 공정이용의 한 형태로 인정하고 있다. 하지만, 저작권자의 저작물에 대한 독점적인 권리나 2차적 저작물 작성권과의 조화를 위하여, 패러디는 원저작물을 기억하고 마음에 떠올릴 정도(recall and conjure up), 즉 패러디를 읽음으로써 풍자되는 저작물을 연상시킬 정도까지만 원저작물을 이용할 수 있고, 만일 'conjuring up'의 정도를 넘어 원저작물의 내용을 복사 혹은 이용한 경우라면 이는 원저작물의 저작권을 침해한 것으로 판단하고 있다.

패러디의 대상이 특정인물의 초상 등이 대표적인 예라는 점을 생각할 때 패러디와 퍼블리시티권과의 관계는 상당한 긴장관계를 형성할 수밖에 없다. 하지만 그 동안 우리나라에서 패러디 항변이 인정된 사례가 거의 없을 정도로 판례상 패러디의 인정기준은 매우 엄격한 편이다. 우리나라도 패러디의 항변에 의해 퍼블리시티권의 행사를 제한하고자 할 때에는 저작권법상의 공정이용 법리에 따라 이용의 목적과 성격, 퍼블리시티권의 성격, 이용된 부분의 양과 중요성, 잠재적 시장가치에 미치는 영향 등을 고려하여 좀 더 완화된 판단을 할 필요가 있다. 즉, 패러디를 통해 어떠한 변형적 가치를 추구하였는지, 퍼블리시티권자의 인격적 징표가 어떤 사회적 상징성을 가지는지, 커뮤니케이션의 수단으로서의 의미는 어떠한지, 동일성 표지의 일부만 사용하는 등 피해를 최소화할 가능성은 있었는지, 패러디로 인해서 퍼블리시티권자의 통상적인 이익실현을 직접적으로 방해하였는지 등을 살펴보고 퍼블리시티권 침해여부를 결정해야 할 것이다.

---

65) 김세권, 앞의 논문, 226면.

4. 미국 판례들에 대한 평가

미국에서는 수정헌법 제1조에 최상위의 가치를 부여하기 때문에, 어떠한 주법도 수정헌법 제1조가 가지는 가치를 넘어설 수는 없다. 따라서 대부분의 주들이 가지고 있는 퍼블리시티권에 관한 법률들은 뉴스 보도, 공적 사건 및 기타 전통적으로 수정헌법 제1조에 의해 보호되는 활동들과 관련해서는 권리자의 명시적인 허락이 없더라도 면책되도록 규정하고 있다. 이러한 견지에서 볼 때, 사회적 관심을 환기시키거나 공적 논의를 촉발하기 위해서 또는 예술작품을 만들어내기 위해서 타인의 아이덴티티를 이용하는 경우에는 수정헌법 제1조에 의해 면책될 가능성이 크게 된다. 또한 교육적 목적이나 정보제공을 위한 의사전달 역시 수정헌법 제1조의 보호범위 내라고 해석되므로, 만일 퍼블리시티권이 교육적 또는 정보제공적 목적에 이바지하는 경우에는 면책의 대상이 될 수 있을 것이다.[66]

하지만 수정헌법 제1조라는 테두리를 가진다고 하더라도 퍼블리시티권과 관련된 개개 사건에 있어서 기존 수정헌법과 관련되어 발전된 논의들을 그대로 적용하는 것은 무리가 있다. 개인의 고유성이 가지는 징표가 사회 구성원들의 커뮤니케이션의 수단으로 사용되는

---

66) 나아가 최근에는 퍼블리시티권과 수정헌법 제1조를 형량하기 위한 새로운 심사기준들이 제시되고 있는데, 그 중에 4요소 심사(four factor test)가 있다. 그 내용은 ① 그 이용이 원고의 이미지나 개성을 환기시키는지 여부, ② 그 이용이 원고의 공적 개성에 관련된 것인지 여부, ③ 그 이용이 위장된 광고인지 여부, ④ 피고의 메시지 전달의 대체적 수단이 이용가능한지 여부 등이며, 이러한 심사기준은 원고의 성명 또는 외관을 피고가 이용한 것이 보도를 위한 것이거나 공적 관심사라고 판단된 후에 이용될 수 있는데, 이 중 하나라도 충족되지 못한다면 피고에 유리한 판단이 도출되어야 한다는 것이다. Levine, K. Jason, "Can the Right of Publicity Afford Free Speech? A New Right of Publicity Test for First Amendment Cases", 27 Hastings Comm. & Ent. L. J. 171, Fall 2004, pp.200-216.

경우에 이러한 의사소통을 보호할 필요는 분명하지만 그렇다고 그러한 메시지의 사용을 무한정 허용하는 것은 유명인이 가진 고객흡인력을 부당하게 이용하는 것을 통제할 수 없을 뿐만 아니라 자칫 유명인이 가진 직업의 자유에도 중대한 제한이 될 수 있다. 커뮤니케이션 수단의 발달로 이러한 이익충돌은 계속 증대될 것이며, 미국 법원들이 제시하는 여러 기준들은 우리나라에서도 사건의 해결에 하나의 기준으로 받아들일 수 있다. 즉 우리나라 헌법상에 표현의 자유와 예술의 자유 등에 관한 규정 및 그 해석범위가 미국과 유사해지고 있는 점이나 손해배상 소송에서 민법 불법행위규정을 판단함에 있어서 위 헌법의 기준들이 해석원리로 적용될 수 있다는 점 등을 생각할 때 미국에서의 표현의 자유에 관한 논의는 우리나라에서도 의미가 있다.[67] 특히 개별 사용에 있어서 주된 목적이 무엇인지를 판단하는 지배적 이용기준이나 창작물의 변형적 가치 및 잠재적 시장 침해여부를 고려하는 변형적 이용기준 등은 실제 사건의 해결에 적절히 적용할 수 있을 것으로 생각된다. 다만, 미국과 우리나라 사이에는 헌법상 표현의 자유가 차지하는 법적, 사회적 의미에 서로 차이가 있는 점, 퍼블리시티권의 도입 및 인정범위에 대해서도 완결되지 않은 문제인 점 등을 고려할 때, 구체적인 사안에서는 미국과 다른 법리가 형성될 수 있을 것이다.

---

67) 권태상, "퍼블리시티권과 표현의 자유", 23면.

제3절 표현의 자유와 퍼블리시티권에 관한 일본에서의 논의

1. 서설

퍼블리시티권에 대한 수용 속도 및 기존 초상권과 관련된 논의 등이 우리나라와 비슷한 일본의 경우에도 유명인의 초상 등을 무단으로 사용한 경우에 퍼블리시티권의 침해를 인정할 것인지에 대해서 오랫동안 논란이 있어왔다. 한국과 마찬가지로 일본에서도 법률상 명문의 규정이 없음에도 인격권으로서의 초상권, 성명권은 일반적으로 인정되어 왔고, 이는 최고재판소 판례를 통해서도 확인되었다.[1] 이러한 판례를 바탕으로 1976년 마크 레스터 사건[2]에서 성명, 초상 등에 대한 무단 사용에 대해서 재산적 손해에 대한 배상책임을 인정하는 등 실질적으로 퍼블리시티권 법리를 인정했으며, 1989년 히카리(光) GENJI 사건[3]에서는 '퍼블리시티권'이라는 용어를 처음 사용했고, 그 후 법원에서는 개인의 성명이나 초상이 가지는 고객흡인력을 재산권으로 파악하려는 논의가 더욱 활발해지고 있다.

---

1) 초상권에 대하여는 最高裁判所 大法廷 1969(昭和 44). 12. 24. 判決(最高裁判所刑事判例集23卷12號1625頁, 判例タイムズ242號119頁, (누구든지 그의 승낙 없이는 함부로 용모·자태를 촬영당하지 않을 자유가 있다고 판시).
   성명권에 대하여는 最高裁判所 第3小法廷 1988(昭和 63). 2. 16. 判決(最高裁判所民事判例集42卷2號27頁, (성명은 인격권의 한 내용을 구성하는 것으로, 타인으로부터 그 성명을 정확하게 호칭되는 것은 불법행위법상 보호받을 인격적 이익을 갖는다고 판시).
2) 東京地方裁判所 1976(昭和 51). 6. 29. 判決(判例時報817號23頁, 判例タイムズ339號136頁)).
3) 東京地方裁判所 1989(平成 1). 9. 27. 判決(判例時報1326號137頁).

최근 일본에서도 퍼블리시티권과 표현의 자유 사이의 충돌에 있어서 일정한 기준을 설정하기 위한 논의가 시작되고 있다. 마크 레스터 사건이나 오우 사다하루(王貞治) 사건, 오냥코 클럽 사건 등에서는 광고나 상품[4] 등에서 허락없이 성명·초상을 사용한 것이기 때문에 위법성이 비교적 쉽게 인정되었다. 하지만 유명인의 성명·초상의 이용행위 중 특히 서적이나 잡지 등에 이용한 경우는 위법성에 대한 판단이 쉽지 않고 따라서 법원도 사건별로 다양한 입장을 보였다. 그 대표적인 사건이 킹 크림슨 사건, 부부카 사건, 핑크레이디 사건 등이다. 특히 2012년 핑크레이디 사건에서 최고재판소는 침해자가 오로지 초상이 갖는 고객흡인력을 이용하려는 목적이었는지 여부에 따라 판단하는 소위 "오로지(專ら) 기준설"에 따르면서도 침해로 판단되는 구체적인 세 가지 행위유형을 제시하며 퍼블리시티권 침해여부를 검토했는데, 이와 같은 입장은 퍼블리시티권과 표현의 자유의 관계에서 유형적 형량방식의 입장에서 매우 중요한 기준을 설정한 것으로 볼 수 있다. 이하에서 위 사건들에 대하여 좀 더 자세히 살펴보고 일본 법원의 입장을 검토하기로 한다.

---

4) 여기서 상품은 이른바 굿즈(goods) 상품 등 머천다이징에서의 이용이 전형적이다.

상품의 이용행위에 대해 금지청구를 인용한 최초의 판결은 '오우 사다하루(王貞治) 사건'이다(東京地方裁判所 1978(昭和 53) 10. 2. 判決(判例タイムズ372號97頁). 이 사건은 프로 야구 선수 오우 사다하루의 '한쪽 다리를 든 야구선수 배팅 폼의 입상(立像)', '오우 사다하루', '800호 달성', '오우 사다하루 선수', '오우 선수', 'BIGI 오우 사다하루'라는 문자를 표시한 메달 및 그 포장지·포장상자·선전용 전단지의 제조·판매·배포가 금지의 대상이 되었다.

그 외에도 아이돌 연예인의 성명·초상이 달력이나 포스터, 브로마이드, 전화 카드, 키홀더, 주머니, 지갑, 배지, 머리띠, 책받침, 부채, 스티커 등의 이른바 굿즈 상품에 무단이용된 사안에서 금지청구를 인용한 '오냥코 클럽(おニャン子クラブ) 가처분 사건'(東京地方裁判所 1986(昭和 61) 10. 6. 決定(判例タイムズ1212號142頁)] 등이 있다.

2. 표현의 자유와 관련된 사례[5]

가. 킹 크림슨 사건[6]

(1) 사실관계

개인의 성명, 초상 등을 서적에서 사용하여 퍼블리시티권과의 관계에서 문제된 사건으로 대표적인 것은 킹 크림슨 사건이다. 이 사건은 세계적으로 유명한 영국 출신 록그룹인 킹 크림슨(King Crimson)과 관련하여 일본에서 퍼블리시티권 침해가 문제되었다.

본 사안에서 피고 출판사(FM 도쿄)는 '지구음악 라이브러리' 시리즈에서 『킹 크림슨』이란 제목의 서적을 출판했는데, 서적 제목으로 "킹 크림슨"의 그룹명 및 리더 원고 Robert Fripp을 포함한 멤버들의 성명을 그대로 사용하면서 서적의 앞뒤 표지 및 속표지 등에서 이를 표시했고, 킹 크림슨의 유명한 음반 재킷 사진 187장을 서적 내에서 사용했다. 또한 피고 출판사는 킹 크림슨의 구성원의 초상사진 5장을 게재하고 각 작품소개 부분에서도 초상사진을 게재했다. 원고가 퍼블리시티권의 침해를 주장하자, 피고 출판사는 위와 같은 킹 크림슨 그룹명 및 사진의 사용은 언론출판의 자유를 통해 보호된다고 항변했다.

(2) 법원의 판단

1심 법원은 "본건 서적과 같이 당해 저명인에 관한 각종 정보를 발표하는 출판물에 있어서도 퍼블리시티권을 침해하는 경우가 있"

---

5) 이하 일본 판례부분은 신지혜, 앞의 논문, 86면 이하 및 이 책 41페이지 각주 55) 번역본의 사실관계 및 판례의 번역부분을 참고했다.

6) 1심 : 東京地方裁判所 1998(平成 10). 1. 21. 判決(判例時報1644號141頁, 判例タイムズ997號245頁). 항소심 : 東京高等裁判所 1999(平成 11). 2. 24. 判決(판례집 미등재).

다는 전제하에 "출판물이 퍼블리시티권을 침해하는지 여부를 판단함에 있어서 출판물의 내용에서 당해 저명인의 퍼블리시티가치를 중요한 구성부분으로 하고 있는지의 여부, 바꾸어 말하면 중요한 부분에 있어서 당해 저명인의 고객흡인력을 이용하고 있다고 해야 하는지 여부의 관점에서 개별적이고 구체적으로 판단해야 하는 것"이라고 설시하면서, 이러한 기준에서 피고 출판사가 출판한 서적은 전체적으로 킹 크림슨의 명칭, 초상 및 자켓 사진이 지니는 고객흡인력을 중요한 구성요소로 하고, 서명, 초상사진 및 재킷사진이 구입자들의 위 서적에 대한 관심을 불러일으키는 기능을 달성하고 있으므로 이러한 내용은 언론·출판의 자유의 범위에 속하지 않고 퍼블리시티권 침해에 해당한다고 판단했다. 아울러 1심 재판소는 킹 크림슨 멤버가 그 초상사진 및 재킷 사진 등의 사용을 허락했을 경우에 통상적으로 받을 수 있는 금액을 기준으로 손해배상액을 산정했고, 서적의 판매금지 및 폐기 청구까지 인용했다.

이에 대하여 항소심에서는 표현의 자유를 중시하는 입장에서[7] "따라서 판단기준이 다른 성명, 초상 등의 고객흡인력과 언론·출판의 자유와 관련된 소개 등을 단순히 비교형량하는 것은 상당하지 않고, 타인의 성명·초상 등 사용이 퍼블리시티권 침해로서 불법행위를

---

7) "저명인의 성명, 초상 등은 원래 저명인의 개인식별정보에 지나지 않으므로, 저명인 자신이 소개 등의 대상이 되는 경우에 저명인의 성명, 초상 등이 그 개인식별정보로 사용되는 것은 당연하고, 저명인은 그러한 성명, 초상 등의 이용을 원칙적으로 감수하여야 한다고 해석된다. 물론 그러한 경우에도 저명인의 성명, 초상 등의 고객흡인력이 발휘되는 것은 부정할 수 없고, 고객흡인력이라는 점에서 보면 성명, 초상 등의 고객흡인력이 그 이외의 소개 등의 고객흡인력을 상회하는 경우도 있을 수 있으나, 고객흡인력만으로 소개 등 부분이 가지는 가치의 경중을 판단할 수는 없고, 성명, 초상 등의 고객흡인력이 인정되는 경우에도 전체적으로 보면 저명인의 소개 등의 기본적 성질과 가치가 상실되지 않는 것도 많다고 볼 수 있으므로 그 경우에는 위 소개 등은 언론·출판의 자유로서 보호되어야 한다."

구성하는지 여부는 타인의 성명·초상을 사용하는 목적, 방법 등 태양을 전체적 객관적으로 고찰하여 이러한 사용이 타인의 성명·초상 등의 퍼블리시티 가치에 착안하여 오로지 그 이용을 목적으로 하는 것인지 여부에 의해 판단되어야 할 것"이라고 하면서, "본건 서적은 피고 출판사가 기획한 '지구음악 라이브러리' 시리즈 중 하나로 이 시리즈는 킹 크림슨 등 음악가에 대해 수집한 성장과정이나 활동내용 등에 대한 정보를 선택·정리하고 그 전체 작품을 망라한 정보를 애호가에게 제공하려는 것을 편집목적으로 하고 있으며, 각 글의 내용은 뮤지션의 성장과정 및 활동을 연대순으로 설명하는 전기, 각 글의 중심부분을 이루는 작품소개, 그리고 인명색인으로 구성되어 있고, 본건 서적의 중심적 부분을 이루는 작품소개 부분에 게재된 재킷 사진 187장 중 킹 크림슨 멤버의 초상을 사용한 것은 5장에 지나지 않다는 점 등에서 본건 서적은 해당 음반에 독자의 관심을 끌고 있을 뿐 킹 크림슨 멤버의 성명이나 초상 등의 퍼블리시티 가치에 착안하여 그 이용을 목적으로 하는 행위라고 볼 수 없다"고 판시했다. 또한 본건 서적의 발행이 영리목적에 의한 것임은 당사자간 다툼이 없지만, 본건 서적을 통한 소개 등 행위의 영리성과 퍼블리시티권의 이용과는 직접 관련되는 것이 아니므로 퍼블리시티권 침해에 해당하지 않는다고 보았다.[8]

---

8) 킹 크림슨 사건에 뒤이어서 서적의 표현의 자유와 퍼블리시티권의 충돌관계에 대하여 판시한 사례로는 '나카다 히데토시 사건'[東京地方裁判所 2000 (平成 12). 2. 29. 判決(判例時報1715號76頁)]이 있다.
일본을 대표하는 프로축구선수인 원고 나카다 히데토시의 삶을 소개하는 『나카다 히데토시, 일본을 프랑스로 이끈 남자』라는 서적이 출간되자 퍼블리시티권, 프라이버시권, 저작권 등 침해를 주장하며 발행금지 및 손해배상을 청구한 사건이다.
퍼블리시티권의 판시 부분만 보면 "먼저, 사진, 사인, '시' 게재 부분 이외의 약 200쪽이 관계자에 대한 인터뷰 및 기타 취재활동에 기초해 원고의 성장 과정이나 언동에 대해 기술한 문장이 위 서적의 중심적 부분이고, 본

(3) 판례의 검토

스타 연예인들과 관련된 각종 서적들이 출판되는 경우에 사전에 해당 연예인의 동의를 얻어야 하는지가 문제되는 경우가 많다. 만일 동의를 얻어야 한다면 개인들은 자신에게 좋은 사실만을 동의할 것이고 이는 일종의 사적 검열(private censorship)로써 저작자의 표현의 자유를 침해하는 것임과 동시에 이를 전제로 하는 대중의 알권리에도 부정적인 영향을 미칠 수 있다. 본 사건에서 법원은 다른 가수들의 시리즈물로 기획된 것으로 가수의 이름을 제목으로 사용하는 것은 불가피한 점, 작품소개 등 정보의 제공을 주된 목적으로 하는 점, 해당 초상을 사용한 것이 많지 않은 점 등을 근거로 퍼블리시티권의

문 중 원고의 사진은 본문 내용을 보충하는 목적으로 이용되었다. 다음, 앞뒤 표지, 띠지, 그라비아 페이지에 이용된 원고의 성명 및 초상 사진에 관하여는, "문장 부분과 독립하여 이용되었고 원고의 성명 등이 가지는 고객흡인력에 착목하여 이용되었다고 해석할 수 있다. 그러나 위와 같은 태양에 의해 원고의 성명, 초상이 이용된 것은 이 사건 서적 전체적으로 보면 그 일부분에 지나지 않고, 원고의 초상사진을 이용한 브로마이드나 달력 등 대부분이 성명, 초상 등으로 이루어져 그밖에 별다른 특징을 가지지 않는 상품처럼 당해 성명, 초상 등의 고객흡인력에 오로지 의존하고 있는 경우와 동일선상에서 논할 수는 없다. 또한 저명인에 대해 소개, 비평 등을 하는 목적으로 서적을 집필, 발행하는 것은 언론·출판의 자유에 속하는 것으로 본인의 허락 없이 자유롭게 할 수 있다고 하여야 하므로, 그러한 경우에 당해 서적이 그 인물에 관한 것이라는 것을 식별하기 위해 당연히 서적의 제호나 외관에 그 성명, 초상 등을 사용할 수 있으므로 위와 같은 성명, 초상의 이용은 원칙적으로 감수하여야 한다"고 설시하였다.
이러한 판결의 태도는 킹 크림슨 사건이 제시한 '오로지 기준설'을 부연하여, 표지나 그라비아 부분의 사진은 문장 부분과는 독립된 고객흡인력의 이용이라고 인정하면서도, 서적 전체에서 차지하는 해당 사진의 비율 등을 고려하여, 성명·초상 등의 사용 행위를 상대적으로 고찰함으로써, 브로마이드나 달력 등 저명인의 성명·초상 등의 고객흡인력에 오로지 의존하는 상품(상품화 유형)과는 질적인 선을 그은 점, 일반론 제시에서 '오로지'라는 단어를 처음 사용한 점에 큰 의의가 있다. 橋谷 俊, 前揭 論文(1), 257면.

침해가 아니라고 보았다.

이 사건에서 법원은 퍼블리시티권과 표현의 자유 사이에 이익을 형량함에 있어서 우선 사진이 가지는 고객흡인력의 이용을 목적으로 했는지를 기준으로 판단했다.[9] 즉 사진의 사용이 고객흡인력의 이용을 목적으로 했는지 아니면 그 이외의 목적이 있는지 등을 살폈는데, 1심에서는 "중요한 부분"이 고객흡인력을 이용하고 있는지를 판단했지만, 2심은 "판단기준이 다른 성명, 초상 등의 고객흡인력과 언론·출판의 자유와 관련된 소개 등을 단순히 비교형량하는 것은 상당하지 않고"라고 하여 표현의 자유에 우월적 지위를 인정하고, 나아가 "위 사용이 오로지 타인의 성명, 초상 등의 퍼블리시티 가치에 착목하여 그 이용을 목적으로 하는 행위라고 할 수 있는지 여부에 의해 판단하여야 하며"라고 하여 '오로지 기준설'이라는 판단기준을 처음 제시한 것으로 매우 의미가 있다.

결국, 이 판결은 표현의 자유에 대한 위축효과(chilling effect)로 인한 자기 규제(自己 規制, self censorship)를 가능한 억제하기 위해서는 퍼블리시티권 침해 판단에 있어서 표현의 자유를 보호함으로써 얻는 이익들과 제한함으로써 얻는 이익들을 모두 판단 대상으로서 고려하는 '개별적 형량이론'(interest balancing test, ad hoc balancing test)이 아니라 이해관계인들이 판결의 결론에 대해서 예측가능성이 있다는 장점이 있는 '유형별 형량이론'(definitional balancing test)[10]에 따라야

---

9) 윤태영, 앞의 논문, 174면.
10) '유형별 형량'은 '구체적 기준에 따른 형량'(定義付け衡量), '한계 한정 형량'이라고도 한다. 이것은 보호되어야 할 권리의 범위 또는 권리로 보호되지 않는 범위를 명확히 정의하고 해당 사안이 어느 범위에 해당하는지를 판단하는 것이다. 구체적인 기준이 있으면 개별적으로 이익형량을 할 필요가 없으므로 예측 가능성과 법적 안정성이 높아지기 때문에 '유형별 형량'은 표현의 자유에 대한 위축효과를 방지할 수 있는 장점이 있다. 반면에 '개별적 형량'은 권리의 보호범위를 미리 정의하지 않고 개별 사건별로

한다는 논거를 보여준 것이다. 그리고 이러한 유형별 형량의 하나로 '오로지 기준설'이라는 새로운 판단기준을 제시함으로써 표현의 자유를 되도록 넓게 보장하려는 의도로 해석할 수 있다.[11] 즉, '오로지 기준설'은 법원에 의한 자의적 판단과 이에 따른 표현의 자유에 대한 위축효과를 방지하기 위해서는, 저명인의 성명·초상 등이 가지는 고객흡인력과 표현의 자유를 같은 가치로 놓고 개별적 형량(종합 형량)을 할 것이 아니라, 표현의 자유의 우월적 지위를 전제로 하여 구체적 기준에 따른 유형적 형량을 하여야 하고, 특히 표현의 자유에 우월하는 행위를 '오로지 타인의 성명, 초상 등의 퍼블리시티 가치의 이용을 목적으로 하는 행위'라고 유형화함으로써 침해 요건을 명확히 하려고 한 것이다.[12]

나. 부부카 사건

(1) 부부카 사건의 개요

개인의 성명, 초상 사진 등을 잡지에서 사용하여 퍼블리시티권이 문제된 사건으로는 부부카 사건이 있다. 일반적인 서적과는 다르게, 잡지에는 컬러 사진을 이용하는 일이 많고 게재되는 사진의 크기 및 기사의 내용도 다양한데 이 사건이 그 대표적인 유형에 해당한다. 이러한 종류의 잡지들은 스타 연예인의 성장과정, 활동내용, 알려지

문제가 되는 모든 이익을 형량하여 결론을 찾는 종합적인 형량방식이므로, 일반적으로 사안에 대한 결론의 구체적 타당성은 뛰어나지만 그만큼 예측가능성은 줄어들며 따라서 스스로 자기 규제를 하는 위축효과가 발생할 수 있다. 따라서 표현의 자유를 보장한다는 측면에서는 '개별적 형량'보다 '유형별 형량' 방식이 더 유리하다. 橋谷 俊, 前揭 論文(1), 253면. 이러한 유형적 형량이론은 후술하는 미국의 M. B. Nimmer 교수 등 미국의 이론에 영향을 받은 것이다.

11) 橋谷 俊, 前揭 論文(1), 253면.
12) 橋谷 俊, 前揭 論文(1), 258면.

지 않은 뒷이야기 등을 다룬다는 기사 형식을 취하지만 실질적으로는 화보집의 대용으로 만들어지는 경우가 있고 이는 정식으로 화보집을 판매하고 있는 권리자의 시장을 잠식하는 효과도 있기 때문에 이를 어디까지 허용해야 할 것인지가 자주 문제된다.

부부카 잡지[13]와 관련하여 일본에서는 크게 2가지의 사건이 있었다. 모두 인기 여성 아이돌 사진이 사용된 사안이었는데, 우선 ① 2002년 6월에 간행된 『부부카 스페셜(BUBKA Special) 7』은 프라이버시권 및 퍼블리시티권 침해가 문제된 사건(일명 '부부카 스페셜 7' 사건)이고 ② 2003년 9월에 간행된 잡지 부부카 특집호 『아이돌 스쿠프 사진 총집편(總輯篇)』은 퍼블리시티권 침해 및 명예훼손이 문제된 사건(일명 '@부부카' 사건)이다.[14] ①의 사안에서는 퍼블리시티권의 침해가 인정된 반면에, ②의 사안에서는 퍼블리시티권 침해를 부정되었다.

(2) 부부카 스페셜 7 사건[15]

① 사실관계

피고 코어매거진은 공공장소에서 몰래 촬영된 사진, 아이돌 연예

---

13) 부부카(ブブカ, BUBKA)는 일본에서 발간되는 남성 대상의 아이돌 연예인 관련 오락 잡지로 주로 연예계 뒷사정을 중심으로 하는 기사로 구성되어 있다. 특히 이들 사진은 '사생팬(追っかけ)' 또는 '찍사(カメラ小僧)'가 공공장소에서 본인의 허락 없이 찍은 투고사진과 아이돌 연예인이 인기를 얻기 전 무명시절(학창시절의 수학여행이나 졸업사진 등)에 찍은 공표된 사진(소위 '보물사진(お宝写真)')을 다수 게재하는 것을 특징으로 한다.

14) 이 사건에 대해 일본 재판소가 붙인 공식적인 명칭은 모두 '부부카 아이돌 사건'이나, 본 논문에서는 혼동을 피하기 위하여 이 사건은 '부부카 스페셜 7 사건', 아래에서 소개하는 東京地方裁判所 2005(平成 17). 8. 31. 判決(判例 タイムズ1208號247頁)은 '@부부카 사건'으로 구별한다.

15) 1심: 東京地方裁判所 2004(平成 16). 7. 14. 判決(判例時報1879號71頁, 判例 タイムズ1180號232頁). 항소심: 東京高等裁判所 2006(平成 18). 4. 26. 判決 (判例時報1954號47頁, 判例タイムズ1214號91頁).

인이 인기를 얻기 전 무명시절에 찍은 소위 '보물사진(お宝寫眞)', 수학여행이나 졸업앨범 등 한정된 집단에게만 공개된 사진, 이벤트 장소 등에서 여성 아이돌의 겨드랑이 밑에 초점을 맞추어 촬영된 사진, 여성 아이돌의 자택 등 주변의 풍경사진 등을 기사와 함께 소개하는 항목, 여성 아이돌을 피사체로 하는 공인 브로마이드, 기타 캐릭터 상품(キャラクターグッズ, character goods), 이미 발행된 사진집, 잡지 표지사진 등으로 구성·편집된 잡지 『부부카 스페셜 7』을 출간했고, 이에 여성 아이돌인 원고 16명이 프라이버시권 및 퍼블리시티권 침해를 이유로 손해배상을 청구한 사안이다. 위 잡지는 총 112 페이지로 되어 있는데, 모든 페이지는 광택지를 사용한 칼라 그라비어(gravure) 방식으로 되어 있었고, 대부분은 여성 아이돌의 사진이 페이지 전체에 걸쳐 게재되고 그 하단부 등에 간단한 기사 내지 설명이 들어가 있었으며, 좌우 양면에 걸친 사진도 포함되어 있었다.

②법원의 판단

먼저 1심 법원은 위 '킹 크림슨 사건'이나 '나카다 히데토시 사건'과 같이 '오로지 기준설'에 따라 사진의 내용과 크기, 지면에서 차지하는 비중, 기사의 내용, 사진과 기사의 관계를 고찰하여 각각의 사진에 대해 침해여부를 판단했다. 즉, 저명인에게 있어 초상 등이 갖는 고객흡입력을 독점적으로 누릴 수 있는 권리가 퍼블리시티권으로서 인정되고 있지만 한편으로 연예인 등은 대중매체에 의한 비판, 평론, 소개 등의 대상이 된다는 점을 지적하면서, "이러한 퍼블리시티권 침해가 불법행위를 구성하는지 여부는 성명·초상 등을 사용한 목적, 방법 및 태양을 전체적 객관적으로 고찰하여, 이러한 사용이 해당 연예인 등의 고객흡입력에 착안하여 오로지(專ら) 그 이용을 목적으로 한 것인지 여부에 따라 판단되어야 한다"고 판시하고, 위와 같이 사진이 게재된 항목들 중에서 기사의 형식을 취하고는 있지만

문장 부분은 극히 적고 좌우 양면에 걸쳐 거의 전면에 사진이 게재된 부분[16]에 대하여 이는 통상 모델료 등이 지급되는 주간지 등의 그라비아 사진과 비견될 정도에 이른 것이어서 퍼블리시티권 침해에 해당한다고 판시했다. 다만, 출판 당시에는 잡지기사 중에 초상 등을 사용하는 것이 퍼블리시티권 침해에 해당한다는 선례가 없었다는 점을 근거로, 출판사가 위법성의 인식을 결하고 있다고 보아 손해배상 책임은 부정했다.[17]

한편, 2심은 1심의 주장을 일부 인정하면서도 결론을 바꿈으로써 잡지에서의 퍼블리시티권 침해와 손해배상을 인정한 최초의 사례가 되었다. 2심이 채용한 퍼블리시티권 침해의 판단기준은 저명한 연예인의 성명·초상이 가지는 고객흡인력을 승낙 없이 상업적인 방법으로 사용한 경우에 퍼블리시티권 침해가 된다는 '상업적 이용' 기준이다.

즉, 퍼블리시티권과 표현의 자유의 관계에 대해서 "매스미디어에 의한 연예인의 '연예 활동에 대한 정당한 비판이나 비평, 소개'는 표현의 자유로서 존중되고 경조사의 보도도 용인되어야 한다고 하는 한편, 젊은 연예인의 '연예 활동의 내용면(연기, 가창력 등 연예의 본래적 부분)보다도 미모, 몸매, 체형 등 외관', '프라이버시에 관한 것'의 비평이나 소개, 사진에 관해 '독자의 성적 관심에 호소하는 듯한 소개 방법 등 그 연예인의 캐릭터 이미지를 훼손하고 오염시키는 일탈'에 해당하는 것으로 보이는 표현의 자유는 허용되지 않는다"고 하였고, "출판물이라는 한 가지 사정에 의해 표현의 자유에 의한 보

---

16) ㅗ·ㅊ·ㅋ 고토 마키(後藤真希)와 ㅓ 후카다 쿄코(深田恭子) 사진 부분.
17) "이 사건 잡지가 출판된 평성 14년 6월 당시 제정법에 근거가 없는 퍼블리시티권을 인정할 수 있는지 여부 자체에 관해 논란이 있었는데, 퍼블리시티권 침해를 인정한 재판례는 모두 연예인의 성명이나 초상을 광고 또는 달력 등의 상품에 부착하여 이용한 것이고, 이 사건처럼 연예인의 사생활을 다루는 기사에서 사진을 어느 정도 이용하면 퍼블리시티권 침해가 되는지 정면으로 다투어져서 퍼블리시티권 침해가 인정된 사례는 없었다."

호가 우선하고 퍼블리시티권의 권리침해가 발생하지 않는다고 해석
할 수는 없고, 당해 출판물의 판매와 표현의 자유 보장의 관계를 고
려하면서, 해당 저명한 연예인의 성명, 사회적 평가, 지명도 및 초상
등이 출판물의 판매, 촉진을 위해 사용되었는지 여부, 초상 등의 이
용이 무단 상업적 이용에 해당하는지 여부를 검토하여 불법행위의
성부를 판단하여야 한다"고 종합 형량설의 입장에서 판시했다. 이러
한 기준에 따라 위 잡지에 실린 기사는 원고들의 연예활동에 대한
정당한 소개나 비평에 해당한다고 인정할 수 없고, 원고들의 고객흡
인력에 착안하여 이 사건 잡지의 판매에 의한 이익을 얻을 목적으로
사진을 이용한 것이라고 보아 1심에서 인정되지 않았던 사진들에 대
해서도 넓게 퍼블리시티권 침해를 인정하고 피고 출판사의 손해배
상책임도 긍정했다.

(3) @부부카 사건[18]

①사실관계

이 사건은 사진 잡지 『@부부카』의 본체 및 부록 DVD[19]에 대하여
퍼블리시티권 침해 및 명예훼손이 문제가 되었던 사안이다. 이 사안
에서 피고 출판사 코어매거진은 이벤트 등의 기회에 아마추어 독자
사진가에 의해 촬영된 투고사진을 무단으로 사용했는데, 여기에는
비키니를 착용한 여성 아이돌을 찍은 사진 중 가랑이 사이를 확대한
사진 등이 포함되어 있지만 사진 대부분은 성적(性的)인 각도에서
촬영된 것이라고 할 수 없었다.

---

18) 東京地方裁判所 2005(平成 17). 8. 31. 判決(判例タイムズ1208號247頁).
19) 원고 연예인 21명을 승낙 없이 촬영한 초상사진, 텔레비전 방송 영상의 스
   틸 사진, 일러스트와 실명이 들어간 만화 등이 원고들의 승낙 없이 다수
   게재되었고, 부록 DVD에서는 원고들이 영화 시사회나 토크쇼에 출연한 모
   습을 촬영한 수분간의 영상 등이 원고들의 승낙 없이 수록되었다.

②법원의 판단

이에 대하여 법원은 먼저 표현의 자유의 중요성을 강조하면서,[20] "제정법상의 근거도 없이, 관습으로서도 성립했다고 할 수 없는 퍼블리시티권을 인정하는 것은 신중하지 않으면 안되고, 공법·사법을 아우르는 법의 일반원칙으로 인정되는 정의·공평의 원칙, 신의칙, 비례원칙 등에 비추어서도, 저명인으로서 고객흡인력이 있다는 것만을 근거로 하여서는 저명인에 대한 정보발언을 저명인 스스로가 제한하거나 컨트롤할 수 있는 권리가 있다고 할 수는 없다"고 보았다. 그리고 "저명인이 이러한 정보발신이 위법하여 손해배상청구(경우에 따라서는 금지청구)가 가능한 것은, 저명인에 대한 초상·성명 기타 정보를 이용했다는 사실 외에, 정보발신자가 명예훼손, 모욕, 부당한 사생활 침해 등 민법 제709조[21]에 규정된 불법행위상의 위법행위에 해당하는 경우, 저명인의 캐릭터를 상품화하거나 광고에 이용하는 등 저명인의 소위 인격권을 침해하는 경우 등 어떤 부가적 요건이 필요하다"고 판시하여, 잡지에서 저명인의 성명 또는 초상 등

---

20) "원고 연예인들을 비롯한 저명인은 많은 사람들의 흥미, 관심을 끌어당기고, 이에 의하여 경제적 이익을 얻고 있다. 이러한 이익을 얻는 기반이 되는 것은 정보의 자유로운 유통이다. 즉, 저명인의 경제적 이익은 이러한 정보의 자유로운 유통시장이 표현의 자유 보장을 반영하여 저명인들의 활동 기반이 되는 환경으로서 충분히 정비되어 있는 덕이다. 이러한 환경은 저명인들이 아직 무명이었던 때 스스로의 활동을 사람들을 향해 발언하고 사회에서 인정받아 저명하게 되어 가는 과정에 있어서도 그 기반이 되는 환경이었기 때문에, 정보의 자유로운 유통시장이라는 환경정비 없이는 원고 연예인들이 지금처럼 저명하게 되어 경제적 이익을 얻을 수는 없었다고 생각된다"

21) 우리나라의 민법 제750조에 대응하는 규정으로, "고의 또는 과실로 타인의 권리 또는 법률상 보호되는 이익을 침해한 자는 이에 의해 발생한 손해를 배상할 책임을 부담한다(故意又は過失によって他人の權利又は法律上保護される利益を侵害した者は、これによって生じた損害を賠償する責任を負う)"고 규정하고 있다.

을 이용하는 것이 퍼블리시티권 침해가 성립하려면 그 저명인의 성명 또는 초상을 상품화하거나 광고에 이용하는 경우에 한정된다고 하는 좀 더 명확한 판단기준을 제시했다.[22]

그리고 이러한 일반론에 따라 '@BUBKA'의 사진이 첨부된 기사들[23]이 원고 연예인들의 명예훼손이나 모욕 등에 해당하더라도 그것은 원고들의 퍼블리시티권 침해에 기초한 청구 범위 바깥이므로 판단하지 않는다고 설시하고, 이 사건에서 피고에 의해 게재된 원고들 초상사진이나 영상에 관해서는 둘 다 '기사 소개의 일부', '사진의 크기도 작고, 기사에 필요한 범위', '기사에서 보조적으로 게재', '발언을 보도하는 수단으로 수록', '원고의 것이라고 판명되지 않을 정도로 선명도가 떨어짐', '매력적인 모습을 보도하는 취지' 등이 인정되므로 "원고의 고객흡인력 이용을 목적으로 하는 것이라고 인정할 수 없고, 정보의 자유시장에서 허용되는" 이용에 지나지 않는다며 침해를 부정했다.

(4) 판례의 검토

우선 '부부카 스페셜 7 사건'의 경우에, 1심에서는 위 킹 크림슨 사건 2심에서와 같은 "해당 연예인 등의 고객흡인력에 착안하여 오로지(專ら) 그 이용을 목적으로 한 것인지 여부"를 판단기준으로 했는데, 2심에서는 하나의 기준만으로 판단할 수는 없고 "해당 저명한 연예인의 성명, 사회적 평가, 지명도 및 초상 등이 출판물의 판매, 촉진을 위해 사용되었는지 여부, 초상 등의 이용이 무단 상업적 이용에 해당하는지 여부" 등 다양한 사항을 고려하여 불법행위의 성부를

---

22) 橋谷 俊, 前揭 論文(1), 268면.

23) 예를 들면, 게재된 사진 중 가장 큰 것은 원고 오토야마(乙山)의 얼굴부터 가슴 부분까지가 찍힌 약 9.5cm×약 13cm의 사진으로, '오토야마 B코 "저, 자꾸 벗어요!?" 크고 예쁜 가슴 선언'이라는 제목의 기사와 함께 게재되었다.

판단했다. 2심 법원이 이와 같이 종합적으로 형량을 한 이유는 1심과 같이 "오로지(專ら) 그 이용을 목적으로 한 것인지 여부"로 판단하는 경우에 퍼블리시티권의 권리 범위가 지나치게 좁아질 수 있음을 고려하여 손해배상의 인정범위를 좀 더 넓히려는 의도로 이해된다.

한편, '@부부카 사건'의 경우에, 이 사건 판결은 정보가 자유롭게 유통되어야 한다는 점을 강조하고 저명인은 그러한 자유로운 정보유통을 통해 비로소 경제적 이익을 얻게 된다면서 원고의 퍼블리시티권 침해 주장을 배척하는 근거로 삼았다. 특히 이 판결은 잡지에서 저명인의 성명 또는 초상 등을 이용하는 것이 퍼블리시티권 침해가 성립하려면 그 저명인의 성명 또는 초상을 광고에 이용하거나 상품화하는 경우에 한정된다고 하는 새로운 판단기준을 제시했는데,[24] 이러한 판단기준은 그 후에 선고된 '배용준 일본방문 특별보도 사건'[25]과 함께 후술하는 핑크레이디 사건에서 제시된 세 가지 판단기

---

24) 미국의 부정경쟁에 관한 리스테이트먼트(1995년)의 47조에도 퍼블리시티권 침해의 전제가 되는 상업적 이용(use for purpose of trade)은 이용자의 상품 또는 서비스의 광고에 이용하는 경우(used in advertising the user's goods or services), 이용자가 판매하는 상품에 붙이는 경우(placed on merchandise marketed by the user), 이용자가 제공하는 서비스와 관련하여 이용하는 경우 (used in connection with services rendered by the user)를 의미한다고 규정하고 있는 바, 위 @부부카 사건에서 제시한 기준과 유사하다고 볼 수 있다.

25) 東京地方法院 2010(平成 22) 10. 21. 判決 平成21(ワ)4331號. 이 사건은 후술하는 핑크레이디 사건에 대한 항소심 판결(2009. 8. 27.)과 최고재판소 판결 (2012. 2. 2.)의 중간에 판시되었다.

　이 사건은 『X일본방문 특별보도 a지 7월호 증간』이라는 잡지에서 일본에서 절대적으로 인기있는 원고 한국인 배우 배용준이 2008년 5월 30일 약 2년 만에 일본에 방문한 때의 모습을 중심으로 하는 원고의 초상사진 합계 74장, 원고의 성명, 관련기사, 광고가 거의 전 페이지에 걸쳐 원고의 승낙 없이 게재되었다.

　법원은 퍼블리시티권 침해 판단은 '오로지' 기준에 따라야한다고 하면서, '오로지'의 의미에 관해 핑크레이디 항소심의 해석과 다르게 판시하였다. 즉, 출판 등에 고객흡인력 이용 이외의 목적이 조금이라도 있으면 '오

준에 많은 영향을 준 것으로 해석된다.[26)]

다. 핑크레이디 사건

위와 같이 일본에서 퍼블리시티권과 표현의 자유의 관계에 대한 하급심들의 판단이 엇갈리고 있는 상황에서, 일본 최고재판소는 2012. 2. 2. 선고한 '핑크레이디 사건'을 통해 퍼블리시티권을 인격권 에서 유래하는 하나의 권리로 인정하고 특히 표현의 자유와의 관계 및 구체적인 침해의 유형에 관해 판단했다. 핑크레이디 사건의 하급

로지'에 해당하지 않는다는 의미가 아니라, 고객흡인력 이용 이외의 목적 이 있다고 하여도 이용목적의 대부분이 저명인의 성명·초상의 고객흡인력 을 이용하는 것인 경우에는 고객흡인력의 '오로지' 이용에 해당한다고 설 시하였다.

또한, 원고의 성명 및 초상이 강한 고객흡인력을 가지는 점, 이 사건 잡 지가 고급 광택지를 사용한 컬러 그라비아 인쇄 잡지인 점 등을 고려하면, 이 사건 잡지에서 그의 인기가 일종의 사회현상이 된 원고의 이 사건 일본 방문 시의 연예활동을 소개하는 일면이 있음은 부정할 수 없다고 하여도, 이 사건 잡지와 같이 표지 및 본문의 대부분에서 원고의 얼굴이나 상반신 등의 사진을 페이지 전체 또는 거의 전체에 걸쳐 게재하는 형태로 원고사 진을 사용하는 행위는 원고의 고객흡인력에 착목하여 오로지 그 이용을 목적으로 하는 것이라고 인정할 수 있고 원고의 퍼블리시티권을 침해한다 고 판시했다.

특히 사안의 분석을 함에 있어서 '원고의 사진보다 기사가 많은 부분을 차지하고 있는 페이지' 또는 '원고의 사진 말고도 같이 출연한 다른 연기 자 등의 사진이 게재된 데다가 기사 부분도 상당 정도를 차지하고 있는 페 이지에 원고의 사진을 게재한 것이나, 원고의 모습이 매우 작게 찍혀 있어 서 원고의 초상을 독립하여 감상의 대상으로 할 수 있다고 여겨지지 않는 사진을 게재한 것' 등을 기준으로 침해여부를 판단했는데, 이 독립감상이 라는 행위유형은 핑크레이디 사건의 최고재판소 판결이 제시한 세 유형 중 제1유형에 해당하는 것이므로, 핑크레이디 사건에 큰 영향을 준 것이 다. 橋谷 俊, 前揭 論文(1), 276면.

26) 橋谷 俊, 前揭 論文(1), 276면.

심에서는 퍼블리시티권 침해를 부정했고, 이러한 결론은 최고재판소에서도 유지되었다.

(1) 사실관계

이 사건의 원고인 핑크레이디(ピンク·レディー)는 일본에서 1976년부터 1981년까지 활동하던 여성 인기 아이돌 그룹으로 전국적으로 폭넓은 인기를 얻었던 저명한 연예인이다. 원고들은 2007년 피고 출판사(光文社)가 발행한 주간지 『여성자신(女性自身)』에 게재된 기사가 핑크레이디 멤버들의 퍼블리시티권을 침해했다고 주장하며 손해배상을 청구했다.

피고 출판사가 발행한 주간지는 전체 약 200 페이지로 이루어져 있는데, 그 중 3 페이지에 핑크레이디의 노래 안무를 이용한 다이어트법을 해설하는 내용의 기사[27]가 '핑크레이디 de 다이어트(ピンク·レディーdeダイエット)'라는 제목으로 게재되었다. 이 기사는 핑크레이디가 아이돌로 활동하던 시절 안무를 따라하던 당시의 어린이들이 이제 잡지의 독자층인 부모 세대가 되었고, 그리운 핑크레이디의 노래를 들으며 부모자식이 함께 춤추어 다이어트 하자는 내용으로[28], 흉내내기 전문 탤런트가 안무를 따라하는 사진, 안무 해설 및 4컷 만화 일러스트와 함께 무대에서 춤을 추는 핑크레이디의 흑백사진 7장과

---

27) 이 사건 기사는 원고들의 데뷔곡 '페퍼 경위(ペッパー警部)'를 포함한 대표곡 '해변의 신밧드(渚のシンドバッド)', '원티드(ウォンテッド)', 'UFO', '카르멘77(カルメン77)'의 안무를 이용한 다이어트 방법에 관한 것이다.

28) 2006년 가을경 다이어트에 관심 있는 여성, 특히 주부들을 중심으로 핑크레이디의 히트곡에 맞춰 춤을 추면서 다이어트를 하는 방법이 유행하였고, 원고들의 안무가 담긴 '핑크 레이디 안무 완전 마스터 DVD'가 코단샤(講談社)에서 발매되었다. 이에 피고 출판사가 본 기사를 기획하게 된 것이며, 2007년 2월 마이니치 신문과 아사히 신문의 각 조간에 이 사건 잡지의 광고가 게재되었고, 위 두 광고에는 '핑크 레이디 다이어트' 등 제목 하에 '해변의 신밧드'를 부르는 원고들의 사진 1장이 사용되었다.

핑크레이디의 과거 연예활동을 소개하는 취지의 흑백사진 7장 등 총 14장의 사진이 실려 있었다. 이 사진은 활동 당시에 TV 방송 및 가요제의 리허설 등에서 원고들이 안무와 함께 위 노래를 부르는 모습, 수영복 차림, 인터뷰 장면을 피고측 카메라맨이 원고들의 동의를 얻어 촬영한 것이었지만, 이 사건 기사에서 사용한다는 것에 별도 승낙을 얻지는 않았다.

(2) 1심 및 2심의 판결

이 사건 1심[29]은 '오로지 기준설'의 입장을 취하여 위와 같은 사진의 사용은 그 사진의 사용 목적과 정도, 초상사진과 기사와의 관계나 사용 정도를 볼 때,[30] "필연적으로 원고들의 고객흡인력이 이 사건 기사에 반영되는 점이 있다고 하더라도, 그것의 사용이 원고들의 고객흡인력에 착안하여 오로지 그 이용을 목적으로 한 것으로 인정할 수 없다"고 보면서 원고의 퍼블리시티권을 침해한 것이 아니라고 판시했다.

한편, 항소심[31]은 "저명인의 성명·초상의 사용이 위법한지 여부는 저명인이 스스로의 성명·초상을 배타적으로 지배할 권리와 표현의 자유 보장 내지 사회적으로 저명한 존재에 이른 과정에서 허용될 것

---

29) 東京地方裁判所 2008(平成 20). 7. 4. 判決(判例タイムズ1280號306頁, 判例時報2023號152頁).

30) 초상사진의 사용 목적(원고의 안무를 독자가 생각해내는데 도움이 됨), 사용 정도(지면의 3분의 1 정도의 그다지 크지 않은 흑백사진. 안무 설명 부분이 지면의 3분의 2를 차지하고, 선전광고나 표지, 목차에서도 초상을 일부러 강조하지 않음), 초상사진과 기사의 관계(다이어트 방법을 소개하는 기사에 부수하여 원고의 과거 연예활동을 소개하는 기사에 지나지 않음), 사용 정도(지면의 3분의 1 정도에다가 그다지 크지 않은 흑백사진 7매이고, 초상을 일부러 강조하지 않음).

31) 東京高等裁判所 2009(平成 21). 8. 27. 判決(判例タイムズ1311號210頁, 判例時報2060號137頁).

으로 예정된 부담과의 이익형량의 문제로서 상관관계적으로 파악할 필요가 있는 것이고, 그 성명·초상을 사용하는 목적, 방법, 태양, 초상사진의 입수방법, 저명인의 속성, 그 저명성의 정도, 해당 저명인 스스로 성명·초상에 대한 사용·관리 태양 등을 종합적으로 관찰하여 판단되어야 할 것"이라면서, 이 사건 사진의 내용, 사용매수, 크기, 기사의 내용 등으로 볼 때 원고들이 사회적으로 현저한 존재에 이르기까지의 과정에서 허용이 예정되어 있던 부담을 넘어 항소인들이 자신의 성명·초상을 배타적으로 지배하는 권리가 침해되었다고는 할 수 없다고 하여, 퍼블리시티권 침해에 해당하지 않는다는 1심 재판소의 결론은 그대로 유지했다.

퍼블리시티권 침해에 관하여 종래 일본 판례들은 소위 '오로지(專ら) 기준설'을 취해 왔고, 핑크레이디 사건의 1심 재판소 역시 같은 입장을 취했으나, 위 사건의 항소심 재판소는 '오로지 기준설'을 배척하고[32] 여러 가지 사정을 종합적으로 관찰하여 판단해야 한다는 소위 '종합 형량설'을 취한 것이다.[33]

---

32) 이 사건 1심이 채용한 '오로지' 기준에 대해서는 '오로지'의 의미를 고객흡인력의 이용 이외의 목적이 조금이라도 있으면 고객흡인력을 '오로지' 이용한 것은 되지 않는다고 해석하고, 이러한 기준은 '상업적 이용' 기준처럼 '지나치게 일면적'인 판단기준이라고 하며 배척하였다.

33) 이 사건 2심 바로 직전에 '종합 형량설'을 취한 판례로는 '야자와 에이키치(矢沢永吉) 사건'이 있다[東京地方裁判所 2005(平成 17). 6. 14. 判決(判例時報1917號135頁)].
"표현의 자유나 경제활동의 자유 등의 대립하는 이익을 고려한 개별적 이익 형량이 반드시 필요하고, 사용된 개인의 동일성에 관한 정보의 내용 및 성질, 사용목적, 사용태양, 이에 의해 개인이 입는 손해의 정도 등을 종합적으로 감안하여 판단할 필요가 있다."

(3) 최고재판소의 판결[34]

위와 같이 1심과 2심이 서로 다른 가운데 최고재판소는 기존의 논의들을 바탕으로 퍼블리시티권에 대한 입장을 정리했다. 즉, 최고재판소는 "사람의 성명·초상 등은 개인의 인격의 상징으로 해당 개인은 인격권에서 유래하는 것으로서 이를 함부로 이용되지 않을 권리를 갖는다고 해석된다. 그리고 초상 등은 상품의 판매 등을 촉진하는 고객흡인력을 갖는 경우가 있고 이러한 고객흡인력을 배타적으로 이용할 권리(이하 '퍼블리시티권'이라고 한다)는 초상 등 그 자체의 상업적 가치에 근거한 것이기 때문에, 인격권에서 유래하는 권리의 한 내용을 구성한다고 할 수 있다"고 하여 퍼블리시티권을 인격권 중 하나의 권리로 인정했다.

그리고 "한편, 초상 등에 고객흡인력을 갖는 자는 사회의 이목을 집중하는 등으로, 그 초상 등을 시사보도, 논설, 창작물 등에 사용되는 일이 있어, 그 사용을 정당한 표현행위 등으로서 수인해야 하는 경우가 있다"이라고 하여 정당한 언론보도 등 표현행위에 의해 퍼블리시티권이 제한될 수 있음을 전제하고, 나아가 초상 등의 무단사용행위가 위법하다고 인정될 수 있는 경우에 대해서 "그렇다면 초상 등을 승낙없이 사용하는 행위는 ① 초상 등 그 자체를 독립하여 감상의 대상으로 하는 상품 등으로서 사용하거나, ② 상품 등의 차별화를 꾀할 목적으로 초상 등을 상품 등에 부착하거나, ③ 초상 등을 상품 등의 광고로서 사용하는 등 오로지 초상 등이 가진 고객흡인력의 이용을 목적으로 하는 경우에 퍼블리시티권 침해로서 불법행위법상 위법하다고 해석함이 상당하다"고 하여 구체적인 세 가지 침해유형을 제시했다.[35]

---

34) 最高裁判所 第1小法廷 2012(平成 24). 2. 2. 判決(判例タイムズ1367號97頁, 判例時報2143號72頁, 最高裁判所民事判例集66卷2號89頁).

35) 이 사건 판결은 전원일치 판결이었으나, 카네츠키 세이시(金築誠志) 대법

관의 보충의견이 있었고, 이 보충의견은 위 판결이 제시한 침해기준을 이해하는데 자주 인용되고 있다.

"어떤 기준에 따라 퍼블리시티권 침해를 인정할지에 관해, 지금까지 하급심 판결 등을 통해 몇 개의 견해가 제시되었는데, 퍼블리시티권이 사람의 초상 등이 가지는 고객흡인력의 배타적 이용권인 이상, 고객흡인력의 승낙 없는 이용을 침해의 핵심적 요소로 보아야 한다.

하지만, 주로 퍼블리시티권이 문제가 되는 연예인이나 스포츠 선수에 대한 오락적인 관심을 포함해서 고객흡인력을 가진 저명인은 여러 의미로 사회의 정당한 관심의 대상이 되는 존재이므로 그 인물 및 활동상황 등에 대한 소개, 보도, 논평 등이 부당하게 제약되어서는 안된다. 그리고 대부분의 보도, 출판, 방송 등은 상업 활동이며, 그러한 활동의 일환으로 저명인의 초상 등을 게재함으로써 고객흡인의 효과가 나타나는 경우가 당연히 있을 수 있다. 따라서 초상 등의 상품적 이용 전체를 퍼블리시티권 침해로 보는 것은 적당하지 않고, 침해를 구성하는 범위는 가능한 한 명확하게 한정되지 않으면 안 된다고 생각한다. 또한, 우리나라에서는 퍼블리시티권에 관해 규정한 법령이 존재하지 않고 인격권으로부터 유래하는 권리로서 인정된다는 점, 퍼블리시티권 침해에 의한 손해는 경제적인 것이고, 성명, 초상 등을 사용하는 행위가 명예훼손이나 프라이버시 침해를 구성하는 정도에 이르면 별개의 구제가 이루어진다는 점도 침해를 구성하는 범위를 한정적으로 해석해야할 이유이다.

이 사건 판결이 초상 등의 승낙 없는 사용이 불법행위법상 위법이 된다고 판시하고 있는 경우는, 브로마이드나 그라비아 사진 같이, 초상 등 그 자체를 독립하여 감상의 대상으로 하는 상품 등으로 사용하는 경우, 이른바 캐릭터 상품처럼 상품 등의 차별화를 도모하는 목적으로 초상 등을 상품 등에 붙이는 경우, 초상 등을 상품 등의 광고로서 사용하는 경우의 세 가지 유형인데, 이것들은 모두 오로지 고객흡인력을 이용하는 목적이라고 인정하여야 하는 전형적인 유형인데다가, 종래의 하급심 재판례에서 다뤘던 사례 등을 고려할 때 퍼블리시티권의 침해로 인정될만한 사안의 대부분을 커버할 수 있는 것은 아니라고 여겨진다. 이들 세 가지 유형 이외에 관하여도 이에 준하는 정도의 고객흡인력을 이용할 목적이 인정되는 경우에 한정한다면, 퍼블리티시권의 침해로 인정되는 범위가 매우 명확해지는 것이 아닐까 생각한다.

또한, 원심 판결은 고객흡인력의 이용 이외의 목적이 조금이라도 있으면 '오로지' 이용하는 목적은 아니게 되는 문제점을 지적하고 있는데, 예를 들면 초상 사진과 기사가 같은 출판물에 게재되어 있는 경우에는 사진의 크

그리고 사실관계에 비추어 볼 때 이 사건 각 사진은 위 안무를 이용한 다이어트 방법을 해설하고, 이에 부수적으로 어린 시절에 위 안무를 흉내냈던 탤런트의 추억을 소개하면서 독자의 기억을 환기하는 등 이 사건 기사의 내용을 보충하는 목적으로 사용되었다고 볼 수 있고,[36] 원고들의 승낙없이 이 사건 잡지에 게재한 행위는 오로지 초상이 갖는 고객흡인력을 이용하려는 목적에 의한 것이 아니므로 불법행위법상 위법성이 인정되지 않는다고 하여 1심과 항소심의 결론을 유지했다.

(4) 판례의 검토

핑크레이디 사건은 퍼블리시티권이 인격권으로부터 유래한다는 법적 성질을 명확히 하고 배타적 권리성을 인정한 최초의 일본 최고재판소 판결이다.[37] 나아가 퍼블리시티권과 표현의 자유 사이의 충돌 상황에 있어서 '오로지 기준설'을 취함으로써 표현의 자유를 좀 더 우선시했고, 종전의 '오로지 기준설'에서 더 나아가 침해가 인정되는 세 가지 유형을 구체적으로 예시함으로써 초상 등이 가지는 고객흡인력을 '오로지' 이용한다는 것의 의미를 보다 명확히 한 것은

기, 취급되는 방법 등과 기사의 내용 등을 비교 검토하여, 기사는 부수물이고 독립적인 의미를 인정하기 어려운 것이거나, 기사와 관련 없이 사진이 중요하게 다루어지거나 하는 경우에는 '오로지'라고 말해도 좋고, 이 문언을 과도하게 엄밀히 해석하는 것은 상당하지 않다고 생각한다."

36) 위 기사는 핑크레이디 그 자체를 소개하는 것이 아니고 직전 해의 가을경에 유행하였던 핑크 레이디 곡의 안무를 이용한 다이어트 방법에 관해 그 효과를 제목으로 하여 일러스트와 문자를 사용하여 위 다이어트 방법을 해설하면서 어린 시절 핑크 레이디 노래의 안무를 흉내내던 추억 등을 소개하는 것인 점, 이 사건 기사에 사용된 각 사진은 총 200페이지인 이 사건 잡지 전체 중 3페이지에 사용됨에 지나지 않는데다가, 모두 흑백사진이고, 그 크기도 세로 2.8cm, 가로 3.6cm 내지 세로 8cm, 가로 10cm 정도인 점 등

37) 橋谷 俊, 前揭論文(1), 237면.

매우 의미가 있다.

이 판결 전에 퍼블리시티권 침해에 대한 일본 판례는 크게 (i) 오로지 초상이 갖는 고객흡인력을 이용하려는 목적인지 여부에 따라 판단하는 소위 '오로지(專ら) 기준설', (ii) 초상 등의 이용이 무단 상업적 이용에 해당하는지 여부에 따라 판단하는 '상업적 이용 기준설'[38], (iii) 퍼블리시티권과 표현의 자유 사이의 이익형량을 통해 여러 가지 사정을 종합적으로 관찰하여 판단하는 '종합 형량설' 등으로 나누어 볼 수 있고, 킹 크림슨 사건과 부부카 스페셜 7 사건의 1심 등 대부분의 판례들[39]는 '오로지 기준설'을 취하고 있었다.

이 사건에서는 '오로지 기준설'의 관점에서 그 기준에 따라 침해가 성립되는 세 가지 전형적인 유형을 제시한 것은 표현의 자유를 우선시하기 위하여 유형적 형량방식(definitional balancing)을 취한 것으로 해석된다. 일반적으로 사건별로 여러 이익들을 종합적으로 고려하는 '개별적 형량'(ad hoc balancing)은 대립되는 두 권리와 관련된 제반 이익들을 모두 고려하여 타당성있는 결론을 도출할 수 있는 장점이 있는 반면에, 대립하는 이익의 강약이나 크기를 재는 객관적인 척도가 없으므로 결국 법관의 주관적·자의적인 판단으로 흐를 수 있고 결국 어떤 경우에 위법한지 또는 위법하지 않은지 예측하기 어려운 수범자로서는 표현행위를 하기에 앞서 과도한 자기검열 즉 위축효과(chilling effect)가 발생할 수 있다는 중요한 단점이 있기 때문이다.[40]

---

38) 부부카 스페셜 7 사건의 항소심 판결은 일반론적으로 종합 형량설과 같이 여러 가지 사정을 고려해야 한다고 설시하면서도 특히 초상 등의 이용이 무단 상업적 이용에 해당하는지 여부를 검토하여야 한다고 하여 상업적 이용 기준설을 취한 것으로 평가하는 견해도 있다. 임상민, "퍼블리시티권 침해 판단기준", 지식재산연구 제8권 제4호(2013. 12), 137면.

39) 나카타 히데토시 제1심, 핑크 레이디 제1심, 배용준 일본방문 특별보도 사건 제1심 등.

40) 橋谷 俊, "女性週刊誌「女性自身」に「ピンクレディ de ダイエット」と題する特

이 사건에서 최고재판소는 '오로지 기준설'을 채용하면서 구체적인 판단기준으로 세 가지 침해유형을 제시했는데, 그 중 첫 번째 유형은 '배용준 일본방문 특별보도 사건'에서, 그리고 두 번째 유형과 세 번째 유형은 '@BUBKA 사건'에서 각각 제시된 기준들이며, 결국 최고재판소는 기존 판례들에 나타난 판단기준들을 바탕으로 이 사건에서 세 가지 기준으로 종합한 것으로 해석된다. 특히 세 가지 유형 뒤에 '등'이 붙어있기 때문에 세 가지 유형들은 예시에 지나지 않으며 추후에 침해로 인정되는 행위유형들이 더 확장될 수 있음을 보여주고 있다. 실제로 이 판결의 보충의견은 위 세 가지 유형 이외에도 초상 등 이용행위가 세 가지 유형에 준하는 정도로 고객흡인력을 이용할 목적이 인정되는 경우에는 별도로 권리침해가 성립할 수 있다는 점을 시사하고 있다. 사실 아직 실정법상 권리로 인정받지 못하고 있는 퍼블리시티권을 개별 사안에서 판단해야 하는 법원의 입장에서는 금지청구와 같은 배타적 효력을 가진 퍼블리시티권을 표현의 자유와의 관계에서 제한적으로만 인정할 수밖에 없으며, 따라서 이익형량에 있어서도 관계된 이익을 모두 고려하는 종합적 형량설 보다는 일정한 위법행위를 범주화하고 그 이외의 행위들은 허용하는 유형적 형량방식은 표현의 자유 보장을 위해서 더 우월한 것으로 생각된다.[41][42]

集記事を組み、ピンクレディの白黒を無載した行爲についてパブリシティ侵害を否定した事例 (2)：ピンクレディ事件"[이하 본 논문에서는 前揭論文 (2)], 知的財産法政策究 第42卷, 北海道大學, 2013. 3, 305면.

[41] 핑크레이디 최고재판소 판결은 타인의 성명이나 초상 등을 상업적으로 사용하는 행위 중에서도 퍼블리시티권 침해에 해당하는 행위 유형 등을 최대한 명확하게 한정하는 입장을 통해 그 나머지의 보다 넓은 영역은 일반 국민이 성명이나 초상 등 본인의 인격권을 침해하지 않는 한 표현의 자유를 누릴 수 있는 영역임을 분명히 한 것으로 볼 수 있으며, 따라서 '오로지 기준설'만이 정답이라고 할 것은 아니지만, 그와 같이 꼭 필요한 범위 내로 침해의 가능성을 한정하는 노력은 표현의 자유에 대한 위축효과(chilling

3. 일본 판례들에 대한 평가

이상에서 살펴본 바와 같이, 초기 일본의 판례들은 개인의 동일성 가치가 가진 재산권적 특징을 '퍼블리시티권'이라는 독립된 권리로 보호하는데 소극적이었다. 하지만 점차 많은 판례들이 퍼블리시티권이라는 용어만 사용하지 않았을 뿐 성명이나 초상이 경제적인 고유성을 가진다는 것은 인정을 했다. 이후 2012년 핑크레이디 사건은 퍼블리시티권을 인격권에서 시작된 재산권의 하나로 인정하고, 나아가 유형적 형량방식의 입장에서 표현의 자유와 충돌하는 경우에 침해여부를 판단하는 구체적인 판단기준 내지 침해유형들을 제시했다는 점에서 진일보한 판결이라고 볼 수 있다.

하지만, 위에서 일본의 판례들을 검토해보면 퍼블리시티권의 보호 범위, 특히 표현의 자유와의 충돌 상황에서 기준이 일관성있게 적용되어 오지는 않았음을 알 수 있다. 즉, 법원은 '오로지 기준설'과 '종합 고려설'의 두 가지를 주로 적용해왔지만, 사안에 따라서 표현의 자유를 좀 더 넓게 적용할 때에는 오로지 가준설을 취하고, 반면 퍼블리시티권의 침해를 인정할 필요성이 있는 때에는 주관적인 요소와 더불어 사용 방법이나 피해 정도 등 객관적 상황들을 고려 요소에 추가함으로서 법원의 재량 폭을 확대시켰다.

이후 @BUBKA 사건에서 판례가 채용한 '상품화 또는 광고' 기준은

---

effect)를 방지하기 위해 반드시 필요하다는 견해는 이해완, 앞의 논문, 110면 참고.

42) 출판물과 관련하여 일본 법원이 택한 오로지 기준은, 기사의 내용이 공공의 정보이익에 얼마나 기여하는지 실질적인 내용은 판단하지 않고, 고화질사진이 전체 잡지에서 어느 정도의 비중을 차지하는지, 함께 게재된 문장이 사진과 얼마나 관련성이 있는지와 같은 형식적 판단에 한정된다는 점에서, 법원의 언론기사 심사가 표현의 자유를 위축시킬 위험을 상당히 제거한 판단기준이라는 견해에는 김수정, 앞의 논문, 35면.

표현의 자유와의 관계에서 과도한 위축효과를 배제하기 위해 퍼블리시티권 침해의 판단을 더 명확한 기준에 의하여야 한다는 관점에서 기존 판례들을 분석한 후 ① 선전광고에 이용되는 경우나 ② 상품화되는 경우가 아니면 퍼블리시티권의 침해가 아니라는 기준을 제시하였다. 이는 '오로지'라는 기준보다 좀 더 구체적인 형량의 방법으로 볼 수 있으며, 종전 판례들이 제시해 온 퍼블리시티권 침해에 관한 여러 가지 판단기준 중에서 가장 명확하다고 할 수 있는 한편, 성명·초상의 상업적인 이용행위를 컨트롤하고자 하는 저명인에게는 가장 엄격한 판단기준이라고 할 수 있다.[43] 또한 '배용준 일본방문 특별보도 사건'에서도 종전의 '오로지' 기준에 부연하여 초상을 '독립하여 감상의 대상으로 할 수 있는지' 여부라는 침해의 기준을 새롭게 제시하고 개별 페이지에서의 사진과 기사의 관계를 참작하여 침해 여부를 판단함으로서 핑크레이디 사건의 최고재판소 판결에 많은 영향을 준 것으로 평가된다.

핑크레이디 사건의 최고재판소가 제시한 세 가지 행위유형들을 구체적으로 살펴보면 다음과 같다. ① 제1유형은 초상 등 그 자체를 독립한 감상의 대상으로 하는 상품 등으로 사용되는 경우이다. 이러한 유형에 대해 보충의견은 '브로마이드'나 '그라비아 사진' 등을 그 예로 들고 있다. 이 사건에서는 잡지기사에서 크지 않은 흑백사진이 사용되었으므로 침해가 아니라고 판단되었다. 기존 사건들을 살펴보면, 컬러 사진이 페이지의 거의 전체를 차지하는 실질적인 사진집은 독립감상대상이라고 하여 침해를 긍정한 '배용준 일본방문 특별보도 사건', 컬러 사진을 잡지의 양쪽 2페이지 거의 전체에 게재한 것을 침해라고 인정한 '부부카 스페셜 7 사건' 제1심, '그라비아 사진', '달력'은 상품화라는 생각을 명확히 한 핑크레이디 사건 2심 등

---

43) 橋谷 俊, 前揭論文(1), 275면.

이러한 기준으로 판단한 사례이다. 또한 텔레비전 뉴스나 정보 방송, 버라이어티 방송에서 탤런트 등의 성명·초상을 해당 인물의 소개 및 인물에 관해 언급하면서 사용하는 경우에는 독립감상대상이라고 하기는 어려우므로 컬러사진, 흑백사진, 초상화인지 따지지 않고 퍼블리시티권의 침해가 부정될 가능성이 높다.[44] ② 제2유형은 상품 등 차별화를 도모할 목적으로 초상 등을 상품 등에 붙이는 경우이다. 이러한 유형이 상정하고 있는 것은 캐릭터 상품, 즉 머천다이징 상품이 대표적인 예이다. 또한 상품 등의 라벨이나 상업 잡지의 표지 사진으로 이용하는 것도 상품 등의 차별화에 사용한 것으로 볼 수 있다. ③ 제3유형은 초상 등을 상품 등의 광고로서 사용되는 경우이며, TV나 신문 등에 선전광고에서의 이용한 것이 전형적인 예이다. 하지만 책의 광고에 그 책 저자의 초상 등을 사용하는 행위나 음식점 등에서 연예인이 방문한 사진을 매장 내에 게시하는 행위는 출처나 사실을 나타내는 것에 지나지 않아 침해가 되지 않는다고 볼 수 있으며, 나아가 비평이나 논평 목적으로 사용하는 등 광고를 상품판매촉진의 목적으로 사용하지 않는 경우에도 침해가 되지 않는다고 본다.[45]

이러한 최고재판소의 입장은 퍼블리시티권을 경제적 권리의 하나로 인정했지만, 퍼블리시티권이 아직 제도적으로 완전히 정착되지 않아 아직 이익충돌에 관한 다양한 사례들이 축적되지 않았다는 점, 그런 상황에서 금지청구권이 포함된 배타적 권리를 넓게 인정한다면 다른 권리 특히 헌법상 표현의 자유의 가치가 훼손될 수도 있다는 점 등을 고려하여 기존의 기준 중에서 가장 엄격한 오로지 기준설을 취했으며, 나아가 표현의 자유를 보장하기 위하여 유형적 이익형량 방식에 따라 기존에 판례들이 제시했던 형량기준들을 종합적

---

44) 橋谷 俊, 前揭論文(2), 300면.
45) 橋谷 俊, 前揭論文(2), 304면.

으로 정리한 것이다. 하지만, 최고재판소의 이러한 입장은, 비록 스스로 그 확장가능성에 대한 여지는 두었지만, 위 세 가지 기준 이외에는 표현의 자유를 우선시하는 것으로 결과적으로 퍼블리시티권의 권리범위를 매우 엄격하게 인정한 것인데 과연 퍼블리시티권을 둘러싼 모든 권리충돌 상황을 해결할 수 있는지는 의문이다. 특히 앞으로 기술 및 이용방식의 다변화로 퍼블리시티권의 권리범위가 더욱 확장되고 이에 따라 더욱 다양한 이익충돌 상황이 발생할 가능성이 높다는 점 등을 고려할 때 핑크레이디 사건에서 일본 최고재판소가 제시한 기준은 다양한 이익충돌 상황에 모두 적용할 수 있는 완결적인 이익형량의 기준은 아닌 것으로 생각된다.

제5장
퍼블리시티권의 한계에 관한 해석론적 고찰

제1절 서설

위에서 살펴본 바와 같이, 미국에서는 수정헌법 제1조에서 규정한 표현의 자유의 절대성을 개인의 권리와 조화시키기 위한 노력들이 있었고 이러한 노력들은 오랫동안 판례를 통해 누적되면서 몇 가지 판단 기준들을 정립해왔다. 뉴스가치 이론이나 권리포기 이론, 실질적 악의 이론 등은 기존의 명예훼손 법리에서 나타난 것이지만 개인의 인격적 가치와 표현의 자유 사이의 충돌 상황을 해결하기 위한 원리도 발전했다. 이 후 퍼블리시티권과 관련된 이익형량 과정에서 좀 더 세분화된 기준들이 등장했는데, 현재에는 이용의 목적 측면에서 상업적인 목적으로 동일성 가치를 이용하려는 것이 주된 목적이었는지를 판단하는 지배적 이용 기준과 이용의 성질 측면에서 이용자의 고유한 변형적 가치를 인정할 수 있는지를 판단하는 변형적 이용 기준이 주목을 받고 있다.

또한 일본에서도 과거 하급심에서는 기존 초상권 법리 중 하나인 수인가능성 여부를 기준으로 판단하기도 했으나 점차 경제적 가치의 측면에 중점을 둔 판례들이 거듭되면서 오로지 기준설, 종합 고려설 등이 등장했고, 2012년 핑크레이디 사건을 통해 퍼블리시티권은 인격권에서 유래하는 하나의 권리로 인정하면서 다른 법익 특히 표현의 자유의 우월성을 보장하기 위하여 유형적 이익형량 기준으로 '오로지 기준설'을 취하면서 이를 세분화하는 세 가지의 판단 기준들도 제시되었다.

우리나라에서 퍼블리시티권의 논의가 시작된 이후에 이에 관한 판례들은 상당수 누적되었지만, 아직도 다른 권리와의 관계에서 법익이 충돌하는 경우에 과연 어떤 기준을 가지고 해결할 것인지에 관한 논의는 매우 적은 편이다. 최근에 미국과 일본에서 판례를 통해 발달한 기준들을 받아들여 적용한 판례들이 나타나고 있으며, 그 중에서 가장 눈에 띄는 것은 미국의 상업적 이용기준설과 일본의 오로지 기준설 등이다. 하지만 이러한 기준들은 아직 다른 판례들에 의해서 널리 받아들여지고 있는 것도 아니고 그 기준의 타당성이나 적용범위 등에 관한 학계에서의 논의들도 거의 없는 실정이다. 퍼블리시티권과 표현의 자유가 충돌하는 상황에서의 해결방법을 먼저 고민한 해외 판례상의 기준들을 받아들이는 것도 의미가 있다. 하지만 만일 우리나라 실정법을 근거로 명문상 혹은 해석상 도출할 수 있는 이익형량 논리가 있다면 이를 먼저 살펴보는 것이 타당할 것이다. 즉 한국 내에서 법률 그리고 이를 해석하는 판례를 통해 발달한 이익형량의 원리가 있는 경우에 이것을 퍼블리시티권 영역에도 적용할 수 있는지를 고민하는 것이 순서라고 할 수 있다. 이러한 의미에서 미국에서 변형적 이용 기준이나 패러디 항변 등에서 주로 언급되는 공정이용의 법리와 유사한 규정을 가지고 있는 우리나라 저작권법상의 공정이용(fair use) 법리를 퍼블리시티권에 적용할 수 있는지 살펴볼 필요가 있다.

    최근 퍼블리시티권에 관한 독립 입법으로 제안되었던 '인격표지권 보호 및 이용에 관한 법률(안)' 제16조에서는 표현의 자유 등 다른 법익과의 관계에서 인격표지권(퍼블리시티권)을 제한하는 기준으로 저작권법상 공정이용(fair use) 규정과 유사한 이익 형량방식을 제안하고 있다.[1] 물론 이러한 접근방법은 퍼블리시티권을 저작권의 일종

---

1) '인격표지권 보호 및 이용에 관한 법률안'(2015. 1. 13. 길정우 의원 대표발의)
   제16조 (공정 이용)
   ① 널리 알려진 인격표지는 정당한 범위 안에서 공정한 관행에 합치되게 이를 이용할 수 있다.
   ② 제1항에 따른 정당한 범위와 공정한 관행을 판단함에 있어 다음과 같은 요소가 고려되어야 한다.

이라는 시각으로 접근하는 것이며, 이러한 저작권법적 접근방법에 대해서는 여러 비판적인 학설들이 있다.[2] 하지만, 퍼블리시티권이 경제적인 측면에 중점을 두는 권리라는 점을 고려할 때 명예훼손 등 기존의 인격권 내지 인격적 이익에 기초한 이익형량 법리들보다는 저작권법상 공정이용 조항을 판단기준으로 삼는 것이 퍼블리시티권의 한계에 대해서 좀 더 재산권적 측면에서 접근하는 것이어서 구체적 타당이 있는 결론을 도출할 수 있으며, 또한 기존의 공정이용과 관련된 논의들을 적절히 원용함으로써 이익형량 방법의 용이성이나 결과의 예측가능성 측면에서도 유리하다고 볼 수 있다.[3]

---

1. 이용 목적과 성격
2. 이용의 본질
3. 이용된 양과 질
4. 이용의 경제적 효과

[2] 엄동섭, "한국에서의 퍼블리시티권 논의", 152면.

[3] 위 법률안에 대한 검토보고서에서도 인격표지권이 도입될 경우 이용자 입장에서는 유명인 등의 인격표지에 대한 공정한 이용(fair use)이 제한될 수 있으므로 인격표지권의 인정으로 인한 재산권 보호 측면과 공정한 이용의 제한이라는 측면을 고려하여 그 인정 범위를 적정수준으로 설정하는 방안이 모색될 필요가 있다고 보고 있다. 동 검토보고서, 8면.

제2절 공정이용 법리에 의한 퍼블리시티권의 제한

1. 서설

역사적으로 저작권은 출판을 검열하려는 시도에 맞서서 창작자들의 표현의 자유를 확보하는데 중요한 역할을 수행했다. 그런 점에서 언론·출판의 자유와 저작권은 상호 보완적 관계에 있다고 할 수 있다.[1)2)] 하지만 점차 저작권의 보호 범위가 확대되고 이용자의 이익보다는 저작권자의 보호를 중시하는 것으로 환경이 변화하면서 저작권과 표현의 자유는 여러 면에서 서로 충돌을 하고 있으며 따라서 양자의 관계를 어떻게 설정할 것인지가 매우 중요한 문제로 대두되고 있다.

미국에서 저작권과 표현의 자유의 관계에 대한 전통적인 견해로는 Melville B. Nimmer 교수와 Paul Goldstein 교수의 견해가 대표적이다. 두 교수가 저작권과 표현의 자유에 관한 주요 논문을 발표한 것은 미국의 1976년 저작권법이 제정되기 직전에 그 입법을 둘러싸고 미국 상하원에서 논의가 한창 진행되던 1970년의 일이다.[3)] 먼저 Nimmer 교수는 새로운 표현에 인센티브를 부여하는 저작권의 기능에 근거

---

1) 박성호, "저작권과 표현의 자유―이른바 '삼진아웃제'와 관련하여―"(이하 본 논문에서는 "저작권과 표현의 자유"), 법학논총(전남대학교 법학연구소) 제29집 제2호(2009. 12), 171면.

2) Harper & Row v. Nation Enterprises 사건에서 미국 연방대법원은 연방헌법제정자들이 저작권을 표현의 자유의 엔진(engine of free expression)으로 의도하였음을 잊어서는 안되며, 자신의 표현에 대해서 상업화할 수 있는 권리를 규정함으로써 저작권은 아이디어의 생산과 확산에 경제적인 인센티브를 제공한다고 설시하였다. Harper & Row v. Nation Enterprises, 471 U.S. 539 (1985)

3) 박성호, "저작권과 표현의 자유", 172면.

해서 또는 저작권자의 권리범위와 보호기간을 제한하는 저작권법의 내재적 제한 법리들에 근거해서 저작권과 헌법상 표현의 자유는 서로 조화롭게 공존될 수 있다고 주장했고, 그의 주장은 이후 미국의 학계나 판결에 주류적인 견해로 자리 잡았다.[4] Nimmer 교수는 표현의 자유와 저작권 사이의 관계에 대하여 두 권리가 상대적 권리라는 것을 전제로 이들 권리를 둘러싼 다양한 이해관계의 경중을 판단하는 방법으로 접근하였다. 하지만 표현의 자유를 보호하는 이익과 이를 제한함으로써 얻는 이익을 비교 형량하는 '개별적 형량이론(interest balancing test, ad hoc balancing test)'은 구체적인 개별 사안에서 표현의 자유와 상충되는 이익들을 서로 비교 형량하여 어느 쪽이 더 보호되어야 하는지를 사건마다 법원이 판단해야 하는데 그렇게 되면 법원의 확정 판결이 있을 때까지 어느 쪽이 우위에 있는지 여부를 판단할 수 있는 아무런 기준이 없기 때문에 사법심사의 예측가능성이 담보되지 않고 따라서 개인에게는 이러한 불안함으로 인해 표현의 자유를 스스로 억제하는 위축 효과(chilling effect)를 가져오는 등 표현의 자유를 제한하는 경향이 있어 부적합하다고 보았다. 따라서 이러한 모순을 해결하기 위해서 절대적 접근 방식[5]의 명확성과 이익 형량 이론의 구체적 타당성의 장점을 결합시킨 새로운 접근방법을 제안했는데 그것이 바로 1964년 미국 연방대법원이 New York Times 사건[6]

---

4) 박성호, "저작권과 표현의 자유", 173면; 김인철, "저작권과 표현의 자유의 갈등-미국에서의 논의를 중심으로-", 연세법학연구(연세대학교 법학연구소) 제21권 제4호(2011. 12), 93면; 강 헌, "표현의 자유와 저작권", 경영법률 제19집 제1호(2008. 10), 8면 등.

5) 절대적 접근방식(absolutist approach)은 표현의 자유를 가장 우선시되어야 하는 권리로 보고 헌법상 다른 가치에 비해서 더 중시하고 보호하기 위한 이론이며, 우월적 지위(preferred posion) 이론이나 명백하고 현존하는 위험 (clear and present danger)의 원칙 등이 있다.

6) New York Times Co. v. Sullivan, 376 U.S. 254,270 (1964). 이 판결은 공인(public figure)에 대한 표현행위가 명예훼손이 성립하려면 현실적 악의(actual malice),

에서 채택한 '유형별 형량이론(definitional balancing test)'이다. Nimmer 교수는 유형별 형량 방법을 통해 사전에 헌법상 표현의 자유에 속하는 표현을 미리 구별하여 유형화해놓음으로써 법원은 새로운 사건에서 유형화한 사건들에 대해서는 추가적인 새로운 이익형량을 할 필요 없이 그대로 원칙을 적용하게 되므로 판결의 예측가능성을 높일 수 있다고 보았다.[7] 이러한 관점에서 저작권법에서 아이디어에 대해서는 저작권을 주장할 수 없다는 '아이디어와 표현의 이분법(idea expression dichotomy)'이나 '강제허락(compulsory license)', '저작권 보호기간 한정' 등의 규정들은 표현의 자유와의 조화로운 해석을 위해서 저작권 자체에 내재적인 헌법상 표현의 자유의 보호장치(copyright's built-in First Amendment safeguards)라고 보았다.[8]

Goldstein 교수도 표현의 자유와 저작권과의 관계에 대해서 Nimmer 교수와 유사한 입장을 취했다. 즉 아이디어와 표현의 이분법을 단계적이고 탄력적으로 운용함으로써 저작물의 이용에 있어서 공익적인 관점을 중시했다. 아이디어와 표현의 구별이 상대적일 뿐만 아니라 정도의 문제일 뿐이라는 점을 인정한다면, 저작물에 나타난 아이디어를 저작자에게 독점시키는 것은 가치가 있는 아이디어를 일반 공중이 접근할 수 없도록 막는 것일 뿐만 아니라 그의 소유가 아닌 것에 대해서 저작자의 독점적이고 배타적인 재산으로 인정하는 결과가 되기 때문이다. 따라서 두 권리의 대립을 조정하는 방법으로 아

즉 그 표현이 허위임을 알았거나 혹은 이를 무분별하게 무시하고 이루어졌다는 것(knowledge or reckless disregard for their falsity)이 명확한 증거(convincing clarity)에 의하여 입증되어야 한다고 판시하였다. 이 판결은 미국의 표현의 자유에 있어서 기념비적인 판결로 꼽히며, 우리나라 판결에도 큰 영향을 주었다(대법원 1998. 10. 9. 선고 97도158 판결 등).

7) M.B. Nimmer, "Does Copyright Abridge the First Amendment Guarantees of Free Speech and Press?", UCLA Law Review, Vol. 17, 1970. pp.1192-1193
8) Ibid., pp.1202-1203.

이디어와 표현의 이분법, 저작권의 존속기간, 그리고 저작권자의 허락을 받지 않더라도 적법하게 저작물을 이용할 수 있는 공정이용(fair use) 조항 등의 중요성을 강조했다. 특히 Goldstein 교수는 유명 영화 제작자인 Howard Hughes의 전기 출판에 대한 소송[9]을 논평하면서 저작권과 표현의 자유가 충돌하는 상황에서 저작권이 표현의 자유를 억압하는 상황을 방지하기 위한 도구로써 공정이용(fari use) 법리의 중요성을 강조했다.[10]

공정이용(fair use) 법리는 저작권법상 보호되는 저작물을 일정한 요건 하에서 저작권자의 허락 없이 이용할 수 있도록 하는 원칙을 의미한다. 이러한 공정이용 법리는 본질적으로 표현의 자유 등 다른 공익적 목적을 위해 저작권자의 독점적 권리를 제한하기 위한 것인 바, 퍼블리시티권 역시 그 속성상 독점성이라는 측면에서 저작권과 유사한 측면이 있으므로, 표현의 자유라는 공공의 이익을 위해 저작권법상 공정이용 법리를 준용하여 퍼블리시티권을 제한할 수 있는지 검토할 필요가 있다.

지적재산권은 본질적으로 기술이나 문화의 발전을 촉진하여 사

---

9) Rosemount Enterprises, Inc. v. Random House, Inc. and John Keats, 366 F.2d 303 (2nd Cir., 1966).

이 사건에서 억만장자 Howard Hughes의 일대기 『The Howard Hughes Story』를 출판하려는 출판사 Random House를 상대로 Howard Hughes는 관련 잡지 (Look)의 기사 등의 저작권을 사들인 후에 저작권침해를 이유로 금지청구를 했다. 가처분법원은 fair use가 학술적이거나 교육적인 목적이 있을 때로 제한된다며 Random House가 만들려는 전기는 학술적이 아닌 대중적인 시장(for a popular (not scholarly) market)에 판매할 목적이므로 fair use privilege의 적용을 받지 않는다고 판시했다. 이에 연방 제2항소법원은 fair use doctrine에 따라 Howard Hughes는 오랫동안 뉴스가치 있는 인물이었고 이러한 유명인사의 삶을 알고자 하는 대중의 이해관계(public interest)는 저작권 보유자의 예상손해보다 우선해야 한다며 가처분법원의 결정을 취소했다.

10) P. Goldstein, "Copyright and the First Amendment", Colombia Law Review, Vol. 70, 1970, pp.983-986.; 박성호, "저작권과 표현의 자유", 177-178면.

회 전체의 지적 자산을 증대시키는 것을 목적으로 하는 제도이다. 그런데 지적재산권 법리에 의해서 보호되는 저작물 등은 이미 존재 하는 문화 또는 기술을 바탕으로 창작된 것이라는 측면에서 일종의 공공재의 성격을 가진다고 할 수 있고, 따라서 지적재산권이 인정되 는 창작물이라고 하더라도 창작자의 창작성이 인정되는 부분에 한 하여만 권리를 인정할 것이고 그 외에 공공재의 성격을 가지는 부분 에 대해서까지 독점성이 인정되는 것은 제한할 필요가 있다. 또한 독점성이 인정되는 부분이라도 사회적인 다른 가치 등 필요성이 있 는 경우에는 그 독점성을 완화하여 다른 사람들의 자유로운 이용을 허용해야할 경우가 있고 이것은 저작권법의 여러 규정들을 통해서 이미 인정되는 법리이다. 특히 지적재산권 제도의 목적을 달성하기 위해서는 그 전제로서 개인의 사상과 창의성이 자유롭게 발휘되도 록 하는 것이 필요한데, 이러한 사상과 창의성의 자유로운 발휘를 위해서는 헌법상 표현의 자유를 보장하는 것이 무엇보다도 요구된 다.[11] 이러한 측면에서 퍼블리시티권과 표현의 자유가 충돌하는 경 우에 퍼블리시티권과 유사한 속성을 가진 저작권법에서 규정하고 있는 공정이용(fair use) 법리를 적용하여 퍼블리시티권이 제한될 수 있는 기준과 범위를 설정하는 작업은 중요한 의미를 가진다고 할 수 있다.

---

11) Eldred v. Ashcroft 537 U.S. 186(2003).
   소니보노 저작권 보호기간 연장법(Sonny Bono Copyright Term Extension Act: CETA)의 위헌성을 다투는 이 사건에서 연방대법원은 저작권의 제한적 독 점성은 표현의 자유 원칙과 병존가능하며, 저작권법은 내재적인 표현의 자유의 보호장치들(built-in First Amendment accommodations)을 가지고 있는데, 첫째는 아이디어와 표현의 구별을 통해 아이디어나 사실에 대한 자유로운 커뮤니케이션을 허용하는 것이고, 둘째는 공정이용(fair use)를 통해 학술, 논평, 패러디에 이르기까지 상당한 자유재량(considerable latitude)을 허용하 는 것으로 보았다.

실제로 미국에서는 퍼블리시티권의 침해가 문제된 사건에서 저작권법의 공정이용의 원칙을 원용한 사례들을 많이 찾아볼 수 있다. 먼저 Comedy Ⅲ 사건(또는 Three Stooges사건)[12]에서 퍼블리시티권과 표현의 자유와의 관계에 대해서 특히 새로운 저작물이 변형적이었는지, 즉 다른 목적이나 성격을 가지고 새로운 것을 추가했는지 혹은 새로운 표현이나 메시지를 전달하는 것인지 등이 중요하다고 판단했다. 또한 Cardtoons사건[13]에서는 프로야수선수의 개인적 특징을 만화로 묘사한 카드를 제작하여 판매한 행위에 대하여 퍼블리시티권 침해 주장과 예술창작의 자유 주장이 서로 대립되었으나 연방 제10항소법원은 저작권법상 공정이용 법리를 원용하여 예술표현의 자유가 우선한다고 인정했다.

이하에서는 우선 저작권법상의 공정이용 법리에 관해 살펴본 후 공정이용 법리에 따른 퍼블리시티권 제한 기준에 관해 검토하기로 한다.

2. 저작권법상의 공정이용 법리

가. 개요

종래의 우리나라 저작권법에는 공정이용에 관한 명문의 규정이 없었고 다만 판례상 공표된 저작물의 인용 규정[14] 중 '정당한 범위 안에서 공정한 관행' 조항의 해석을 통하여 공정이용 법리가 간접적

---

12) Comedy Ⅲ Productions, Inc. v. Gary Sademp, Inc,. 21 P.3d 797 (Cal. 2001).
13) Cardtoons L.C. v. Major League Baseball Playas Ass'n, 95 F.3d 959, 970-71, 976 (1996).
14) 저작권법 제28조 (공표된 저작물의 인용)
    공표된 저작물은 보도·비평·교육·연구 등을 위하여는 정당한 범위 안에서 공정한 관행에 합치되게 이를 인용할 수 있다.

으로 인정되어 왔다.[15] 그 후 '대한민국과 미합중국 간의 자유무역협정' 체결에 따른 이행조치로 개정된 저작권법(2011. 12. 2. 법률 11110호)에서 공정이용에 관한 일반 규정이 추가되었다.[16]

위 개정 저작권법은 저작물 이용행위가 공정이용에 해당하는지 여부를 판단함에 있어 고려하여야 할 요소로서 "1. 영리성 또는 비영리성 등 이용의 목적 및 성격, 2. 저작물의 종류 및 용도, 3. 이용된 부분이 저작물 전체에서 차지하는 비중과 그 중요성, 4. 저작물의 이용이 그 저작물의 현재 시장 또는 가치나 잠재적인 시장 또는 가치에 미치는 영향"을 예시하고 있는데, 위 4가지 요소들은 미국 연방저작권법 제107조가 규정하는 공정이용의 판단 요소를 사실상 그대로 수용한 것이다. 하지만 개정 저작권법이 시행된 이후 아직까지 우리나라 법원에서 위 공정이용 일반규정의 의미 및 적용 범위 등에 관하여 기준으로 삼을만한 의미있는 판례를 찾아보기는 어려운 상황

---

15) 대법원 1997. 11. 25. 선고 97도2227 판결 ("정당한 범위 안에서 공정한 관행에 합치되게 인용한 것인가의 여부는 인용의 목적, 저작물의 성질, 인용된 내용과 분량, 피인용저작물을 수록한 방법과 형태, 독자의 일반적 관념, 원저작물에 대한 수요를 대체하는지 여부 등을 종합적으로 고려하여 판단하여야 할 것").

16) 저작권법 제35조의3 (저작물의 공정한 이용)
  ① 제23조 부터 제35조의2까지, 제101조의3 부터 제101조의5까지의 경우 외에 저작물의 통상적인 이용 방법과 충돌하지 아니하고 저작자의 정당한 이익을 부당하게 해치지 아니하는 경우에는 보도·비평·교육·연구 등을 위하여 저작물을 이용할 수 있다.
  ② 저작물 이용 행위가 제1항에 해당하는지를 판단할 때에는 다음 각 호의 사항 등을 고려하여야 한다.
    1. 영리성 또는 비영리성 등 이용의 목적 및 성격
    2. 저작물의 종류 및 용도
    3. 이용된 부분이 저작물 전체에서 차지하는 비중과 그 중요성
    4. 저작물의 이용이 그 저작물의 현재 시장 또는 가치나 잠재적인 시장 또는 가치에 미치는 영향

이다.[17] 따라서 개정 저작권법상 공정이용 일반규정의 해석·적용에 있어 미국 법원들이 연방저작권법 제107조의 4가지 요소들을 실제 사건에 적용하면서 제시한 논리들이 좋은 참고가 될 수 있으며, 경우에 따라서 퍼블리시티권에 적합하게 변형할 필요가 있다. 이하에서는 먼저 미국 연방저작권법상 나타난 공정이용 원칙을 살펴보기로 한다.

나. 연방저작권법상 공정이용의 판단 요소

미국에서 저작물에 대한 공정이용 법리가 처음 인정된 것은 1841년의 Folsom 사건[18]이다. 이 사건은 미국의 초대 대통령 G. Washington의 메시지, 서한 등을 수집하여 출판한 문집의 저작권을 둘러싸고 문서의 실제 작성자와 출판사 등이 벌인 분쟁인데, 이 사건에서 법원은 '저작권 침해 여부를 판단함에 있어서는 원저작물 이용의 본질과 목적, 이용된 부분의 양과 가치, 원저작물의 이용으로 인해 원저작물의 판매나 원저작자의 이익에 손해가 발생하거나 또는 원저작물이 대체되는 정도를 고려해야 한다'고 판시하여 보통법상 공정이용의 관념을 최초로 제시했다.

이후 공정이용이라는 개념의 도입여부와 기준 등과 관련하여 학계에서 많은 논의가 있었고, 1976년에 연방저작권법을 개정하면서 Folsom 판결에서 제시되었던 저작권 침해 여부 판단 요소들을 공정

---

17) 다만 종래 대법원은 저작권법 제28조에 따른 정당하고 공정한 인용인지 여부를 판단함에 있어 인용의 목적, 저작물의 성질, 인용된 내용과 분량, 피인용저작물을 수록한 방법과 형태, 독자의 일반적 관념, 원저작물에 대한 수요를 대체하는지 여부 등을 종합적으로 고려하여 판단하여야 한다고만 판시하고 있었을 뿐(대법원 2006. 2. 9. 선고 2005도7793 판결 등), 그 구체적인 내용이나 적용기준에 관하여 언급한 바는 없다.

18) Folsom v. Marsh, 9 F. Cas. 342, 348 (C.C.D. Mass. 1841) (No. 4901).

이용의 판단 요소로서 명문화했다. 즉 연방저작권법 제107조는 구체적인 사안에서 저작권자의 동의나 허락이 없이 원저작물을 이용하는 행위가 공정이용에 해당하는지 여부를 판단함에 있어 (1) 원저작물 이용의 목적과 성격(the purpose and character of the use), (2) 원저작물의 성격(the nature of the copyrighted work), (3) 이용된 부분의 양과 중요성(the amount and substantiality of the portion used), (4) 원저작물의 잠재적 시장 또는 가치에 미치는 영향(the effect of the use upon the potential market for or value of the copyrighted work) 등 4가지 요소를 고려하도록 규정했다.[19]

---

19) 17 U.S. Code § 107 — Limitations on exclusive rights: Fair use

Notwithstanding the provisions of sections 106 and 106A, the fair use of a copyrighted work, including such use by reproduction in copies or phonorecords or by any other means specified by that section, for purposes such as criticism, comment, news reporting, teaching (including multiple copies for classroom use), scholarship, or research, is not an infringement of copyright. In determining whether the use made of a work in any particular case is a fair use the factors to be considered shall include

(1) the purpose and character of the use, including whether such use is of a commercial nature or is for nonprofit educational purposes;

(2) the nature of the copyrighted work;

(3) the amount and substantiality of the portion used in relation to the copyrighted work as a whole; and

(4) the effect of the use upon the potential market for or value of the copyrighted work.

The fact that a work is unpublished shall not itself bar a finding of fair use if such finding is made upon consideration of all the above factors.

제107조 배타적 권리에 대한 제한: 공정사용

제106조와 제106조A의 규정에도 불구하고, 비평, 논평, 시사보도, 교수(학습용으로 다수 복제하는 경우를 포함), 학문 또는 연구 등의 목적을 위하여 보호되는 저작물을 복제물이나 음반으로 복제하거나 또는 제106조와 제106조A에서 규정한 그 밖의 방법으로 이용하는 경우를 포함하여 공정사용하는 것은 저작권 침해가 되지 아니한다. 구체적인 경우에 어떤 저작물

이와 같은 연방저작권법 제107조는 공정이용 성립 여부의 판단을
위한 4가지 요소들을 '예시'하고 있을 뿐 '한정'하고 있지 않을 뿐만
아니라, 일반적이고 추상적인 용어로 규정되어 있어 그 자체만으로
는 모호하고 불확실한 측면이 있다. 이로 인해 실제 사례에서 공정
이용에 해당하는지 여부를 판단하기 위해서는 위 4가지 요소들을 종
합적으로 고려했으며 그 중에서 어느 요소를 더 중요시할 것인지가
논의되었다.

(1) 저작물 이용의 목적과 성격

미국 법원들은 '저작물 이용의 목적과 성격'과 관련하여, ① 원저
작물의 이용이 본질적으로 상업적(commercial in nature)인지 여부, ②
원저작물의 이용이 변형적(transformative)인지 여부, ③ 악의(bad faith)
또는 고의(willfulness)에 의한 이용인지 여부, 그리고 ④ 합리적이고 관
행적인(reasonable and customary) 이용인지 여부 등을 고려하고 있다.

①상업적 이용

공정이용 여부가 문제되는 경우에 우선 저작물 이용이 상업적인
성격을 가지는지 아니면 비영리적·교육적 목적인지 여부가 중요하
게 고려된다. 상업적 이용인지 여부를 구별함에 있어 가장 핵심이

의 사용이 공정사용인지 여부를 결정함에 있어서 참작하여야 할 요소에는
다음 사항이 포함되어야 한다.
 (1) 사용의 목적과 성격, 그 사용이 상업적 성질의 것인지 또는 비영리적
　　교육목적을 위한 것인지 등;
 (2) 보호되는 저작물의 성격;
 (3) 사용된 부분이 보호되는 저작물 전체에서 차지하는 양과 상당성; 그
　　리고
 (4) 사용이 보호되는 저작물의 잠재적 시장이나 가치에 미치는 영향.
위와 같은 모든 요소들을 고려하여 내려지는 결정인 경우에, 저작물이 미발
행되었다는 사실 자체는 이러한 공정사용이라는 결정을 방해하지 못한다.

되는 것은 원저작물의 이용자가 그 이용에 대해 통상적인 대가를 지불하지 않은 채 원저작물의 이용으로부터 이익을 얻고 있는지 여부이다.[20] 따라서 원저작물의 이용 행위가 상업적인 성격을 가지는 경우 공정이용에 해당한다고 인정되기 어려운 반면, 저작물을 비영리적·교육적 목적으로 이용하는 경우 공정행위에 해당할 가능성이 높아지게 된다. 다만 원저작물의 이용이 상업적인 성격을 갖는다는 사실 자체만으로는 공정이용이 성립하지 않는다고 추정되는 것은 아니다.[21]

원저작물을 직접 상업적 이용에 제공하는 경우(예: 원저작물을 복제·판매하여 이익을 얻은 경우)뿐만 아니라, 원저작물을 통해 간접적으로 상업적 이익을 얻은 경우(예: 영리 목적의 연구를 수행하면서 원저작물을 복제·이용하는 경우)에도 상업적 이용에 해당할 수 있다.[22] 다만 상업적으로 이용했다는 점을 너무 넓게 해석하면 공정이용의 범위가 지나치게 좁아질 수 있다는 점을 고려할 때, 원저작물을 통해 간접적으로만 이익을 얻었다는 사정은 상업적 이용에 해당한다고 하더라도 공정이용에 의한 면책 가능성을 높이는 요소가 될 수 있다. 한편 웹사이트 운영자가 광고를 유치하는 등의 방법으로 이익을 얻기 위한 목적에서 방문자를 유인하기 위해 원저작물을 이용하는 행위는 상업적 이용에 해당한다고 본 사례가 있다.[23]

②변형적 이용(transformative use)

변형적 이용이란 원저작물에 변형적 가치(transformative value)가 발생한 경우, 즉 원저작물을 이용한 결과물이 원저작물에서 찾아볼 수

20) Harper & Row, Publishers, Inc. v. Nation Enterprises, 471 U.S. 539, 562 (1985).
21) Campbell v. Acuff-Rose Music, 510 U.S. 569, 584 (1994).
22) Sega Enterprises Ltd. v. Accolade, Inc., 977 F.2d 1510, 1522-23 (9th Cir. 1992); American Geophysical Union v. Texaco Inc., 60 F.3d 913, 921 (2d Cir. 1994).
23) UMG Recordings, Inc. v. MP3.com, Inc., 92 F. Supp. 2d 349, 351 (S.D.N.Y. 2000).

없는 새로운 표현이나 의미 또는 메시지를 갖게 되는, 즉 원저작물
과는 다른 별개의 목적이나 성격을 갖기에 이르는 것을 의미한다.[24)]
비평을 위한 인용이나 원저작물의 내용을 지지 또는 반박하기 위한
요약 등이 변형적 이용의 대표적인 예이며, 패러디(parody)나 상징화
(symbolism) 등도 넓은 의미의 변형적 이용이라고 할 수 있다.[25)] 따라
서 원저작물을 이용한 결과물이 원저작물을 더 많이 변형한 것일수
록 상업적 이용 등 다른 요소들의 비중은 더욱 낮아지게 되며, 원저
작물의 이용이 변형적 이용에 해당한다고 인정되기 위해서는 원저
작물의 내용이나 형태를 실제로 변형시켰는지 여부보다도 원저작물을
다른 의도나 목적으로 이용했는지 여부가 더욱 중요한 문제이다.[26)]

이와 같은 변형적 이용은 원저작물에 부가하여 새로운 창작성을
추가함으로써 문화의 생태계를 풍부히 한다는 측면에서 공정이용
법리에 의해 보호하고자 하는 핵심적인 저작물 이용 태양에 해당한
다. 이러한 이유에서 최근 미국 법원들은 변형적 이용을 '저작물 이
용의 목적과 성격'과 관련하여 가장 중요하게 고려하는 태도를 보이
고 있다. 실제로 미국 법원의 최근 실무는 변형적 이용 여부 혹은 변
형적 가치 여부가 공정이용 판단에 있어 사실상 가장 결정적인 요소
로 작용하고 있다고 한다.[27)]

③악의 또는 고의에 의한 이용

미국 법원들은 '저작물 이용의 목적과 성격'과 관련하여 저작물
이용자의 악의 또는 고의를 고려하기도 하는바, 원저작물의 이용자

---

24) Campbell v. Acuff-Rose Music, 510 U.S. 569, 579 (1994).
25) Pierre N. Leval, Toward a Fair Use Standard, 103 Harvard Law Review 1105, 1111
    (1990).
26) 송재섭, 미국 연방저작권법상 공정이용 판단 요소의 적용 사례 분석, 계간
    저작권 제98호(2012), 21면.
27) 위의 글, 22면.

가 악의나 고의로 원저작물을 이용했다는 사정은 공정이용 성립에
부정적인 요소로 작용하게 된다. 다만 연방대법원은 원저작물의 이
용자가 저작권자로부터 이용허락을 받으려고 했으나 저작권자가 이
용허락을 거절함으로써 이용허락을 받는 데에 실패했다는 사정만으
로는 공정이용 성립이 부정되지 않는다고 보았다.[28]

④합리적·관행적 이용

미국 법원들은 '저작물 이용의 목적과 성격'과 관련하여 원저작물
의 이용이 합리적인지 혹은 관행적인지 여부를 고려하기도 한다. 따
라서 영리 목적의 연구를 수행함에 있어 원저작물을 복제하거나,[29]
원저작물을 외설·음란한 방법으로 이용한 경우[30]에는 공정이용에
부정적인 요소로 작용하게 된다.

(2) 원저작물의 성격

원저작물의 성격과 관련해서는 ① 발행된 저작물인지 여부와 ②
창작적 저작물인지 여부 등이 중요하게 고려되고 있다.

먼저 일반적으로 원저작물이 이미 발행되거나 공표되었다는 사
정은, 그 후에 원저작물이 절판되어 공중에 제공되지 않게 되었다고
하더라도, 공정이용의 성립에 유리한 요소로 작용한다.[31] 다만 저작
물이 공표되었는지 여부는 저작자의 인격과 관련된 부분이고 공정
이용 여부는 저작자의 재산권 부분과 관련된 부분이므로 공표 여부
를 너무 강조해서는 안된다. 따라서 원저작물이 발행되지 않았다는
사정이 중요하게 고려된다면 공정이용의 성립 범위가 지나치게 좁

---

28) Campbell v. Acuff-Rose Music, 510 U.S. 569, 585 n.18 (1994).

29) American Geophysical Union v. Texaco Inc., 60 F.3d 913, 924 (1994).

30) Fisher v. Dees, 794 F.2d 432, 437 (9th Cir. 1986).

31) Kelly v. Arriba Soft Corp., 280 F.3d 934, 940 (9th Cir. 2002).

아지는 문제가 있기 때문에, 연방저작권법 제107조는 "다른 모든 요소를 고려한 결정인 이상, 저작물이 발행되지 않았다는 사실 자체가 공정이용의 성립여부의 판단을 방해하지 않는다"고 규정하고 있다.

다음으로 원저작물의 성격이 창작적인지 또는 사실적인지 여부도 중요하게 고려되는데, 이러한 고려는 사실적 저작물보다 창작적 저작물에 대해 더 많은 보호가 주어져야 한다는 저작권법의 기본 원칙에서 비롯된다. 따라서 이용된 원저작물의 성격이 창작적일수록 공정이용의 인정 범위는 좁아지게 된다.

(3) 이용된 부분의 양과 중요성

타인의 창작물을 이용하기 위한 한계의 특성상, 공정이용이 인정되기 위해서는 원저작물 중 이용된 부분의 분량이 이용 목적 달성에 필요한 수준을 초과하여서는 안되고, 이용하고자 하는 목적과 관련하여 합리적인 수준이어야 한다.[32] 즉, 단순히 양적인 측면에서의 분석뿐만 아니라 질적인 측면에서의 분석도 요구된다.

어느 정도의 양과 중요성이 공정이용의 성립을 방해하는지에 관하여 일률적인 기준을 제시할 수는 없겠지만, 일반적으로 이용된 양이 많거나 이용된 부분의 중요성이 클수록 공정이용으로 인정될 가능성이 낮게 된다. 다만 이는 일반적인 원칙일 뿐이고, 구체적인 사안에 따라서는 원저작물의 전체를 복제하더라도 다른 요소들로 인해 공정이용이 인정되는 경우도 상정할 수 있고, 그 반대의 경우도 있을 수 있을 것이다.

(4) 원저작물의 잠재적 시장 또는 가치에 미치는 영향

'원저작물의 잠재적 시장 또는 가치에 미치는 영향'은 원저작물의

---

32) American Geophysical Union v. Texaco, Inc., 60 F.3d 913, 926 (2d Cir. 1995).

이용을 허락하는 경우에 일반 공중이 얻을 수 있는 이익과 원저작물의 이용을 통제하는 경우에 저작권자가 얻을 수 있는 이익을 비교 형량한다. 즉, 원저작물의 이용으로 인해 일반 공중이 얻을 수 있는 이익이 크면 클수록 또는 원저작권자에게 발생하는 손해가 작으면 작을수록 공정이용이 인정될 가능성이 높아진다.[33]

원저작물의 이용이 그 시장가치에 어느 정도의 손해를 발생시켜야 공정이용이 부정되는지 여부는 일률적으로 판단하기 어려운 문제이나, 원저작물이 변형된 정도가 클수록 시장가치에 발생하는 손해가 작다고 할 수 있다.[34] 이 점에서 '원저작물의 잠재적 시장 또는 가치에 미치는 영향'은 변형적 이용(transformative use) 여부와도 밀접한 관계에 있다. 이와 관련하여 미국 연방대법원은 원저작물의 잠재적 시장에 대해서 '중대한 악영향(substantially adverse impact)'을 미치는지 여부를 고려해야 한다고 판시했으며,[35] 다만 그와 같은 악영향이 실제로 발생할 필요는 없고 '장래에 손해가 발생할 상당한 가능성(meaningful likelihood of future harm)'이 있는 경우에도 공정이용으로 인정될 가능성이 낮아지게 된다.[36] 아울러 원저작물의 이용으로 인해 그 시장가치에 긍정적인 영향을 미친다는 사정만으로는 공정이용이 인정될 가능성이 높아진다고 단정할 수 없다.[37] 한편 연방대법원은, 상업적 이익을 얻기 위하여 원저작물을 이용한 경우에는 그 잠재적 시장 또는 가치에 대한 손해 발생의 가능성을 추정하고 있다.[38]

---

33) MCA, Inc. v. Wilson, 677 F.2d 180, 183 (2d Cir. 1981).
34) A.V. ex rel. Vanderhye v. iParadigms, LLC, 562 F.3d 630, 643 (4th Cir. 2009).
35) Campbell v. Acuff-Rose Music, 510 U.S. 569, 590 (1994).
36) Sony Corp. of America v. Universal City Studios, Inc., 464 U.S. 417, 451 (1984).
37) Ringgond v. Black Entertainment Television, 126 F.3d 70, 81 n.16 (2d Cir. 1997); UMG Recordings, Inc. v. MP3.com, Inc., 92 F. Supp. 2d 349, 352 (S.D.N.Y. 2000).
38) Sony Corp. of America v. Universal City Studios, 464 U.S. 417, 451 (1984).

3. 공정이용 법리와 퍼블리시티권의 한계

가. 공정이용 판단 요소의 구체적 적용

이상에서 살펴 본 공정이용의 판단 요소는 저작권자에게 마땅히 부여되어야 할 독점·배타적 이익과 저작물을 대가를 지불하지 않고 자유롭게 이용하여야 할 공중의 이익을 비교 형량하기 위한 기준을 제시하고 있는바, 퍼블리시티권 역시 그 속성상 특정인에게 자신의 성명, 초상 등의 이용에 관한 독점적이고 배타적인 권리를 부여하고자 하는 권리이므로 저작권법상 공정이용의 법리를 대부분 그대로 적용할 수 있을 것이며, 다만 퍼블리시티권의 권리 특성 및 이익충돌 상황에 맞게 적절히 변형하여 사용할 필요가 있을 것이다.

공정이용 판단 요소를 퍼블리시티권에 적용하는 경우, 먼저 '영리성 또는 비영리성 등 이용의 목적 및 성격'[39]과 관련해서는 ① 타인의 성명, 초상 등을 상업적으로 이용했는지 여부, ② 타인의 성명, 초상 등이 가지는 기존 이미지 등에서 찾아볼 수 없는 새로운 관념이나 표현, 메시지 등을 추가했는지 여부, ③ 타인의 성명, 초상 등을 고의적으로 무단 사용한 것인지 여부, ④ 타인의 성명, 초상 등의 사용이 사회통념상 합리적이고 관행적인 방법이었는지 여부 등을 검토할 필요가 있다.

먼저, 타인의 성명, 초상 등을 이용한 자가 그 결과물을 직접적인 상업적 이용에 제공하거나 또는 그 결과물을 제3자에게 제공하고 수익을 얻는 경우에는 원칙적으로 상업적 이용으로 인정되어 공정이용이 인정되지 않을 것이다.[40] 따라서 만일 광고 등 상업적인 목적

---

39) 이하에서 언급하는 판단 요소들은 저작권법 제35조의3 제2항 각호의 규정에 따라 인용하기로 한다.

40) 타인의 초상이나 성명 등을 상업광고에 이용하는 경우가 대표적인 경우이다.

이라는 것이 분명한 이상, 그것이 직접 특정 제품의 판매 목적이 아니라 기업이나 단체의 이미지 홍보를 위한 목적이라고 하더라도[41] 공정이용에 해당하기는 힘들 것이다.

다만, 자본주의 사회에서 대부분의 사회 활동이 다소간이라도 영리목적과 연관되어 있는 점을 고려할 때 '상업적 이용'의 의미는 명확한 것이 아니고 따라서 영리와 비영리 사이의 경계를 설정하는 것은 쉽지 않다. 따라서 상업적 목적인지 여부는 그 정도(degree)의 문제이지 침해의 존부를 판단하기 위한 결정적 사유가 되어서는 안될 것이다. 실제로 영리적인 목적으로 타인의 성명, 초상을 사용한 경우라고 하더라도 그에 비해 비영리적인 목적이 더 크다고 볼 수 있는 경우에는 상업적 이용에 해당하지 않는다고 판단될 수도 있을 것이다. 이와 관련하여 타인의 성명, 초상 등을 상품이나 영업의 광고로 사용하는 경우에는, 그것이 상품·영업을 나타내기 위해 사용된 것인지, 아니면 상품·영업의 산지·품질·성능 등을 나타내기 위해 기술적(記述的)으로 사용된 것인지 여부도 중요하게 고려할 필요가 있다.

한편 저작권법이 기존의 저작물을 바탕으로 새로운 창작활동을 장려하는 것을 목적으로 하는 점, 특정인의 동일성 표지가 성립되고 그 가치가 유지되는 것은 사회 구성원들의 커뮤니케이션의 도구로 활용되는 것을 전제로 한다는 점 등을 고려할 때, 타인의 성명, 초상 등을 의사표시의 도구로 삼거나 패러디와 같이 비평의 대상으로 삼거나 원래의 목적과 다른 목적·기능에 제공하기 위해 사용한 경우에는 변형적 이용으로 인정되어 공정이용이 성립할 여지가 크다고 보아야 한다. 그밖에 타인의 성명, 초상 등의 이용이 뉴스보도나 시사

---

41) 특정 제품이 나타나지 않는 기업의 이미지 광고 뿐만 아니라, 해당 기업이 주관하건 후원하는 공익 캠페인의 성격을 가지는 경우에도 마찬가지로 볼 수 있다.

프로그램 등 공공의 이익에 특히 이바지한다는 등의 다른 사정도 변형적 가치의 판단에 고려될 수 있을 것이다.[42)43)] 반면, 타인의 성명, 초상 등의 핵심적인 부분을 단순히 용이하게 복제 또는 발췌하여 그 원래의 가치를 그대로 유지하거나 그 전달 매체나 경로만을 달리하는 경우, 다소간 변형적 가치를 가지는 것으로 보이지만 실제적으로는 영리활동이 주된 목적임이 분명히 인식되는 경우 등에는 공정이용의 성립이 부인될 가능성이 높을 것이다.

다음으로 '종류 및 용도' 제2호와 관련하여서는 ① 사용된 성명, 초상 등이 널리 알려져 있는지, ② 성명, 초상 등에 체화된 고객흡인력 등이 어떤 경위로 형성된 것인지, ③ 성명, 초상 등의 보유 주체가 생존하고 있는지 또는 사망했는지 등이 고려될 수 있다. 따라서 사용된 성명, 초상 등의 주체가 널리 알려져 있고 이러한 명성을 획득하거나 유지하기 위해서 많은 노력을 했거나 현재 모델 등으로 활발

---

42) 미국 저작권법 제107조의 경우에도 비평(criticism), 논평(comment), 시사보도(news reporting), 강의(teaching, 수업용으로 다수 복제하는 경우 포함), 학문(scholarship) 또는 연구(research) 등과 같은 목적으로 저작물을 공정사용하는 행위는 저작권의 침해가 되지 아니한다고 규정하고 있다.

43) 앞에서 설명한 "인격표지권 보호 및 이용에 관한 법률안"(2015. 1. 13. 길정우 의원 대표발의)에서도 공익적인 목적인 경우에는 방송이나 신문 등에서 시사보도를 하는 경우로서 광고를 목적으로 하지 않는 이용의 경우에는 인격표지권이 적용되지 않는다고 규정하고 있다.
인격표지권 보호 및 이용에 관한 법률(안) 제15조(인격표지권의 적용 제외) 다음의 각 호의 경우에는 인격표지권이 적용되지 않는다.
1. 방송, 신문 그 밖의 방법에 의하여 시사보도를 하는 경우로서 광고를 목적으로 하지 않는 이용
2. 인격표지권을 행사할 수 있는 자로부터 적법하게 허락을 받아 인격표지를 이용하여 제조된 제품으로서 판매 등의 방법으로 거래에 제공된 제품의 사용
3. 오로지 공중의 일원으로서만 촬영된 사진으로서 특정인의 이름이나 동일성이 연관되어 있지 않은 경우 그 사진의 이용

하게 활동하고 있다는 사정이 있다면 이는 공정이용을 인정하는 데에 부정적인 요소가 될 것이다. 다만 대부분의 퍼블리시티권 사례에서는 대중에게 이미 널리 알려지고 고객흡인력을 가지는 유명인인 경우가 많으므로 실제로 공표되었는지 여부는 공정이용의 판단에 있어서 큰 의미를 가지지는 않을 것이다.

또한 '이용된 부분이 차지하는 비중과 그 중요성'에 관해서는 타인의 성명, 초상 등을 사용하고자 하는 목적을 달성하는 데에 필요하고 합리적인 수준을 초과하고 있는지 여부를 검토하여야 한다. 다만 퍼블리시티권 침해가 문제되는 사안은 대부분 타인의 성명, 초상 등 전체를 사용한 경우이고 그 일부만을 사용하는 경우를 상정하기는 쉽지 않으므로, 실제로는 '이용된 부분이 차지하는 비중과 그 중요성' 요소는 공정이용 성립에 부정적인 요소로 작용하는 경우가 많을 것이며 따라서 다른 요소들에 비해 큰 의미를 갖기는 어려울 것으로 생각된다.

마지막으로 '현재 또는 잠재적인 시장 또는 가치에 미치는 영향'에 관해서는 성명, 초상 등의 보유 주체에게 중대한 손해가 발생할 가능성이 있는지 등 경제적 손해 여부를 검토해야 한다. 미국의 판례들에서도 해당 권리자가 동일 혹은 유사한 방법을 통해 수익을 얻고 있다면 그 방법이나 가능성 등을 고려해서 퍼블리시티권의 침해 여부를 결정하고 있다.[44] 여기서 '중대한 손해'란 타인의 성명, 초상을 무단으로 사용함으로써 그 권리 주체의 경제적 이익이나 명성 내지 신용 등 외부적 평판에 실질적으로 중요한 영향을 미치는 경우를 의미한다. 일반적으로 권리주체가 동일 혹은 유사한 사용에 대하여 모델계약이나 라이선스계약 등을 통해 경제적 이익을 얻고 있는 경우라면 해당 주체의 시장가치에 중대한 영향을 주는 경우라고 해석

---

44) ETW v. Jireh Publishing, 332 F.2d 915 (6th Cir. 2000).

되어야 한다. 다만 실제 소송에서 동일성 표지가 가지는 시장가치를 산정하는 것이 매우 어렵다는 점을 고려할 때 그와 같은 손해가 현실적으로 발생하여야 할 필요는 없고 손해 발생에 관한 상당한 가능성 내지 개연성이 입증되는 것으로 족하다고 해야 할 것이다.

나. 변형적 이용의 중요성

이와 같이 공정이용의 판단 요소들을 적용하여 퍼블리시티권 침해 여부에 적용을 해보면 일부 요소들은 퍼블리시티권의 이익형량에 적합하지 않은 경우가 있고, 일부 요소는 정확한 형량 판단이 쉽지 않은 경우가 있음을 알 수 있다.

이와 관련하여 최근의 미국 법원들은 앞서 살펴 본 것처럼 변형적 이용(transformative use) 여부를 상당히 중요한 요소로 고려하고 있는 경향을 보이고 있으며, 우리나라 저작권법의 공정이용 법리에 따라 퍼블리시티권의 한계를 결정함에 있어서도 변형적 이용 여부를 중요하게 고려할 수 있을 것으로 생각된다. 공정이용 법리를 인정하는 근본 취지는 저작물의 공정한 이용을 도모함으로써 문화 및 관련 산업의 향상발전에 이바지할 수 있다는 데에서 찾을 수 있을 것이므로, 타인의 성명이나 초상 등을 문학작품, 비평이나 패러디의 소재로 사용하는 경우와 같이 새로운 목적과 기능을 부여하여 고유의 가치를 추가하는 것은 사회 전체의 문화를 풍부하게 할 수 있는 것이고, 따라서 퍼블리시티권의 공정이용 성립 여부를 판단함에 있어서도 특히 변형적 이용 여부를 중요하게 검토할 필요가 있기 때문이다. 이는 구체적 타당성을 확보하는 동시에 공정이용 법리 자체에 본질적으로 내재되어 있는 추상성과 불명확성을 극복하여 예측가능성을 견지하는 한편, 이를 통해서 퍼블리시티권이 표현의 자유를 억압하는 수단으로 악용되는 것을 방지할 수 있는 방안이라고 생각된다.

여기서 어떠한 기준에만 전적으로 변형적 이용 여부를 인정할 것인지가 문제된다. 변형적 이용이라고 인정되기 위해서는 객관적인 요소로 타인의 성명이나 초상을 물리적으로 변형시켰는지를 양적 측면과 질적 측면에서 검토되어야 하지만, 이용자의 주관적인 요소도 중요하게 검토되어야 한다. 즉 이용자가 이를 어떤 의도나 목적으로 이용했는지 여부도 매우 중요한 문제라고 할 수 있는데, 이는 이용자의 관점이 아닌 사회통념상 평균적인 독자 내지 청중의 관점에서 객관적으로 판단하여야 할 것이다. 즉, 사회통념상 평균적인 독자 내지 청중의 관점에서 볼 때 타인의 성명, 초상 등에 새로운 표현이나 의미 또는 메시지가 추가되는 등 원래와 다른 의도나 목적으로 이용했다고 볼 수 있는 경우에는 변형적 이용이라고 인정될 것이다. 이는 저작권 침해와 관련하여 실질적 유사성의 판단 기준으로서 청중 테스트(the audience test) 또는 보통 관찰자 테스트(ordinary observer test)와 비슷한 것으로 볼 수 있다.

다. 소결

저작권법에서 공정이용 원칙은 그 판단요건이 불명료하다는 비판에도 불구하고 많은 판례들을 통해 적용되면서 누적적으로 확립된 기준으로 발전하고 있다. 따라서 현재까지 지적재산권 분야에 일반적으로 잠재하고 있는 재산권과 언론의 자유(특히, 예술의 자유)의 충돌에 대해 타협점을 비교적 명료하게 제시하는 기준이 될 수 있다. 아울러 공정이용 원칙의 각 요건들은 서로 비교 형량되면서 요건별로 혹은 전체적으로 검토되어야 하고 그 결과 퍼블리시티권 보호와 예술창작의 자유 내지 언론의 자유 보호 정도가 유형적으로 판단될 수 있다. 이러한 점에서 공정이용 원칙에 따라 퍼블리시티권의 한계를 유형적으로 형량하도록 하는 방법은 타당하다고 생각된다.

그러나 퍼블리시티권과 언론의 자유 또는 예술표현의 자유가 충돌한 경우에 공정이용 원칙이라는 기준에 전적으로 의존할 수 있는 것은 아니다. 공정이용 원칙은 그 구체적인 적용상의 지나친 융통성과 예측불가능성으로 말미암아 저작권법제의 분쟁해결에 고충을 야기하는 원인이라는 비판을 받아 왔으며, 실제로 저작권 소송을 야기하는 가장 큰 요인으로 지적되기도 한다. 공정이용 원칙의 이러한 근본적 한계로 인하여 우리나라 학계에서는 공정이용 원칙의 판단요건을 퍼블리시티권에 적용해야 할지에 대하여 본격적인 논의는 아직 없는 실정이다.[45]

그러나 공정이용 기준에 대한 비판은 아직 공정이용과 관련된 의미있는 사례들이 축적되지 않았고 따라서 문제된 사안에서 구체적 사실관계나 고려해야 할 구체적인 요소들을 어떻게 적용해야 하는지 혹은 요소들간의 경중이 어떠한지 등에 대해서 불명확하기 때문

---

45) 이와 관련하여 퍼블리시티권과 관련된 일부 법률안, 특히 '인격표지의 보호에 관한 법률안'의 입법태도에 대해서 비판적인 견해가 있다. 즉 법률안은 기본적으로 '상업적 사용'의 범위를 넓게 잡은 다음, 표현의 자유와의 관계에서 문제가 될 만한 경우에 대하여는 공정이용조항을 적용하여 사건별로 신중하게 판단하여 처리하는 것이 타당할 것이라고 하는 관점에 기한 것으로 보이는데, 이러한 관점은 현실적으로 표현의 자유에 대한 위축효과를 가져올 수 있다는 점에서 재고되어야 한다는 것이다. 특히 법률안에 의할 경우, 문학 및 예술의 창작과 관련하여 유명인 등의 성명이나 초상 등을 사용하고, 그것이 하나의 작품으로 판매 또는 영리목적의 공연 등에 사용되기만 하면 일단 '권리침해'의 요건에 해당하게 되고, 그러한 책임에서 벗어나기 위해서는 그 창작행위자가 그것이 공정이용 등에 해당함을 애써 주장·입증하여야만 하는 대단히 불리한 상황에 놓일 수 있다. 따라서 '상업적 이용'의 범위를 일본 판례의 입장을 참고하여 광고, 상품화, 브로마이드 등 전형적으로 문제되는 이용형태들을 나열한 후 그와 유사하게 고객흡인력의 활용을 주된 목적으로 하는 행위까지만 상업적 사용행위로 보아 권리침해행위가 될 수 있는 것으로 규정하고 포괄적 공정이용조항을 존치함으로써 표현의 자유를 보장하기 위한 이중의 안전장치를 마련하는 것이 바람직하다는 것이다. 이해완, 앞의 논문, 110-112면 참고.

에 비롯된 것으로 볼 수 있으며, 이는 한편으로 향후 개별 사건에 있어서 공정이용 원칙의 각 요소를 적극적으로 해석하여 적용함으로써 충분히 대응할 수 있다고 생각된다. 현재 공정이용의 원칙은 지적재산권 분야에서 개인의 사적 이익과 사회의 공공 이익을 조화시키는 원리로서 유효성을 인정받아 발전하고 있으며, 우리나라에서도 판례의 축적을 통해 유형화될 수 있다면 퍼블리시티권 한계의 판단 기준으로서도 충분히 타당성을 가지는 원칙이 될 수 있을 것으로 생각한다.

4. 동일성 요소가 상품표지 또는 영업표지로 사용되는 경우

퍼블리시티권이 상업적 사용을 통제하려는 것이므로 그 본질상 타인의 성명·초상 등 인격적 표지를 상품 또는 영업의 출처표시와 관련하여 사용하는 경우가 특히 문제될 수 있다. 이 경우 퍼블리시티권의 침해 여부를 판단함에 있어서는 타인의 성명·초상 등 인격적 표지를 자기의 상품 또는 영업과 관련하여 자유롭게 사용해야 할 필요성이 있는지를 중요하게 고려할 필요가 있으므로, 등록상표의 효력 제한에 관한 상표법 제51조를 유추적용하는 방안을 검토해 볼 수 있다.

상표법 제51조는 자유사용의 필요성이 있는 표장에 대하여 규정하고 있으며, 특히 상표법 제51조 제1항 제1호와 제2호는 자신의 명칭이나 상호, 상품의 보통명칭이나 기술적 표장 등을 '보통으로 사용하는 방법'으로 표시하는 상표에 대해 상표권의 효력이 미치지 않는다고 규정하고 있다.[46] 따라서 타인의 인격적 표지를 상품 또는 영

---

46) 상표법 제51조 (상표권의 효력이 미치지 아니하는 범위)

업표지로 사용한다고 하더라도, 그것이 동시에 자기의 성명·명칭 또는 상호·초상 등을 보통으로 사용하는 방법으로 표시한 것에 해당하거나(상표법 제51조 제1항 제1호), 상품의 품질·용도·형상 등을 보통으로 사용하는 방법으로 표시한 것에 해당하는 경우(상표법 제51조 제1항 제2호)에는 퍼블리시티권 침해가 부정될 수 있다. 여기서 '보통으로 사용하는 방법'의 의미가 문제되는데 특히 상표법 제51조 제1항 제2호와 관련하여 타인의 인격적 표지가 해당 상품의 품질·용도·형상 등의 성질을 표시하는 것으로 수요자가 '직감'할 수 있는지 여부가 중요할 것으로 생각된다.

그밖에 타인의 성명·초상 등 인격적 표지 자체가 이미 국내에서 주지·저명한 상품표지 또는 영업표지에 해당하는 경우에는 이러한 타인의 성명·초상 등을 사용하여 상품출처 또는 영업출처에 혼동을 일으키거나 그 식별력이나 명성을 손상하는 경우에는 부정경쟁방지법 제2조 제1호 가목 내지 다목의 부정경쟁행위가 성립할 수 있다.[47)]

---

① 상표권(지리적 표시 단체표장권을 제외한다)은 다음 각 호의 어느 하나에 해당하는 경우에는 그 효력이 미치지 아니한다.
  1. 자기의 성명·명칭 또는 상호·초상·서명·인장 또는 저명한 아호·예명·필명과 이들의 저명한 약칭을 보통으로 사용하는 방법으로 표시하는 상표
  2. 등록상표의 지정상품과 동일 또는 유사한 상품의 보통명칭·산지·품질·원재료·효능·용도·수량·형상(포장의 형상을 포함한다)·가격 또는 생산방법·가공방법·사용방법 및 시기를 보통으로 사용하는 방법으로 표시하는 상표
47) 부정경쟁방지 및 영업비밀보호에 관한 법률 제2조
  1. "부정경쟁행위"란 다음 각 목의 어느 하나에 해당하는 행위를 말한다.
    가. 국내에 널리 인식된 타인의 성명, 상호, 상표, 상품의 용기·포장, 그 밖에 타인의 상품임을 표시한 표지와 동일하거나 유사한 것을 사용하거나 이러한 것을 사용한 상품을 판매·반포 또는 수입·수출하여 타인의 상품과 혼동하게 하는 행위
    나. 국내에 널리 인식된 타인의 성명, 상호, 표장, 그 밖에 타인의 영업임

다만 다목에 해당한다고 하더라도 비상업적 사용 등 대통령령으로
정하는 정당한 사유가 있는 경우에는 침해로 인정되지 않는다. 즉,
1. 비상업적으로 사용하는 경우, 2. 뉴스보도 및 뉴스논평에 사용하
는 경우, 3. 타인의 인격적 표지가 국내에 널리 인식되기 전에 그 표
지와 동일하거나 유사한 표지를 사용해 온 자가 이를 부정한 목적
없이 사용하는 경우, 4. 그밖에 타인의 인격적 표지의 사용이 공정한
상거래 관행에 어긋나지 아니한다고 인정되는 경우에는 타인의 인
격적 표지를 사용하여 식별력이나 명성을 손상하였더라도 부정경쟁
행위가 성립하지 않는다.[48]

을 표시하는 표지와 동일하거나 유사한 것을 사용하여 타인의 영업
상의 시설 또는 활동과 혼동하게 하는 행위
다. 가목 또는 나목의 혼동하게 하는 행위 외에 비상업적 사용 등 대통
령령으로 정하는 정당한 사유 없이 국내에 널리 인식된 타인의 성명,
상호, 상표, 상품의 용기·포장, 그 밖에 타인의 상품 또는 영업임을
표시한 표지와 동일하거나 유사한 것을 사용하거나 이러한 것을 사
용한 상품을 판매·반포 또는 수입·수출하여 타인의 표지의 식별력이
나 명성을 손상하는 행위
48) 부정경쟁방지법 시행령 제1조의2

제3절 표현의 자유와 퍼블리시티권에 관한 우리나라의 사례

최근 들어 퍼블리시티권의 법적 성질을 넘어서 퍼블리시티권과 다른 권리들과의 관계, 특히 헌법상 표현의 자유와 퍼블리시티권 사이의 관계에 대한 논문들이 나오고 있다. 특히 학설은 퍼블리시티권과 다른 법익과 충돌하는 사례에 관한 우리나라 판례들을 해석함에 있어서 침해의 태양별로 나누어 접근하는 경향을 보이고 있다.

먼저 권태상 교수는 표현의 자유에 의해서 보호되는 표현을 그 내용과 성격에 따라 ① 뉴스(정보전달), ② 문화적 작품, ③ 상업적 언론으로 분류한 다음, 각 유형별로 퍼블리시티권과의 비교형량에 대해서 설명하고 있다. 이에 따르면, ① 뉴스(정보전달)와 ② 문화적 작품에 이용된 경우에는 원칙적으로 표현의 자유에 의한 보호를 받아 퍼블리시티권 침해가 성립하지 않지만, 사람의 동일성이 ③ 상업적 언론에 이용된 경우는 원칙적으로 표현의 자유에 의한 보호를 받지 못하고 퍼블리시티권 침해가 성립한다고 한다.[1]

안병하 교수는 퍼블리시티권이 상업적으로 이용되었는지를 기준으로 ① 순수 예술의 목적이나 학술, 보도의 목적 등에 이용된 경우에는 인격권의 비재산적 구성부분만 문제될 뿐 재산적 구성부분의 침해는 성립하지 않으며, ② 인격적 표지들이 상업적으로 이용된 경우에만 비로소 인격권의 재산적 구성부분이 문제되고 이러한 경우에 관계된 이익 사이의 형량을 통해서 결정된다고 본다. 다만 이익형량의 결과 언제나 권리나 가치의 우위를 기준으로 하는 것이 아니

---

1) 권태상, "퍼블리시티권과 표현의 자유", 9면 이하.

고, 예컨대 가해자의 행위로 인해 피해자 인격권의 비재산적 구성부분도 함께 침해된 경우라거나 또는 헌법적 반대가치(표현의 자유 등)가 우위에 있다고 하더라도 그 비중에 비추어 재산적 구성부분이 너무 과도하게 침해되었다고 인정되는 경우에는 예외적으로 위법성이 인정될 수 있다고 본다.[2]

또한 박준우 교수는 유명인의 이름 등을 이용하는 태양을 ① 광고에 이용하는 경우, ② 유명인과 직접 관련된 적법한 상품에 이용하는 경우, ③ 유명인과 관련이 없는 상품 내지 상품의 디자인에 이용하는 경우로 나누고, ①의 경우는 퍼블리시티권의 침해가 성립하고, ②의 경우는 퍼블리시티권의 침해가 성립하지 않으며, ③의 경우에 퍼블리시티권과 표현의 자유의 충돌이 발생한다고 한다.[3]

우리나라 법원들도 개인의 동일성 표지와 관련한 이익형량의 판단기준을 제시하기 위하여 노력하고 있는데, 예를 들어 퍼블리시티권이 아닌 초상권이 문제된 사안이기는 하지만 "예술의 자유 역시 표현의 자유의 하나로 초상권은 헌법상 기본적 권리로서 그 성격상 절대권이라고 하더라도 질서유지나 공공복리 또는 다른 기본권과의 관계에 있어서 그 제한이 없을 수는 없는 것이고, 특히 예술의 자유 또는 표현의 자유와의 관계에 있어서는 창작의 목적, 창작물의 예술성 내지 심미성, 상업적 이용 가능성 및 잠재적 시장에 미치는 영향, 초상권 사용 대가에 관한 협의 경위와 초상권자의 의사 등을 종합하여 초상권의 제한 여부를 결정해야 할 것"이라는 판시[4]가 대표적이다.

사실 두 가지 법익이 충돌하는 경우에 그 우열을 가리기 위해 이익형량을 함에 있어서 법률이나 판례에 의해서 명확한 기준이 제공

---

2) 안병하, "독일의 퍼블리시티권 관련 논의 개관", 144면.
3) 박준우, "표현의 자유에 의한 퍼블리시티권의 제한", 143-144면.
4) 서울고등법원 2006. 6. 14. 2006라2229 결정.

된 경우에는 이익형량이 크게 문제되지 않는다. 하지만 그렇지 않은 경계적 사안에서는 이익형량의 판단기준이 문제되고 위법성 판단의 중요한 요소로 작용한다. 일반적으로 이익형량은 ① 형량대상이익의 확정, ② 일반적 이익형량, ③ 구체적 이익형량이라는 세 단계를 거쳐 판단된다. 첫 번째 단계는 형량할 이익들을 모두 드러내어 확정하는 작업이며 이 과정에서는 형량대상이익이 누락되지 않도록 하는 것이 중요하다.[5] 두 번째 단계는 보호이익과 비교이익 사이의 일반적 형량인데, 여기에서의 '일반적'이라는 것은 구체적인 사안의 맥락을 떠나서 추상적 이익 자체의 무게를 측정한다는 의미이다. 따라서 만약 어느 이익이 그 자체로서 다른 이익보다 일반적으로 더 중요한 비중을 가진다면 저울의 양팔 중 그 이익이 올라갈 편에 가중치를 부여하는 작업이다. 세 번째 단계는 보호이익과 비교이익 사이의 구체적인 형량인데, 이것은 일반적 형량과는 달리 구체적 사안의 사실관계나 맥락 내에서 두 이익을 둘러싼 이해관계들을 저울질하는 것이다. 다만 여기의 판단은 사안중심적이고 가치충전적이어서 법관의 판단재량이 상당한 정도로 개입하게 된다.[6]

위와 같은 관계 이익들의 구체적인 형량에 대한 고민들이 가장 잘 드러나는 곳은 법원의 판결일 수밖에 없으며 그러한 의미에서 기존 퍼블리시티권과 관련된 판결들을 분석하여 이익형량기준 내지 이익형량요소들을 살펴보는 것은 상당한 의미가 있다. 국내에서는 아직까지 대법원에서 퍼블리시티권에 관해 직접적으로 판단한 사례

---

5) 대법원 1997. 9. 26. 선고 96누10096 판결.
  "공익과 사익 사이에서는 물론, 공익 상호간과 사익 상호간에도 정당하게 비교·교량하여야 하고 그 비교·교량은 비례의 원칙에 적합하도록 하여야 하는 것이므로, 만약 이익형량을 전혀 하지 아니하였거나 이익형량의 고려대상에 포함시켜야 할 중요한 사항을 누락한 경우 또는 이익형량을 하기는 하였으나 그것이 불완전한 경우에는 비례의 원칙에 어긋나는 것이다."
6) 권영준, 앞의 논문, 535-537면.

는 없지만, 하급심에서는 매우 다양한 이해관계들이 주장되었고 이에 대한 판례들이 나와 있다. 초기 판례들은 퍼블리시티권에 대한 논리가 아직 생소하여 기존의 초상권과 관련된 이론들(특히 수인가능성 이론)을 퍼블리시티권 분쟁에 차용하여 판단한 사례들이 많았다. 하지만 점차 퍼블리시티권의 의미에 대한 적극적인 사례들이 나오면서 퍼블리시티권의 보호법익과 다른 법익과의 충돌 상황에서 다양한 관련 이익들을 형량하고 있고 최근에는 일정한 기준을 제시하는 판례들도 등장하고 있다.

이하에서는 퍼블리시티권을 둘러싼 이익형량 및 구체적 판단기준을 살펴보기 위하여 퍼블리시티권과 다른 법익들 사이의 이익형량이 주로 문제되었던 사례들을 중심으로 자세히 검토하도록 하겠다.

1. 이휘소 사건[7)

가. 사실관계

신청인들은 물리학자 이휘소의 유족들인 바, 신청인 공석하는 이

---

7) 재미학자 이휘소를 주제로 하는 서적과 관련된 사건은 여러 건이 있다.
   (1) 이휘소의 유족들이 소설가 공석하(평전『핵물리학자 이휘소』, 소설『소설 이휘소』의 저자), 김진명(소설『무궁화 꽃이 피었습니다』의 저자) 등을 상대로 제기한 가처분사건(출판등금지가처분. 서울지방법원 1995. 6. 23. 선고 94카합9230 판결)과 (2) 유족들이 제기한 소설가 공석하를 상대로 제기한 손해배상사건(1998. 7. 31. 서울지방법원 94가합97216 판결)이 있다. 본 논문에서는 시기적으로 앞선 가처분 사건을 중심으로 설명한다.
   한편, 별개 사건으로는,『핵물리학자 이휘소』의 편저자 공석하가『무궁화 꽃이 피었습니다』의 저자 김진명을 상대로 저작권침해를 주장하며 제기한 가처분신청사건(도서제작판매금지. 1심 : 서울서부지방법원 1996. 4. 19. 자 95카합3836 결정, 2심 : 서울고등법원 1997. 7. 9. 선고 96나18627 판결, 3심 : 대법원 1998. 7. 10. 선고 97다34839 판결)이 있는데, 이 사건은 저자들간의 순수한 저작권분쟁이며 초상권이나 퍼블리시티권에 대한 쟁점은 없다.

휘소에 관한 평전『핵물리학자 이휘소』및 소설『소설 이휘소』의 저자이고, 피신청인 김진명은 소설『무궁화 꽃이 피었습니다』의 저자이다. 피신청인들은 망인 또는 유족들의 동의없이 위 평전 또는 소설을 집필하여 출간했다. 신청인들은 이휘소와 유족들의 편지, 일기, 사진 등을 무단으로 공개하거나 허위로 적시함으로서 저작권, 명예훼손, 프라이버시권, 인격권, 초상권 및 성명권(퍼블리시티권) 등을 각 침해당했다고 주장했다.

즉, 신청인들은 피신청인 공석하가 이휘소의 평전인『핵물리학자 이휘소』에서 위 이휘소와 그 유족인 신청인들의 이름을 사용하고 이휘소와 신청인들의 사진과 이휘소의 편지를 무단으로 게재했으며, 이휘소의 일기를 일부 조작하고 이휘소의 실제의 삶과 죽음을 평전의 형태로 기술하면서 상당 부분을 사실과 달리 묘사했을 뿐만 아니라, 이휘소의 성명, 초상, 이력, 경력, 생활상, 성격상을 상업적으로 이용함으로서 이휘소와 신청인들의 성명권, 초상권, 저작권, 프라이버시 등을 침해하고 이휘소의 명예를 훼손했다고 주장했다.

나. 법원의 판단

이휘소의 가족들이 소설가들을 상대로 제기한 출판금지가처분 사건에서, 법원은 소설『소설 이휘소』및 소설『무궁화 꽃이 피었습니다』에 대해서는,[8] 명예훼손과 인격권 내지 프라이버시권[9]과 초상

---

8) 다만, 평전『핵물리학자 이휘소』는 1989. 11. 경 발간 이후 위 책에서 위 이휘소의 생활 및 활동이 실제와 다르게 묘사되어 문제가 있다고 보아 1993년경 위 책을 절판시켜 현재 시중에 유통되지 않고 있는 사실이 인정되어 이 가처분사건에서는 쟁점에서 제외되었다.

9) "소설에서 개인의 명예가 훼손되거나 인격권이 침해되었다는 이유로 그 출판금지를 구하는 경우에는 헌법상 예술의 자유와 출판의 자유가 보장되어 있는 점에 비추어 그 침해의 태양 및 정도를 고려하여 개인의 명예가

권[10], 성명권[11] 침해를 부정했고, 이휘소와 가족들의 퍼블리시티권을 침해했다는 주장에 대해서는 "퍼블리시티권이라 함은 재산적 가치가 있는 유명인의 성명, 초상 등 프라이버시에 속하는 사항을 상업적으로 이용한 권리(right of commercial appropriation)라고 할 수 있는데, 문학작품인 위 소설에서 위 이휘소의 성명, 사진 등을 사용했다고 하더라도 이를 상업적으로 이용했다고 볼 수는 없으므로" 침해가 아니라고 보았다.[12]

한편 위 가처분 사건으로부터 약 2년 후에 소설가 공석하를 상대로 제기한 손해배상청구 사건에서도 가처분 사건에서와 거의 동일한 이유로 원고의 청구가 배척되었다.

다. 판례의 검토

이 사건에서 법원은 퍼블리시티권을 "재산적 가치가 있는 유명인

중대하게 훼손된 경우에만 이를 인정하여야 할 것이다"는 전제하에 전체적으로 긍정적으로 묘사되었으므로 명예훼손이나 인격권 내지 프라이버시권 침해가 부정되었다.

10) 가족들 사진에 대해서만 동의가 없었으므로 초상권 침해가 인정되었고, 이휘소 사진은 공인이 되었으므로 명예훼손이 아닌한 허용된다고 보았다.

11) 『소설 이휘소』에서 이휘소와 가족들의 이름을 사용한 것이나 소설 『무궁화 꽃이 피었습니다』에서 '이용후' 등 가명을 사용한 것은 공인 및 가족으로서 수인하여야 할 것이라고 보았다.

12) 아울러 이휘소를 모델로 한 소설과 관련하여 그의 초상 등을 광고에 이용한 것에 대하여, "피신청인들이 위 이휘소의 사진을 신문광고에 사용하여 위 이휘소의 사진을 상업적으로 이용했다고 하더라도 이러한 사유는 위 소설 자체의 출판의 금지를 청구할 사유가 되지 아니"한다고 보았고, 같은 이유로 퍼블리시티권 침해도 부정했다.

이는 광고의 목적물인 서적이 표현의 자유에 의해서 보호되는 경우에는 서적에 대한 광고도 퍼블리시티권의 보호범위에 포함된다는 것을 판시한 것이라고 볼 수 있다.

의 성명, 초상 등 프라이버시에 속하는 사항을 상업적으로 이용한 권리(right of commercial appropriation)"라고 정의함으로서 퍼블리시티권을 특징짓는 개념적 요소로 ① 성명, 초상 등 프라이버시에 속하는 사항일 것, ② 유명인에 대한 권리일 것, ③ 재산적 가치가 있을 것 등을 제시했다.

유명 과학자인 원고는 퍼블리시티권을 주장했고 소설가인 피고는 헌법상 표현의 자유를 주장하여 두 권리 사이의 충돌이 문제되었는데, 법원은 이에 대해서 별다른 이익 형량을 하지 않고 문학작품인 소설에서 이휘소의 성명이나 사진 등을 사용한 것은 '상업적 이용'이 아니므로 침해가 성립하지 않는다고 판시했다. 이는 미국 주법에서 규정하는 바와 같이 문학 등에서의 이용은 '상업적 목적(for the purpose of commercial)'이 아니라고 하여 퍼블리시티권의 범주에서 제외시키는 방법을 받아들인 것으로 생각된다.

이러한 판결의 입장에 대해서 학계는 찬성하는 입장[13]과 반대하는 입장[14]으로 나뉘었다. 반대하는 견해에 의하면, 이 사건에서 법원은 문학작품에서 개인의 성명, 사진 등을 이용한 것은 '상업적 이용'에 해당하지 않는다고 판시했는데, 문학작품이라고 하더라도 소설의

---

13) 문학작품의 경우에는 예술의 자유에 의하여 보호될 필요성이 높으므로 광고를 중심으로 발달한 퍼블리시티권에 관한 이론을 적용하기 어려울 것이라는 견해는 김재형, "모델소설과 인격권", 61면; 한위수, "퍼블리시티권의 침해와 민사책임(하)", 121면; 어떤 작품이 이윤 목적으로 판매된다는 점에 의해 그 작품이 상업적 성격을 갖는다고 본다면, 현대사회에서 뉴스나 예술 작품의 대부분은 상업적 성격을 갖는다고 보아야 할 것이고, 이는 상업적 언론과의 구별을 불명확하게 만드는 결과를 초래하며, 미국의 학설과 판례도 경제적 이익을 추구한다는 사실에 의해 그 작품의 성격이 변하지 않는다는 입장을 취하고 있으므로, 사람의 동일성을 예술 작품에 이용한 경우는 원칙적으로 상업적 이용에 해당되지 않는다고 보아야 한다는 견해는 권태상, "퍼블리시티권과 표현의 자유", 26면.
14) 남형두, "세계시장 퍼블리시티권", 15-17면.

창작은 이를 상업적으로 판매하기 위한 것이므로 소설 속에서 특정인의 자기 동일성(identity)을 이용했다면 이는 그 자체로 상업적 이용(commercial use)이라고 보아야 하고, 오히려 표현의 자유와의 충돌문제로 보아 이익 형량으로 해결하는 것이 타당하다.[15] 이와 같이 두 단계로 나누어 검토하는 것이 ① 박찬호 사건에서와 보는 바와 같이 하나의 책에서도 퍼블리시티권 침해로 볼 수 있는 부분과 표현의 자유에 의해 퍼블리시티권이 제한되어 침해로 되지 않는 부분으로 구별하는 결론을 도출하는데 유리하고, ② 모델영화와 모델소설을 상업적 이용으로 취급하는 실무 경향에 대해 보다 논리적인 판단이 가능하기 때문이다.[16]

따라서 본 판례의 진정한 취지는 일응 퍼블리시티권의 침해에 해당하는 것처럼 보인다고 하더라도 헌법상 보장되는 창작의 자유나 표현의 자유를 더 우선시하여야 한다는 의미, 즉 유명 과학자 이휘소는 우리사회에서 공인(public figure)[17]이므로 그의 삶과 관련된 요소들을 사용함에 있어서 개인적 법익보다는 작가나 대중들의 표현의 자유가 더 보장되어야 하고, 특히 이미 고인이 되었다면 후세의 비평의 자유가 우선되어야 한다는 의미를 함축적으로 가지고 있는 것이라고 보는 해석[18]이 더 타당하다.

---

15) 문학작품에 개인의 성명 등이 이용되었다고 해서 상업적 이용이 아니라고 하기 보다는 문학작품에 이용되었더라도 그것이 표현의 자유의 보호범위에 포함되는가의 여부에 따라 상업적 이용여부를 결정하여야 한다는 견해로는 박준우, "퍼블리시티권 상업적 이용의 판단기준", 515-517면.

16) 남형두, "세계시장 퍼블리시티권", 15-17면.

17) 최근 정부와 신문사가 국민들을 대상으로 실시한 여론조사에서 이휘소 박사는 '우리 생활을 변화시킨 근현대 대표 과학기술인' 중 1위로 뽑혔다. '노벨상에 가장 가까웠던 천재 물리학자 이휘소', 한국경제신문 2016. 4. 24.

18) 정상조·박준석, 앞의 논문, 20면.

2. 아스팔트 사나이 사건[19]

가. 사실관계

원고는 1987. 11. 파리 - 다카르 랠리를 완주한 경험을 바탕으로 그 22일 동안의 자동차 경주에서의 경험과 원고의 사상을 일기체 형식으로 기록하여 1988. 10. 15.경『사하라 일기』라는 제명으로 출간했다. 피고는『아스팔트 사나이』라는 제명의 만화를 1990. 5.경부터 스포츠조선에 연재한 후 이를 엮어 단행본으로 출간했다. 이 만화의 주된 이야기는 만화주인공인 이강토가 한국자동차 산업을 발전시켜 일본의 혼다, 미국의 제너럴모터스 등 세계적인 자동차 회사를 누르고 세계자동차시장을 석권한다는 내용이었다. 원고는 만화 속에서 원고의 이름과 유사한 캐릭터가 등장하고[20] 원고가 방송 동의 인터뷰에서 주장한 내용을 무단 인용하여 원고를 저급한 멜로물과 비도덕적이고 비인격적인 기업비리물의 조연으로 비하시킴으로써 원고의 성명 또는 초상권을 침해하고, 원고가 자신의 경험 등을 만화 또는 영화로 만들려고 했으나 위 피고가 이 사건 만화를 제작함으로써 이를 중단하게 되었는바 이는 원고의 상업적 이용 또는 공표권(right of publicity)을 침해한 것이라고 주장했다.

나. 법원의 판단

이 사건에서 법원은 ① 초상권 침해 주장에 대해서는 "만화는 작

---

19) 서울지방법원 1996. 9. 6. 선고 95가합72771 판결. (이 사건 2심에서는 1심판결을 전제로 손해배상의 범위부분만 검토되었다. 서울고등법원 1997. 7. 22. 선고 96나41016 판결).
20) 원고의 이름과 유사한 '최정립'이라는 카레이서가 등장한다.

가의 상상에 의하여 가상적인 인물들이 전개해 나가는 이야기를 문
자와 그림으로 서술한 창작물로서, 허구를 전제로 하지만, 작가는 실
제로 존재하는 인물을 모델로 삼아 만화 속의 인물을 창출하기도 하
는데, 이때는 독자의 흥미와 감동을 불러일으키기 위하여 역사적인
인물이나 사회에서 널리 알려진 인물을 모델로 사용"하지만 "위와
같이 작가가 만화 속에서 현실의 인물과 사건을 서술할지라도 만화
속에서의 이 현실은 창작"이 되므로, "만화 속에서의 모델은 만화 속
에서 자신의 명예가 훼손된 경우에는 이를 이유로 침해의 금지를 요
구하거나 그로 인한 손해의 배상을 구할 수 있으나, 명예가 침해되
는 정도에 이르지 아니한 경우에는 헌법상 예술의 자유와 출판의 자
유가 보장되어 있는 점에 비추어 이를 수인하여야 한다 할 것이고,
특히 모델이 사회에서 널리 알려진 공적인 인물인 경우에는 더 그러
하다"고 하면서, 이 사건 만화의 내용을 살펴볼 때 원고의 명예가 훼
손되지 아니하고 오히려 국내자동차산업 발전을 위하여 국제 자동
차 경주대회에 참가하는 긍정적인 인물로 묘사된 이상, 자신의 성명,
경력 등을 사용하여 이 사건 만화를 집필하는 것을 수인하여야 한다
고 판시했다. 나아가 ② 퍼블리시티권 침해 주장에 대해서는 "상업적
이용 또는 공표권(right of publicity)이라 함은 재산적 가치가 있는 유
명인의 성명, 초상 등 프라이버시에 속하는 사항을 상업적으로 이용
할 수 있는 권리"라고 정의하고, 위에서 본 바와 같이 "이 사건 만화
에서 등장인물의 캐릭터로 원고의 성명과 원고의 경력을 사용했다
고 하여도 만화 또한 예술적 저작물의 하나라고 보는 이상 이를 상
업적으로 이용했다고 보기는 어렵다"고 판시했다.[21)]

---

21) 다만, 원고의 소설과 피고의 만화 사이에 일부 의거성과 실질적 유사성이
   인정된다고 보아 저작권침해는 인정했다.

다. 판례의 검토

이 사건에서는 '퍼블리시티권'이라는 한글용어는 사용하지 않았지만 "상업적 이용 또는 공표권(right of publicity)이라 함은 재산적 가치가 있는 유명인의 성명, 초상 등 프라이버시에 속하는 사항을 상업적으로 이용할 수 있는 권리"라고 하여 사실상 퍼블리시티권을 받아들이고 이를 손해배상의 근거로 인정했다.

또한, 퍼블리시티권의 침해여부에 대해서는, 만화에서 등장인물의 캐릭터로 원고의 성명과 원고의 경력을 사용했다고 하여도 만화를 예술적 저작물의 하나라고 보는 이상 이를 상업적으로 이용했다고 보기는 어렵다고 판시했는바, 먼저 퍼블리시티권의 침해 여부를 '상업적 이용'을 기준으로 판단한 것은 이휘소 사건과 동일하며 이로써 우리나라 판례상으로 판단 기준의 하나로 굳어지게 되었다. 다만, 예술적 저작물이므로 '상업적 이용'이 아니고 따라서 퍼블리시티권 침해가 아니라고 보았는데, 예술적 저작물에 사용하는 것이 상업적 이용이 아니라고 단정을 지을 수 있는지[22]에 대한 구체적인 논증이 없다. 최근에 예술작품이라도 상업적 성격을 가지지 않는 경우는 드물고, 나아가 유명인의 초상이나 이력을 사용한다는 자체가 그 인물이 가진 상업적인 성격을 이용하려는 의사로 볼 수도 있기 때문이다. 이휘소 사건도 마찬가지지만, 만일 본 사안에서 만화에의 사용이 단순한 인물의 묘사에서 나아가 주제와 소재면에서 새로운 메시지를 전달하기 위한 변형적 이용이라고 본다면 침해를 부정하는데 더 용이했을 것으로 생각된다.

---

22) 게다가 이 판결에서 저작권의 침해를 일부 인정하고 그 손해배상 범위를 인정함에 있어서 이 사건 만화 단행본들이 약 10만부 정도 팔렸다고 보고 그 인세를 손해배상의 기준으로 삼았는바, 이 정도의 커다란 상업적 성공을 거둔 작품에 대해서도 '상업적 이용'이 아니라고 바로 단정하는 것도 애매하다.

3. 박찬호 평전 사건[23]

가. 사실관계

신청인은 미국메이저리그에 진출한 프로야구선수로 국민 대다수에게 잘 알려져 있으며, 1996. 12.경 『헤이, 두드!』라는 제목의 자서전도 출간했다. 피신청인은 스포츠신문 등 기자로 종사하면서 1994. 경부터 일간지에 자서전 혹은 기자의 편집형식으로 연재된 신청인의 야구선수로서의 성장과정과 활약상에 관한 기사와 기타 개인적으로 수집·정리한 자료 등을 엮어 1997. 7. 『메이저리그와 정복자 박찬호』라는 제호로 서적을 출간했다. 위 서적에는 별책부록으로 포스터 형식의 브로마이드(가로 약 53센치, 세로 약 78센치, 앞면에는 원고의 투구모습을 뒷면에는 원고의 런닝모습을 천연색으로 인쇄)가 첨부되어 있었다.

나. 법원의 판단

이 사건에서 법원은 이휘소 사건 등과는 달리 두 법익 사이의 이익형량을 적용했고, 특히 표현의 자유라는 법익에 대해서 공적 인물에 대한 서술과 그에 관한 평가를 담는 평전에서 헌법상 표현의 자유가 상대적으로 높게 보장되어야 한다고 판시했다.[24] 이를 전제로

---

23) (1) 가처분사건 : 서울고법 1998. 9. 29.자 98라35 결정. (2) 손해배상사건 : 서울지방법원 1998가합9712 판결.

24) "무릇 공적관심의 대상이 되는 저명한 인물 즉 공적인물(公的人物)에 대한 서술, 평가는 자유스러워야 하고, 그것은 헌법이 보장하고 있는 언론, 출판 및 표현의 자유의 내용이기도 하다. 다만 그것은 타인의 명예나 권리를 침해하여서는 아니 된다는 제한을 받는다. 공적인물의 생애에 관한 서술과 그에 관한 평가를 담는 서적인 평전에서는 그 저작물의 성질상 대상자의

① 서적의 내용[25)]에 관해서는 "이 사건 서적의 표지구성형식과 내용, 그와 관련하여 게재된 신청인의 성명과 사진이나 이 사건 서적의 배포를 위한 광고내용을 정사하여 보아도 그 내용에 나타나는 신청인의 성명과 사진이 공적인물인 신청인이 수인하여야 할 정도를 넘어서서 신청인의 성명권과 초상권을 침해하는 정도로 과다하거나 부적절하게 이용되었다고 보이지 않고, 또한 신청인이 유명야구선수로서 그 성명과 초상을 재산권으로 이용할 수 있는 권리 즉 이른바 퍼블리시티권을 침해하는 것으로 볼 수 있을 정도로 신청인의 성명과 초상 그 자체가 독립적·영리적으로 이용되었다고 보이지 아니하며"라고 하여 퍼블리시티권의 침해를 부정했다. 하지만, ② 별책부록인 브로마이드 사진에 대해서는 "신청인에 대한 평전이라 할 수 있는 이 사건 서적의 내용으로 필요불가결한 부분이라 할 수 없을 뿐만 아니라 이 사건 서적과 분리되어 별책 부록으로 제작된 것으로서 그

성명을 사용하고 대상자의 사진(보도용으로 촬영된 사진을 이용하는 것도 포함한다)을 게재할 수 있을 뿐만 아니라 대상자의 생애에서의 주요사건이 다루어지고, 그에 대한 저자의 의견이 더하여 지는 것이 당연하다 할 것이며, 그러한 평전의 저술은 그 대상자의 명예나 권리를 침해하지 않는 한 허용되어야 하고, 그 대상자가 되는 공적인물은 이를 수인하여야 할 것이다."

25) 이 사건 서적의 내용은 신청인의 미국생활 현지리포트, 신청인의 오늘이 있기까지의 라이프스토리, 메이저리그와 LA다저스의 역사, 조직, 구성원, 신청인과 노모 히데오, 야구용어, 운용 등에 관한 해설, 그 동안 신청인의 미국내에서의 경기내용 소개 및 해설 등으로 되어 있고, 이 사건 서적의 앞표지에는 신청인의 운동복차림 투구모습이 전면(全面)으로 인쇄된 위에 이 사건 서적의 제호가 찍혀 있고(특히 정복자 박찬호 부분은 파란색의 큰 활자체 사용), 이 사건 서적의 뒷표지에는 신청인의 런닝모습이 전면으로 인쇄되어 있으며, 이 사건 서적의 내표지에서부터 머릿글에 이르기까지 신청인이 야구하는 장면을 찍은 사진 13장이 연속 게재되어 있고, 이 사건 서적의 내용부분에는 각 그 내용과 관련된 신청인의 모습을 담은 사진 13장이 게재되어 있다.

자체만으로도 상업적으로 이용될 염려가 적지 않고, 그와 같이 상업적으로 이용될 경우에 신청인의 초상권 또는 퍼블리시티권이 침해될 것으로 보이므로 이 사건 브로마이드의 발매·반포로 신청인의 초상권 또는 퍼블리시티권이 침해된다"하여 퍼블리시티권 침해를 인정했다.

다. 판례의 검토

이 사건에서 법원은 "독립적·영리적으로 이용"된 사정을 퍼블리시티권 침해의 기준으로 삼았는데 이러한 태도는 기존 이휘소 사건이나 아스팔트사나이 사건의 판례에서 제시된 "상업적 이용"이라는 기준과 동일한 기준이라고 볼 수 있다. 결국 법원은 서적의 표현의 자유와 관련된 사건들에서 '상업적 이용'인지 여부를 가장 중요한 침해기준으로 삼은 것이다.[26] 다만, 별책부록인 브로마이드 사진에 대해서는 ① 서적의 내용과 필요불가결한 부분이 아니고, ② 그 자체만으로 상업적 이용이 될 수 있다고 하여 퍼블리시티권의 침해를 인정했다. 이는 '분리가능성'이라는 또 다른 기준을 제시한 것으로도 해

---

26) 이후 고 이태석 신부의 활동을 담은 프로그램의 방영금지가처분에서도 '상업적 이용' 여부를 퍼블리시티권의 판단기준으로 삼은 예가 있다.
　"이 사건 영상물은 이 사건 방한 과정을 담은 다큐멘터리에 불과하고 신청인을 전혀 다루지 않고 있으므로, 신청인이나 살레시오 수도회의 명예를 직접 훼손하는 것으로 볼 수 없고, 또한 그 제작 의도는 망인의 희생과 사랑, 봉사 정신을 널리 알리려는 데에 있다 할 것이므로 망인의 명예, 영성을 훼손하고 있다고 보기 어렵다. 또한, 이 사건 영상물의 내용 및 제작 의도 등을 종합하여 보면, 피신청인이 이 사건 영상물을 방영하는 것이 이른바 '퍼블리시티권'의 적용 여부가 문제되는 '상업적 이용'에 해당한다고 단정할 수도 없으므로, 신청인이 망인의 퍼블리시티권을 승계했는지 여부를 살필 필요 없이, 퍼블리시티권의 침해를 인정할 수 없다"(서울남부지방법원 2013. 1. 4. 선고 2012카합797 결정).

석될 수 있는데, 이는 독립적인 기준이라기보다는 '상업적 이용'이라는 기준을 판단하는 부수적인 요소의 하나로 해석될 수 있다.

또한 이 사건에서는 평전에서 특정인의 동일성을 활용하는 것은 표현의 자유보장이라는 측면에서 매우 폭넓게 인정하고 있는데, 특히 ③ "원고와 같은 공적인물(public figure)의 생애에 관한 서술과 그에 관한 평가를 담는 서적인 평전에서는 그 저작물의 성질상 대상자에 관한 서술과 함께 그 서술과 합리적인 연관성이 있는 범위 내에서 그의 사진을 게재할 수 있다고 할 것이며"라고 판시하여 표현의 자유의 폭을 정함에 있어서 '합리적 연관성'이라는 기준을 제시한 것도 의미가 있다.

다만 이 사건 판결에 대해서도 이휘소 판결과 같이 '상업적 사용'이 아니어서 퍼블리시티권 침해의 대상이 아니라 본 것은 부당하며, 따라서 서적에 사용하는 것도 일응 '상업적 사용'으로 보고 다만 작가에게 보장된 표현의 자유로 인해서 허용되는 것으로 보는 것이 더 타당하다.[27] 즉, 공중의 관심사에 관한 표현물은 표현의 자유의 보호를 받고 있고 유명인의 성명이나 외관의 사용이 표현물과 합리적인 연관성이 있으면 그 성명이나 외관에까지 표현의 자유에 포함되므로, 위 박찬호 사건에서 ① 서적의 내용은 공중의 관심사에 속하므로 표현의 자유의 보호를 받는 것이며, ② 서적 내에 게재된 사진도 서

---

27) 정상조·박준석, 앞의 논문, 100-101면; 권태상, "퍼블리시티권과 표현의 자유", 24면.
   한편, 이 사건 결정에 대해서 상업적 사용이냐 아니냐의 차원에서 퍼블리시티권 침해 유무를 가리지 않고 그 항변으로서 표현의 자유의 범위 내에 있는지의 문제로 보았다는 견해도 있다. 즉, 이 사건 결정은 침해자의 사용목적과 관계없이 퍼블리시티권의 존재를 인정한 다음 침해자의 이용태양에 따라 표현의 자유에 의해 퍼블리시티권을 제한할 것인가 아니면 보호할 것인가의 단계로 나누어 판단했다는 것이다. 남형두, "스포츠경기와 퍼블리시티권", 219-222면 참조.

적의 내용과 합리적인 연관성이 있으므로 서적의 내용에 대한 표현
의 자유의 보호가 박찬호의 사진에까지 미치는 것이다.[28] 다만, 이
사건에 있어서 부록으로 제공된 브로마이드 사진의 경우에는 내용
적 분리가능성, 물리적 분리용이성, 독자적인 상품가능성 등을 고려
해 볼 때 어떤 독자적인 메시지를 전달하거나 혹은 서적의 본문 내
용과 연관되는 표현행위의 일부가 아니라 서적의 판매부수를 늘이
려는데 주된 목적이 있는 것으로 판단할 수 있고,[29] 그런 점에서 판
례의 결론은 타당해 보인다.

  또한, 이휘소 사건, 아스팔트 사나이 사건, 박찬호 사건에 있어서
공정이용의 법리를 적용하는 경우에도 좀 더 합리적으로 판단이 가
능하다. 즉, 특정인에 대한 서적을 만들어 판매하는 것은 상업적인
성격을 인정할 수 있지만, 서적을 통해서 그들의 삶에 대한 평가라
는 새로운 메시지를 부가하고 있어서 충분히 변형되었다고 볼 수 있
고, 이러한 서적을 작성하는데 사전에 본인의 동의를 얻어야 한다면
오히려 표현의 자유를 억압할 수 있다는 점에서 부당하기 때문이다.
다만 박찬호 사건에서의 브로마이드 사진의 경우에는 독립된 상품
으로 판매될 가능성이 있어서 상품화 가능성이라는 시장가치(market
value)에 영향을 줄 수 있으므로 부정하는 결론에 이를 수 있다.

---

28) 박준우, "퍼블리시티권 상업적 이용의 판단기준", 516-517면.
29) 미국의 1989년 연방 제2고등법원의 판결은, 포스터가 잡지 속에 포함된 경
   우 어떤 목적으로 포함되었는지 판단해야 한다고 하면서, 이를 위해서 포
   스터의 성격, 잡지의 통상적인 내용과의 관련 정도, 잡지로부터 분리될 수
   있는 용이함, 분리된 경우 독립적인 상품으로 이용되기에 적합한지 여부,
   발행자가 어떤 방법으로 판매하는지 등을 고려해야 한다고 했다.
   Titan Sports, Inc. v. Comics World Corp., 870 F.2d 85, 16 Media L. Rep. 1408, 10
   U.S.P.Q.2d 1311 (2d Cir. 1989).

4. 서태지 컴백홈 패러디 사건[30]

가. 사실관계

개그맨 이재수는 서태지의 히트곡인 'Come Back Home'을 음치, 박치가 부르는 형태로 개사·편곡한 '컴배콤'이라는 곡을 부르고, 비슷한 의상에 원래 안무를 우스꽝스럽게 변형한 뮤직비디오를 만들어 방송했다. 이에 서태지는 이재수와 그 소속사를 상대로 그들이 서태지의 저작재산권(복제권, 배포권, 공연권)과 저작인격권 등을 침해했다고 주장하면서, 이재수의 '컴배콤' 음반과 뮤직비디오에 대한 판매금지등가처분 소송을 제기했다.

나. 법원의 판단

법원은 "기존의 저작물에 풍자나 비평 등으로 새로운 창작적 노력을 부가함으로써 사회전체적으로 유용한 이익을 가져다 줄 수 있는 점이나 저작권법 제25조에서 '공표된 저작물은 보도·비평·교육·연구 등을 위하여는 정당한 범위 안에서 공정한 관행에 합치되게 이를 인용할 수 있다'고 규정하고 있는 점 등에 비추어 이른바 패러디가 당해 저작물에 대한 자유이용의 범주로서 허용될 여지가 있"다고하여 패러디 항변을 인정하였다. 다만 패러디의 요건과 관련하여 "패러디는 우리 저작권법이 인정하고 있는 저작권자의 동일성유지권과 필연적으로 충돌할 수밖에 없는 이상 그러한 동일성유지권의

---

30) 서울중앙지방법원 2001. 11. 1. 2001카합1837 결정.
　　이 사건은 저작권만 문제되었고 퍼블리시티권이 문제된 사안은 아니었다. 하지만 제4장 제2절에서 미국의 퍼블리시티권의 한계와 관련하여 많이 다투어지는 패러디 항변에 대하여 소개하였으므로 국내에서 패러디 항변과 관련된 대표적인 사례로 여기에서 함께 다루기로 한다.

본질적인 부분을 침해하지 않는 범위 내에서 예외적으로만 허용되
는 것으로 보아야 할 것이고, 이러한 관점에서 패러디로서 저작물의
변형적 이용이 허용되는 경우인지 여부는 저작권법 제25조 및 제13
조 제2항의 규정취지에 비추어 원저작물에 대한 비평·풍자 여부, 원
저작물의 이용 목적과 성격, 이용된 부분의 분량과 질, 이용된 방법
과 형태, 소비자들의 일반적인 관념, 원저작물에 대한 시장수요 내지
가치에 미치는 영향 등을 종합적으로 고려하여 신중하게 판단하여
야 할 것이다"라고 하여 패러디가 저작인격권과의 관계상 예외적으
로만 허용된다는 점을 밝히고 패러디의 허용가능성에 대한 일응의
판단기준을 제시했다. 그리고 이러한 판단기준에 따라 각 요소들에
대해서 구체적으로 살펴본 후 본건은 패러디에 해당하지 않는다는
결론을 내렸다.[31]

---

31) "피신청인들이 이 사건 원곡에 추가하거나 변경한 가사의 내용 및 그 사용
된 어휘의 의미, 추가·변경된 가사내용과 원래의 가사내용의 관계, 이 사
건 개사곡에 나타난 음정, 박자 및 전체적인 곡의 흐름 등에 비추어 피신
청인들의 이 사건 개사곡은 신청인의 이 사건 원곡에 나타난 독특한 음악
적 특징을 흉내내어 단순히 웃음을 자아내는 정도에 그치는 것일 뿐 신청
인의 이 사건 원곡에 대한 비평적 내용을 부가하여 새로운 가치를 창출한
것으로는 보이지 아니하고(피신청인들은 자신들의 노래에 음치가 놀림받
는 우리사회의 현실을 비판하거나 대중적으로 우상화된 신청인도 한 인간
에 불과하다는 등의 비평과 풍자가 담겨있다고 주장하나, 패러디로서 보
호되는 것은 당해 저작물에 대한 비평이나 풍자인 경우라 할 것이고 당해
저작물이 아닌 사회현실에 대한 것까지 패러디로서 허용된다고 보기 어려
우며, 이 사건 개사곡에 나타난 위와 같은 제반사정들에 비추어 이 사건
개사곡에 피신청인들 주장과 같은 비평과 풍자가 담겨있다고 보기도 어렵
다), 피신청인들이 상업적인 목적으로 이 사건 원곡을 이용했으며, 이 사
건 개사곡이 신청인의 이 사건 원곡을 인용한 정도가 피신청인들이 패러
디로서 의도하는 바를 넘는 것으로 보이고, 이 사건 개사곡으로 인하여 신
청인의 이 사건 원곡에 대한 사회적 가치의 저하나 잠재적 수요의 하락이
전혀 없다고는 보기 어려운 점 등 이 사건 기록에 의하여 소명되는 여러
사정들을 종합하여 보면, 결국 피신청인들의 이 사건 개사곡은 패러디로

다. 판례의 검토

이러한 법원의 판단은 비록 패러디에 있어서 저작인격권의 제한에 대한 판단이고 공정이용과 변형적 이용 등에 있어서 개념상 다소간 혼동이 있지만, 해석상 저작권법상 공정이용 여부를 퍼블리시티권의 침해판단의 기준으로 삼은 것은 상당한 의미가 있다. 즉 본 판례는 공정이용(변형적 이용)이 허용되는지 여부에 대한 판단기준으로서 "원저작물에 대한 비평·풍자 여부, 원저작물의 이용 목적과 성격, 이용된 부분의 분량과 질, 이용된 방법과 형태, 소비자들의 일반적인 관념, 원저작물에 대한 시장수요 내지 가치에 미치는 영향 등"을 들고 있으며, 여기서 '원저작물에 대한 비평·풍자 여부'를 이외에는 기존에 판례 등에서 논의되던[32] 공정이용과 관련된 네 가지 판단요소들과 동일하다. 결국 법원은 패러디 여부를 판단함에 있어서 저작권법상 공정이용인지 여부를 판단기준으로 삼고, 특히 변형적 이용에 해당하는지 여부를 가장 중요한 요소로 삼았음을 알 수 있다.

한편 구체적으로 '원저작물에 대한 비평·풍자 여부'를 판단함에 있어서 "패러디로서 보호되는 것은 당해 저작물에 대한 비평이나 풍자인 경우라 할 것이고 당해 저작물이 아닌 사회현실에 대한 것까지 패러디로서 허용된다고 보기 어려우며"라고 판시했는데, 이는 패러디로서 허용되는 비평·풍자의 범위 혹은 이용자의 주관적 범위를 지나치게 좁게 인정한 것이며[33] 의사표현 내지 사회비평 수단으로서 패러디가 가지는 사회적 효용성과 가치를 간과한 것이라는 비판이 가능하다. 만일 이 사건 판결에서 미국의 Campbell v. Acuff-Rose Music Inc. 사

서 보호받을 수 없는 것이라 하겠다."
32) 이 결정 당시에는 공정이용에 관한 일반조항인 저작권법 제35조의3이 신설되기 전이었다.
33) 함석천, 앞의 논문, 72면.

건[34])에서와 같은 공정이용 기준에 의한 분석이 있었다면, 비록 원곡을 흉내내기는 했지만 원곡과는 전혀 다른 분위기를 연출함으로서 새로운 재미요소를 극대화시키고 있으므로 변형적 이용으로 볼 수 있고, 나아가 원곡의 존재를 분명히 떠올릴 수 있고 원곡의 잠재적 시장 또는 가치에 미치는 영향도 거의 없을 것이므로 공정이용에 해당한다고 보아 패러디 항변이 받아들여졌을 가능성이 있다고 생각된다.

5. 시나위 음원 광고사진 사건[35])

가. 사실관계

원고들은 '시나위'라는 록그룹 멤버들로서 1980년대 이후부터 최근까지 '희망가', '은퇴선언', 'Farewell to My Love' 등 다수의 곡을 발표하여 대중적인 인기를 얻고 있는 가수들이고, 피고는 온라인상으로 각종 악보 및 음악파일(MP3 파일 또는 MIDI 파일)을 판매하고 전송하는 인터넷 음악사이트 '인터뮤즈닷컴'의 운영자이다.

피고는 음악파일을 판매하고 전송하는 인터넷 음악싸이트를 운영하고 있는데, 원고들이 속한 신탁단체와 계약을 맺고 음원 스트리밍 서비스를 하면서 음원을 검색할 수 있는 서비스를 제공했다. 사용자가 검색어를 넣으면 곡명 및 원하는 형태[36])를 선택하여 클릭하면 가수의 사진 및 설명과 함께 다운로드 가격이 나오도록 했다. 피고가 사용한 사진들은 원고들이 발표한 곡이 수록된 앨범의 표지 사진 및 국내 유명 인터넷 사이트인 '네띠앙'의 포토 갤러리(Photo Gallery)

---

34) Campbell v. Acuff-Rose Music Inc., 510 U.S. 569, 590 (1994).
35) 서울고등법원 2001. 10. 24. 선고 2001나30680 판결.
    이 사건도 퍼블리시티권이 아닌 초상권이 문제된 사건이나 경제적 이익의 침해가 주된 주제이므로 여기서 함께 다룬다.
36) 악기별 악보, MP3 파일 또는 MIDI 파일 등

란에 게재되어 있던 사진들이었다.

나. 법원의 판단

법원은 초상이 공표되거나 영리에 이용된 경우 본인의 명시적 또는 묵시적 승낙이 있다고 볼 수 있는 경우에는 초상권이 침해되었다고 할 수 없고, 비록 그러한 승낙이 없거나 승낙의 범위를 초과했다고 하더라도 "정치인이나 배우, 가수 기타 예능인 등 유명인의 경우에는 국민의 알 권리 및 직업의 특성과 관련하여 사진, 성명 등이 공표되는 것을 어느 정도 수인하여야 하는 것이어서, 그 사용방법, 태양, 목적 등에 비추어 유명인으로서의 평가, 명성, 인상 등을 훼손 또는 저하시키는 경우 기타 본인의 성명이나 초상이 공개되지 아니하는 것을 의욕한 경우와 같이 특별한 사정이 있을 경우에 한하여 위법하다"고 전제하고, "그러한 특별한 사정이 있는지 여부는 공표거절권과 관련하여서는 사진 그 자체가 불러일으키는 이미지와 그로 인한 본인에 대한 평가, 명성, 인상 등의 훼손 정도 뿐만 아니라 사진이 게재된 경위와 그 태양, 사용방법 및 목적 등의 객관적인 사정과 본인이 사진 게재에 관하여 적극적으로 거부 의사를 표시했는지 여부 등 본인의 의사를 함께 고려하여야 하고, 초상영리권과 관련하여서는 위와 같은 사정 외에 사진의 게재 목적, 사진을 게재한 행위자가 그로 인하여 얻고 있는 이익의 유무 및 다과, 그로 인한 본인의 경제적 이익 침해 여부 등 제반 사정을 종합적으로 고려하여 객관적으로 판단하여야 할 것이다"라고 판시했다. 그리고 이 사건에서는 사진의 사용에 관하여 원고들로부터 명시적 혹은 묵시적인 동의를 얻은 적은 없으나, 위에서 열거한 여러 이익들을 비교형량해보면 이 사건 사진들의 게재는 유명인인 원고들이 수인하여야 할 범위를 넘어서지 않은 것으로 위법하지 않다고 판시했다.

다. 판례의 검토

이 사건에서 법원은 퍼블리시티권을 독자적인 권리가 아니라 초
상권[37] 중에서 초상영리권과 동일한 권리로 보았다.[38][39] 그리고 원
고와 같은 유명인의 사진 등을 사용하는 것이 국민의 알권리 보장
등의 측면에서 원칙적으로 허용되고, 예외적으로 특별한 사정이 있
는 경우에만 권리침해가 성립한다고 판시했다.

이와 같이 퍼블리시티권을 초상권의 하나의 권능으로 파악하고
그 결과로 종래에 초상권의 이익형량 기준의 하나로 사용되던 '수인
한도 기준설'을 바탕으로 했지만 이익형량을 좀 더 구체화하여 "사
진 그 자체가 불러일으키는 이미지와 그로 인한 본인에 대한 평가,
명성, 인상 등의 훼손 정도 뿐만 아니라 사진이 게재된 경위와 그 태
양, 사용방법 및 목적 등의 객관적인 사정과 본인이 사진 게재에 관
하여 적극적으로 거부 의사를 표시했는지 여부 등 본인의 의사... ...
사진의 게재 목적, 사진을 게재한 행위자가 그로 인하여 얻고 있는
이익의 유무 및 다과, 그로 인한 본인의 경제적 이익 침해 여부 등
제반사정을 종합적으로 고려하여 객관적으로 판단"하여야 한다고
판시했다. 하지만 이렇게 제시된 이익형량 기준들은 공정이용에서

---

37) 이 판결에서는 초상권을 "초상권이란 사람이 자신의 초상에 대하여 갖는
인격적·재산적 이익, 즉 사람이 자기의 얼굴 기타 사회통념상 특정인임을
식별할 수 있는 신체적 특징에 관하여 함부로 촬영되어 공표되지 아니하며
광고 등에 영리적으로 이용되지 아니하는 권리"라고 하여, 자신의 초상에
대해서 영리적인 이용을 결정할 수 있는 권리도 초상권 내에 포함시켰다.
38) 초상권은 첫째, 얼굴 기타 사회통념상 특정인임을 알 수 있는 신체적 특징
(초상)을 함부로 촬영 또는 작성되지 아니할 권리(촬영·작성거절권), 둘째,
촬영된 사진 또는 작성된 초상이 함부로 공표 또는 복제되지 아니할 권리
(공표거절권), 셋째, 초상이 함부로 영리에 이용되지 아니할 권리[초상영리
권, 이른바 퍼블리시티(publicity)권] 등으로 구성된다고 보았다.
39) 이러한 분류와 동일한 입장으로는 권영준, 앞의 논문, 530면 참고.

제시된 판단기준과 매우 유사하다고 볼 수 있다.

실제로 이 판결은 수인한도를 벗어났는지 여부를 판단하기 위해 ① 사진게재 경위와 태양 및 목적, ② 행위자의 이익유무 및 다과, ③ 본인의 경제적 이익 침해 여부 등 이익형량 요소들을 제시했고, 이를 사안에 적용하여 ① 이 사건 사진들이 원고들의 유명인으로서의 이미지를 실추시키는 정도라고 인정할 자료가 없고, 오히려 육안으로 관찰하여 볼 때 위 사진들은 풍자나 비방 등의 형태를 띠지 아니하고 단순히 원고들의 가수로서의 모습을 촬영한 것에 불과하다고 보이는 점, 더구나 원고들이 스스로 공표한 자신들의 작품 앨범의 표지 사진 및 이미 다른 인터넷 사이트를 통하여 공표되어 있는 사진을 재공표한 것에 불과한 점, ② 이 사건 사진들은 피고가 이용을 허락받은 음악저작물을 판매하면서 그 실연자(가수)의 초상을 싣는 데 그친 것이고 위 사진들 자체를 판매한 것은 아닌 점, ③ 위 사진들의 게재로 인하여 원고들도 자신들이 대중에게 더 많이 알려짐으로써 인기를 확보할 수 있고 음악저작물 판매 촉진을 통하여 위 신탁단체로부터 지급받는 사용료가 늘어나는 등 그 이익을 얻고 있다고 평가할 수 있는 점 등을 종합적으로 고려하여 볼 때 초상영리권(퍼블리시티권)의 침해가 아니라는 결론을 내린 것이다.

6. 야구게임 관련 사건들[40]

가. '한국프로야구 2005' 사건[41]

(1) 사실관계

---

40) 우리나라에서 야구게임과 관련된 사건은 여러 개가 있다. 이하에서는 법원의 판결이 있었던 순서대로 ① '한국프로야구 2005' 사건, ② '마구마구' 사건, ③ '슬러거' 사건 순으로 살펴보겠다.

41) 서울중앙지방법원 2006. 4. 19. 선고 2005가합80450 판결.

피고 A는 각 프로야구 구단이 가지는 권리를 위임받거나, 이를 대행하는 KBO로부터 각 프로야구 구단이 가지고 있는 휘장, 상표, 로고, 엠블럼, 마스코트, 각 구단의 경기기록 등의 데이터베이스, 경기 관련 자료 등을 활용할 수 있는 권리(이하 '프로야구 관련 자산')를 부여받았고, 2003. 5. 10. 피고 B와의 사이에, 피고 A는 피고 B에게 자신의 프로야구 관련 자산을 제공하고, 피고 B는 이를 이용하여 휴대전화용 야구게임을 개발하여 이동통신회사를 통하여 판매함으로써 발생한 순매출의 50%를 피고 A에게 지급하기로 하는 내용의 무선게임사업계약을 체결했다. 피고 B는 원고들(국내 프로야구 8개 구단에 소속된 선수들 중 123명)의 승낙을 받지 아니하고 "한국프로야구 2005"라는 명칭의 휴대전화용 게임물을 제작했는데, 그 게임물은 이용자가 우리나라 프로야구 8개 구단 중 1개 구단을 선택하면 그 구단의 실제 소속선수인 원고들의 성명, 각종 개인 기록을 그대로 사용한 선수가 화면에 등장하여 야구경기를 진행하는 내용으로, 각 이동통신사들은 2005. 2.경부터 가입자들에게 게임물을 유료로 판매하기 시작했다.

(2) 법원의 판단

이 사건에서 법원은 퍼블리시티권에 대해서 인정필요성을 상당히 자세히 설시하고 명문의 규정이 없더라도 이를 인격권과 독립된 별개의 재산권으로 인정할 수 있다고 판시했다.[42] 그리고 원고들이

---

42) "그러나 헌법상의 행복추구권과 인격권의 한 내용을 이루는 성명권은 사회통념상 특정인임을 알 수 있는 방법으로 성명이 함부로 사용, 공표되지 않을 권리, 성명이 함부로 영리에 이용되지 않을 권리를 포함한다고 할 것이고, 유명인의 성명이나 초상을 사용하여 선전하거나 성명이나 초상을 상품에 부착하는 경우 유명인의 성명이 상품의 판매촉진에 기여하는 효과가 발생할 것인데 이러한 효과는 원고들과 같은 유명인이 스스로의 노력에 의하여 획득한 명성, 사회적인 평가, 지명도 등으로부터 생기는 독립한

자신들이 소속된 각 구단과 야구선구계약을 체결함에 있어 자신들의 초상권, 저작권 등의 권리가 구단에 속하는 것을 승낙했으므로 구단 소속의 선수로서의 집단적으로 사용되는 성명에 관한 권리는 원고들이 아닌 각 구단에 속한 것이라고 주장하지만, 구단과 선수간의 계약 내용만으로는 이를 인정하기에 부족하고, 공적 인물이라 하더라도 그 성명을 상업 목적만을 위해 사용하는 경우까지 그 사용을 수인하여야 한다고 할 수 없으므로, 원고들의 허락을 받지 아니하고 원고들의 성명을 사용한 게임물을 제작하여 상업적으로 이동통신회사에 제공한 것은 원고들의 퍼블리시티권을 위법하게 침해한 것이라고 판시하면서 손해배상 및 사용금지청구를 인정했다.

(3) 판례의 검토

우선 이 사건은 퍼블리시티권의 인정 필요성, 법적 근거, 법적 성질에 대해서 매우 자세히 논한 점이 특징이다. 나아가 손배배상과 관련해서 재산적 손해의 기준, 위자료의 허용여부, 금지청구의 가부 등에 대해서 일정한 기준들을 제시함으로서[43] 이후 퍼블리시티권과

경제적 이익 또는 가치로서 파악할 수 있는바, 원고들의 허락을 받지 아니하고 원고들의 성명을 상업적으로 이용하는 행위는 원고들의 성명권 중 성명이 함부로 영리에 이용되지 않을 권리를 침해한 민법상의 불법행위를 구성한다고 볼 것이고, 이와 같이 보호되는 한도 내에서 원고들이 자신의 성명 등의 상업적 이용에 대하여 배타적으로 지배할 수 있는 권리를 퍼블리시티권으로 파악하기에 충분하다고 할 것이며, 이는 원고들의 인격으로부터 파생된 것이기는 하나 독립한 경제적 이익 또는 가치에 관한 것인 이상 원고들의 인격권과는 독립된 별개의 재산권으로 보아야 할 것이다."

43) 재산적 손해에 대해서는 "피고들의 퍼블리시티권 침해행위로 인하여 원고들이 입게 된 재산상 손해는 피고들이 원고들의 승낙을 받아서 원고들의 성명을 사용할 경우에 원고들에게 지급하여야 할 대가 상당액이라고 할 것이고, 퍼블리시티권자가 자신의 성명에 관하여 사용계약을 체결하거나 사용료를 받은 적이 전혀 없는 경우라면 일응 그 업계에서 일반화되어 있는 사용료를 손해액 산정에서 한 기준으로 삼을 수 있다"고 하여 통상사용

관련된 판결들에 많은 영향을 주었다.

그리고 다른 권리와의 관계에 대해서는, 우선 야구선수계약서 제16조[44]의 해석상 승낙이 있다고 볼 수 없다고 보아 퍼블리시티권의 주체를 구단이 아닌 선수 개인라고 보았다.[45] 그리고 공적 인물

료를 기준으로 재산적 손해를 산정했고, 다만, 정신적 손해에 대해서는 "원고들과 같은 프로스포츠선수들은 경기중계, 인터뷰, 광고 등을 통한 대중과의 접촉을 직업으로 하는 사람들로서 통상 자기의 성명 등이 일반대중에게 공개되는 것을 희망 또는 의욕하는 직업적 특성에 비추어 볼 때, 자신들의 성명이 허락없이 사용되었다고 하더라도 그 사용의 방법, 목적 등으로 보아 원고들의 운동선수로서의 평가, 명성, 인상 등을 훼손 또는 저해하는 경우 등의 특별한 사정이 없는 한, 그로 인하여 정신적 고통을 받았다고 보기는 어렵"고라고 하여 위자료 청구를 기각했다. 다만 사용금지는 퍼블리시티권이라기보다는 인격권인 성명권의 배타적 효력에 근거하여 인정한 것으로 보인다.

44) 야구선수계약서 제16조 (사진에 출연)
구단이 지시할 경우 선수는 사진, 영화, TV에 촬영되는 것을 승낙한다. 또한 이 같은 사진 출연 등에 관한 초상권, 저작권 등 일체는 구단에 속하며 구단이 선전목적 등 여하한 방법으로 이용하여도 이의를 신청하지 않는다는 것을 승낙한다. 또한 이로 인해 구단이 금전상 이익을 얻을 경우 선수는 적절한 분배금을 받을 수 있다. 또한 선수는 구단의 승낙 없이 대중 앞에 출연하고 라디오, TV프로그램에 참가하거나 사진촬영의 허용, 신문, 잡지의 기사를 쓰고 이것을 후원하고 또 상품광고에 관여하지 않는다는 것을 승낙한다.

45) 이전까지 프로야구 선수들의 퍼블리시티권은 구단 및 구단주들의 회합인 KBO에서 일방적으로 정의해 놓은 '프로야구자산'중의 한 구성물에 불과했고 이에 대한 실시권 부여와 수익 배분에 정작 선수들은 완전히 배제된 상태였는데, 이 판결이 이를 수정하는 계기가 되었다고 평가하는 견해에는 이호선, "프로야구선수들이 갖는 퍼블리시티권의 법적 성격과 그 행사", 인권과 정의 제401호(2010. 1), 90면.
다만, 야구선수계약서 제16조의 문구해석에 관한 판시는 아주 짤막한 것이었지만 그 결과는 엄청난 것이었다. 판결 이후 KBO와 자회사 KBOP는 종전의 태도를 변경하여 야구선수계약서 제16조에 불구하고 개별 야구선수들이 여전히 퍼블리시티권을 보유하고 있다고 인정하기에 이르렀고, 그런 입장전환에 따라 선수협과의 협상에 나서 라이선스 수익의 30% 상당을 대

(public figure)의 항변과 관련해서는 "공적 인물이라 하더라도 그 성명
을 상업 목적만을 위해 사용하는 경우까지 그 사용을 수인하여야 한
다고 할 수 없"다고 하여, 공적 인물의 경우에는 퍼블리시티권의 침
해가 성립하지 않는다는 것을 전제로 설시한 것은 나름 의미가 있으
나 그 구체적인 논증이 없는 것이 아쉽다. 또한 이 사건에서는 상업
적 목적의 사용이므로 수인허용 범위에서 벗어났다는 식의 간략히
논증하는 수준에서 마무리했는데, 이는 선수–구단–KBO–피고A–피고B
로 이어지는 계약관계를 고려할 때 이미 선수들의 초상 등은 거래의
객체였기 때문에 당연히 '상업적 거래'를 한 것이라고 본 것이고, 또
한 '상업적 이용'은 바로 퍼블리시티권의 침해에 해당한다는 것을 전
제로 했기 때문으로 보인다.[46]

나. '마구마구' 사건[47]

___

가로 지급하고 사용허락을 부여받았다고 한다. 박준석, "프로야구게임 퍼
블리시티권", 326면.
46) 이 판결에 대해서, 운동선수의 이름이 게임에 이용된 경우, 게임이 갖는
상업적 성격을 고려하면 이에 대하여 표현의 자유에 의한 보호를 인정하
기는 어려울 것이므로 퍼블리시티권 침해를 인정한 것은 타당하다는 견해
에는 권태상, "퍼블리시티권과 표현의 자유", 28면.
47) 야구게임 '마구마구'와 관련된 판례는 여러 개가 있다.
먼저, (1) 전직 프로야구선수들에 대한 사건은 ① 성명을 사용한 경우 :
서울중앙지방법원 2009. 11. 23. 2009카합2880 결정, 서울남부지방법원 2009.
12. 17. 2009카합1108 결정(위 중앙지법 결정과 내용 동일), ② 영문 이니셜
을 사용한 경우 : 서울서부지방법원 2010. 4. 21. 자 2010카합245 결정 등이
있고, 본 논문에서 다루는 사안이다.
반면, (2) 현직 프로야구선수들에 대한 사건은 서울서부지방법원 2010. 4.
26. 2009카합2613 결정 등이 있다. 하지만 현직 프로야구선수들의 경우에는
2006. 8.경 한국프로야구선수협회와 한국야구위원회가 설립한 KBOP간의
계약 제9조 제3항에서 정한 사전협의의무를 위반했는지의 문제를 다루었
고 퍼블리시티권의 한계론과는 무관한 논점이고, 따라서 본 논문에서는

(1) 사실관계

피신청인 CJ인터넷은 신청외 게임제작업체(애니파크)로부터 '마구마구'라는 인터넷 야구게임을 제작·공급받아 피신청인의 인터넷 사이트 넷마블(www.netmarble.com)을 통해 이용자들에게 제공하고 있다. 그런데 피신청인이나 애니파크는 이 사건 게임을 제작·유통하는 과정에서 전직 프로야구 선수들인 신청인들의 사전 동의를 받지 않고 신청인들의 성명, 선수시절 소속구단 등의 인적사항을 이 사건 게임에 등장하는 야구선수 캐릭터에 사용했고 이에 신청인들이 성명의 사용을 금지해달라는 가처분을 신청했다(마구마구 1사건).

한편 이와 같은 마구마구 1사건의 가처분 신청이 법원에서 받아들여지자, 피신청인은 2010. 1. 19.경 이 사건 각 사이트에 신청인들을 포함한 은퇴선수 27명의 성명표시가 비실명으로 전환된다는 내용의 공지사항을 게시한 후, 다음날부터 신청인들의 선수시절 소속구단 및 수비 위치, 선수시절의 기록 등을 활용한 능력치 등 이 사건 게임의 다른 요소는 변경하지 아니한 채, 신청인들의 성명만을 영문 이니셜로 변경하여 사용했고, 이에 신청인들은 다시 영문 이니셜의 사용도 금지해달라는 내용의 가처분을 신청했다(마구마구 2사건).

(2) 법원의 판단

먼저 마구마구 1사건에 대해서 법원은 "신청인들은 모두 전직 프로야구 선수로서 야구와 관련된 분야에서는 일반 대중이 정당한 관심을 가지는 공적 지위를 가진다고 할 것이니 그 성명이나 초상 또는 선수로서의 경력, 실적, 근황 등 관련 정보가 합당한 목적과 합리적인 방식으로 이용되는 데 대해서는 이를 수인할 의무가 있다고 할 것이다. 그러나 피신청인들이 이 사건 게임에서 신청인들의 성명 등

다루지 않는다.

을 표시한 것은 신청인들의 활동에 대한 사실의 적시 또는 의견의 제시 등 의사표현의 수단으로서가 아니라 게임 캐릭터가 개별적으로 특정하기 위한 명칭의 도구로 활용한 것뿐이어서 신청인들 각자의 성명과 게임 캐릭터 사이의 위와 같은 결합을 합리화할 만한 어떠한 연관성도 발견할 수 없고, 그와 같이 게임 캐릭터의 명칭으로 신청인들의 성명을 사용하는 데 공공의 관심이나 이익이 관련되어 있다는 요소도 전혀 없으므로, 이는 신청인들의 성명이 가지는 공적 요소와는 무관하게 피신청인들이 사적인 영리 추구를 위하여 무단으로 이를 이용한 데 지나지 않는다"고 판시했다.

다음, 마구마구 2사건에서는 '성명권 등'이라고 표시한 1사건과는 달리[48] 퍼블리시티권을 명시적으로 받아들이고,[49] 나아가 본명이 아닌 영문 이니셜을 사용한 것에 대해서도 "어떤 사람의 성명 전부 또는 일부를 그대로 사용하는 것은 물론 성명 전부 또는 일부를 그대

---

48) 마구마구 1사건에서 법원은 "신청인들이 자신의 성명 등을 배타적으로 사용하거나 상업적 목적으로 활용할 수 있는 권리(이하 '성명권 등'이라 한다)"를 침해한 것이라고 하여 퍼블리시티권의 명칭은 사용하지 않았지만, 그 판단 내용은 퍼블리시티권이 인정되는 것을 전제로 판단한 것으로 볼 수 있다.

49) "일반적으로 성명이나 초상 등 자기동일성이 가지는 경제적 가치를 상업적으로 사용하고 통제할 수 있는 배타적 권리라고 설명되는 퍼블리시티권은 이를 명시적으로 규정한 실정법이 존재하지는 않으나, 헌법상의 행복추구권과 인격권의 한 내용을 이루는 성명권에는 사회통념상 특정인임을 알 수 있는 방법으로 성명이 함부로 영리에 사용되지 않을 권리가 포함된다고 할 것인 점, 채권자들의 성명 등에 관하여 형성된 경제적 가치가 이미 인터넷 게임업 등 관련 영업에서 널리 인정되고 있으므로 이를 침해하는 행위는 채권자들에 대한 관계에서 민법상의 불법행위를 구성한다고 볼 것인 점 등에 비추어 보면, 채권자들이 성명이나 초상 등 자기동일성의 상업적 사용에 대하여 배타적으로 지배할 수 있는 권리를 퍼블리시티권으로 파악하기에 충분하다."
"이러한 퍼블리시티권은 채권자들의 인격권, 행복추구권으로부터 파생된 것이기는 하나 재산권적 성격도 가지고 있다."

로 사용하지 않더라도 그 사람을 나타낸다고 볼 수 있을 정도로 이
를 변형하여 사용하는 경우에도 퍼블리시티권을 침해한 것"이라고
판시했다. 그리고 피신청인들의 행위가 신청인들의 퍼블리시티권을
침해했는지 여부에 대해서는 마구마구 1사건과 동일한 논리 및 1사
건 가처분결정 이후 사정 등을 근거로[50] 신청인들의 동의 없이 자기
동일성의 경제적 가치를 상업적으로 사용하여 퍼블리시티권을 침해
했다고 보아 금지청구를 받아들였다.[51]

(3) 판례의 검토

마구마구 1사건과 2사건에서 법원은 일반 대중의 정당한 관심을
받는 '공적 인물'의 경우에도 그 사용이 모두 적법하게 되는 것이 아

---

50) "즉 ① 채권자들은 전직 야구선수들이고, 채무자는 채권자들의 동의를 받
지 아니한 채, 인터넷 야구게임인 이 사건 게임에 채권자들의 이 사건 각
이니셜을 사용한 점, ② 채무자는 이전에 채권자들의 동의를 받지 아니한
채, 채권자들의 성명, 선수시절 소속구단 및 수비위치 등 채권자들의 인적
정보를 이 사건 게임에 등장하는 야구선수 캐릭터에 사용했다가 이를 금
지하는 가처분이 발령되자, 이 사건 게임의 다른 요소는 변경하지 아니한
채, 채권자들의 성명만을 이 사건 각 이니셜로 변경하여 사용하고 있고,
이용자들에게 채권자들의 성명을 이니셜로 변경한다는 내용의 공지까지
했으며, 이 사건 게임의 이용자들에게는 이 사건 각 이니셜이 채권자들을
지칭하는 것으로 쉽게 인식되고 있는 점, ③ 채무자가 이 사건 게임에 채
권자들의 이 사건 각 이니셜 등 인적 정보를 사용한 것은 채권자들의 활동
에 대한 사실의 적시나 의견의 표시 등 의사표현의 수단으로서가 아니라
이 사건 게임의 캐릭터를 개별적으로 특정하기 위한 명칭의 도구로 활용
한 것으로서 그 사용에 공공의 관심이나 이익이 관련되어 있다고 볼 수도
없는 점 등."

51) 서울서부지방법원 2010. 4. 21. 자 2010카합245 결정.
    결국 이 결정의 결과로 2010. 7. 30. CJ인터넷은 2007년부터 2009년까지 야
    구게임 '마구마구'에 등장하는 은퇴선수 525명의 성명권 및 퍼블리시티권
    침해로 인한 손해배상금으로 10억 원 및 향후 매출의 4%를 지급하기로 하
    는 내용의 합의를 했다.

니라 "합당한 목적과 합리적인 방식"으로 이용되는 한도에서만 수인 의무가 있다고 하여 이익형량에서 일반적 기준을 제시했다. 그리고 이러한 일반적 기준을 바탕으로 구체적으로 두 법익을 비교하여 이 사건 게임에서는 신청인들의 활동에 대한 사실의 적시 또는 의견의 제시 등 의사표현의 수단으로서가 아니라 게임 캐릭터가 개별적으로 특정하기 위한 명칭의 도구로 활용한 것뿐이어서 신청인들 각자의 성명과 게임 캐릭터 사이의 위와 같은 결합을 합리화할 만한 어떠한 연관성도 발견할 수 없고 기타 공공의 관심이나 이익과 관련되어 있다는 요소도 없기 때문에 영리 추구를 위한 무단 사용에 해당한다는 결론을 내렸다.

다. 슬러거 사건[52]

(1) 사실관계

원고(사단법인 일구회)는 은퇴선수협의회 운영과 수익사업 대행 및 관장, 각종 야구 친선리그 개최 등의 사업을 목적으로 2010. 1. 27. 설립되어 300명(이하 '이 사건 선수들')을 포함한 전직 프로야구선수들로 구성된 법인이고, 피고(네오위즈)는 게임소프트웨어의 개발·유통회사이다.

피고는 2007년경부터 2009년까지 이 사건 선수들 및 원고의 승낙을 받지 않고 이 사건 선수들의 성명, 초상 기타 인적 정보를 이용한 '슬러거'라는 명칭의 인터넷 야구 게임물을 운영해왔다. 이 사건 게임에는 2,500명의 전현직 야구선수들이 성명, 구단 또는 소속고교, 연도, 포지션 및 각종 시즌별 개인 기록(타율, 타수, 안타, 홈런, 타점, 득점, 도루, 종합)이 반영된 능력치를 가지고 선수카드에 등장한다.[53]

---

52) 서울동부지방법원 2011. 2. 16. 선고 2010가합8226 판결.
53) 2007년부터는 일부 선수의 사진이 제공되었으나 2009년 이후에는 사진이

게임 이용자는 드래프트(선수 영입) 및 트레이딩 아이템 등을 통해 특정 선수를 자신의 팀에 소속시켜 게임을 할 수 있다.[54] 선수정보는 게임 도중에 이용자가 원하면 언제든지 볼 수 있다. 이 사건 게임의 아이템 샵에서는 선수, 유니폼, 장구, 코치, 로고 등을 판매하는데, 이용자들의 아이템구입비가 피고의 수입원이다. 원고는 피고들이 이 사건 선수들의 동의 없이 선수들의 성명을 이용한 캐릭터 및 게임물을 운영함으로써 성명권 및 퍼블리시티권을 침해했다고 주장하며 손해배상을 청구했다.

(2) 법원의 판단

이 사건에서 법원은 퍼블리시티권의 성립, 인정범위,[55] 효력[56] 등

제공되지 않았다.

54) 이 사건 게임의 진행단계는 다음과 같다.
  ① 팀 생성 : 팀 명칭 결정, 프로구단 또는 지역고교를 선택, 선택한 팀 소속 선수명단 확인[투수(선발4, 구원3), 타자(선발9, 후보5)], 로고, 유니폼 등을 선택
  ② 튜토리얼 : 타격과 투구로 나뉘어 게임 조작법을 학습하는 과정
  ③ 게임 :
   - 육성모드 : 이용자가 만든 팀을 이용하여 게임을 진행하여 선수를 육성함, 육성모드 게임결과에 따라 게임머니, 선수의 경험치 및 능력 레벨이 상승함. 이용자가 게임머니로 선수선발권을 획득하면 특정선수를 영입할 수 있음
   - 연습모드 : 타격이나 투구 연습, 연습경기, 특정 연도 프로야구 우승팀을 상대로 3차전을 벌이는 플레이오프 등 비정규게임을 하는 모드
   - 친선모드 : 작년 데이터를 기초로 한 프로야구팀을 선택하여 비정규게임 진행. 친선팀 중 한 팀을 선택하는 것으로 선수육성은 불가능하며, 자신이 좋아하는 팀을 선택하여 게임.
  트레이드 메뉴에서는 매일 1회에 한하여 육성모드 입장시 3개의 슬롯 중하나를 선택한 후 선수정보를 확인하여 선수를 영입할 수 있고, 보유하고 있는 선수 중 협상카드로 사용할 3명의 선수를 선택한 다음, 제시된 12명중 5명을 선택하면 1명이 무작위로 영입됨.

에 관하여 적극적인 입장을 취하면서, 게임의 방식이나 게임에서의 선수들의 인적사항의 역할 등을 고려할 때[57] 피고가 2007년부터 2009년까지 원고 선수들의 성명, 초상, 경력 등 인적사항이 가지는 고객흡인력을 상업적으로 사용했고, 이러한 고객흡인력은 이 사건 게임의 매출[58]에 중요한 요소가 되었다고 할 것이므로, 원고 선수들의 퍼블리시티권 및 성명권을 침해했다고 보았다. 피고는 이 사건 게임에서 선수들의 인적 정보를 사용한 것은 공적인 정보를 활용하는 정도에 불과하여 헌법상 언론출판 및 표현의 자유에 의해 수인되어야 한다고 주장했는데, 이에 대해서는 "피고가 이 사건 게임에 이 사건 양

---

55) 특정인의 성명, 초상(본인으로서 동일성이 인식될 수 있는 사진, 그림, 초상화, 이미지, 캐릭터 등), 서명, 음성 등에 까지 퍼블리시티권을 인정했다.

56) 퍼블리시티권은 독립된 재산권이므로 제3자에게 양도하거나 권리행사를 포괄적·개별적으로 위임할 수 있다고 보았다.

57) "① 선수들 성명, 초상 등에 대하여 형성된 경제적 가치가 이미 게임업계(CJ 마구마구, 프로야구매니저, 와인드업 등)에서 널리 인정되고 있었던 점, ② 실제 선수의 성명과 인적사항을 반영한 캐릭터를 사용하여 팀을 구성하는 점, ③ 이용자들에게 게임에 나오는 캐릭터가 이 사건 선수들을 지칭하는 것으로 쉽게 인식되고 있는 점, ④ 이용자들은 팀생성시, 선수선발시, 매 게임 선발관리시 선수명단에서 특정 선수를 선택할 수 있고, 게임머니로 선수선발권을 획득하여 선수를 영입할 수 있는 점, ⑤ 게임에서는 야구선수별로 게임 수행능력에 차등이 있는데, 이는 특정 야구선수의 특정 시즌의 실제 기록과 선수개인별 평가가 이 사건 게임에서 해당 선수의 능력으로 반영되기 때문인 점[예컨대, 선수 '번사이드(10목동)'는 2010년도 시즌의 넥센 히어로즈 소속 번사이드 선수의 기록을, 선수 '최태원(96쌍방울)'은 1996년도 쌍방울 레이더스 소속 최태원 선수의 기록을 각 반영한 캐릭터이다], ⑥ 이용자의 노력이나 능력뿐만 아니라 실제 선수의 성과도 이용자가 운영하는 팀의 성적에 영향을 미치는 점 등"

58) 이 사건 게임의 순매출은 2007년도 약 28억, 2008년도 약 138억, 2009년도 약 280억, 2010년도 1분기 약 170억 정도였다.
   그리고 손해배상액을 산정함에 있어서 게임에 대한 야구자산 전체의 기여도는 순매출의 22%로, 그 중에서 구단과 선수들이 기여도는 각 순매출의 11%로 보았다.

도인들의 성명 등 인적 정보를 사용한 것은 야구활동에 대한 사실의
적시나 의견의 표시 등 의사표현의 수단으로서가 아니라 이 사건 게
임의 캐릭터를 개별적으로 특정하기 위한 명칭의 도구로 활용한
것이므로, 그 사용에 공공의 관심이나 이익이 관련되어 있다고 볼
수 없고, 공적 인물이라 하더라도 그 성명을 상업 목적만을 위해
사용하는 경우까지 그 사용을 수인하여야 한다고 할 수 없"다고 보
았다.

(3) 판례의 검토

이 사건은 위에서 살펴본 프로야구 2005 사건이나 마구마구 사건
에서의 논리와 상당히 유사한 점이 있다. 비록 게임이 내용은 게임
별로 바뀌었지만 각 게임에 있어서 선수의 성명, 경력 등 인적 정보
가 차지하는 기능이나 기여도 등을 생각할 때 선수들의 동일성 가치
를 상업적으로 이용하는 것은 퍼블리시티권 침해에 해당한다고 본
것이다. 또한 표현의 자유의 관계에 대해서도, 비록 권리의 침해와
항변사항의 구조로 명확하게 나눈 것은 의미가 있으나, 결국 마구마
구 사건의 논리를 그대로 받아 선수들의 인적사항을 사실의 적시나
의견의 표시 등 의사표현의 수단으로서가 아니라 게임의 캐릭터를
개별적으로 특정하기 위한 명칭의 도구로 사용했다는 이유로 헌법
상 표현의 자유 법리로 보호받지 못한다고 판시했다.

하지만 소속구단이나 선수들의 인적 정보 등은 개인의 동일성과
연관성이 떨어지는 일종의 기록이므로 이 부분에 대해서는 공공이
이용할 필요성 등 표현의 자유에 대해서 좀 더 자세한 논증을 하지
않은 것이 아쉽다. 야구게임에서 선수들의 이름과 기록을 사용하는
것이 문제되었던 미국의 2007년 C.B.C. v. MLB 판결[59]에서는 퍼블리시

---

59) C.B.C. Distribution and Marketing, Inc. v. Major League Baseball Advanced Media,
    L.P., 505 F.3d 818 (8th Cir. 2007).

티권과 표현의 자유의 충돌문제에 있어서 헌법상 표현의 자유가 더 우선한다고 판시했다. 즉, 법원은 "C.B.C.가 게임에서 이용한 정보는 이미 공중영역(public domain)에서 얻을 수 있고, 수정헌법에 따라 누구나 이용가능한 정보이다. C.B.C.가 정보를 이용한 것은 오락(entertainment)을 제공하기 위한 것이지만 수정헌법에 의해서 보호를 받는다. 왜냐하면 수정헌법의 보호에 있어서 정보제공적인 것과 오락적인 것을 구별하는 것은 너무 불분명하기 때문이다"라고 판시하여 공공 영역에 공개된 정보를 이용하는 것은 헌법상 표현의 자유에 의한 폭넓은 보호를 받는다고 판시했다.[60]

7. 배용준 밀납인형 사건[61]

가. 사실관계

채무자(밀납인형 제작·전시업체)는 2005. 12. 경 미국의 '무비랜드 왁스 뮤지엄(Movieland Wax Museum)'과 계약을 맺고 박정희, 김대중 전 대통령, 노무현 대통령 등 국내 유명 정치인과 인기 연예인들의 실물 크기 밀납인형을 전시하려고 했다. 이에 채권자들(배용준, 최지우, 이영애 등)은 자신들의 동의가 없는 밀납인형의 제작 및 전시는 초상권과 퍼블리시티권 등을 침해하는 것이라고 주장하며 전시 등을 금지하는 가처분을 신청했다. 이에 대해 채무자는 초상권 또는 퍼블리시티권은 무제한적으로 인정되는 절대적인 권리가 아니라 공공의 이익 또는 다른 사람들의 이에 상충하는 권리들에 의한 한계가

---

60) 그 외에도 프로야구 선수들이 이미 후원계약 등을 통해 충분한 수입을 올리고 있다는 점, 이름과 기록을 사용하는 것으로부터 선수들이 게임에 대해 어떤 후원을 하고 있다는 오해가 없다는 점 등이 고려되었다.

61) 서울고등법원 2006. 6. 14. 결정 2006라229 (1심 : 서울중앙지방법원 2006. 2. 1.자 2005카합4461 결정).

내재되어 있는 상대적 권리에 지나지 않고 이 사건 밀납인형은 예술적 창작의 표현물이므로 채권자들의 초상권 내지 퍼블리시티권의 침해가 아니라고 주장했다.

나. 법원의 판단

이 사건에서 법원은 "초상권이 헌법상 기본적 권리로서 그 성격상 절대권이라 하더라도 질서유지나 공공복리 또는 다른 기본권과의 관계에 있어 그 제한이 없을 수는 없는 것이고, 특히 예술의 자유 또는 표현의 자유와의 관계에서 창작의 목적, 창작물의 예술성 내지 심미성, 상업적 이용 가능성 및 잠재적 시장에 미치는 영향, 초상권 사용 대가에 관한 협의 경위와 초상권자의 의사 등을 종합하여 초상권의 제한 여부를 결정하여야 할 것이다"라고 판시했다.

그리고 전시 대상인 밀납인형들이 외견상 채권자들의 실물을 제대로 묘사한 것이 아니어서 완성도가 매우 떨어지는 것이고 그로 인하여 채권자들의 명성, 인상 등을 훼손하거나 그 명성을 저하시킬 우려가 있는 점, 채무자가 사전에 채권자들과 초상권 사용 대가에 관한 협의를 위한 구체적인 노력을 하지 않은 채 채권자들의 허락없이 위 밀납인형들을 유료 전시하여 입장료 수입을 얻으려고 한 점 등을 근거로, 이 사건 밀납인형들을 제대로 전시할 경우 채권자들의 인격적, 재산적 권리인 초상권이 침해될 것이 분명하고 예술의 자유 및 표현의 자유를 들어 그 침해를 수인하게 하여야 할 정도는 아니라고 판단했다.

다. 판례의 검토

이 판결에서 신청인은 퍼블리시티권과 초상권의 침해를 주장했고 법원은 비록 '초상권'에 대해서만 설시를 했지만, 문맥상 초상권과 퍼블리시티권을 모두 판단한 것으로 보인다. 법원은 초상권이 헌법상 기본적 권리로서 성격상 절대권이라고 하더라도 기본권 제한의 일반 사유에 의해 제한될 수 있다고 한 점, 예술의 자유나 표현의 자유와의 관계에서 "창작의 목적, 창작물의 예술성 내지 심미성, 상업적 이용 가능성 및 잠재적 시장에 미치는 영향, 사용대가에 대한 협의 경위와 초상권자의 의사 등을 종합하여" 초상권의 제한 여부를 결정한다고 설시함으로서, 표현의 자유와 퍼블리시티권이 충돌하는 경우의 구체적인 이익형량 요소들에 대하여 설시했다.

위 판례가 제시한 판단 요소들 중에서 "창작의 목적"이나 "상업적 이용 가능성 및 잠재적 시장에 미치는 영향" 등은 공정이용에서 제시된 판단기준과 일치한다. 하지만, "창작물의 예술성 내지 심미성"이나 "사용대가에 대한 협의 경위와 초상권자의 의사"를 표현의 자유에 대한 판단요소로 삼은 것은 문제가 있다.

먼저 "창작물의 예술성 내지 심미성"을 기준으로 하여 "전시 대상인 밀납인형들이 외견상 채권자들의 실물을 제대로 묘사한 것이 아니어서 완성도가 매우 떨어지는 것이고 그로 인하여 채권자들의 명성, 인상 등을 훼손하거나 그 명성을 저하시킬 우려가 있는 점"을 근거로 퍼블리시티권의 침해를 인정했는데, 일단 법원이 창작물의 예술적 수준을 기준으로 침해여부를 판단하는 것은 매우 주관적인 것이며 예측가능성도 떨어지기 때문이다. 따라서 해당 사항들은 차라리 해당 밀납인형의 제작으로 인하여 창작자의 새로운 메시지나 가치를 창출하는지 등 변형적 이용에 해당하는지 여부로 검토하고 판단하는 것이 더 적절할 것이다.[62] 또한 "사용대가에 대한 협의 경위

---

62) 미국 Comedy Ⅲ Productions, Inc. v. Gary Sademp, Inc. 사건에서도 창작품의 질보다는 양을 우선적인 기준으로 삼아야 한다고 판시했다. Comedy Ⅲ Productions v. Gary Saderup, 21 P.3d 797 (Cal. 2001).

와 초상권자의 의사"를 고려대상으로 삼은 것도 타당하지 않다. 헌
법이 표현의 자유를 보장하는 근본적인 이유는 사상과 생각의 원활
한 유통을 보장하는 것에 있고 권리자에게 선택권을 주려는 것이 아
니므로 표현의 자유로 보호할지 여부는 그 표현 자체의 가치와 속성
만을 놓고 판단하는 것이 타당하기 때문이다.[63]

또한 위와 같은 결정이유에 의하면 앞으로 동일한 유형의 사건이 발생
한 경우 그 밀랍인형이 "외견상 신청인들의 실물을 제대로 묘사했다면" 퍼
블리시티권의 침해를 부인하는데 도움이 되는 요소로 해석될 수 있다는
점에서 부당하고, 밀랍인형의 제작자가 신청인들의 실물에 패러디 등 예
술적인 요소를 추가한 경우에 예술 또는 표현의 자유에 의한 퍼블리시티
권의 제한이 인정되어야 한다고 보는 견해가 있다. 즉, 오히려 밀랍인형이
외견상 신청인들의 실물을 제대로 묘사한 경우에는 퍼블리시티권을 제한
하면 안된다는 것이다. 이 견해는 위의 결정이유보다는 "전시대상인 밀랍
인형들은 신청인들의 외견을 단순히 묘사한 것이며 예술의 자유 또는 표
현의 자유에 의해서 보호될 만한 요소가 추가되지 아니했음"을 이유로 했
어야 한다고 본다. 박준우, "퍼블리시티권 침해의 유형에 관한 연구", 59면.

63) '초상권자의 의사'나 '초상권 대가에 관한 협의 경위'를 예술 또는 표현의
자유에 의해 제한할 때 고려해야 한다고 한 것은, 결국 예술 또는 표현의
자유보다는 초상권을 보다 더 보호하는 것처럼 보여 예술소재 선택의 자
유가 제한되는 측면이 있다는 견해에는 정경석, "초상권 이론 및 사례의
전개", 126면 참고.

그런 점에서 이 사건의 하급심에서, 밀랍인형 제작, 전시를 예술의 자유
에 의해 보호한다고 하더라도 "우리 헌법상 보장된 예술의 자유도 무제한
적으로 보장되는 것은 아니고, 타인의 권리, 명예, 공중도덕, 사회윤리 등
을 침해하여서는 안 되는 내재적 한계를 가지므로, 초상 사용에 관한 별다
른 노력은 기울이지 않은 채, 그 반대를 무릅쓰고 밀랍인형의 제작 및 유
료전시를 강행함으로써 헌법상 보호되는 인격권 및 재산권적 성격을 겸유
하는 초상권을 침해하려고 하는 행위는 예술의 자유에 의해 보호될 수 있
는 한계를 유월했다"고 판시한 것(서울중앙지방법원 2005카합4346 결정)도
마찬가지의 비판이 가능하다.

8. 엔스닥 사건[64]

가. 사실관계

원고들은 가수, 진행자, 배우 등으로 활동하고 있는 연예인들이 며, 피고는 2006. 3.경 설립되어 "www.ensdaq.com"이라고 하는 인터넷 사이트를 운영하고 있다. 피고는 이 사건 사이트를 통하여 원고들과 같은 연예인을 포함한 사회적 공인(정치인, 스포츠 선수 등)을 하나의 가상회사로 추천받아 실제 증권시장과 유사하게 청약 및 공모를 진행해 최종 상장(등록)하여 팬들이 상장된 주식을 거래함으로써 해당 스타의 인기도를 주가로 표현하는 사이버증권거래소를 운영하고 있으며, 그 외에 투자정보(하위메뉴 : 전문가 시황분석, 시황 토론 게시판, 전문가 종목분석, 종목 토론 게시판), 엔스샵(하위메뉴 : 내충전계좌, 아바타 샵, 모바일 샵, 아이템 샵, 지수복권), 놀이마당(하위메뉴 : 게임마당, 영화마당, 포토마당, 이벤트마당) 코너를 함께 운영하고 있다.[65]

---

64) 서울중앙지방법원 2007. 12. 12. 선고 2007가합22441 판결.
65) "이러한 엔스닥의 주요한 운영원칙은 다음과 같다.
　(1) 회원가입
　　엔스닥에 회원으로 가입을 하면 초기 주식거래 대금으로 사이버머니 300만 원을 제공한다. 지급된 사이버머니를 가지고 스타들의 신규 상장을 위한 공모 참여와 주식매매 등 엔스닥에서 제공하는 주식거래 서비스와 경매, 이벤트, 영화관람, 기타 다양한 아이템 및 서비스를 구매할 수 있다. 엔스닥에서는 엔스닥 상의 가상화폐 "PAN"을 사용하는데, 충전된 "PAN"으로 아바타, 아이템을 구매할 수 있으며, 유료 서비스를 이용 할 수 있다.
　(2) 엔스닥거래소
　　① 엔스닥거래소는, 엔스닥에서 일정한 절차를 통하여 상장되어있는 스타들의 주식을 거래하는 가상주식거래소이다.
　　② 엔스닥은 00:00 개장하여 21:30 폐장한다.
　　③ 상장 종목은 회원들의 추천에 의해 결정되는데, 최초 추천일로부터 1

나. 법원의 판단

이 사건에서 원고들은 인격권, 자기정보통제권, 퍼블리시티권 등을 침해했다고 주장했고, 피고들은 원고들의 성명은 공인으로서 이미 널리 알려져 있고, 이 사건 사이트에서 사용되고 있는 사진 역시 이미 공표된 것이며, 피고가 이 사건 사이트의 운영자로서 수익창출을 위하여 불가피하게 사이버 샵 등을 운영하고 있으나 이러한 수익행위가 원고들의 성명과 초상을 상업적으로 이용한 것이라고 할 수 없을 뿐만 아니라 원고들은 공인으로서 이러한 정도의 사용행위는 수인해야 할 의무가 있다고 다투었다.

이에 대해서 법원은 퍼블리시티권을 다른 판결과는 달리 좁게 인정하고,[66] 그 침해와 관련하여 "피고가 원고들의 성명, 초상 등을 이

개월 이내에 300인 이상의 추천을 획득하고, 최소 300명 이상이 공모 청약에 참여해야 신규상장 될 수 있다.

④ 주식 가격의 변동은 기준가(전일 종가)에서 상승 15%, 하락 15%로 제한하되, 신규상장종목에 대하여는 신속한 적정주가 산정을 위하여 상장일 당일은 상한가격제한을 기준가 100%로 완화한다.

⑤ 〈스타종목정보〉 페이지의 스타사진에 대하여는 해당 종목 주주 중 보유지분 순위 상위 50인까지 교체할 권한이 있다.

...이하 중략...

⑪ 회원 가입, 회원 방문(로그인), 게시물 등록, 이벤트 참여 등의 활동을 하면 정해진 소정의 포인트가 부여되고, 추후 이 포인트를 사이버머니로 환전하여 주식거래를 비롯한 다양한 유료 서비스를 이용할 수 있다.

(3) 팬, 포인트, 사이버머니

팬(Pan)은 현금으로 충전할 수 있는 엔스닥의 화폐단위로서, 이러한 팬으로서 아바타, 모바일캐릭터 등을 구매하면 1 : 1의 비율로 포인트가 주어지고, 이러한 포인트를 1 : 3,000의 비율로 사이버머니로 전환하여 주식투자에 이용할 수 있다"

66) "성명, 초상 등 프라이버시에 속하는 사항을 구체화하여 상업적으로 이용함으로써 그것이 인격과 분리되어 독자적으로 고객흡입력을 가지는 등으

용한 엔스닥거래소의 주식거래를 통하여 직접적인 경제적 이익을 취득하는 것이 아니라 이 사건 사이트에서 운영하고 있는 부가적인 서비스를 이용하는 회원들을 통하여 그 영업수익을 창출하고 있는 사실은 당사자 사이에 다툼이 없는 바, 이러한 사정 하에서는 엔스닥거래소에서 이용된 원고들의 성명, 초상 등의 경제적 가치가 피고가 취득한 영업수익으로 전환되었음이 객관적으로 분명하다고는 볼 수 없으므로, 원고들의 퍼블리시티권 침해 주장은 이유 없다"고 판시했다.[67]

다. 판례의 검토

이 사건에서 퍼블리시티권의 침해와 관련하여 피고회사의 수익구조 등을 자세히 고찰한 후에 원고의 초상 등이 가진 경제적 가치가 직접 피고의 수익으로 전환되지 않았다고 판단함으로써 "원고들의 성명, 초상 등의 경제적 가치가 피고가 취득한 영업수익으로 전환"되었는지 여부라는 새로운 판단기준을 제시한 점에서 의의가 있다.[68]

로 그 경제적 가치가 객관적으로 분명한 경우에 한하여 이를 인정하여야 할 것"

[67] 또한 위 판결은 피고의 위 싸이트가 원고들의 일반적 인격권이나 자기정보통제권도 침해하지 않는다고 보았다.

다만, 위 판결은 인격권(성명권 및 초상권) 침해주장에 대해서는 "비록 이 사건 사이트의 엔스닥거래소에서 사용되고 있는 원고들의 초상이 이미 드라마나 영화 등을 통하여 공표된 것이라 하더라도, 당초 위 초상의 공표 당시 원고들이 예정했던 이용범위를 벗어나 피고가 상업적으로 운영하고 있는 이 사건 사이트에서 무단히 사용되고 있는 이상(원고들이 연예인이라는 사정만으로는 피고의 위와 같은 초상의 이용이 정당하다거나 원고들에게 수인의무가 있다고 볼 수는 없다), 이는 원고들의 인격권으로서의 초상권을 침해했다고 봄이 상당하고, 성명권 역시 동일한 이유로 침해되었다 할 것이므로, 원고들의 성명, 초상권 침해 주장은 이유 있다"고 판시했다.

[68] 다만 위 판례에 대해서는 '퍼블리시티권의 인정기준'과 '그 기준의 사실관

이러한 기준은 미국의 '상업적 이용'이라는 기준을 국내로 포섭하되 이를 좀 더 객관화시키고 구체화하여 '객관적으로 분명한 경우' 또는 '영업수익으로 전환된 경우'로 한정하는 기준을 제시한 것으로 보인다. 이러한 기준은 사실 거의 모든 행위가 다소간 상업적인 성격을 부인할 수 없는 현실에 있어서 미국의 상업적 이용이라는 기준보다는 좀더 객관적이고 엄격한 기준이 되는 것은 사실이다. 하지만 이러한 단일한 기준은 경제적인 측면에만 근거한 것이고 따라서 다양한 이익충돌 상황들을 제대로 반영하여 합리적인 결론을 도출하는데 한계가 있다. 만일 비즈니스 모델로 볼 때 영업수익의 구조가 복잡한 경우나 결과적으로 보아 수익의 실현이 되지 않은 경우에는 대부분 퍼블리시티권의 침해가 부정될 수 있고 결국 퍼블리시티권의 보호범위를 지나치게 좁힐 가능성도 있어서 일반적으로 적용될 수 있는 판단기준이라고 보기는 힘들 것이다. 따라서 피고가 엔스닥이라는 싸이트를 통하여 원고들의 성명이나 초상을 이용한 것이 어떠한 변형적 가치를 창출했는지, 원고의 잠재 시장을 침해할 수 있어서 원고의 동의를 얻는 것이 업계에서 통상적인지 등 기준으로 판단하는 것이 적절하다고 생각된다.

계에의 적용'이 서로 일치하지 않는다는 비판이 있다. 즉, 법원이 제시한 인정기준은 '원고의 성명 또는 초상이 독자적인 고객흡인력을 가지는가의 여부'임에 반하여 '사실관계에 적용한 부분'은 '피고의 영업이익이 원고의 성명 또는 초상이 가지는 독자적인 고객흡인력으로부터 전환된 것인가의 여부'였기 때문이며, 전자는 '퍼블리시티권의 보호대상(특히 '유명성')의 문제'임에 반하여 후자는 '퍼블리시티권의 침해요건인 상업적 이용의 문제'에 더 가깝다는 것이다. 박준우, "퍼블리시티권 침해의 유형에 관한 연구", 65면.

그러나 퍼블리시티권의 인정근거와 다른 법익과의 이익형량 문제는 서로 다른 측면이라는 점을 고려할 때 위와 같은 비판은 의문점이 있다.

9. 욘사마 관광 투어 사건[69]

가. 사실관계

인터넷을 이용한 여행업을 하는 피고는 특히 일본 관광객을 위하여 일본어 싸이트를 운영하면서 여행과 관련된 정보를 제공하고 수익을 올려왔는데, 그 내용 중에는 원고 배용준의 자택, 단골집과 드라마 촬영지 등을 방문하는 '욘사마 즈쿠시 투어'도 포함되어 있었다. 이에 원고는 피고가 동의없이 배용준의 성명 내지 예명을 사용하고 관광정보 등에서 배용준의 초상을 사용한 행위는 퍼블리시티권을 침해한 것이라고 주장했다.

다. 법원의 판단

이 사건에서 법원은 퍼블리시티권의 침해여부 판단기준과 관련하여 "① 유명인의 성명, 초상 등을 허락 없이 인격적 동일성을 인식할 수 있도록 상업적으로 이용하되, 광고, 게임 속 캐릭터의 사용 등과 같이 유명인의 성명, 초상 등의 경제적 가치 즉, 유명인의 대중에 대한 호의관계 내지 흡입력이 직접 그 사용자의 영업수익으로 전환되었다고 볼 수 있을 정도로 이용했다고 인정되어야 퍼블리시티권의 침해를 인정할 수 있을 것이며, ② 이와 달리 유명인의 성명, 초상 등을 이용한 상품 내지 서비스를 제공하면서 그 내용에 있어서 유명인의 인격적 동일성 범위 내의 요소가 아닌 그 외적 요소만을 사용하고, 그 표현에 있어서도 상품 내지 서비스의 설명을 위한 필요 최소한도에 그쳐 유명인의 성명, 초상 등의 경제적 가치가 직접 그 사

---

69) 서울중앙지법 2010.9.3. 선고 2009가합137637,11359.

용자의 영업수익으로 전환되었다고 볼 수 없는 경우에는 퍼블리시
티권의 침해가 인정될 수 없다"고 판시했다.

그리고 위와 같은 기준에 따라 ① 피고가 위 싸이트에서 여행상
품의 예약대행을 위해 안내자료를 게재하거나 여행상품의 명칭에
원고의 예명인 '욘사마'를 사용한 것은, 여행상품의 구성 및 안내자
료의 내용에 비추어[70] 원고 배용준의 인격적 동일성 범위 내의 요소
가 아닌 그 외적 요소만을 사용한 여행상품의 예약대행을 함에 있어
그 설명을 위한 필요 최소한도에 그친 것으로 원고 배용준의 대중에
대한 호의관계 내지 흡입력을 직접 이용하여 자신의 영업수익을 얻
었다고 보기 어렵다고 보았고, ② 피고는 일본인에게 원고 배용준이
출연한 드라마의 촬영장소를 이 사건 사이트에서 홍보하면서 원고
이미지를 포함하여 관광정보제공을 한 점 등을 살펴볼 때 피고는 원
고의 초상을 상업적으로 사용하여 경제적 수익(대행 수수료 및 배너
광고)을 얻었으므로 퍼블리시티권을 침해했다고 보았다. 또한 ③ 촬
영장소에 홍보를 위해서 설치된 드라마의 포스터 내지 영상장면을
이용한 것은, 그 포스터 및 영상장면들의 설치 및 사용과정 등을 고
려할 때[71] 위 초상의 가치를 대체할 정도의 이용행위(예를 들어 설

---

70) 이 사건 여행상품의 명칭은 원고 배용준과 관련된 일련의 장소를 관광하
는 여행상품으로 이해되는 점, 이 사건 여행상품에는 원고 배용준을 직접
만나는 기회가 제공되는 등과 같은 원고 배용준과 이 사건 여행상품의 직
접적 연관성을 인식하게 하는 어떠한 내용도 포함되지 않은 점, 이 사건
안내자료에서는 원고 배용준과 관계된 장소를 설명하기 위하여 원고 배용
준의 예명을 불가피하게 사용했고, 원고 배용준의 초상을 사용하지 않은
채 그 예명만을 필요 최소한도로 사용한 점 등.

71) 원고 배용준의 초상이 포함된 겨울연가에 관한 이 사건 각 설치사진은
2003년경부터 이 사건 촬영장소의 곳곳에 설치된 점, 위 각 설치사진은 이
사건 촬영장소의 홍보를 위하여 설치된 것으로 보이는 점, 원고 배용준은
그 설치에 관하여 현재까지 아무런 이의를 제기하지 않은 것으로 보이는
점, 그에 따라 이 사건 촬영장소를 방문하는 자는 자유롭게 위 각 설치사

치된 포스터를 인터넷상으로 판매한다거나 위 원고의 초상을 위 원
고가 직접 광고에 출연한다고 볼 수 있을 정도로 이용하는 등)에 이
르지 않았다면 그 이용이 상업적이라 하더라도 허용되어야 할 것이
라고 판시했다.

다. 판례의 검토

이 판결은 엔스닥 사건의 판결에서 제시된 '동일성 가치의 영업
수익으로 전환'이라는 이익형량 기준을 따르면서, 그 기준을 좀 더
구체화하여 "유명인의 성명, 초상 등을 허락 없이 인격적 동일성을
인식할 수 있도록 상업적으로 이용하되, 광고, 게임 속 캐릭터의 사
용 등과 같이 유명인의 성명, 초상 등의 경제적 가치 즉, 유명인의
대중에 대한 호의관계 내지 흡입력이 직접 그 사용자의 영업수익으
로 전환되었다고 볼 수 있을 정도"라고 인정되는 경우에 한하여 퍼
블리시티권의 침해를 인정할 수 있고, 그와는 달리 유명인의 성명,
초상 등을 인격적 동일성 범위 내의 요소가 아닌 그 외적 요소만을
사용하고, 그 표현에 있어서도 상품 내지 서비스의 설명을 위한 필
요 최소한도에 그친 경우에는 유명인의 성명, 초상 등의 경제적 가
치가 직접 그 사용자의 영업수익으로 전환되었다고 볼 수 없다고 보
아 퍼블리시티권의 침해가 아니라고 했다.[72]

진을 촬영할 수 있는 것으로 보이는 점 등.

72) 이후 이러한 기준으로 판단한 사례는 서울중앙지방법원 2013. 9. 13. 선고
2013가합7344 판결("이 사건 각 사진들이 피고의 블로그 내에 게시되어 있
기는 하나, 블로그 내에 여러 카테고리 중 병원의 치료나 시술과는 관계
없는 '휴식공간'란에 위치하고 있고, 위 사진들에 병원 및 치료와 관계되는
어떠한 내용의 기재도 없으며, 제목란에 'BY 다비드치과' 또는 'BY 채민호'
라는 기재는 이 사건 블로그 소유자인 다비드치과 또는 피고에 의해 게시
됨을 알리는 정도로 보일 뿐 그 이상의 다른 의미를 가지는 기재로는 볼

이러한 입장은 엔스닥 사건에서 나타난 '영업수익으로의 전환'이라는 기준에 '고객흡인력'이라는 요소를 더하여 좀 더 구체화한 것에 의미가 있다. 또한 퍼블리시티권의 개념을 침해여부를 판단에 있어서 구체적인 요소로 포섭하였고, 이렇게 함으로써 퍼블리시티권의 한계 내지 표현의 자유와의 관계가 좀 더 분명해지는 장점이 있다.

특히, 광고나 게임속의 캐릭터로 이용 등은 고객흡인력을 직접적으로 이용한 경우로 한정하고 동일성의 외적 요소만을 사용하여 설명을 위한 필요최소한도에 그친 경우는 침해가 아니라고 본 것은 기존의 판례들 보다 매우 진일보한 것으로 볼 수 있다. '유명인의 성명, 초상 등의 경제적 가치가 직접 그 사용자의 영업수익으로 전환' 되었는지 라는 하나의 기준만으로는 많은 사례들에 일반적으로 적용하는데는 한계가 있을 수밖에 없고, 실제로 이 사건에서도 그 이용 태양 등을 분석하여 사용목적이나 태양 등에 따라 개별적인 결론에 내렸다. 다만 차라리 이 사안에서도 이용의 목적과 성격 면에서 변형적 이용이었는지, 이용된 부분의 양이 필요최소한이었는지, 원고의 잠재적 시장 가치를 침해하지 않았는지 등을 기준으로 판단하는 것이 좀더 체계적이고 이해하기 쉬운 접근이었을 것으로 생각된다.

수 없어, 피고가 운영하는 병원의 광고에 사용되었다고 할 수 없고, 위와 같은 사진의 게시만으로 이 사건 블로그를 방문하는 고객 입장에서 위 사진의 인물들인 원고들이 피고의 병원에서 치료 등을 받았고 그 병원을 광고하는 등 피고의 병원과 어떠한 관계가 있는 것으로 오인할 정도는 아니라고 보이므로, 달리 피고가 위 사진들의 게시로 원고들의 대중에 대한 호의관계 내지 흡인력을 직접 이용하여 자신의 영업수익을 얻었다고 보기에 부족하고, 달리 이를 인정할 증거가 없다') 등.

10. 얼굴인식 앱 사건[73]

가. 사실관계

원고들은 가수, 배우 등으로 활동하고 있는 연예인들이고 피고는 휴대용 통신기기에 어플리케이션을 제작·배포하는 회사이다. 피고는 '푸딩얼굴인식'이라는 어플리케이션을 제작하여 2010. 7. 1.부터 스마트폰 등 통신기기 이용자들에게 무료로 배포하기 시작했다. 이 사건 앱은 그 이용자들이 자신이나 타인의 얼굴을 촬영한 사진을 입력하면 이를 분석하여 닮은꼴 연예인을 찾아내는 어플리케이션으로서, 얼굴 사진의 분석결과 원고들을 비롯하여 닮은 연예인의 사진과 성명이 스마트폰에 표시되게 하는 방식으로 구동되었다. 피고는 이 사건 앱에 배너광고를 통해 광고의 노출정도에 비례한 광고수익을 얻었으나, 이 사건 앱 운영에 따른 손실이 늘어나자 2013. 4. 10. 이 사건 앱의 서비스를 종료했다.

나. 법원의 판단

우선 법원은 퍼블리시티권의 독립성을 부정하고 성명권이나 초상권의 문제로 접근했는데, 침해 주장에 대해서는 "성명, 초상 등에 고객흡인력을 가지는 사람은 사회의 이목을 집중시키는 사람으로서 그 성명, 초상 등이 시사보도, 논설, 창작물 등에 사용되는 경우에 그 사용은 정당한 표현행위 등이기 때문에 수인하여야 할 때도 있다. 따라서 성명, 초상 등을 무단으로 사용하는 행위는 성명, 초상 등 그 자체를 독립하여 감상의 대상이 되는 상품 등으로서 사용하거나, 상

---

73) 1심 : 서울중앙지방법원 2013. 10. 1. 선고 2013가합509239 판결, 2심 : 서울고등법원 2014. 4. 3. 선고 2013나022827 판결.

품 등을 차별화를 할 목적으로 성명, 초상 등을 상품에 붙이거나, 성명, 초상 등을 상품의 광고에 사용하는 등 성명, 초상 등이 가지고 있는 고객흡인력을 이용할 목적으로 한다고 말할 수 있는 경우에 인격권을 침해하는 것으로서 불법행위법상 위법하다고 해석하는 것이 상당하다"고 하여 인격권과 표현의 자유 사이의 이익형량 기준을 제시했다. 그리고 이 사건 앱의 이용방법이나 수익구조 등[74]을 고려할 때, 원고들이 그동안 쌓은 고객흡인력을 이용하여 소비자들이 이 사건 앱을 통해 배너광고에 노출되게 한 점 등 결국 광고수익을 얻을 목적으로 원고들의 성명과 초상을 무단히 이용한 것이라고 판시했다.

다. 판례의 검토

이 사건에서 법원은 비록 퍼블리시티권 개념 자체를 부정했지만, 개인의 자기동일성에 대한 가치와 타인의 표현의 자유가 충돌하는 경우의 이익형량 기준에 대해서 "성명, 초상 등을 무단으로 사용하는 행위는 성명, 초상 등 그 자체를 독립하여 감상의 대상이 되는 상

---

74) "① 원고들은 고객흡인력을 가지고 있는 연예인으로서 소비자들의 관심과 주목을 받고 있는바, 피고는 이 사건 앱을 통해 원고들을 비롯한 연예인들의 사진 및 성명을 표시함으로써 원고들이 갖는 고객흡인력을 이용하여 소비자들의 관심을 유발했다고 봄이 상당한 점, ② 피고는 이 사건 앱을 무료로 배포하여 더 많은 소비자들이 이 사건 앱을 이용하도록 함으로써 이 사건 앱의 실행화면에 표시되는 배너광고의 노출횟수를 늘려 이에 따른 광고수익을 얻은 점, ③ 비록 이 사건 앱에 사용되고 있는 원고들의 초상이 이미 인터넷 등을 통하여 공개된 것이라고 하더라도, 피고가 위와 같이 배너광고를 통해 상업적으로 운영하고 있는 이 사건 앱에서 원고들의 초상이 무단히 사용되는 것은 위 초상의 공개 당시 원고들이 예정했던 이용범위를 벗어난 것이라고 봄이 상당한 점(원고들이 연예인이라는 사정만으로 피고의 위와 같은 초상의 이용이 정당하다거나 원고들에게 수인의무가 있다고 볼 수는 없다) 등"

품 등으로서 사용하거나, 상품 등을 차별화를 할 목적으로 성명, 초
상 등을 상품에 붙이거나, 성명, 초상 등을 상품의 광고에 사용하는
등 성명, 초상 등이 가지고 있는 고객흡인력을 이용할 목적으로 한
다고 말할 수 있는 경우"에 침해가 성립한다고 설시한 점에서 상당
한 의의가 있다.

이러한 판례의 태도는 비록 '오로지'라는 용어는 누락되었지만 일
본 최고재판소의 핑크레이디 판결에서 제시된 '오로지 기준설'의 세
부기준과 거의 동일한 것이고, 특히 핑크레이디 사건의 세가지 판단
기준을 받아들인 것으로 볼 수 있다.[75] 하지만 이렇게 그리고 이렇
게 기준은 제시했지만 막상 구체적인 이익형량은 세 가지 세부기준
에 해당하는지를 검토했다기 보다는 종래의 수인한도설 내지 종합

---

[75] 이후 퍼블리시티권을 인격권의 내용으로 보는 일본의 핑크레이디 사건과
거의 동일한 논리구조를 따른 판결들이 잇달아 나왔다.
즉, 탤런트 신은경의 초상 등을 한의원 홈페이지 등에 동의없이 게재한 것
이 문제된 사안에서 서울고등법원은 "사람의 성명, 초상 등(이하, '초상 등'
이라 한다)은 한 개인 인격의 상징이므로 해당 개인은 인격권에서 유래하
는 것으로서 이를 함부로 이용당하지 않을 권리를 가지고, 초상 등이 상품
의 판매 등을 촉진하는 고객흡인력을 가질 수가 있으며, 그와 같이 고객흡
인력을 배타적으로 이용하는 권리(이하, '퍼블리시티권'이라 한다)는 초상
등 그 자체의 상업적 가치에 기초한 것이므로 위와 같은 인격권에서 유래
하는 권리의 한 내용을 이루는 것이라고 할 수 있다. 한편 초상 등에 고객
흡인력을 가지는 사람은 사회의 이목을 집중시키는 등으로 그 초상 등이
시사보도, 논설, 창작물 등에 사용되기도 하고, 그러한 사용을 정당한 표현
행위 등으로서 수인하여야 하는 경우도 있다고 하여야 한다. 따라서 초상
등을 무단으로 사용하는 행위는 ① 초상 등 그 자체를 독립하여 감상의 대
상이 되는 상품 등으로서 사용하거나 ② 상품 등을 차별화할 목적으로 초
상 등을 상품에 붙이거나 ③ 초상 등을 상품의 광고로써 사용하는 등 오로
지 초상 등이 가지고 있는 고객흡인력을 이용할 목적으로 한다고 할 수 있
는 경우에 퍼블리시티권을 침해하는 것으로서 불법행위법상 위법하게 된
다고 해석함이 타당하다"고 판시했다(서울고등법원 2013. 8. 22. 선고 2012
나105675).

고려설 등의 입장에서 접근한 것이 아쉽다. 이는 일본 최고재판소의 '오로지 기준설'에 따를 때 침해인정범위가 지나치게 좁아질 수 있기 때문으로 생각되는데, 사실 본 건도 앱 자체의 수익구조 등 경제적인 측면 보다는 일종의 검색 결과를 보여주는 서비스를 통해 새로운 가치를 보여주는 변형적 이용이 있었는지 측면에서 검토했다면 다른 결론이 가능한 사례라고 생각된다.

11. 키워드 검색광고 사건[76]

가. 사실관계

피고회사 네이버는 검색이용자들이 유명 가수·배우들인 원고들의 이름과 상품이 결합된 키워드(예를 들어 "김남길 티셔츠")나 원고들의 이름만을 키워드로 입력하면 파워링크, 비즈사이트 또는 네이버 지식 쇼핑란에 미리 대가를 지급한 광고주들의 웹페이지를 검색 결과로 나타내는 서비스[77]를 제공했다. 광고주들은 주로 해당 연예

---

76) 서울고등법원 2015. 1. 30. 선고 2014나2006129 판결.
77) 구체적인 운영방법은 다음과 같다.
 - 피고들이 운영하는 네이버 홈페이지의 검색결과를 보여주는 화면에서는 인터넷 포털 이용자들이 검색창에 특정 키워드를 입력하면, 사전에 피고들과 계약을 맺은 광고주의 사이트 주소와 광고문구를 다른 검색결과보다 먼저 게시된다(광고주의 검색결과는 "파워링크", "비즈사이트"란에 나타나는데, 파워링크 검색결과가 최상단에, 비즈사이트 검색결과가 파워링크 바로 아래에 위치한다).
 - 피고들은 또 사전에 피고들과 계약을 맺은 광고주의 상품이 검색 이용자의 검색에 따른 검색결과보다 먼저 게시되도록 하고 있는데, 이는 비즈사이트 검색결과 아래 상품의 사진과 함께 "네이버 지식 쇼핑"란에 게시된다.
 - 인터넷 이용자들이 위와 같이 검색된 파워링크, 비즈사이트, 네이버 지식 쇼핑의 특정 검색결과를 클릭하면 광고주들이 제작하여 네이버에 등

인들이 착용했던 옷, 신발, 장신구 등을 판매하는 자들이었다. 원고들은 위와 같은 피고의 키워드 검색광고 사업행위에 대해 퍼블리시티권의 침해와 부정경쟁방지법 위반, 성명권 침해 등을 주장하며 손해배상을 청구했다.

나. 법원의 판단

이 사건에서 법원은 퍼블리시티권의 인정 필요성을 부인했고,[78] 부정경쟁방지법 제2조 제1호 차목의 위반에도 해당하지 않는다고 보았다.[79] 나아가 다음과 같은 이유로 '인격권으로서의 성명권'의 침해

록해 놓은 화면으로 연결된다.
- 광고주들은 자신들의 웹페이지가 인터넷 검색 이용자들의 검색결과에 나타나도록 하는 연관 검색어를 특정하여 등록하고 그 대가를 피고들에게 지급하는데, 인터넷 검색 이용자들이 많이 입력하는 검색어일수록 가격이 높고, 같은 검색어를 선택한 광고주라도 더 높은 금액을 지급한 광고주의 웹페이지가 검색 이용자의 검색결과 화면 상단에 게시된다.

78) "원고들은 물권, 채권, 지식재산권과 별도의 독립적 재산권으로서 퍼블리시티권이 인정되어야 한다고 주장하고 있으나, 재산권의 내용은 법률로 정한다는 헌법 제23조 제1문에 따라 물권과 채권은 민법에 의하여, 지식재산권은 저작권법·상표법·특허법·디자인보호법에 의하여 인정하고 있는 반면, 독립적 재산권으로서의 퍼블리시티권을 인정하는 법률은 존재하지 않는다. 원고의 주장에 독립적 재산권으로서가 아니라 불법행위나 양도·상속에 있어서 채권보다 물권에 가까운 독점적이고 배타성이 있는 권리로서 퍼블리시티권을 인정하여야 한다는 취지가 포함되어 있다고 하더라도, 민법 제185조는 물권은 법률 또는 관습법에 의하는 외에는 임의로 창설하지 못한다고 규정하고 있을 뿐 아니라, 현재 인정되고 있는 성명권만으로도 퍼블리시티권이 보호하고자 하는 유명인의 성명에 관한 권리의 보호가 가능하므로 퍼블리시티권을 독립적인 권리로 인정할 필요가 있다고 보기도 어렵다."

79) 부정경쟁방지법 차목 위반여부에 대해서 "키워드 검색광고는 인터넷 검색 포털사이트에서 일반적으로 사용되는 사업방식으로, 키워드 검색광고의 알고리즘 자체가 부정경쟁방지법 제2조 제1호 (차)목에서 규정한 공정한

도 부인했다. 즉, ① "성명과 초상은 특정한 개인을 다른 사람으로부터 식별하는 표지가 되고, 이를 기초로 사회적 관계와 신뢰가 형성되는 등 고도의 사회성을 가진 공적 기표로서의 기능을 한다. 타인의 사용을 금지하는 공적 기표는 존재의의가 없다. 따라서 성명과 초상 주체의 동의가 없다는 점만으로 공적 기표로서의 사용을 금지할 수는 없다"며 이 사건에서 검색 이용자가 검색어로서 원고들의 성명을 사용하는 것과 그에 대응하여 피고들이 검색서비스를 제공하는 것 자체는 금지될 수 없고, 오히려 피고들이 제공하는 검색서비스는 타인의 홈페이지나 정보에 접근할 수 있는 기회를 제공함으로써 인터넷 활성화에 크게 기여했으며, 검색서비스로 인하여 정보 이용자는 비용 부담 없이 쉽게 정보를 검색할 수 있으므로, 사회적 공공재로서 운영되는 검색서비스는 그 역할이 강화되어야 한다고 보았다.

나아가 ② "자기의 성명이나 초상을 대중에게 널리 인식시키고자 하는 연예인의 경우 성명과 초상이 널리 사용되어야만 사회적 저명성을 가질 수 있기 때문에, 또 유명인이란 그 자체로 사회적으로 초상과 성명이 넓게 사용되는 사람이라는 의미이므로, 일반인에 비하여 공적 기표로서의 사용범위가 더 넓다고 보아야 한다. 또 유명인 초상과 성명의 영리적 사용이 언론·출판의 자유나 학문·예술의 자유와의 관계에서 불법행위가 되지 아니하는 경우도 있다. 신문, 잡지, 방송에서 보도를 위하여 필요한 범위 내에서 타인의 성명, 초상 등을 사용하는 것은 비록 언론사가 공영기관이 아니어서 영리목적이 인정된다고 하더라도 성명권과 초상권의 침해에 해당하지 않는다.

상거래 관행이나 경쟁질서에 반하는 방법이라고 인정하기 어렵"고, "설사 피고들의 행위가 부정경쟁방지법에 위반되었다고 하더라도, 퍼블리시티권을 인정할 수 없어 성명권은 인격권으로 파악되므로, 피고들이 원고들의 경제적 이익을 침해했다고 할 수 없다"고 보았다.

유명한 연예인이나 운동선수는 사회로부터 정당한 관심의 대상이 되는 존재임을 부정할 수 없으므로, 연예인 등의 활동 상황에 대한 소개, 보도, 논평 및 문학과 예술작품에서의 사용 등이 영리성이 있다는 이유만으로 부당하게 제약되어서는 안되고, 그와 관련한 초상, 성명의 사용은 정당한 표현행위로서 수인해야 하는 경우도 있기 때문이다. 따라서 성명권의 침해로 불법행위가 성립하는지는 구체적 사안에서의 사정을 종합적으로 고려한 이익형량을 통하여 침해행위의 최종적인 위법성이 가려져야 하고, 이러한 이익형량 과정에서, 첫째 침해행위의 영역에 속하는 고려요소로는 침해행위로 달성하려는 이익의 내용 및 그 중대성, 침해행위의 필요성과 효과성, 침해행위의 보충성과 긴급성, 침해방법의 상당성 등이 있고, 둘째 피해이익의 영역에 속하는 고려요소로는 피해법익의 내용과 중대성 및 침해행위로 인하여 피해자가 입는 피해의 정도, 피해이익의 보호가치 등이 있다[80]"고 하여 유명인의 성명권 침해여부에 대한 종합적인 이익형량의 기준을 제시했다. 또한 ③ "성명권 침해는 성명 그 자체를 독립하여 상품 등으로서 사용하거나, 상품 등을 차별화할 목적으로 성명을 상품에 붙이거나, 성명을 상품의 광고로써 사용하는 등 성명이 가지고 있는 고객흡인력을 이용하는 행위여야 하는바, 광고주들이 '원고들이 드라마나 일상생활에서 착용한 옷, 신발, 장신구'를 지칭하는 것으로 원고들의 성명을 사용했다면, 이를 상업적 이용에 해당한다고 할 수 없"다고 판시했다.

다. 판례의 검토

이 사건에서 법원은 인터넷의 검색기능이 현대 사회에서 차지하

---

80) 대법원 2006. 10. 13. 선고 2004다16280 판결. 이 판결에 대한 평석은 권영준, 앞의 논문 참고.

는 중요성을 집중적으로 강조했는데 이를 위하여 초상 등에 대한 개
인적 법익과 이용자의 표현의 자유의 관계에 관한 그 동안의 논의들
을 포괄적으로 정리하고 있다. 특히 유명인사가 사회에서 커뮤니케
이션의 도구 즉 '공적 기표'로 기능하고 있으므로 일반인에 비하여
사용범위가 넓고, 따라서 보도, 논평 및 문학과 예술작품에서 사용되
더라도 단지 영리성이 있다는 이유만으로 부당하게 제약되어서는
안되며 정당한 표현행위로 수인되어야 하는 경우도 있고, 그러한 수
인여부의 판단을 위해서 두 법익간에 이익형량을 해야 한다고 판시
한 것은, 상업적 이용은 일단 제외하고 보는 이휘소 판결 등의 논리
구조에서 진일보한 것이며 또한 유명인의 동일성 표지의 자유 사용
에 대한 논거와 기준에 대한 의미있는 정리라고 볼 수 있다.

　이 사건에서 유명 연예인들의 성명은 특정 상품을 검색하기 위한
도구로 사용되었으며, 이로 인해 특정 상품의 매출을 올리는데 많은
기여를 했고, 그러한 검색어를 유료로 판매한 포털회사에게도 상당
한 수익을 올려주었다. 여기서 유명인의 이름은 공중의 관심사에 있
어서 중요한 의사표시 수단임과 동시에 상업적인 거래의 대상으로
사용된 것이다. 하지만 그러한 과정에서 특정인의 이름을 이용하여
검색어 서비스를 제공했고 이로 인해 물품 제조판매사와 포털이 이
익을 얻었다고 할지라도 유명인의 손해와 포털 등의 수익 사이에 인
과관계를 인정하기 힘들고, 과연 방송사나 드라마제작사 등과의 관
계에서 볼 때 유명인의 손해로 직접 귀속될 수 있는 것인지도 명확
하지 않은 상황이므로 결과적으로 판례의 결론은 타당해 보인다.

　본 판례는 퍼블리시티권을 인격권의 재산적 측면의 권리로 파악
하면서도 기존 판례 중 인격적 측면이 침해되었을 때의 기준을 제시
했으며, 또한 이익형량의 기준과 관련해서는 관련된 제반 이익을 모
두 고려하여야 한다는 종합고려설(개별적 형량이론)이나 일본 핑크
레이디 사건의 오로지 기준설(유형적 형량이론) 등도 모두 함께 망

라적으로 제시했다. 결국 이 사건 판례는 원고의 주장을 배척하기 위해서 기존 판례들에 나타난 각종 이익형량의 기준이나 침해 판단 요소 등을 다소 장황하게 나열한 것이다. 차라리 소개된 많은 기준들 중에서 중요한 하나의 기준을 채택하고 이를 중심으로 설명하는 것이 오히려 이익형량의 일관성 측면에서 바람직한 것이 아닌가 생각되며, 미국 Comedy III Productions[81] 사례에서와 같이 헌법상 표현의 자유와의 상관관계를 좀더 분석하고 유형적 형량이론에 따라 변형적 가치 등 공정이용을 기준으로 판단했으면 좀 더 간명한 결론을 도출할 수 있었을 것으로 생각된다.

---

81) Comedy III Productions v. Gary Saderup, 21 P.3d 797 (Cal. 2001).

제4절 소결

우리나라에서는 최근들어 퍼블리시티권의 한계 특히 표현의 자유와의 관계에 대한 논의들이 시작되고 있지만 외국의 판례 및 해결기준을 소개하는데 머물고 있으며 아직은 우리나라의 판례들의 경향을 분석하거나 우리나라 법률 체계에 적합한 판단기준을 제시하지는 못하고 있다. 따라서 우리나라의 법체계에 적합한 이론적인 판단기준들을 제시하기에 앞서서 먼저 우리나라의 퍼블리시티권 관련 사건의 판례들에서 논의된 이익형량의 사례들을 검토할 필요가 있다.

우선 문학작품의 표현의 자유와 관련하여, 판례는 유명 인사나 공인을 소설이나 평전 등의 소재로 사용한 것에 대하여 '상업적 이용'이 아니라는 이유로 다른 이익형량요소들을 검토하지 않고 헌법상 창작의 자유를 더욱 중요시하여 퍼블리시티권의 침해를 인정하지 않았다. 유명인사의 정체성 요소를 이용하며 문학작품을 만드는 경우 등 독자적인 문학적 예술적 가치를 가지는 경우나 국민의 알 권리에 이바지하는 경우에는 헌법상 표현의 자유 내지 예술의 자유를 근거로 퍼블리시티권의 침해를 부정하는 것이 타당하다. 다만, 이러한 문학작품에의 이용이 '상업적 이용'이 아니라는 간단한 판시보다는, 비록 상업적인 성격이 인정된다고 하더라도 그러한 표현들을 자유롭게 허용함으로써 얻어지는 공익들을 분석하고 원고의 이익과 구체적으로 비교형량하는 과정을 통해 결론을 내리는 것이 바람직하다.

최근 퍼블리시티권과 관련된 판례들은 과거 인격권에서 적용되던 '수인가능성'이라는 일반적 이익형량기준을 좀 더 구체화하여 "그로 인한 본인에 대한 평가, 명성, 인상 등의 훼손 정도 뿐만 아니라 사진이 게재된 경위와 그 태양, 사용방법 및 목적 등의 객관적인 사정과 본인이 사진 게재에 관하여 적극적으로 거부 의사를 표시했는지 여부 등 본인의 의사... ...사진의 게재 목적, 사진을 게재한 행위자가 그로 인하여 얻고 있는 이익의 유무 및 다과, 그로 인한 본인의 경제적 이익 침해 여부 등 제반사정을 종합적으로 고려하여 객관적으로 판단'하거나, '상업적 이용'이라는 일반적 이익형량기준을 좀 더 구체화하여 '영업수익으로의 전환' 등의 좀 더 구체적 기준을 제시하는 경우도 있었고, 나아가 인격 표지의 사회적인 커뮤니케이션에서 역할(공적 기표로서의 기능)을 강조하고 이를 위하여 인격권과 관련된 구체적 이익형량 기준으로 "첫째 침해행위의 영역에 속하는 고려요소로는 침해행위로 달성하려는 이익의 내용 및 그 중대성, 침해행위의 필요성과 효과성, 침해행위의 보충성과 긴급성, 침해방법의 상당성 등이 있고, 둘째 피해이익의 영역에 속하는 고려요소로는 피해법익의 내용과 중대성 및 침해행위로 인하여 피해자가 입는 피해의 정도, 피해이익의 보호가치 등"을 제시하기도 했다. 또한 최근 일본의 핑크레이디 판결에서 판단기준으로 제시된 침해의 행위유형들, 즉 "① 초상 등 그 자체를 독립하여 감상의 대상이 되는 상품 등으로서 사용하거나, ② 상품 등을 차별화할 목적으로 초상 등을 상품에 붙이거나, ③ 초상 등을 상품의 광고로써 사용하는 등 오로지 초상 등이 가지고 있는 고객흡인력을 이용할 목적으로 한다고 할 수 있는 경우"라는 기준을 그대로 받아들이고 있는 판례들도 늘어나고 있다.

　물론 합리적인 이익형량 기준이라면 일본 최고재판소의 기준을 받아들이는 것 자체는 문제가 되지 않을 것이지만, 일본 핑크레이디 사건에 대한 최고재판소의 입장은 그 연혁적으로 볼 때 논리적 일관성이 있는 것이 아니라 현재에도 변화되는 과정에 있는 것으로 볼 수 있으며, 무엇보다도 이러한 기준에 대해서 우리나라에 근거규정

을 찾기도 힘들다. 그런 측면에서 우리나라 법률에서 근거하여 퍼블
리시티권의 침해 판단기준을 모색하는 것이 더 중요하다고 생각된다.

퍼블리시티권이 다른 법익과 충돌하는 경우에 해결하기 위한 판
단원리로 다양한 기준들이 제시되고 있지만 최근 미국에서 가장 유
력하게 받아들여지고 있는 기준은 변형적 이용 기준 내지 공정이용
기준이라고 볼 수 있다. 특히 공정이용 기준은 저작권과 표현의 자
유의 상충 상황에 있어서 표현의 자유를 보호하기 위한 유형별 형량
이론(definitional balancing test)에 따른 가장 중요한 기준의 하나이며,
이는 퍼블리시티권에 관해서도 동일하게 적용할 수 있다. 마침 우리
나라 개정 저작권법은 미국 저작권법 제107조 공정이용과 거의 동일
한 기준을 규정하고 있기 때문에 미국의 공정이용과 관련되어 발달
해온 이론과 이익형량 요소들을 적절히 분석하여 활용하는 경우에
는 우리나라에서도 즉시 적용할 수 있을 것이고, 이러한 점은 이론
의 기능적이고 실용적인 측면에서 매우 유리하다.

위에서 살핀 바와 같이 우리나라 퍼블리시티권과 관련된 판례들
은 비록 저작권법을 직접 언급하지는 않았지만 이미 공정이용 법리
의 판단요소 중에서 주요한 요소들을 받아들여 이익형량의 구체적
인 기준으로 사용하고 있는 점을 알 수 있다. 특히 '수인가능성' 여부
나 '상업적 이용' 여부를 판단함에 있어서도 공정이용의 판단요소인
이용의 목적과 성격, 이용된 부분의 양, 권리자의 잠재적 시장에 미
치는 영향 등을 이익형량의 중요한 기준으로 삼고 있다. 다만 변형
적 이용의 여부에 대해서는 아직 이를 전면적으로 적용하고 판단한
예는 없지만, 기존 판례 중에서도 공정이용 혹은 독자적인 변형적 가
치를 창출하고 있는지 여부를 기준으로 판단을 한다면 판결의 결과
가 바뀌거나 논리구조가 좀 더 명확해질 가능성이 있었던 사례들이
있었다.

제6장
결 론

최근 인터넷이나 SNS 등 IT 기술의 발달과 더불어 그 내용을 이루는 문화산업 내지 컨텐츠산업도 눈부신 속도로 발전을 하고 있다. 한국의 영화, 드라마나 음악 등 '한류' 산업은 이제 일본, 중국, 동남아를 넘어서 유럽과 남미 등 세계적으로 큰 인기를 얻고 있다. 이에 따라 우리나라에서 문화산업은 미래를 이끌고 나갈 유망주의 하나로 꼽히고 있으며 앞으로 더욱 발전을 할 것으로 예상된다. 이러한 문화산업의 중심에는 배우나 가수 등 유명 스타들이 있으며 이들 스타들의 주목도는 문화산업의 발전에 있어서 핵심적인 역할을 수행하고 있다. IT 기술의 발달 뿐만 아니라 문화산업을 육성하기 위한 각국의 치열한 경쟁으로 인하여 산업환경과 발전전략은 크게 변화하고 있으며, 이러한 변화되는 환경에 맞게 그리고 미래시장을 선점하기 위해 새로운 전략이 수립되어야 하고 법률도 적극적으로 이를 뒷받침해야 할 것이다.

　이러한 측면에서 1950년대에 미국에서 시작한 퍼블리시티권 이론은 미국의 문화산업을 발전시키는데 있어서 중요한 역할을 해왔다. 비록 그 범위가 모호하고 알권리 등 타인의 권리를 지나치게 제한한다는 비판도 많지만, 유명인의 고객흡인력 즉 퍼블리시티권을 활용한 새로운 비즈니스 모델들이 발달하면서 현재 헐리우드 산업, 그리고 미국의 문화산업을 만들어왔다고 해도 과언이 아니다. 우리나라에서는 1985년 이휘소 사건에서 처음 퍼블리시티권이 다루어진 이후로 퍼블리시티권의 각종 쟁점들을 다루는 판결들이 계속 나오고 있다. 이러한 판결들은 우리나라 문화산업의 구조와 관련된 각종 쟁점들을 적절히 짚어내면서 사회적으로도 상당한 주목을 받았으며, 한편으로 많은 논문들이 퍼블리시티권에 대한 이론적인 근거를 제공하면서 퍼블리시티권의 범위는 계속 확장되었다. 최근 법원이 아직 성문법이 제정되지 않았음을 지적하며 퍼블리시티권을 부인하고 기존의 인격권 법리를 재산권적 요소에 까지 확장해서 해결하는 판례들을 내놓고 있지만, 초상권의 기본적인 성격은 인격권에 기초한 소극적 청구권이라는 점에서 양도나 상속문제 등 제3자에 대해서 경제적인 권리를 적극적으로 주장하는 데에는 이론적으로도 실무적으로도 여러 가지 어려움이 있다.

퍼블리시티권은 태생적으로 타인의 권리들과의 충돌을 예정하고 있다. 퍼블리시티권을 자기 동일성의 가치를 타인이 허락없이 사용하는 것을 통제하는 권리라고 정의하는 순간부터 이를 이용하려는 타인과 충돌은 불가피하고, 이런 충돌을 해결하면서 퍼블리시티권은 이론적으로도 계속 발전해왔다. 물론 타인의 동일성 가치를 이용하는 모든 경우에 퍼블리시티권의 침해가 인정되는 것은 아닐 것이다. 오히려 비록 상업적인 이용의 성격을 가진다고 하더라도 타인의 정당한 권리행사로 보호받아야 할 경우가 있으며, 따라서 이러한 결론을 뒷받침하기 위한 논리의 발달도 필요하다. 미국이나 일본의 많은 판례와 학설들은 충돌하는 권리들 사이의 우열관계를 따져 보기도 했고 또는 두 권리가 서로 양보하면서 공존할 수 있는 길을 모색해 보기도 했다. 이러한 판례와 학설들의 노력들이 지금의 퍼블리시티권의 모습을 만들어 온 것이다.

퍼블리시티권은 특히 헌법상 표현의 자유와 여러 가지 면에서 충돌을 일으켜왔다. 미국에서는 전통적으로 수정헌법 제1조 즉, 표현의 자유의 우월성이 강조되었고 이에 상업적 이용 기준, 뉴스가치 기준 등이 제시되었다. 그리고 두 권리를 둘러싼 이해관계들을 고려하여 더욱 타당한 결론을 이끌어내기 위해서 다양한 시도들이 있어 왔으며 이에 지배적 이용 기준, Rogers Test, 변형적 이용 기준 등이 제시되었다. 일본에서도 퍼블리시티권과 표현의 자유가 충돌하는 상황을 해결하기 위하여 법원의 판례를 중심으로 오로지 기준설, 상업적 이용설, 종합 고려설 등이 논의되어왔고, 최근 일본 최고재판소는 핑크레이디 사건에서 오로지 기준설을 취하면서 그 세부적인 침해유형을 "① 초상 등 그 자체를 독립하여 감상의 대상이 되는 상품 등으로서 사용하거나, ② 상품 등을 차별화할 목적으로 초상 등을 상품에 붙이거나, ③ 초상 등을 상품의 광고로써 사용하는지" 등 세 가지로 나누어 제시하고 있다.

  그 동안 우리나라에서는 퍼블리시티권과 관련하여 많은 논의가 있어왔지만, 지금까지는 주로 인정여부나 성질, 주체와 객체 등 효력범위 등에 대한 논의가 주류를 이루었고, 타인의 권리와의 관계에서 퍼블리시티권을 어디까지 인정할 것인지의 한계에 대한 논의는 별로 없었다. 과거 우리나라 판례들은 유명인사의 초상 등을 광고 등에 무단 사용된 경우에 초상권 이론에 기초하여 '수인가능성' 여부로 판단해왔다. 그리고 퍼블리시티권 법리가 본격적으로 등장한 이후에는 소설 등에 이용은 '상업적 이용'에 해당하지 않는다는 일련의 판례들이 나왔다. 그 후 권리의 이용을 둘러싼 다양한 이해관계들이 주장되자 판례들도 점차 권리 충돌과 관련된 제반 이익들을 비교형량하고 있고 이러한 고려 요소들은 계속 확장되는 추세이다. 최근에는 일본의 핑크레이디 판결에 나타난 판단 기준을 그대로 도입하여 "① 초상 등 그 자체를 독립하여 감상의 대상이 되는 상품 등으로서 사용하거나, ② 상품 등을 차별화할 목적으로 초상 등을 상품에 붙이거나, ③ 초상 등을 상품의 광고로써 사용하는지" 여부를 기준으로 판단하는 사례들이 잇달아 나오고 있다. 하지만 일본 핑크레이디 판결은 완결적인 판단기준이 아닐 뿐만 아니라 특히 우리나라에 마땅한 근거규정도 찾을 수 없다는 한계가 있다. 따라서 최근에 도입된 저작권법상 공정이용(fair use)의 법리를 유형적 형량기준의 하나로 적극적으로 고려할 필요가 있다.

   퍼블리시티권과 표현의 자유 등 다른 권리와의 충돌문제는 앞으
로도 계속될 것이며, 따라서 이러한 퍼블리시티권의 한계 문제는 추
후 새로운 법률이나 대법원의 판결을 통해 정리될 수도 있다. 하지
만 법률이 제정되거나 대법원 판결이 있다고 해서 퍼블리시티권과
관련된 이익충돌 상황이 자동적으로 혹은 일거에 해결되지는 않을
것이다. 따라서 헌법의 틀 안에서 표현의 자유의 중요성을 유지하면
서도 개인의 동일성 가치를 보전할 수 있는 해석기준을 정립하고 이
에 터잡아 다양한 사례들이 뒷받침되어 논리가 좀 더 보강된다면 양
자의 충돌을 조화롭게 해결할 수 있는 구체적 타당성과 예측가능성
이 높은 기준이 될 수 있을 것이다.

참고문헌

1. 국내 문헌

(1) 단행본

권태상, 『퍼블리시티권의 이론적 구성』, 경인문화사, 2013년
김성환, 『퍼블리시티권의 법리와 실제』, 진원사, 2009년
김재형, 『언론과 인격권』, 박영사, 2012년
박용상, 『표현의 자유』, 현암사,
성낙인, 『헌법학』, 법문사, 2015년
송영식 등 공저, 『지적소유권법』, 육법사, 2010년
이해완, 『저작권법』, 박영사, 2007년

(2) 논문

강신하, "퍼블리시티권과 이용자와의 이익의 균형 - 패러디를 중심으로 - ", 경기법조(경기지방변호사회) 제19호(2012. 12).
강 헌, "표현의 자유와 저작권", 경영법률 제19집 제1호(2008. 10).
권영준, "초상권 및 사생활의 비밀과 자유, 그리고 이익형량을 통한 위법성 판단", 민사판례연구[ⅩⅩⅩⅫ](2009. 1).
권태상, "미국 퍼블리시티권(the right of publicity)의 개념과 보호대상 - 캘리포니아주와 뉴욕주를 중심으로 - "(본 논문에서는 "미국 퍼블리시티권의 개념과 보호대상"), 법학논총(단국대학교 법학연구소) 제34권 제1호(2010. 6).
_____, "퍼블리시티권과 표현의 자유 - 미국법상 논의를 중심으로 - "(본 논문에서는 "퍼블리시티권과 표현의 자유"), 법학논집(이화여자대학교 법학연구소) 제18권 제4호(2014. 6).
_____, "미국법상 퍼블리시티권", 비교사법 제23권 제1호 (2016. 2.).
김도경, "퍼블리시티권과 표현의 자유 사이의 균형성 연구 - 미국의 비교형량 기준(Balancing Test)을 중심으로 - ", 계간 저작권(2015 겨울호).
김상중, "퍼블리시티권에 관한 국내 논의의 현황과 비교법적 고찰을 통한 법리적 제언", 비교사법 제23권 제1호(2016. 2).
김세권, "퍼블리시티권에 관한 연구", 전북대학교 대학원 박사학위논문(2008).
김수정, "퍼블리시티권와 표현의 자유의 형량 - 독일과 일본의 최근 판례 발

전을 중심으로-", 비교사법 제24권 제1호(2017. 2).

김인철, "저작권과 표현의 자유의 갈등-미국에서의 논의를 중심으로-", 연세법학연구(연세대학교 법학연구소) 제21권 제4호(2011. 12).

김재형, "모델소설과 인격권"(본 논문에서는 "모델소설과 인격권"), 인권과 정의 제255호(1997. 11).

____, "언론에 의한 인격권 침해에 대한 구제수단", 인권과 정의 제339호(2004. 11).

____, "인격권에 관한 판례의 동향", 민사법학 제27권(2005).

____, "인격권에 관한 입법제안"(본 논문에서는 "인격권에 관한 입법제안"), 민사법학 제57호(2011. 12).

김지만, "엔터테인먼트 산업의 해외 진출과 퍼블리시티권-일본 퍼블리시티권의 논의를 중심으로-", 법학논문집(중앙대학교 법학연구소) 제38집 제1호(2014. 4).

남형두, "세계시장 관점에서 본 퍼블리시티권-한류의 재산권보장으로서의 퍼블리시티권-"(본 논문에서는 "세계시장 퍼블리시티권"), 저스티스 제86호(2005. 8).

____, "퍼블리시티권의 철학적 기반(上)-호사유피 인사유명의 현대적 변용-"(본 논문에서는 "퍼블리시티권의 철학적 기반(上)"), 저스티스 제97호(2007. 4).

____, "퍼블리시티권의 철학적 기반(下)-호사유피 인사유명의 현대적 변용-"(본 논문에서는 "퍼블리시티권의 철학적 기반(下)"), 저스티스 제98호(2007. 6).

____, "스포츠경기와 퍼블리시티권-스포츠선수의 이름과 경기기록은 누구의 것인가?-"(본 논문에서는 "스포츠경기와 퍼블리시티권"), 스포츠와법 제10권 제3호(2007. 8).

____, "재산분할청구권의 대상으로서의 지적재산권-퍼블리시티권을 중심으로-", 가족법연구 제22권 3호(2008. 11).

____, "퍼블리시티권의 입법적 보호 방안 연구", 문화체육관광부 연구용역 보고서(2011. 12).

____, "퍼블리시티권에 관한 해외사례연구", 저작권정책연구 제2012-20호(2012. 12).

박성호, "실연자의 예명에 대한 법적 보호-성명권·성명표시권·상표권 그리고 이른바 퍼블리시티권을 둘러싼 몇 가지 문제점-", 법조 제56권 제10호(2007. 10).

_____, "인격권의 변용 - 퍼블리시티권에 관한 논의를 중심으로 - ", 법학논총 (한양대학교 법학연구소) 제23집 제2호(2006).

_____, "저작권과 표현의 자유 - 이른바 '삼진아웃제'와 관련하여 - "(본 논문 에서는 "저작권과 표현의 자유"), 법학논총(전남대학교 법학연구소) 제29집 제2호(2009. 12).

박영규, "인격권, 퍼블리시티권 그리고 지적재산권", 저스티스 제112호(2009. 8).

박인수, "판례상의 퍼블리시티권", 영남법학(영남대학교 법학연구소) 제5권 제1·2호(1999).

_____, "퍼블리시티권의 법리와 판례에 관한 연구", 헌법학연구 제7권 제3호 (2001).

박준석, "퍼블리시티권의 법적 성격 - 저작권과 상표 관련 권리 중 무엇에 더 가까운가? - ", 산업재산권 제30호(2009. 12).

_____, "프로야구게임 제작에 관한 야구종사자의 퍼블리시티권"(본 논문에서 는 "프로야구게임 퍼블리시티권"), 산업재산권 제45호(2014. 12).

_____, "인격권과 구별된 퍼블리시티권을 인정할지에 관한 고찰 - 최근의 비 판론에 대한 논리적 재반박을 중심으로 - "(본 논문에서는 "인격권과 구별된 퍼블리시티권"), 법학(서울대학교 법학연구소) 제56권 제4호 (2015. 12).

박준우, "퍼블리시티권의 침해요건 중 '상업적 이용'의 판단기준"(본 논문에 서는 "퍼블리시티권 상업적 이용의 판단기준"), 비교법학 제13권 2호 (2006. 6).

_____, "유명인의 목소리에 대한 퍼블리시티권의 보호 - 미국의 판례법을 중 심으로 - "(본 논문에서는 "유명인의 목소리에 대한 퍼블리시티권의 보호"), 지적재산권 제18호(2007. 3).

_____, "부정경쟁방지법을 통한 퍼블리시티권의 보호 - 유명인의 유사물(類 似物)을 이용한 광고를 중심으로 - "(본 논문에서는 "부정경쟁방지법 을 통한 퍼블리시티권의 보호"), 산업재산권 제22호(2007. 4).

_____, "퍼블리시티권 침해의 유형에 관한 연구 - 판례에 나타난 피고의 이용 형태를 중심으로 - "(본 논문에서는 "퍼블리시티권 침해의 유형에 관 한 연구"), 서강법학(서강대학교 법학연구소) 제10권 제1호(2008).

_____, "표현의 자유에 의한 퍼블리시티권의 제한 - 상품의 디자인과 캐릭터 로 이용한 경우를 중심으로 - "(본 논문에서는 "표현의 자유에 의한 퍼블리시티권의 제한"), 정보법학 제14권 제3호(2010).

_____, "퍼블리시티의 보호에 관한 쟁점"(본 논문에서는 "퍼블리시티의 보호

에 관한 쟁점"), 퍼블리시티권 보호에 관한 법률안 제정을 위한 공청
회(2014. 10. 29).

_____, "인터넷 광고와 퍼블리시티권의 성격-'부정경쟁방지법' 차목의 적용
을 중심으로-"(본 논문에서는 "인터넷광고와 퍼블리시티권의 성격"),
산업재산권 제48호(2015).

송재섭, "미국 연방저작권법상 공정이용 판단 요소의 적용 사례 분석", 계간
저작권 제98호(2012).

송진호, "법인의 인격권에 관한 검토-최근의 논의들을 중심으로-", 법조제
716호(2016. 5).

신지혜, "표현의 자유와 퍼블리시티권의 보호범위: 서적에 관한 일본 및 국
내 판결에 대한 분석을 중심으로," 저스티스 제150호(2015).

안병하, "인격권의 재산권적 성격: 퍼블리시티권 비판 서론"(본 논문에서는
"인격권의 재산권적 성격"), 민사법학 제45-1호(2009. 6).

_____, "인격권 침해와 부당이득반환"(본 논문에서는 "인격권 침해와 부당이
득 반환"), 민사법학 제68호(2014. 9).

_____, "독일의 퍼블리시티권 관련 논의 개관"(본 논문에서는 "독일의 퍼블리
시티권 관련 논의 개관"), 비교사법 제23권 제1호 (2016. 2).

엄동섭, "퍼블리시티권"(본 논문에서는 "퍼블리시티권"), 서강법학연구(서강
대학교 법학연구소) 제6권(2004).

_____, "한국에서의 퍼블리시티권 논의; 법적 성격을 중심으로"(본 논문에서
는 "한국에서의 퍼블리시티권 논의"), 민사법학 제57호(2011).

윤태영, "일본에서의 퍼블리시티권", 비교사법 제23권 제1호 (2016. 2).

윤진수, "영국의 1998년 인권법(Human Rights Act 1998)이 사법관계에 미치는
영향", 서울대학교 법학 제43권 제1호(2002. 3).

이균용, "서적, 신문, 잡지 등의 출판 등 금지를 구하는 가처분의 실무상의 문
제", 재판실무연구(1) 언론관계소송(2008).

이대희 노현숙, "성명을 사용한 도메인이름의 분쟁양상과 분쟁해결방안", 경
영법률 제20권 제3호(2010).

이상정, "퍼블리시티권에 관한 소고", 아세아여성법학 제4호(2001. 6).

이영록, "퍼블리시티권에 관한 연구(Ⅰ): 그 주체·객체에 대한 미국에서의 논
의를 중심으로"(본 논문에서는 "퍼블리시티권에 관한 연구(Ⅰ)"), 저
작권연구자료 제43호(2003).

_____, "퍼블리시티권에 관한 연구(Ⅱ): 침해이용과 권리행사 제한 그리고 구
제수단에 대한 논의를 중심으로", 저작권연구자료 제47호(2004).

이태섭, "미국 Publicity권에 관한 연구," 재판자료 제84집 외국사법연수논집 (17) (1999).

이한주, "퍼블리시티권에 관하여", 사법논집 제39집(2004).

이해완, "퍼블리시티권의 법제화 방향에 대한 연구", 성균관법학 제28권 제4호(2016. 12).

이호선, "프로야구선수들이 갖는 퍼블리시티권의 법적 성격과 그 행사", 인권과 정의 제401호(2010. 1).

임상민, "퍼블리시티권 침해 판단기준", 지식재산연구 제8권 제4호(2013. 12).

장재옥, "연예인의 성명·초상의 경제적 가치보호와 손해배상법의 역할", 법학논문집(중앙대학교 법학연구소) 제27권 제1호(2003).

정경석, "초상권의 침해요건과 구제방법"(본 논문에서는 "초상권의 침해요건과 구제방법"), 저스티스 제98호(2007. 6).

_____, "국내 초상권 이론 및 사례의 전개"(본 논문에서는 "초상권 이론 및 사례의 전개"), 변호사 제38권(2008. 1).

정상기, "PUBLICITY권에 관한 소고", 한국저작권논문선집(II)(1995).

정상조·박준석, "부정경쟁방지 및 영업비밀보호에 관한 법률에 의한 퍼블리시티권 보호방안 연구"(2009).

정재훈, "패러디 광고와 저작권 침해", 광고연구 제39호(1998).

최승재, "퍼블리시티권의 법적 성격과 주요 쟁점에 관한 연구(상)"(본 논문에서는 "퍼블리시티권의 주요 쟁점(상)"), 언론중재(2010 여름호).

_____, "퍼블리시티권의 법적 성격과 주요 쟁점에 관한 연구(하)"(본 논문에서는 "퍼블리시티권의 주요 쟁점(하)"), 언론중재(2010 가을호).

_____, "퍼블리시티권의 성격과 가처분의 성부에 대한 연구", 지식재산연구 (2008).

_____, "퍼블리시티권에 대한 하급심 판결 동향 분석 및 권리화 방안"(본 논문에서는 "퍼블리시티권에 대한 하급심 판결 동향 분석"), 정보법학 제19권 제3호(2016).

최형구, "퍼블리시티권의 양도성에 관한 재검토", 산업재산권 제31권(2010).

한위수, "퍼블리서티권(성명·초상 등의 상업적 이용에 관한 권리)의 침해와 민사책임(상)"(본 논문에서는 "퍼블리서티권의 침해와 민사책임(상)"), 인권과 정의 제242호(1996. 10).

_____, "퍼블리서티권(성명·초상 등의 상업적 이용에 관한 권리)의 침해와 민사책임(하)"(본 논문에서는 "퍼블리서티권의 침해와 민사책임(하)"), 인권과 정의 제243호(1996. 11).

함석천, "패러디, 지적재산권과 표현의 자유", 저스티스 제91호.

2. 영미 문헌

P. Goldstein, 1970, Copyright and the First Amendment, Colombia Law Review, Vol. 70.

Edwin Hettinger, 1989, Justifying Intellectual Property, 18 Phil. & Pub. Aff. 31.

Levine, K. Jason, 2004, Can the Right of Publicity Afford Free Speech? A New Right of Publicity Test for First Amendment Cases, 27 Hastings Comm. & Ent. L. J. 171 Fall.

McCarthy, J. Thomas, 2009, The Right of Publicity and Privacy, 2nd ed., Thompson Reuters.

Nimmer, Melville B., 1954, The Right of Publicity, 19 Law and Contemporary Problems 203.

M.B. Nimmer, 1970, Does Copyright Abridge the First Amendment Guarantees of Free Speech and Press?, UCLA Law Review, Vol. 17.

Pierre N. Leval, 1990, Toward a Fair Use Standard, 103 Harvard Law Review 1105, 1111.

Prosser, William L., 1960, Privacy, 48 Cal. L. Rev. 383.

Warren, Samuel D. & Brandeis, Louis D., 1890, The Right to Privacy, Harvard Law Review, 193.

3. 일본 문헌

橋谷 俊, "女性週刊誌「女性自身」に「ピンクレディ de ダイエット」と題する特集記事を組み、ピンクレディの白黒を無載した行爲についてパブリシティ侵害を否定した事例 (1)：ピンクレディ事件", 知的財産法政策究 第41卷, 北海道大學, 2013. 2.

橋谷 俊, "女性週刊誌「女性自身」に「ピンクレディ de ダイエット」と題する特集記事を組み、ピンクレディの白黒を無載した行爲についてパブリシティ侵害を否定した事例 (2)：ピンクレディ事件", 知的財産法政策究 第42卷, 北海道大學, 2013. 3.

◆ 학력

1996. 서강대학교 영문과, 법학과(복수전공) 졸업
2008. University of Southern California(USC) 법학석사(LL.M.)
2017. 서울대학교 법학전문대학원 법학박사 (J.S.D. 지적재산권법)

◆ 경력

2000. 제42회 사법시험 합격
2003. 2. 사법연수원 제32기 수료
2009. 2. - 현재 법무법인 세종 파트너 변호사
2009.3 방송통신위원회 IPTV 사업자선정 심사위원
2011.4-현재 학교법인 동랑예술원(서울예술대학교) 이사
2011.7-2014.10 문화체육관광부 한국저작권위원회 위원
2014.2-현재 한국게임법과정책학회 이사
2014.6-현재 방송통신위원회 청렴옴부즈만
2014.10-2016.10 방송통신위원회 방송광고산업활성화 전문위원회 위원
2015.2-2016.11 서울지방변호사회 상임이사 - 법제이사(2015), 국제이사(2016)
2015.3-현재 한국정보법학회 감사
2016.3-현재 SBS 시청자위원회 위원
2016.3-현재 한국지식재산학회 이사
2016.3-2018.1 MBC 뉴스데스크 법률자문변호사
2016.4-현재 방송통신위원회 행정심판위원회 위원
2016.7-현재 게임물관리위원회 기술심의특별위원회 위원
2016.9-현재 연세대학교 법학전문대학원 겸임교수
2016.11-현재 방송통신위원회 방송콘텐츠 국제분쟁 법률자문단
2016.12-현재 문화체육관광부 규제개혁위원회 위원
2017.2-현재 사단법인 저작권해외진흥협회 감사
2017.4-현재 서울고등법원 조정위원(지재전담부)
2018.5-현재 한국인공지능법학회 이사
2018.6-현재 한국저작권위원회 감정전문위원

◆ 주요 저서 및 논문

퍼블리시티권의 한계에 관한 연구 -표현의 자유와의 관계를 중심으로- (서울대학교 법학
    박사 학위논문, 2017. 2.)
정보법 판례백선(Ⅱ) (한국정보법학회(공저), 박영사, 2016)
韓国映画史 開化期から開花期まで(Japanese Edition) (共著, キネマ旬報社, 2010)
Korean Cinema from Origins to Renaissance(English edition) (Co-author, CommBooks, 2007)
한국영화사 (공저, 커뮤니케이션북스, 2006)
문화콘텐츠입문 (공저, 북코리아, 2006, 한국인문콘텐츠학회)
영화와 표현의 자유 (청림출판사, 2005)
        - 2005년 문화관광부 영화진흥위원회 학술지원사업 선정,
        - 2007년 대한민국 학술원 우수학술도서 선정
영화와 저작권 (세창출판사, 2004)
법률신문 "분야별 중요판례평석(엔터테인먼트)" 집필 (2009년 - 현재)
콘텐츠 유통과 디지털 플랫폼 사업의 성패를 가르는 선결과제 -대법원, 임베디드 링크의 공
    중송신권 침해 방조 인정- (방송문화, 2018년 봄호, 통권 제412호, 한국방송협회)
음악저작물 표절소송에 있어서 '창작성'과 '실질적 유사성' 판단기준에 관한 판례의 비교
    연구(법학평론 제7권, 2017. 5., 서울대학교 법학전문대학원)
미디어이용환경의 변화와 지상파방송의 미래-저작권적 입장에서 살펴본 콘텐츠유통- (월
    간 방송문화, 2014. 11. 한국방송협회)
저작권 양도, 이용허락 표준계약서 및 해설서 (문화체육관광부 연구용역, 2014. 10)
대중문화예술분야 표준계약서 제개정안 연구 (문화체육관광부 연구용역, 2011. 12.)

퍼블리시티권의 한계에 관한 연구

초판 인쇄 ┃ 2018년 8월 27일
초판 발행 ┃ 2018년 9월 7일

저   자 임상혁
발 행 인 한정희
발 행 처 경인문화사
총괄이사 김환기
편 집 부 김지선 박수진 유지혜 한명진
마케팅부 김선규 하재일 유인순
출판신고 제406-1973-000003호
주   소 파주시 회동길 445-1 B동 경인문화사 4층
전   화 031-955-9300 팩   스 031-955-9310
홈페이지 http://kyungin.mkstudy.com
이 메 일 kyungin@kyunginp.co.kr

ISBN 978-89-499-4759-4 93360
값 27,000원